职业教育“十四五”规划教材
职业教育课程改革规划创新教材

大数据技术在财务中的应用
——基于 Python

主　编：林　文　郑翠菊　王　磊

中国石化出版社
HTTP://WWW.SINOPEC-PRESS.COM
中国经济出版社
CHINA ECONOMIC PUBLISHING HOUSE
·北京·

内 容 提 要

本书以《职业教育专业目录(2021年)》中财务会计类专业内涵建设为目标，根据教育部《职业教育专业简介》(2022年修订)中职业教育财经商贸大类中专业基础课程“大数据技术应用基础”的教学要求，在全面贯彻立德树人根本任务的基础上，以解决真实财务场景案例为主线，围绕财务业务场景需求，应用Python语言程序，将企业真实案例和数字资源处理后转换为教学资源和素材，实现传统财务工作流程拓展和延伸，完成由“岗”到“书”的转换。本书在介绍大数据、财务大数据等理论知识的基础上，着重强调了Python在财务中的实践应用，主要从Python基础应用、薪酬数据管理、报表数据分析和财务指标分析与可视化等几个方面设计内容体系，培养学生的大数据技术应用能力。

本书配有丰富的数字资源，应用性强，可作为职业教育专科及应用型本科、中等职业教育财经类专业教材，也可以作为会计从业人员自主学习参考用书。

图书在版编目(CIP)数据

大数据技术在财务中的应用 : 基于Python / 林文，郑翠菊，王磊主编. —北京 : 中国石化出版社，2025. 4. —ISBN 978-7-5114-7896-2

Ⅰ. F275-39

中国国家版本馆CIP数据核字第2025AL1650号

中国石化出版社出版发行

地址:北京市东城区安定门外大街58号

邮编:100011　电话:(010)57512500

发行部电话:(010)57512575

http://www.sinopec-press.com

E-mail:press@sinopec.com

宝蕾元仁浩(天津)印刷有限公司印刷

全国各地新华书店经销

*

787毫米×1092毫米 16开本 19.25印张 478千字

2025年4月第1版　2025年4月第1次印刷

定价:65.00元

《大数据技术在财务中的应用——基于 Python》

编委会

主　编：林　文　郑翠菊　王　磊

副主编：李　雪　牟韵竹　赵晓晖

孙富秀　张琛琪

前言

在大数据技术深度应用的背景下，Python 凭借强大的数据处理能力成为财务大数据分析的主流工具之一。本教材依托新道云平台，紧扣大数据与会计专业教学实践，构建“零基础入门—财务场景应用—智能化决策”的学习路径。通过精选财务案例与编程练习，使学生系统掌握 Python 在财务数据处理、业财融合分析及智能决策支持中的全流程应用，提高学生运用 Python 语言进行财务大数据分析的能力。教材注重实用性，将会计思维和编程逻辑相结合，重在阐述数据处理、数据分析、可视化展示等大数据处理步骤，做到从零基础开始，助力学生高效掌握 Python 在财务大数据分析中的核心应用技能。

本教材主要包括 8 个项目，项目一大数据技术认知，主要内容聚焦Python语言的基础知识，同时探究大数据与大数据生态系统之间的关联等；项目二财务大数据开发环境搭建，主要介绍 Python 软件的安装方法以及 Jupyter Notebook 编辑器的使用方式等；项目三 Python 基础应用，主要涵盖输入、输出与注释，变量赋值，基本数据类型、高级数据类型、条件分支、循环语句等；项目四薪酬数据管理，主要涉及员工薪酬的收集与计算，以及个人所得税和员工福利的计算等；项目五固定资产管理，主要关注固定资产信息采集、固定资产折旧和净值的计算等；项目六应收账款管理，主要内容包括管理客户信息、应收账款信息，计算坏账准备和应收账款账面价值等；项目七财务报表可视化，主要介绍 Pyecharts，并展示利润表和资产负债表的可视化操作等；项目八财务指标分析与可视化，主要介绍计算各类财务指标，并以可视化形式呈现财务数据等。

本教材部分图片来自网络，特向原作者表示深深的谢意。本教材在编写过程中得到了新道科技股份有限公司、律税通会计事务所(山东)有限公司的大力支持，在此表示感谢!

本教材由林文、郑翠菊、王磊担任主编，李雪、牟韵竹、赵晓晖、孙富秀、张琛琪担任副主编。新道科技股份有限公司赵玉凤、律税通会计事务所(山东)有限公司王海霞参与编校工作。书中如有疏漏之处，敬请读者提出宝贵意见，以便再版时加以改正。

目 录

项目一 大数据技术认知

大数据时代给各行各业带来了新的机遇和挑战。立足企业的财务工作领域，面对内容丰富、数量庞大、来源广泛的财务数据，如何快速、及时地获取数据，如何对这些数据进行精准、可靠的分析以支持企业的经营管理和发展决策，是企业管理者面临的首要问题。Python 技术使财务数据分析工作效率有了极大的提升，为财务精细化管理及财务管理水平的提高提供了良好支撑，对市场发展和企业良好运行起到了积极的促进作用。新一轮科技革命和产业变革深入发展，数字化转型已经成为大势所趋。《中华人民共和国国民经济和社会发展第十四个五年规划和 2035 年远景目标纲要》提出，加快数字化发展，打造数字经济新优势，加快数字社会建设步伐，提高数字政府建设水平，营造良好数字生态，建设数字中国。国务院印发的《“十四五”数字经济发展规划》，就不断做强做优做大我国数字经济提出具体举措。数字时代对会计数字化转型提出了必然要求。加快推进会计数字化转型，一方面是贯彻落实国家信息化发展战略、推动数字经济和实体经济深度融合、建设数字中国的必然选择；另一方面对于推动会计职能拓展、提升我国会计工作水平和会计信息化水平具有重要意义。

职业能力目标

素质目标： 1. 了解大数据技术的发展史，培养学生热爱祖国、勇于攀登的精神；
2. 了解 Python 及其发展史，培养学生勇于创新、无私奉献的精神；
3. 通过对大数据技术的探索，培养学生的数据思维。

知识目标： 1. 了解大数据的基本概念；
2. 了解 Python 及其发展史；
3. 了解 Python 语言的特点；
4. 能解释数据处理流程；
5. 能说出大数据的特征。

技能目标： 1. 能根据应用场景选择适用的程序语言；
2. 能够通过 Python 编程解决财务领域的问题；
3. 能够运用 Python 进行基本的数据处理与分析任务。

课程思政

古人云："工欲善其事，必先利其器"，在数据爆棚的当下，这句话对于财务领域意义非凡。海量数据如潮水般涌来，传统财务工作模式在效率与数据处理能力上捉襟见肘，难以应对复杂多变的财务环境。财务人员若想出色完成工作，具备熟练的数据分析和数据管理能力成为必然要求，而学习掌握新的数据处理工具，则是踏入现代财务职业大门的基本门槛。

Python 语言作为强大的数据处理利器，对想成为现代化企业财务人员的学生而言，掌握它尤为必要。Python 拥有丰富的库和简洁的语法，能高效处理财务数据，进行精准的财务分析与预测。在学习 Python 语言的过程中，学生能显著提升自主学习能力。面对复杂代码与多样算法，他们需主动查阅资料、探索实践，在解决问题的过程中养成主动求知的习惯。

实践操作环节，从基础代码编写到复杂财务模型构建，每一步都考验学生的耐心、细心与恒心。一个小标点的错误都可能导致程序无法运行，这就要求学生反复检查、耐心调试，在一次次尝试中铸就匠心品质。在项目实战中，学生们分组协作，共同攻克难题，强化团队合作精神。面对财务数据的海量性与复杂性，如分析企业多年财务报表以挖掘潜在问题，成员间需相互沟通、优势互补。遇到困难时，他们在团队支持下，塑造不怕困难、迎难而上的担当精神，为未来投身财务行业、助力企业数字化转型奠定坚实基础。

知识图谱

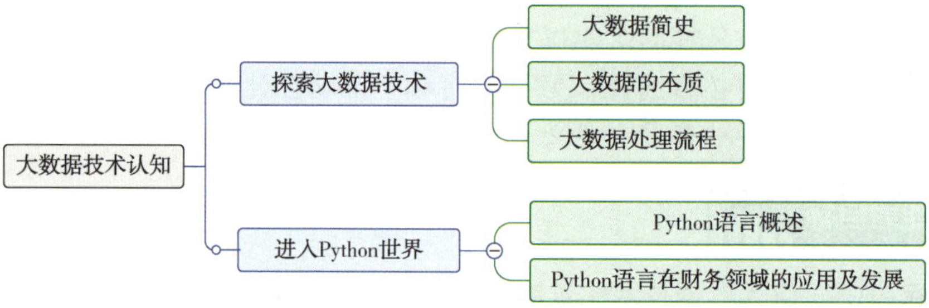

情境案例

河南投资集团成立于 1992 年，是河南省首家国有资本运营公司、国务院国资委认定的国企改革"双百企业"，拥有国内最高 AAA、国际 A 级信用评级，是中部地区首家具备三大主流债券储架发行资格的企业，是参控股 67 家上市公司的国有资本运营公司。2016 年启动智慧集团建设，进行数字化转型，2018 年建立河南省省管企业首家财务共享服务中心，搭建服务集团多业态的"业财税金档一体化平台"，以中台为依托，以财务共享平台为核心，前端集成全面预算、资金管理、合同法务、智慧商旅、工程管理等业务系统，后端对接财务核算、电子会计档案、智慧财务等决策分析系统，2022 年组建河南投资集团汇融共享服务公司，依托河南省省管企业首家财务共享服务中心，实现了由共享财务到智能财务再到市场化运营的两次飞跃，培育了数字经济产业新的增长点，2023 年，河南投资集团按照

"智慧集团"建设要求，结合集团财务数字化转型规划，与金蝶携手开启智慧税务建设，突破税务管理瓶颈。

在加强集团税务管控方面，完成统一的销项发票池、纳税申报台、政策法规库搭建，支撑并实现开票、计税、申报工作全部集中至智慧税务平台完成，并与财务共享系统有效集成进行业务流程审批处理。

在提升业务处理效率方面，打通财税信息通道，涉税数据自动化采集率达 80%，实现增值税和企业所得税预缴的自动计税、一键直连电子税务局申报，计税效率提升约 75%；建立业财开票流程，实现业务线上申请到财务一键开票，开票效率提升约 50%。

在加强风险管控与合规方面，建立集团政策法规库，实时更新各项税收政策、采集企业资质信息，结合业务梳理并创建超千条计税规则，在纳税申报时自动调用，实现自动、科学计税，保障企业规范纳税，实现"应缴尽缴"；实现涉税数据自动化采集，纳税底稿统一标准生成，计税过程透明、可追溯，未来配合风险指标库，实现最大化规避税务风险。

在价值创造方面，河南投资集团建立管理门户实现集团、各板块上线企业税务数据统计分析，可实时监控、预警各企业办税进度，纳税申报时匹配最新税收优惠政策并自动计算，降低税务人员学习和操作成本，并实现"应享尽享"。

任务一　探索大数据技术

任务情境

近几年，网络暴力问题频发，尤其对包括大学生在内的青少年影响尤为严重，如何解决网络暴力问题已成为社会关注的热点问题之一。在这个过程中大数据能否起到作用？如何理解大数据的本质，是数据的堆积还是数据的筛选分析？生活中有没有接触到大数据？

任务分析

大数据中的"大"体现在巨量数据，通过收集、存储、管理、分析这些数据可以得到我们需要的信息；正是数据的巨量导致了数据的"多样性"，大数据涵盖各种各样的信息，比如个人的消费习惯、兴趣爱好、地理位置，企业的运营情况、市场趋势，甚至是整个社会的舆论动态、经济发展等。这种多样性使得大数据能够提供更加全面和深入的信息基础。

知识准备

大数据是一种思维方式，它并不是单纯的数据堆积，而是一种通过处理和分析海量数据来获得洞见、预测未来的技术。你可以把它想象成一位经验丰富的老中医，通过看似复杂的脉象，精准判断出病症，并开出有效的药方。大数据也是如此，它通过分析各类数据，帮助企业做出更精准的决策。

研究发现，热门主题词或敏感词是以自然语言描述为基本表现形式的网络暴力行为的重要特征，针对描述中的敏感词等字符串的数据过滤，可以有效减少网络暴力行为的传播，从而影响社会的舆论动态等。再举个简单的例子，大家熟悉的淘宝、京东等电商就是通过大数据技术来推荐商品的。每次你在淘宝、京东上浏览、购买的行为，都会被记录、分析，系统会基于这些数据预测你下一次可能的购买需求，然后精准推荐商品。这种技术让平台运营效率大大提高，也让商家能够更好地洞察消费者需求。

会计的本质是通过数据来反映一个企业的经营状况。这与大数据分析的本质有异曲同工之妙。会计人员不仅要熟悉公司运营的细节，还要能通过财务数据洞察企业的发展趋势。会计从业者需要学习如何利用大数据工具，深入分析财务数据，从而做出更高质量的决策。例如，企业的财务状况不仅仅是看账上有多少钱，而是要通过对大量的财务数据进行分析，发现企业的资金流动、盈利能力、风险点等。在这方面，大数据与会计可以完美结合，帮助企业实现财务管理的智能化升级，这也意味着财务工作者不再只是“算账”，而是能够通过数据分析为企业创造更多的价值。那些能够同时掌握这两种技能的人，将成为职场中的“香饽饽”。

1.1.1 大数据简史

最早提出大数据时代到来的是全球知名咨询公司创始人麦肯锡，麦肯锡称：“数据，已经渗透到当今每一个行业和业务职能领域，成为重要的生产因素。人们对于海量数据的挖掘和运用，预示着新一波生产率增长和消费者盈余浪潮的到来。”随着计算机技术的不断发展，大数据在物理学、生物学、环境生态学等领域以及军事、金融、通信等行业的影响力不断扩大。

进入 21 世纪，大数据一词越来越多地被提及，人们用它来描述和定义信息爆炸时代产生的海量数据，并命名与之相关的技术发展与创新。2017 年 3 月 5 日，时任国务院总理李克强在政府工作报告中指出，2017 年工作的重点任务之一是加快培育新兴产业，促进数字经济加快成长，让企业广泛受益、群众普遍受惠。这是“数字经济”首次被写入政府工作报告。

随着互联网、物联网和智能终端的发展，信息的增长非常迅速。根据 2018 年 11 月互联网数据中心（Internet Data Center，简称 IDC）发布的最新版白皮书《数据时代 2025》，2020 年全球产生的数据量是 44ZB，2025 年全球数据量总和预计达到 175ZB，2030 年全球数据量预计达到 2500ZB。1ZB 数据有多大？一部 4K 的高清电影是 50~60GB，假如一部电影是 100 分钟，那么 1ZB 电影的时长等同于一天 24 小时不停地播放 356 万年。这说明目前我们所处的这个时代，信息数据的增长是爆炸性的。如何保存、传输和处理这些规模巨大的数据，不仅是工程上的问题，也引起了学术界和工业界的广泛关注。

现阶段，数字化的技术、商品与服务不仅在向传统产业多方向、多层面与多链条加速渗透，即产业数字化；而且推动互联网数据中心建设与服务等数字产业链和产业集群不断发展壮大，即数字产业化。中国重点推进建设的 5G 网络、数据中心、工业互联网等新型基础设施，本质上就是围绕科技新产业的数字经济基础设施，数字经济已成为驱动中国经济实现又好又快增长的新引擎，数字经济催生出的各种新业态，也将成为中国经济新的重要增长点。而大数据已成为数字经济这种全新经济形态的关键生产要素，数据资源的有效利用及开放的数据生态体系使数字价值得以充分释放，驱动传统产业的数字化转型升级和新业态的培育发展，提高传统产业劳动生产率，培育新市场和产业新增长点，促进数字经济持续发展创新。

根据美国管理会计师协会(The Institute of Management Accountants，简称 IMA)的一份报告，数据分析、人工智能、机器学习、区块链和机器人流程自动化等技术将在未来的会计行业中发挥更大的作用。该报告表明，越来越多的财务和会计专业人士在工作中运用大数据进行分析，并且这一趋势会越来越明显。IMA 对其成员进行调查并形成报告，这次调查共收到了首席财务官(Chief Financial Officer，简称 CFO)和其他管理会计师的 170 份回复。报告称，希望成为数据驱动型组织的组织必须具备四个关键要素：精通数据的人员、高质量数据、最新技术和支持性组织文化。大数据分析在多方面影响着会计行业，包括业务预测导向及财务报表编写和审计。

1.1.2 大数据的本质

1. 大数据的含义

大数据泛指无法在可预期的时间内，用传统信息技术和软硬件工具对其进行获取、管理和处理的巨量数据。大数据需要可伸缩的计算机体系结构来支持其存储、处理和分析。

麦肯锡全球研究所给出的定义是：大数据是一种规模大到在获取、存储、管理、分析方面大大超出传统数据库软件工具能力范围的数据集合，具有海量的数据规模、快速的数据流转、多样的数据类型和价值密度低四大特征。

《国务院关于印发促进大数据发展行动纲要的通知》给出的定义是：大数据是以容量大、类型多、存取速度快、应用价值高为主要特征的数据集合，正快速发展为对数量巨大、来源分散、格式多样的数据进行采集、存储和关联分析，从中发现新知识、创造新价值、提升新能力的新一代信息技术和服务业态。

2. 大数据的特征(4V 属性)

一般来说，大数据具备四大特征，即数据量大(Volume)、数据种类多样(Variety)、价值大(Value)及实时性强(Velocity)。这四个特征也常被称为四个 V。

(1)数据量大

传统的集中式存储系统和服务器已经无法处理的数据量。大数据的起始计量单位至少是 P(1000 个 T)、E(100 万个 T)或 Z(10 亿个 T)。

(2)数据种类多样

在过去，大部分应用关注结构化数据，这些数据非常适合表格或关系数据库，比如财务数据。现在很多数据包括数据表、数据库、网络日志、音频、视频、图片、地理位置信息等，多类型的数据对数据的处理能力提出了更高的要求。

(3)价值大

该特征在这里有两种解读：一种是指数据的价值大，大数据可以优化公司运营流程，例如，网络约车平台可以预测用户需求，根据供求关系动态调整运价。大数据是实现智慧城市的基础，通过大数据可以遏制犯罪并及时发现网络犯罪，也可以通过大数据监测流行病、人口迁移与流动。另一种是指大数据的价值密度低，大数据虽然数量巨大，但是其中有很多都是没有意义的，需要对海量无用的复杂数据进行深度分析，迅速地完成数据的价值“提纯”，以便从中挖掘出有价值的信息。

(4)实时性强

数据的生成速度快，传播速度也快，更需要实时处理生成的数据。这是大数据区分于传统数据挖掘最显著的特征。

大数据的特征

特征	ZB(中文名：泽字节，代表十万亿亿字节)描述
数据量大(Volume)	2018 年全球产生的数据量为 33ZB，中国产生 7.6ZB，美国产生 6.9ZB，超过人类有史以来所有印刷材料数据总量
数据种类多样(Variety)	结构化数据、半结构化数据、非结构化数据
价值大(Value)	价值需要深度挖掘，原数据本身价值低
实时性强(Velocity)	大数据往往以数据流的形式动态、快速地产生，具有很强的时效性

3. 大数据的分类

从数据类型来看，大数据可以分为三类：结构化数据、半结构化数据和非结构化数据。

(1) 结构化数据

结构化数据也称作行数据，是由二维表结构来逻辑表达和实现的数据，严格地遵循数据格式与长度规范，主要通过关系型数据库进行存储和管理。简单来说就是数据库，结合典型场景更容易理解，比如企业资源计划(Enterprise Resource Planning，简称 ERP)、财务系统，医院信息系统(Hospital Information System，简称 HIS)数据库，教育一卡通，政府行政审批，其他核心数据库等。

(2) 半结构化数据

和普通纯文本相比，半结构化数据具有一定的结构性，但它并不符合关系型数据库或以其他数据表形式关联起来的数据模型结构。

半结构化数据属于同一类实体，可以有不同的属性，如果它们被组合在一起，这些属性的顺序并不重要。常见的半结构化数据有 XML、HTML 和 JSON。

(3) 非结构化数据

非结构化数据是数据结构不规则或不完整、没有预定义的数据模型，不方便用数据库二维逻辑表来表现的数据。包括所有格式的文本、图片、音频、视频信息等。

非结构化数据格式多样、标准多样，而且在技术上非结构化信息比结构化信息更难标准化和理解。所以其存储、检索、发布及利用需要更加智能化的 IT 技术，比如海量存储、智能检索、知识挖掘、内容保护、信息的增值开发利用等。

大数据的类型

数据类型	表现形式	典型场景
结构化数据	数据库表等	企业 ERP 系统、财务系统、HR 数据库等
半结构化数据	邮件、HTML、报表等	邮件系统、网页信息、报表系统等
非结构化数据	文本、图片、视频、音频等	在线视频内容、音频内容、图形图像等

1.1.3 大数据处理流程

大数据处理流程是一个从大量数据中挖掘和发现有价值信息的过程。

对于一个具体的大数据处理问题，从提出问题到找到解决方案一般分为数据采集、数据预处理、数据处理与分析和数据可视化与应用四个步骤。下面依次说明不同过程的处理内容并简要介绍如何用 Python 进行相关工作。

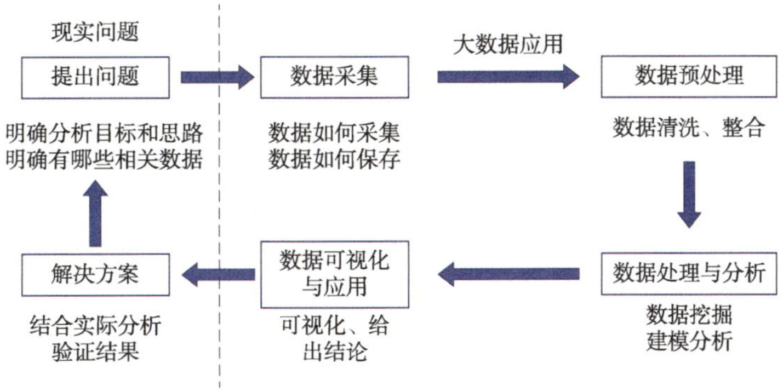

1. 数据采集

数据是大数据处理的基础。数据来源包括公开数据库、传感器、互联网和其他业务数据，在数据采集(也称数据收集)过程中，数据源的数据质量和采集频度会影响大数据的质量，包括数据真实性、完整性、一致性和准确性。对于传感器数据来说，结合传感器提供的 API，只需定期读取其内容并存入指定数据库或文件中即可。对于用户行为日志，则需要通过正则表达式(re 模块)分析区分日志的特征并抓取有价值的日志进行保存。对于互联网数据，多采用网络爬虫方式进行数据采集。

2. 数据预处理

大数据采集过程中通常有一个或多个数据源，这些数据源包括同构或异构的数据库、文件系统、服务接口等，易受到噪声数据、数据值缺失、数据冲突等影响，因此需对收集到的大数据集合进行预处理，以保证大数据分析与预测结果的准确性。

大数据的预处理环节主要包括数据清洗、数据集成、数据归约与数据转换等内容。通过数据预处理，可以剔除异常数据，提高大数据的总体质量。

数据清洗技术包括对数据的不一致性进行检测、噪声数据的识别、数据过滤与修正等，有利于提高大数据的一致性、准确性、真实性和可用性等。

数据集成则是将多个数据源的数据进行集成，从而形成集中、统一的数据库和数据立方体等，这一过程有利于提高大数据的完整性、一致性、安全性和可用性等水平。

数据归约是指在不损害分析结果准确性的前提下降低数据集规模并使之简化，包括维归约、数量归约、数据压缩等技术，这一过程有利于提高大数据的价值密度，即提高大数据存储的价值。

数据转换包括基于规则或元数据的转换、基于模型与学习的转换等技术，可通过转换实现数据统一，这一过程有利于提高大数据的一致性和可用性水平。

总之，数据预处理环节有利于提高大数据的一致性、准确性、真实性、可用性、完整性、安全性等水平，而大数据预处理中的相关技术是影响大数据过程质量的关键因素。

3. 数据处理与分析

大数据的处理技术主要是分布式处理技术，它与存储形式、业务数据类型等相关，针对大数据处理的主要计算模型有 MapReduce 分布式计算框架、分布式内存计算系统、分布式流计算系统等。分布式内存计算系统可有效减少数据读写和移动的次数，提高大数据处理性能。分布式流计算系统则是对数据流进行实时处理，以保障大数据的时效性和价值性。

大数据的类型和存储形式决定了其采用的数据处理系统，而数据处理系统的性能与优劣直接影响大数据处理的价值性、可用性、时效性和准确性。因此在进行大数据处理时，要根据大数据类型选择合适的存储形式和数据处理系统，以实现大数据处理的最优化。

大数据分析技术主要包括已有数据的分布式统计分析技术和未知数据的分布式挖掘、深度学习技术。分布式统计分析可由数据处理技术完成，分布式挖掘和深度学习则在大数据分析阶段完成，包括聚类与分类、关联分析、深度学习等，可挖掘大数据集合中的数据关联性，形成对事物的描述模式或属性规则，可通过构建机器学习模型和分析海量训练数据，提升数据分析与预测的准确性。

数据分析是大数据处理与应用的关键环节。它决定了大数据集合的价值性和可用性，以及分析预测结果的准确性。在数据分析环节，应根据大数据应用情境与决策需求，选择合适的数据分析技术，提高大数据分析结果的价值性、可用性和准确性水平。

4. *数据可视化与应用*

数据可视化是指将大数据分析与预测结果以计算机图形或图像的直观方式显示给用户，并可与用户进行交互。数据可视化技术有利于发现大量业务数据中隐含的规律性信息，以支持管理决策。数据可视化环节可大大提高大数据分析结果的直观性，便于用户理解与使用。数据可视化也是大数据可用性和易于理解性的关键因素。

大数据应用是指将经过分析处理后挖掘到的大数据结果应用于管理决策、战略规划等，它是对大数据分析结果的检验与验证。大数据应用直接体现了大数据分析处理结果的价值性和可用性。大数据应用对大数据的分析处理具有引导作用。

在大数据采集、处理等一系列操作之前，通过对应用情境的充分调研，对管理决策需求信息的深入分析，可明确大数据处理与分析的目标，从而为大数据采集、存储、处理、分析等过程提供明确的方向，并保障大数据分析结果的价值性、可用性和对用户需求的满足。

任务实施

银行使用大数据来安全地保存大量的财务信息。这些大数据被用来分析从消费者储蓄到信用卡购买的消费模式，以便发现欺诈行为并加以预防。如果您刷卡购买高价值的商品，可能会发生这种情况：您可能会接到银行的电话/邮件，以确保交易是真实的。此外，大多数银行都使用这些大数据来识别身份盗用。如果一个工薪阶层在月初购买小额杂货，但突然间银行发现他在全城的加油站和便利店消费激增，那么该银行就会知道情况正在恶化。银行客服可能会与客户联系，询问其最近的购买交易信息，以确定客户的卡是否被盗以及是否需要冻结。

大数据分析在城市管理和智慧城市建设中有着广泛的应用。通过收集城市中的各种数据，例如交通、环境、天气、人口等，城市管理者可以更好地了解城市状况和市民需求，从而制定更科学的城市规划和管理策略，提高城市治理效率和市民生活质量。例如，某些城市利用大数据分析技术来监测城市的空气质量、交通状况和垃圾处理情况，制定相应的城市规划和环保政策。此外，在智慧城市建设中，大数据分析可以帮助城市管理者实现城市的智能化管理和服务，提高城市的公共安全水平和交通流畅度，改善市民的生活体验。

任务拓展

沃尔玛“啤酒加尿布”经典案例

总部位于美国阿肯色州的世界著名商业零售连锁企业——沃尔玛拥有世界上最大的数据仓库系统，为了能够准确了解顾客在其门店的购买习惯，沃尔玛对其顾客的购物行为进行分析。沃尔玛数据仓库里集中了各门店的详细原始交易数据，在这些原始交易数据的基础上，沃尔玛利用 NCR 数据挖掘工具对这些数据进行分析和挖掘，可以很轻松地知道顾客经常一起购买的商品有哪些。一个意外的发现是：“跟尿布一起购买最多的商品竟是啤酒！”这是数据挖掘技术对历史数据进行分析的结果，反映数据内在的规律。

沃尔玛派出市场调查人员和分析师对这一数据挖掘结果进行调查分析，大量实际调查和分析揭示了隐藏在“尿布与啤酒”背后的美国人的一种行为模式：在美国，一些年轻的父亲下班后经常要到超市去买婴儿尿布，而他们中有 30%~40% 的人同时也为自己买一些啤酒。产生这一现象的原因是：美国的太太们常叮嘱她们的丈夫下班后为小孩买尿布，而丈夫们在买尿布后又随手带回了他们喜欢的啤酒。既然尿布与啤酒一起被购买的概率很大，于是沃尔玛就在其门店将尿布与啤酒摆放在一起，结果是尿布与啤酒的销售量双双增长。

这个故事的意义在于将看似不相关的商品数据放在一起进行分析，找到它们之间的相关性，从而进行交叉营销，提高商品的销量。这种思维方式才是成功的关键。

任务二　进入 Python 世界

任务情境

小林毕业后想从事财务工作，他发现很多公司在财务人员的招聘信息里都写着“会 Python 者优先”这个要求，不由产生疑问：Python 是什么？财务人员不是做好财务核算工作就可以了吗？为什么各大公司如此热衷该项技能呢？学习掌握 Python 语言对会计工作有没有作用呢？Python 到底可以怎么帮助我们财务人员呢？

任务分析

近几年财务信息化进程越来越快，传统的财务会计工作已无法满足企业经营发展的需要，财务岗位迫切需要高效率、懂数据的高技能人才。国家对财会工作的信息化转型提出了明确指示：将加快数字化转型，支撑会计职能拓展，推动会计信息化工作向更高水平迈进。自动化办公、数据分析、信息采集等方面的应用早已不是程序员的专属工作了，这些早已成为各行各业人人都得会的职场必备技能，而 Python 正好满足了所有要求。

所以说，同学们在选择工作时，如果已经掌握了一些工作技能，会利用数据去分析业务，利用自动化办公小程序帮助公司节约人力成本，那你将成为 HR 眼中的“香饽饽”。

知识准备

1. 2. 1　Python 语言概述

1. Python 的起源与发展

（1）Python 语言的起源

Python 的创始人为吉多·范罗苏姆(Guido van Rossum)，起源于 1989 年的圣诞节期间，吉多·范罗苏姆为了在阿姆斯特丹打发无聊的圣诞节假期，决定开发一个新的解释程序，作为 ABC 语言的一种继承。ABC 是由吉多参与设计的一种教学语言，是专门为非专业程序员设计的。但是 ABC 语言并没有成功，吉多认为是非开放造成的。吉多决心在 Python 中避免这一错误，并取得了非常好的效果。1991 年，第一个 Python 解释器诞生，它是用 C 语言实现的，能够调用 C 语言的库文件，并具备基础的类、函数、异常处理等功能特性，同时具备很强的拓展性。

Python 语言的魅力在于让程序员可以花更多的时间用于思考程序的逻辑，而不是思考具体的实现细节。Python 提供了丰富的第三方库，实现或封装了很多功能，这又进一步提高了 Python 语言程序开发的效率。

（2）Python 语言的发展

Python 从诞生一直更新到现在，经历了多个版本。截至目前，官网仍然保留的版本主要是 Python2. x 和 Python3. x 系列，Python2. 7 是 Python2. x 系列的最后一个版本，已经停止开发。另外，Python3. x 系列比 Python2. x 系列更规范统一，去掉了某些不必要的关键字与语句。由于 Python3. x 系列支持的库越来越多，开源项目支持 Python3. x 的比例已大大提高。

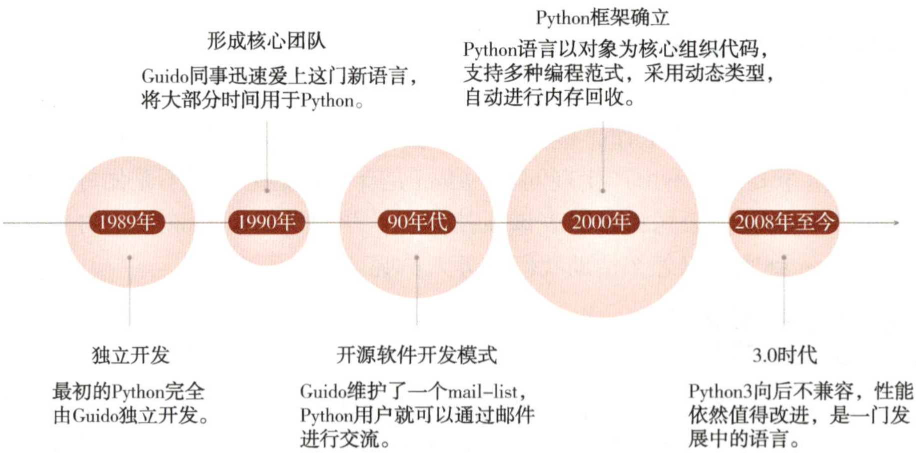

2. Python 编程语言特点

Python 语言是一门计算机高级语言，它具有高级语言的共同特点：

① 高级语言结构和计算机本身的硬件及指令系统无关；

② 高级语言可阅读性更强，能够方便地表达程序的功能，更好地描述使用的算法；

③ 高级语言更容易被初学者掌握，很容易学习；

④ 因为高级编程语言是一种编译语言，所以它的运行速度比汇编程序慢；同时因为高级语言比较冗长，所以代码的执行速度也慢一些。

同时，Python 语言也具有自己的特点。

Python 语言的优点：

① 简单。Python 是一种代表简单主义思想的语言，阅读一段 Python 程序就像在阅读一篇文章，这使开发者能够专注于解决问题而不是去搞明白语言本身。

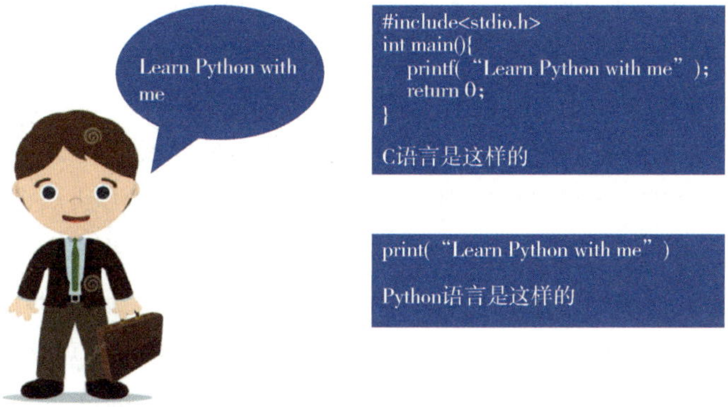

② 易学。Python 有极其简单的语法，开发同样的功能，使用其他语言可能需要上百行代码，而 Python 只需几十行代码就可以轻松搞定。

③ 免费、开源。Python 是 FOSS(自由/开放源代码软件)之一，代码开发者会将程序源代码在社区公开，供全球有需要的人学习与使用，使用者可以自由地发布这个软件的拷贝、阅读它的源代码并对其进行修改。

④ 可移植性。由于其开源本质，Python 已经被移植在许多平台上，例如 Linux、Windows、FreeBSD、Macintosh、Solaris、OS/2、Amiga、AROS、AS/400、BeOS、OS/390、z/OS、Palm OS、QNX、VMS、Psion、Acom RISC OS、VxWorks、PlayStation、Sharp Zaurus、Windows CE 等。

⑤ 解释性。C/C++语言在执行时需要经过编译，生成机器码后才能执行。Python 直接由解释器执行，不再需要担心如何编译程序、如何确保连接转载正确的库等，这使得 Python 的使用更加简单。也就是说 Python 语言是一门解释性语言，即计算机在执行代码时是边解释边执行的，如果遇到有问题的代码，程序会停下来，待编程者修改后再继续执行，有利于代码排错与修改。

⑥ 面向对象。Python 从设计之初就是一门面向对象的语言。在面向过程的语言中，程序是由过程或仅仅是可重用代码的函数构建起来的。在面向对象的语言中，程序是由数据和功能组合成的对象构建起来的。对象是什么？非计算机专业的我们，暂且将其简单地理

解为 Python 语言的一种描述世界万事万物的方式。在 Python 的世界，万事万物都是“对象”，不同的“对象”拥有不同的属性和行为方式，属性和行为可以横向不断地丰富与拓展；“对象”也有父子般的血缘关系，通过父生子，子又生子的方式，“对象”可以纵向不断地丰富与拓展。比如，Python 将 Excel 工作表看作一个“对象”，它的属性有工作表名、动态性等，它的行为方式有打开、保存、关闭、重命名表名等。在一个工作表对象下，还会有“行对象”“列对象”“单元格对象”等，这些对象又都有各自的属性与方法。只要我们知道这些对象的属性与方法，就可以通过 Python 去操作它们。

⑦ 可扩展性。Python 程序员可以快速使用 Python 写 .py 文件作为拓展模块。但当性能是考虑的重要因素时，Python 程序员可以深入底层，写 C 程序，编译为 .so 文件引入 Python 中使用，可扩展性强。

⑧ 可嵌入性。用户可以把 Python 嵌入 C/C++程序，从而向程序提供脚本功能。

⑨ 丰富的库。Python 提供丰富的标准库，包括正则表达式、文档生成、单元测试、线程、数据库、网页浏览器、CGI、FTP、电子邮件、XML、XML-RPC、HTML、WAV 文件、密码系统、GUI、Tk 以及其他与系统相关的丰富的库，程序员可以直接调用。库是什么？它的作用是什么？我们可以用以下例子来说明它，而不是仅仅解释什么是库。

数据分析是财务人员一项常见的工作，在数据分析时常常用到众多统计方法，如求和、求平均数、求方差、求标准差、多变量分析、回归分析等，这些方法在 Python 中被封装成函数，再分类存放在不同的模块中，用途相同的模块集合在一起，形成了库。Python 常用于数据科学的库有 NumPy 库和 Pandas 库，这些库中的函数与方法就像一个个可用于数据分析的工具，只要你掌握了工具的使用方法，就可以轻松应对数据分析工作。

所以，使用 Python 语言的非计算机专业人士其实是使用 Python 的函数与方法，而计算机程序开发人士使用 Pyhton 语言开发各种函数和方法，即非计算机专业人士是工具的应用者，计算机程序开发人士是工具的创造者。

Python 语言的缺点：

① 翻译耗时。Python 是解释型语言，代码执行时会一行一行地翻译成 CPU 能理解的机器码，当代码非常庞大时，翻译过程非常耗时。

② 不能加密。Python 程序是源代码，不能加密，而 C 语言不用发布源代码，只需把编译后的机器码发布出去。

3. Python 的应用领域

（1）Web 开发

Python 语言支持 Web 网站开发，比较流行的开发框架有 Flask、Django 等。许多大型网站就是用 Python 开发的，例如 YouTube、Google、金山在线、豆瓣等。

（2）网络爬虫

Python 语言提供了大量网络模块用于对网页内容进行读取和处理，如 urllib、cookielib、httplib、scrapy 等。同时，这些模块结合多线程编程及其他有关模块可以快速开发网页爬虫之类的应用程序。

(3) 科学计算与数据可视化

Python 语言提供了大量模块用于科学计算与数据可视化，如 NumPy、SciPy、SymPy、Matplotlib、Traits、TraitsUI、Chaco、TVTK、Mayavi、VPython、OpenCV 等，这些模块涉及的应用领域包括数值计算、符号计算、二维图表、三维数据可视化、三维动画演示、图像处理及界面设计等。

此外，Python 语言在系统编程、GUI 编程、数据库应用、游戏、人工智能等领域被广泛应用。

1.2.2 Python 语言在财务领域的应用及发展

我们把 Python 语言看成一个工具，这个工具可以帮助我们做什么？在此，我们可以将 Python 语言在财务领域的应用归纳为以下几个方面。

1. 财务数据采集与整理

随着技术的日新月异，财务领域中的大部分核算类工作已经被财务核算平台及财务机器人替代，财务人员更多的精力被投入管理工作中，管理工作的内容多数是对业财数据进行分析，并将分析结果作为决策的依据。数据分析的基础就是企业内部的业财数据和外部的公开数据。

在认识数据的采集与整理前，我们先来认识一下数据本身。

数据是数字化的证据和依据，是事物存在状态或者发展过程的数字化记录，是事物发生和发展留存下来的证据。

数据的形态随着技术的进步越发丰富，有结构化数据、半结构化数据和非结构化数据。结构化数据都有固定的字段、固定的格式，方便程序进行后续取用与分析，常见的结构化数据有二维表类型的数据、存放在关系型数据库中的数据。半结构化数据是数据形态介于结构化数据与非结构化数据之间的数据，此类数据具有字段，可以依据字段进行查找，使用方便，但每笔数据的字段可能不一致。非结构化数据是数据结构不规则或不完整、没有预定义的数据模型，不方便用数据库二维逻辑表来表现的数据，包括所有格式的办公文档、文本、图片、HTML、各类报表、图像、音频和视频信息等。

以往，财务人员处理的数据多为结构化数据，但随着产业数字化转型和升级，传统财务向数字财务、管理会计、业财融合方向发展，财务领域涉及的数据形态越来越多，非结构化数据越来越受到人们的重视，并产生非结构化数据中台，非结构化数据中台的价值主要体现在业务价值和技术价值上，业务价值是指赋能企业业务与商业模式创新的价值，技术价值指低成本实现数据治理及复用产生的价值。

企业数据主要来自企业内部和企业外部。内部数据通常存放在本地计算机、本地服务器或企业购置的云端存储设备上，一般有 Excel 工作簿数据、企业内部平台数据、数据库数据和通过物联网技术收集的数据。外部数据主要来自政府、企业、非营利性组织对外公开的数据。

2. 财务数据分析

财务领域存在丰富的数据分析场景，作为天天与数字打交道的工作人员，财务人员需要处理大量的数据计算工作，如资金需要量分析、投资分析、成本分析、报表分析等。数据分析的材料是数据，数据分析的方法主要是统计学中的方法，在数据材料的基础上应用一定的统计方法可以得到一定的分析结果。我们既可以使用 Excel、财务分析软件等工具按既定的统计方法规则逐步计算得到分析结果，也可以使用 Python 实现数据分析。但 Python 功能更加强大，它能将杂乱的财务数据可视化为动态图表，及时跟踪并自动调整数据，直观展示财务情况，降低财务人员工作难度的同时，提高数据准确性，为领导和业务部门的决策提供准确参考。

3. 财务数据可视化

数据可视化是指借助图形可视化手段，清晰有效地传达与沟通信息，使用户能够快速地识别模式。数据可视化与信息图形、信息可视化、科学可视化和统计图形密切相关，数据可视化实现了成熟的科学可视化领域和信息可视化领域的统一。

对于财务领域的数据可视化，我们可以使用 Python 的第三方库 Matplotlib 库、Seaborn 库、Pyecharts 库等，这些库能绘制财务领域常用的图像，比如直方图、折线图、饼图、气泡图、箱体图、堆叠图、散点图等。

当会计人员需要将财务报表、价格、销售额等信息展示给决策者时，Python 可以将这些信息输出成数据可视化大屏，帮助会计人员进行有效的财务分析和规划。这对于提升会计人员的专业度和决策支持能力非常重要。

4. 财务建模

虽然 Python 的 Pandas 库和 NumPy 库包含很多数据分析模型，但一些财务领域的模型，如财务管理的企业战略分析（Enterprise's Strategy Analysis）模型、会计分析（Accounting Analysis）模型和财务报表分析（Financial Statements Analysis）模型，成本管理的标准成本法下成本分析模型、采购成本分析模型，管理会计的 SWOT 分析、KPI 分析等或基于企业真实业务构建起来的模型，可能需要“定制”，用 Python 语言就可以自由构建模型。

当然，过于复杂的模型，一般不会由财务人员直接开发，而是由财务人员与程序开发人员共同开发，财务人员的主要任务是提出需求，程序开发人员的主要任务是完成代码开发。正是因为在将来的工作中，出现跨专业人员协作的工作场景越来越多，所以财务人员也要具备基本的程序知识与技能，才能适应现在或未来的工作岗位需求。

5. 财务工作自动化

财务工作中存在大量重复、枯燥、低值的工作场景，如发票处理、报表生成、Excel 表格数据汇总、对账单制作并发送电子邮件、银行存款余额调节表编制、查找数据、对比合同、自动更新 Excel 表格、提取 pdf 图片等。这些工作往往涉及多种文件或软件，重复操作多且容易出错。使用 Python 可以自动识别发票信息、生成报表，极大地提高了工作效率。例如，Python 可以自动识别发票信息并生成表格，处理大量发票名称的修改等，这些自动化流程能够有效减轻会计人员的工作负担。同时，Python 拥有众多操作 Word 格式文件、Excel 格式文件、pdf 格式文件、ppt 格式文件、电子邮件等的库，能帮助财务人员实现财务工作的自动化，提高工作效率并减少工作中的失误。

6. 提升会计人员的综合素质

编程需要良好的逻辑思维和解决问题的能力，这些能力在会计工作中同样重要。通过学习 Python，会计人员可以培养自己的逻辑思维能力和解决问题的能力，从而提高自身的综合素质。

最后，随着企业数字化转型的加速，对技术人才的需求不断增加。具备 Python 技能的财务人员不仅在传统财务领域有更多发挥空间，还能参与到企业的数据分析、数据挖掘等项目中，为企业创造更大价值。

任务实施

Python 对财务工作人员而言，具有多重用途，主要表现在自动化财务流程、数据分析与处理、构建预测模型、投资组合优化等方面。Python 作为一种强大的编程语言，其简洁的语法、强大的库支持，使得非编程专业的财务工作人员也能相对容易地掌握并应用于日常工作中，从而提升工作效率和决策质量。

特别是在自动化财务流程方面，Python 能有效减少财务人员在数据收集、清洗及报表生成等方面的工作量。通过编写简单的 Python 脚本，可以自动化处理重复性高、易出错的财务数据入账、校对等任务，显著提高工作精确度和效率。具体如下：

① 财务领域，许多日常任务都是重复且消耗时间的，比如数据录入、发票处理、报表生成等。Python 通过其各种库可以自动化这些任务，节省大量时间，并减少人为错误。

② 对于财务人员来说，掌握 Python 能够帮助他们更好地理解数据背后的财务状况和趋势。利用 Python 进行数据清洗、数据可视化等操作，可以帮助财务人员迅速识别数据中的问题和机会，为决策者提供有力的数据支持。

③ 在预算编制、财务规划和风险管理等方面，构建准确的预测模型对于财务人员而言至关重要。

④ 在财务报告的准备过程中，Python 的自动化能力可以帮助财务人员根据需要快速生成自定义报表。利用 Python 对数据的处理能力，财务人员可以从大量杂乱的财务数据中提取有用信息，生成清晰、准确、美观的财务报告，大大提高报告的质量和可读性。

⑤ 通过 Python 可以构建模型，对各种财务风险进行量化和评估。比如，利用历史数据来预测信贷风险、市场风险等。这种基于数据和模型的风险评估方法，比传统的直觉和经验判断更加科学、准确。

⑥ 随着监管要求的提高，财务合规性变得越来越重要。Python 可以帮助财务人员自动化进行合规性检查，比如检查报告的准确性、审计跟踪的完整性等。这样不仅提高了合规性检查的效率，还降低了因疏漏造成的合规风险。

任务小结

通过学习 Python，财务工作者不仅可以提高自身工作的效率和质量，还能够拓宽自己的职业道路，为未来的发展增添更多可能性。随着技术的不断进步，编程已经成为财务领域的一项重要技能，掌握它将使财务工作者在这个数字化时代保持竞争力。

项目总结

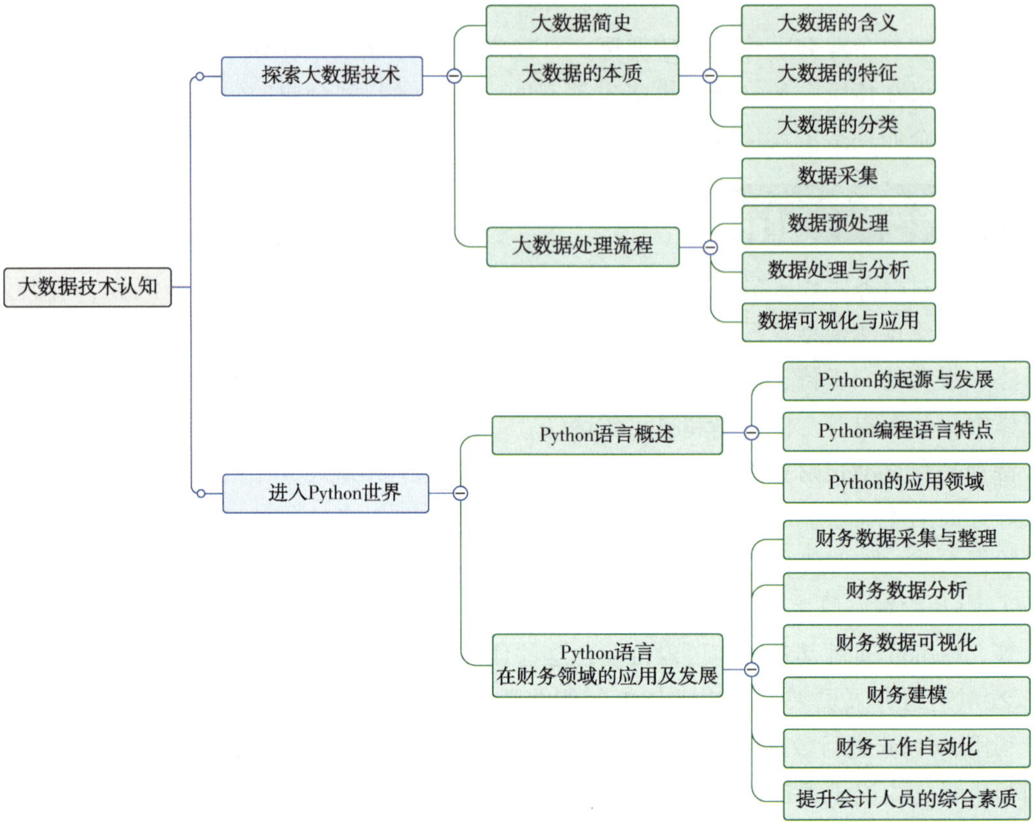

课后实战

1. 请描述 Python 语言的特点。
2. 请简述大数据处理流程。
3. 请说出一个常用的数据可视化 Python 库。
4. 请举例说明 Python 语言在财务工作中的应用方向。

项目二　财务大数据开发环境搭建

在数字经济时代，数字财务产业链的业务和财务基础数据共同构成一个数据生态体系，如何对这些信息进行有效分析与判断，挖掘数据背后深层次的含义，是财务数据分析面临的巨大挑战。Python 以清晰的结构、简洁的语言和快速的处理能力成为分析财务大数据的首选工具，而搭建及配置相对应的信息环境则可以保证 Python 的平稳高效运行。本项目以财务人员的视角学习大数据时代企业财务智能化转型新工具——Python 语言，旨在通过在财务人员熟悉的工作场景中搭建适合 Python 程序运行的环境，进而运用 Python 语言解决企业的财务问题，培养学生的 Python 语言应用基础、数据思维和数据管理能力，为 Python 工具在财务领域的进一步应用打下坚实的基础。

通过本项目的学习，掌握 Python 的配置和搭建其运行环境的方法，即 Anaconda 的下载和运用；了解 Python 财务安装方法，还有 Python 工具 Jupyter Notebook 的下载安装方式。

职业能力目标

素质目标： 1. 培养学生计算思维能力、创新能力和分析问题的能力；
2. 培养学生严谨的科学态度和理性思辨的科学精神。

知识目标： 1. 明确 Python、Anaconda 及 Jupyter Notebook 在财务数据分析中的作用；
2. 熟悉 Python 的配置和运行环境搭建过程；
3. 理解 Python、Anaconda 及 Jupyter Notebook 的概念；
4. 掌握 Python、Anaconda 及 Jupyter Notebook 的安装方法。

技能目标： 1. 能够正确且熟练地安装 Python 及搭建其运行环境；
2. 具备自主学习能力和团队协作意识。

课程思政

古人云："凡事预则立，不预则废。"说明做任何事情，事前有准备就可以成功，没有准备就会失败。行事前做好准备工作非常重要，想要学习运用 Python 进行财务分析，就一定要先做好事前准备，在运用编辑器之前，选择适合自己计算机的编辑器并学会如何下载，保证编写代码时有适合的编辑器可以使用，做好准备可以提高运用 Python 进行财务分析的效率。

当代学生在学习或生活的过程中，面对未来的挑战要时刻做好准备，努力学习马克思主义思想，提升自己掌握知识的深度和广度，注重理论联系实际，提升个人职业道德素养和知识技能素养，为未来的学习和工作做好充足的准备。

知识图谱

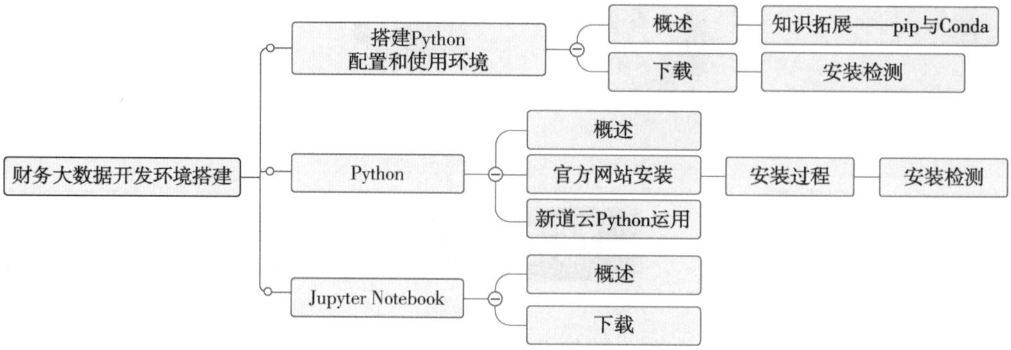

情境案例

诚发公司的数据分析师需要进行企业业务数据处理，生成报告，并通过可视化展示数据趋势，因此公司准备用 Python 程序进行数据分析，在公司的电脑中下载 Anaconda 搭建适合 Python 程序运行的环境，然后再选择适合公司的 Python 开发工具 Jupyter Notebook 进行交互式数据分析和报告撰写。

思考：作为诚发公司的数据分析师，请下载 Anaconda 搭建一个适合 Python 程序运行的环境，完成 Python 的下载，同时选择安装适合数据分析和报告撰写的 Python 开发工具 Jupyter Notebook。

任务一　搭建 Python 配置和使用环境

任务情境

企业是我国经济和社会发展的重要力量，信息数据作为关键的战略资源在全面推动世界经济的迅猛发展方面起着至关重要的作用。在大数据环境下，企业必须借助现代化信息技术手段不断提升企业的管理水平来实现现代化的管理。其中，Python 等相关信息系统能够为企业提供重要的数据来源和决策依据。在使用 Python 前，我们需要先搭建 Python 的使用环境，为后续 Python 的使用提供合适的信息环境，本任务会介绍如何下载官方 Python 版本及其开源版本 Anaconda，还有 Python 的配套工具 Jupyter Notebook 的下载安装，以便于企业在财务系统中更快捷准确地获取相关数据。通过本任务的学习，掌握搭建 Python 使用的环境，即 Anaconda 的下载和运用；了解 Python 及 Jupyter Notebook 的安装方法，进而简单了解如何运用上述软件对数据进行处理和可视化分析。

知识准备

所谓的 Python 环境一般包含特定版本的这些内容：Python Interpreter 解释器、Python

Packet 包和 Utility Scripts 实体脚本，诸如 pip 和 Conda。Anaconda 是在 Conda 上发展出来的，Conda 可以帮助使用者在计算机上安装和管理数据分析相关包，因为 Python 是不包含虚拟环境管理工具的，所以同时运行多个 Python 版本会造成计算机的许多数据混乱和错误，而 Conda 可以帮助使用者为不同的项目建立不同的运行环境；同时很多项目使用的“包”版本不同，Conda 就可以做到为多个项目提供适合它们的“包”版本，而作为包含 Conda 的 Anaconda 是可以便捷获取“包”，且对“包”能够进行管理，同时对环境可以统一管理的发行版本，因为 Anaconda 包含了虚拟环境管理工具，通过虚拟环境可以使不同的 Python 或者开源库的版本同时存在。此外 Anaconda 还可以实现一键安装，不必配置 Python 环境，也不用安装各种常用的库，就可以直接使用，因此对于数据科学来说搭建 Python 配置和使用环境是非常必要的。

当 Python 搭建好后就可以下载安装并运行 Python 语言，Python 其实是一种高级、解释型、通用编程语言，它的语法设计简洁明了，可以在多种运行系统上操作，包括 Windows、Linux、macOS 等。Python 代码在运行时逐行解释执行，无须提前编译。同时 Python 拥有庞大的标准库和第三方库，涵盖了从 Web 开发（如 Django、Flask）、数据分析（如 Pandas、NumPy）、人工智能（如 TensorFlow、PyTorch）到系统运维（如 Paramiko）等多个领域。在数据分析领域占据主导地位，Pandas 和 NumPy 等库提供了强大的数据处理和分析功能。Matplotlib 和 Seaborn 等库则用于数据可视化。

除此以外，Python 是人工智能和机器学习领域的首选语言之一。被广泛用于编写自动化脚本，例如文件处理、系统运维、网络爬虫等。其简洁的语法和强大的库支持使得编写自动化任务变得非常容易。Python 的发展非常迅速，其在数据分析、人工智能、Web 开发等领域的应用不断拓展。随着 Python 的持续更新和优化，它将继续在编程语言中占据重要地位。

1. Anaconda 概述

在 Python 中，写程序的时候经常离不开第三方库，我们称为包。包可以理解成一个工具，我们要通过这个工具去实现所需要的功能。一般使用这个工具的方式就是 import…，import…。

但是 import 初始只能导入 Python 自带的库，第三方库都需要自己通过 cmd 去 pip install 安装，因为 Python 本身是不带很多库的，所以都需要通过 pip 额外安装，这个时候 Anaconda 的作用就显现出来了。Anaconda 是一个免费开源的 Python 和 R 语言的发行版本，用于计算科学（数据科学、机器学习、大数据处理和预测分析），Anaconda 包含了 Conda、Python 在内的超过 180 个科学包及其依赖项。Anaconda 自带很多 Python 库，不用额外去安装，偶尔需要安装的时候通过 Conda install 安装即可，可以为 Python 的使用创造全面的配置和良好的使用环境。

2. Anaconda 的特点

① 开源。Anaconda 是一个开源项目，这意味着它的源代码是公开的，任何人都可以查看、修改和分发。

② 包管理。Anaconda 通过 Conda 包管理系统，可以快速安装、运行和升级包及其依赖项。Conda 支持多种编程语言，包括 Python、R、Ruby、Lua、Scala、Java、JavaScript、C/C++ 和 FORTRAN。

③ 环境管理。Anaconda 不仅是一个包管理器，也是一个环境管理器。它可以方便地在不同环境之间进行切换，这对于需要使用不同版本 Python 包的用户来说非常有用。

④ 跨平台。Anaconda 可以在 Windows、macOS 和 Linux 等多种操作系统上使用，这使得它成为一个非常灵活的工具。

⑤ 社区支持。Anaconda 有一个活跃的社区，提供免费的支持和资源。此外，Anaconda 还提供了商业支持选项，以满足企业级用户的需求。

任务拓展

Conda 和 pip

Conda 和 pip 都是 Python 包的管理器，可用于安装各种 Python 包。其中 Conda 是一个包管理器和环境管理器，我们可以通过命令行来使用它，在 Windows 中是 Anaconda prompt，在 Linux 和 macOS 中是终端。Conda 是一个 Python 项目，但是它支持许多语言，例如 R 语言、Lua 语言等。如果不安装 Anaconda，安装第三方库就必须用 pip install 去安装，当安装的库过多时就会造成文件混乱和繁杂，而且 pip install 方法会默认把库安装在同一路径中，假如制作项目时使用的库是低版本的，但是通过 pip 安装的库是高版本的，由于存在兼容问题，这个库是不能运行该程序的，而且也不能删除高版本的库去安装符合环境的低版本的库，极其烦琐和不便。这时 Anaconda 的作用就显而易见了，其能创建一个虚拟环境，这个虚拟环境和主环境是分开的，互不影响，如果不想再使用这个虚拟环境，可以随时移走删除。那么如何通过 Anaconda 创建虚拟环境呢？就是使用 Conda 这个方法。因此总的来说，在 Anaconda 中 Conda 可以理解为一个工具，也是一个可执行命令，其核心功能是包管理和环境管理。所以对虚拟环境进行创建、删除等操作需要使用 Conda 命令。

pip 和 Conda 的区别主要在于以下几点：

① pip 是 Python 库 library 的默认包管理器工具。pip 除了可以安装 Python 包，还能安装一些非 Python 包。比如 pip 可以安装任何列在 Python packet index 中的包，此时 pip 的优势就体现出来了。

② Conda 则关注 Anaconda 生态下的包。Conda 主要关注 Anaconda 生态下数据科学包的管理，而 pip 关注常规用途的 Python 包。比如，Anaconda 可以管理 NumPy、SciPy、Scikit-learn 等数据科学包，用以加速各种数学计算。但是 Anaconda 并不是万能的，有时也需要 Anaconda 生态外的 Python 包，这时就需要使用 pip 来安装和管理这些包。

PyCharm

PyCharm 是专门用于 Python 程序开发的跨平台集成开发环境（Integrated Development Environment，简称 IDE），是 JetBrains 公司的产品。PyCharm 具备一般 IDE 的功能，比如代码分析、使用编码语法、智能检测等，可实现代码快速补全，帮助用户轻松编写代码，自带 HTML、CSS 和 JavaScript 编辑器，用户可以快速通过 Django 框架进行 Web 开发，集成单元测试，可在一个文件夹中进行各种形式的调试。

任务实施

1. Anaconda 下载及安装

第一步：前往官方下载页面 https：//www. Anaconda. com/products/individual 下载。

选择“Skip registration”即可进入 Download 界面，根据计算机系统和位数选择合适的版本下载，位数可以通过右键单击“此电脑”查看属性，可查看本机属于 64 位计算机还是 32 位计算机。

一般有两个版本可供 Windows 系统选择：Python 3. 6 和 Python 2. 7，选择版本之后根据自己操作系统的情况点击“64-Bit Graphical Installer”或“32-Bit Graphical Installer”进行下载。

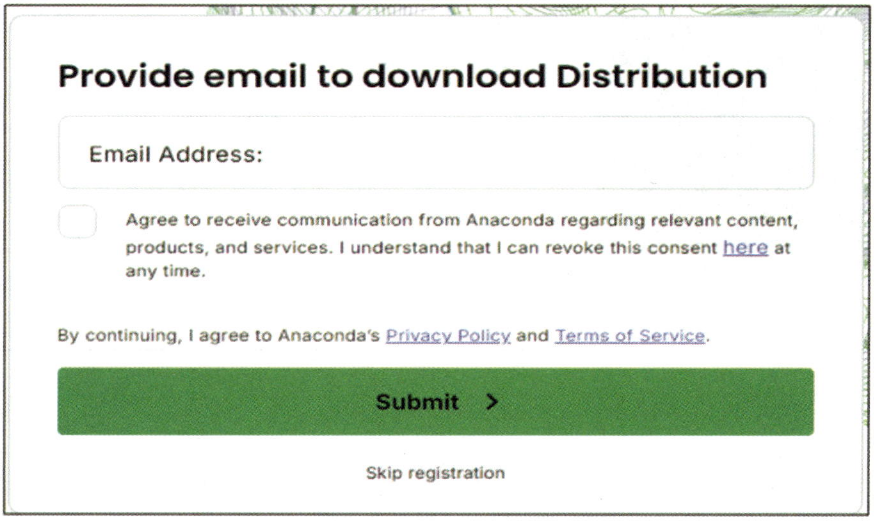

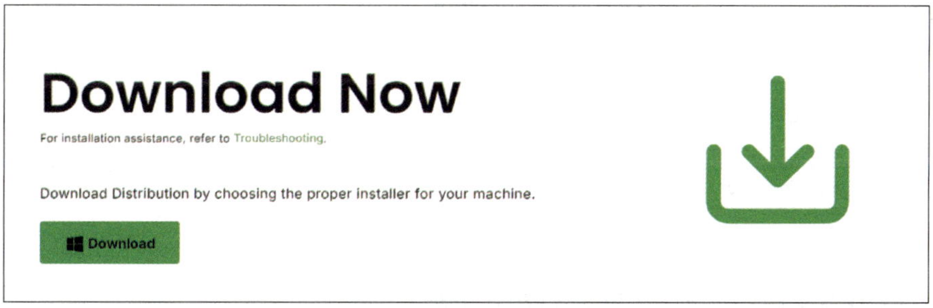

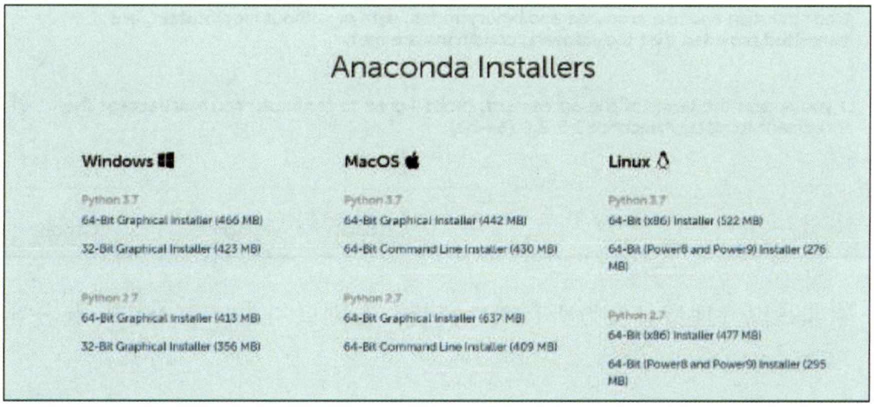

第二步：完成下载之后，双击下载文件，启动安装程序。

第三步：点击“Next”。

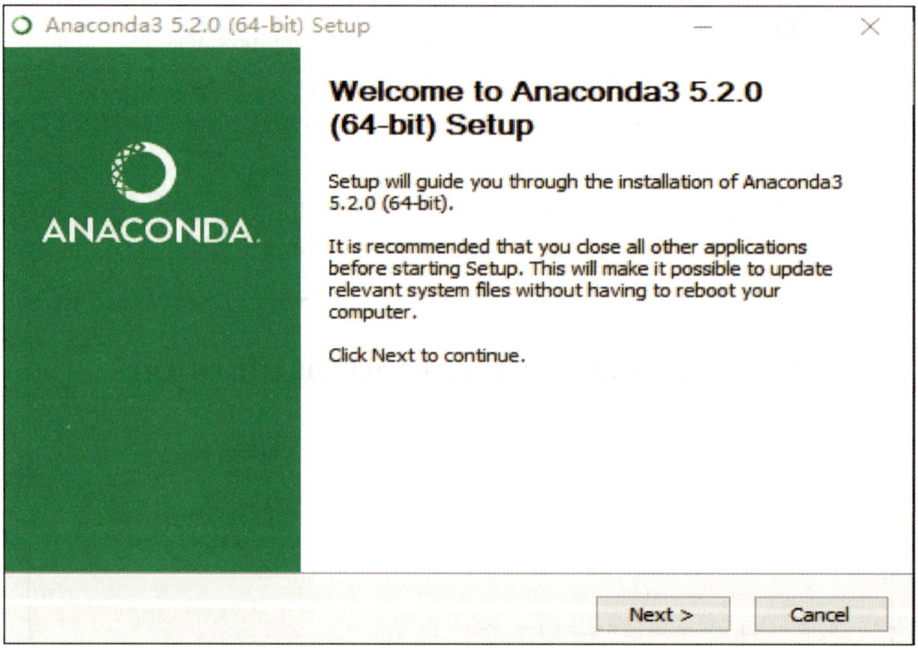

第四步：阅读许可证协议条款，勾选“I Agree”并进行下一步。

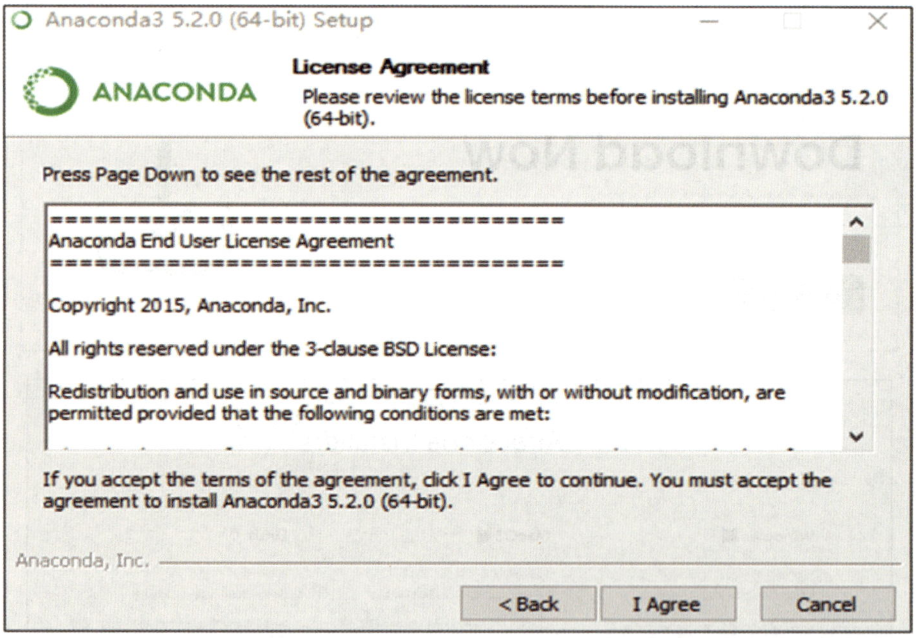

注意：除非是以管理员身份为所有用户安装，否则仅勾选“Just Me”并点击“Next”。

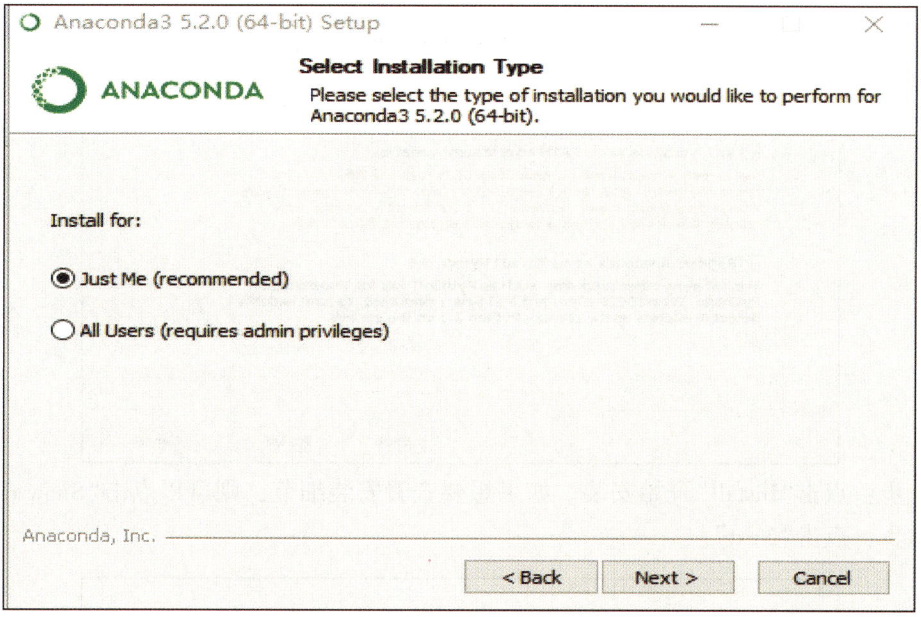

第五步：在“Choose Install Location”界面选择安装 Anaconda 的目标路径，然后点击“Next”。

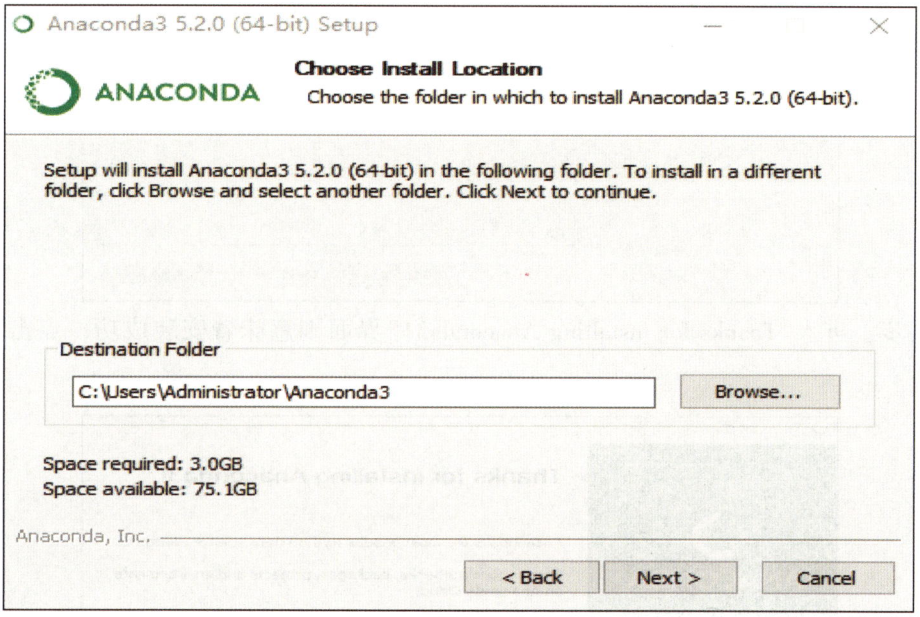

注意：

① 目标路径中不能含有空格。

② 除非被要求以管理员身份安装，否则不要以管理员身份安装。

第六步：在“Advanced Installation Options”中把两项都选上。如果使用 Anaconda，则通过打开 Anaconda Navigator 或者在开始菜单中的“Anaconda Prompt”（类似于 macOS 中的“终端”）中进行使用。

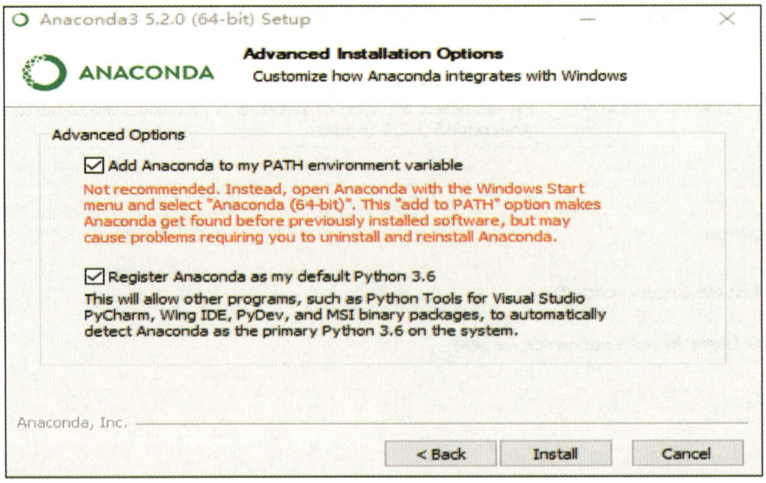

第七步：点击“Install”开始安装。如果想要查看安装细节，则可以点击“Show details”。

第八步：点击“Next”。

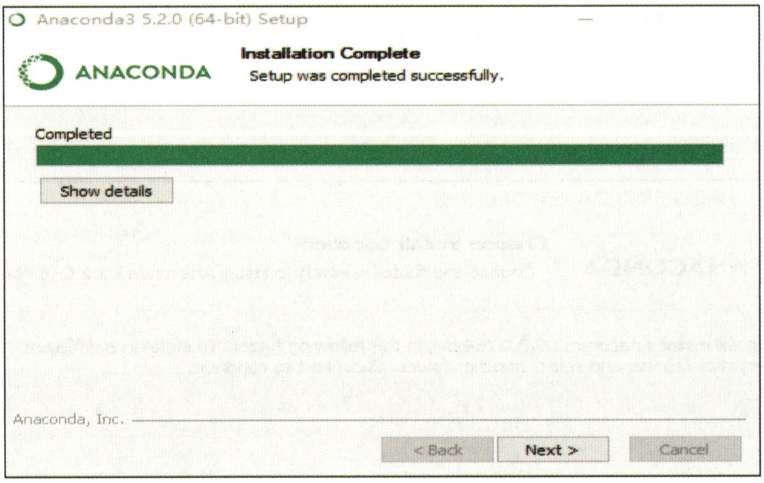

第九步：进入“Thanks for installing Anaconda3！”界面则意味着安装成功，点击“Finish”完成安装。

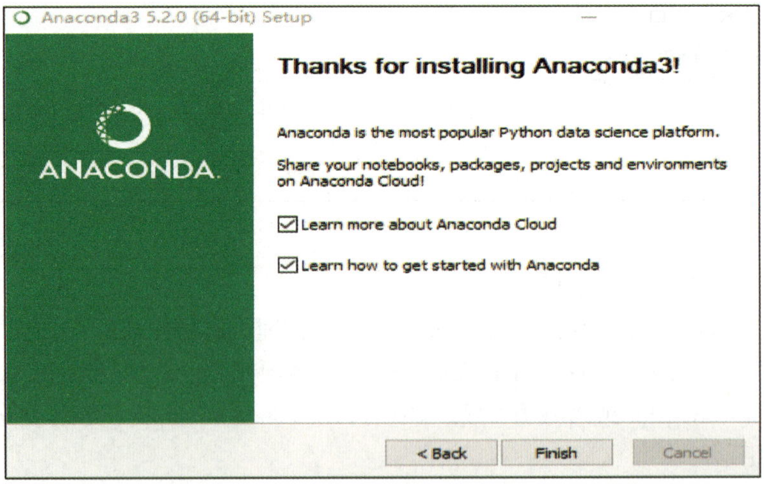

2. 检测 Anaconda 安装

验证安装是否成功，可以采用以下两种方法。

第一种：“开始→Anaconda3(64-bit)→Anaconda Navigator”，若可以成功启动 Anaconda Navigator，在命令界面输入 Python 得到以下界面则说明安装成功。

第二种：“开始→Anaconda3(64-bit)→右键点击 Anaconda Prompt→以管理员身份运行”，在 Anaconda Prompt 中输入 conda list，可以查看已经安装的包名和版本号。若结果可以正常显示，则说明安装成功。

任务二　安装 Python 程序

2.2.1　认识 Python

Python 是一种广泛使用的解释型、高级和通用的编程语言。Python 支持多种编程范型，包括结构化、过程式、反射式、面向对象和函数式编程。它拥有动态类型系统和垃圾回收功能，能够自动管理内存使用，并且其本身拥有一个巨大而广泛的标准库。它的语言结构及面向对象的方法，旨在帮助程序员为小型和大型项目编写逻辑清晰的代码。

Python 的特点：

① Python 的开发效率非常高，它的标准库很庞大，可以处理各种工作，例如文档生成、单元测试、数据库等；

② 当使用 Python 语言编写程序时，无须考虑底层细节；

③ 由于 Python 的开源本质，Python 已经被移植在许多平台上，Python 程序无须修改就可以在几乎所有的系统平台上运行；

④ Python 采用强制缩进的方式使得代码具有极佳的可读性。

2.2.2　安装 Python

第一步：打开 Python 官网 https：//www. Python. org/downloads/。

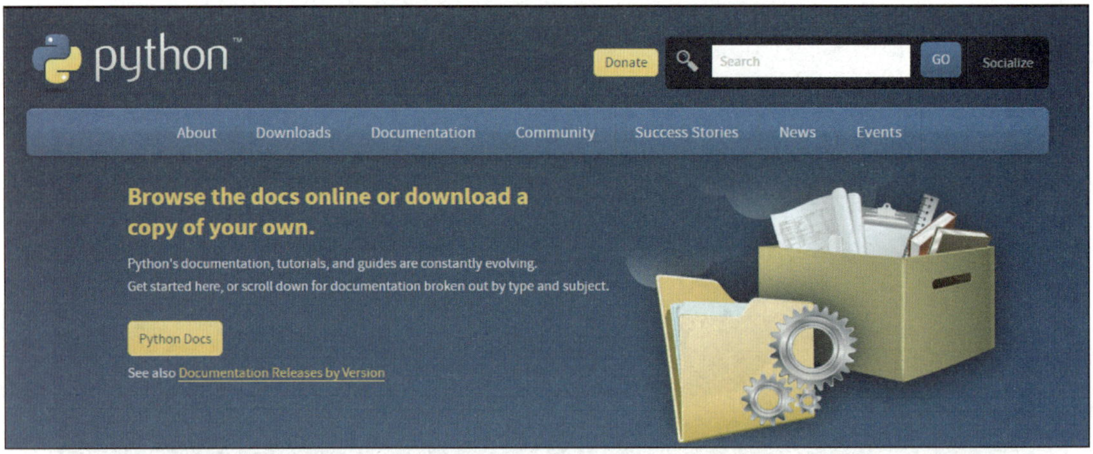

第二步：在 Python 的官网下载 Python 版本，鼠标点击“Downloads”，选择“Windows”，进入下载界面后，可根据计算机位数(32 位或 64 位)选择需要下载的对应版本，也可根据需要下载其他版本。

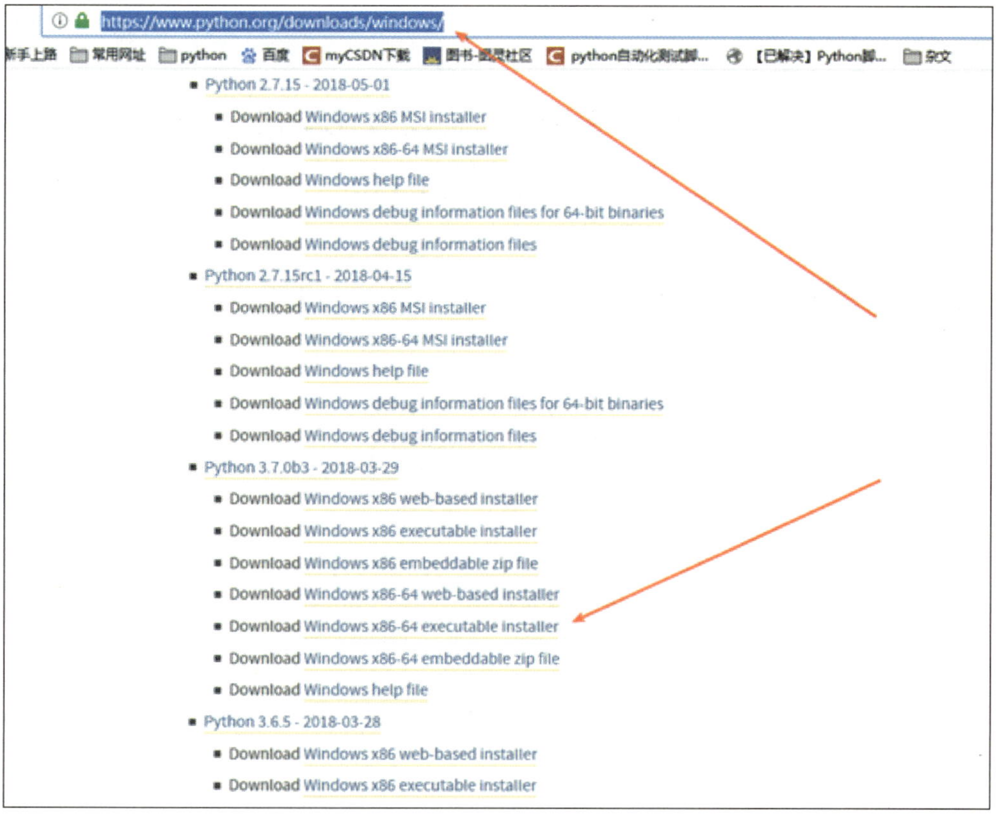

第三步：选择 Python 可执行文件安装包进行下载，安装 Python［以 Python3. 12. 3（64-bit）为例］，下载完成后即可安装下载的 exe 程序，进入安装界面。

注意：安装界面可以选择默认安装，也可以点击"Customize installation"进行自定义安装，根据目录需求选择。

在选择安装路径时，可以把下方的“Add python. exe to PATH”勾选上，这就表示直接默认添加用户变量，后续不用再次添加。

第四步：选好后，直接点击“Install Now”，继续下一步，全部默认选择。

第五步：当出现“Setup was successful”时，则表示安装成功，至此 Python 已成功安装，可以使用。

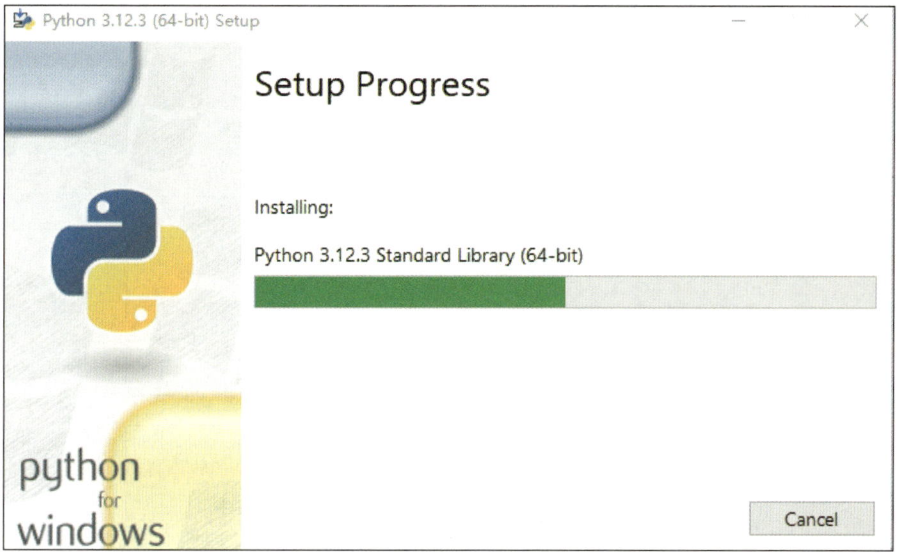

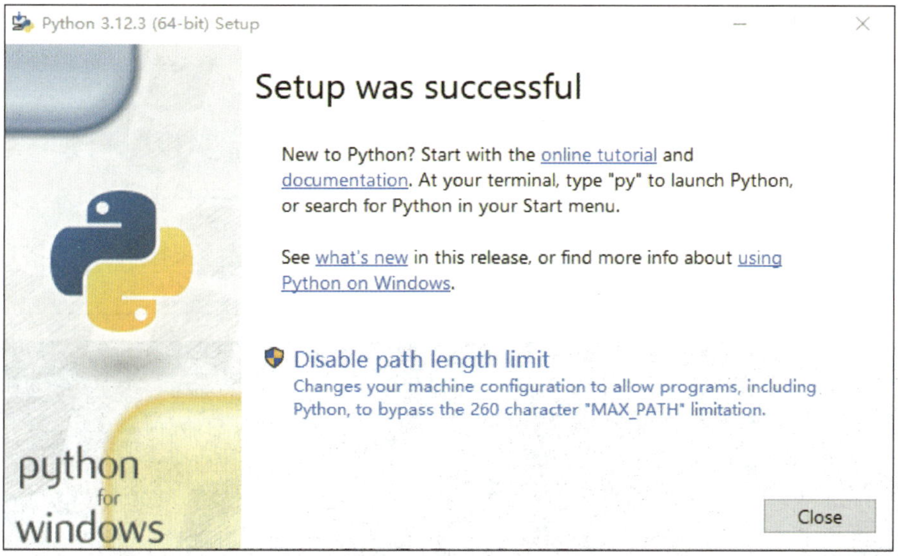

2.2.3 检测安装是否成功

第一种：测试已安装的 Python 能否运行 Python 程序。

点击 Windows 左下角的“开始”按钮，找到 IDLE(Python 3.12 64-bit)，双击运行。

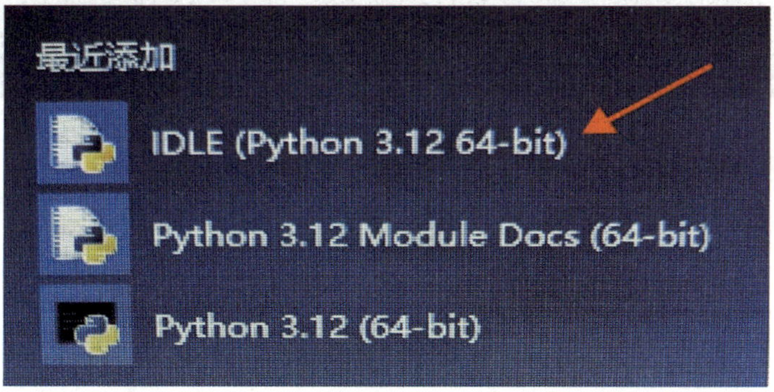

第二种：用 Win+R，在弹出的对话框中输入 cmd，也可运行 Python 程序。

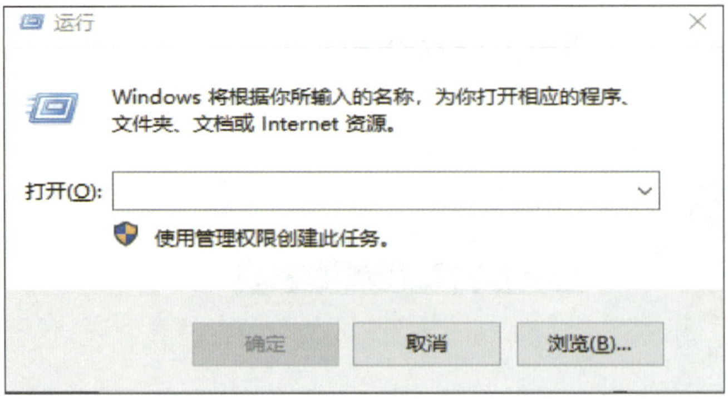

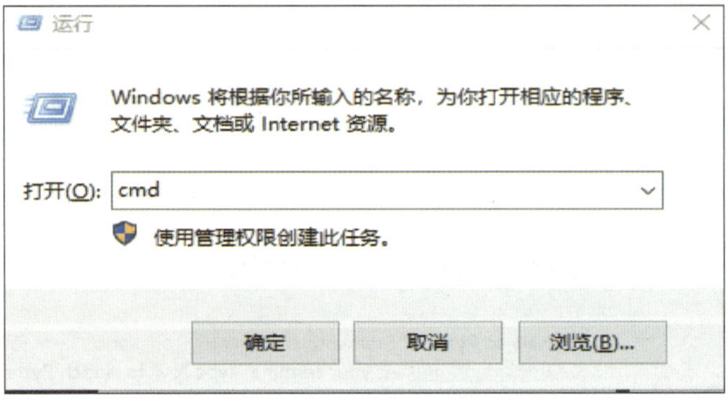

打开 cmd 命令，输入 Python，按下回车键，若显示类似下图，则证明环境搭建成功。

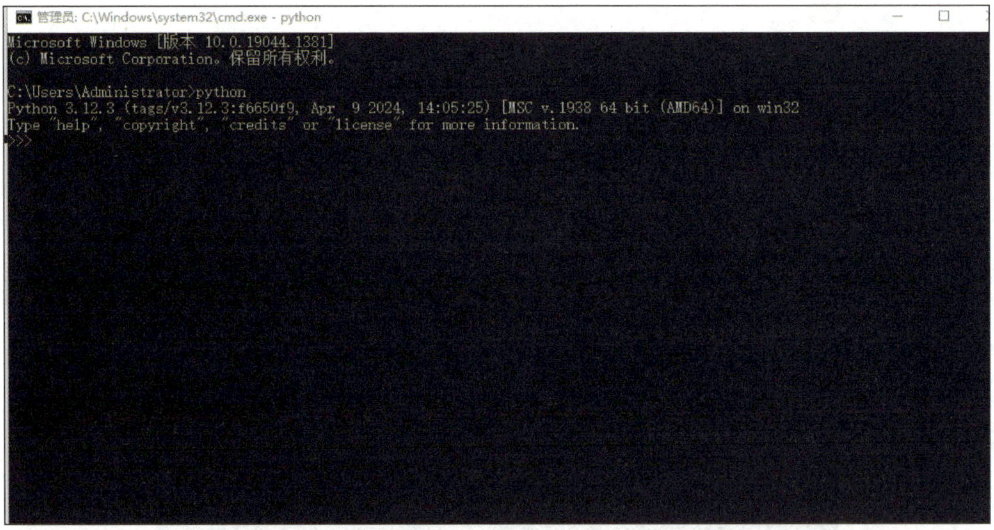

第三种：输入简单的 Python 程序，测试运行情况。

对于大多数程序语言，第一个入门编程代码便是“Hello world”，使用 Python 运行该代码测试运行情况。

输入代码 print("Hello world!")。

以上命令输出结果为“Hello world!”。

如果运行成功，则说明 Python 已经安装成功。

2.2.4　新道云 Python 的使用

第一步：进入新道云网站 https://cloud.seentao.com/open/cscourselist。

第二步：登录新道云，输入用户名及密码，如为新用户可进行注册。

第三步：登录新道云，输入 Python 的课程邀请码，选择 Python 基础课程。

第四步：进入 Python 基础后，选择页面右上角“工作应用”中的“代码编辑器”。

第五步：进入代码编辑器即可输入代码进行操作。

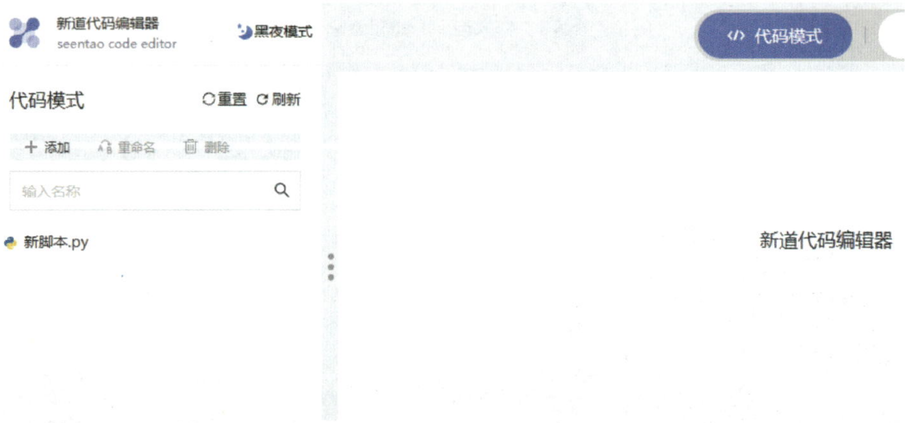

任务三　认识 Python 工具（Jupyter Notebook 工具）

Jupyter Notebook 是 Python 的一个优秀运行环境，它通过提供交互式编程、可视化和文档化等功能，极大地增强了 Python 在数据科学和教学等领域的应用体验。它们之间的关系是相辅相成的：Python 为 Jupyter Notebook 提供了强大的编程能力，而 Jupyter Notebook 为 Python 的使用提供了更便捷和直观的界面。

2.3.1　Jupyter Notebook 定义

Jupyter Notebook 是基于网页的用于交互计算的应用程序，其可被用于全过程计算：开发、文档编写、运行代码和展示结果。简单来说，Jupyter Notebook 是以网页的形式打开，可以在网页页面中直接编写代码和运行代码，代码的运行结果也会直接在代码块下显示。如在编程过程中需要编写说明文档，可在统一页面中直接编写，便于进行及时的说明和解释。

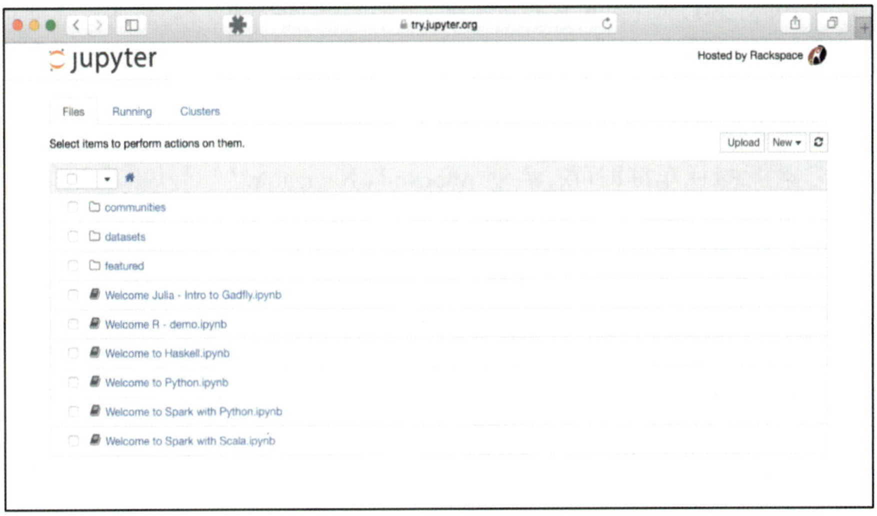

2.3.2 组成部分

1. 网页应用

网页应用是可以实现各种功能的工具。

2. 文档

Jupyter Notebook 中所有交互计算、编写说明文档、数学公式、图片及其他富媒体形式的输入和输出，都是以文档的形式体现的。这些文档是后缀名为 .ipynb 的 JSON 格式文件，不仅便于版本控制，也方便与他人共享。此外，文档还可以导出为 HTML、LaTeX、pdf 等格式。

2.3.3 安装 Jupyter Notebook

安装 Jupyter Notebook 的前提是已安装 Python(3.3 版本及以上)。常规来说，安装 Anaconda 发行版时已经自动安装 Jupyter Notebook。

方法一：在 Anaconda Navigator 安装目录下，找到 Navigator 的可执行文件，通常在“C：\ Users \ wyyy \ AppData \ Roaming \ Microsoft \ Windows \ Start Menu \ Programs”文件路径双击打开即可。

方法二：或者在 Anaconda Prompt(和 Navigator 路径相同)命令行窗口中输入“Anaconda-Navigator”命令，然后按回车键即可，启动 Anaconda Navigator。

方法三：在 Windows 操作系统中，可以在开始菜单中找到 Anaconda Navigator 应用程序的快捷方式，点击打开即可。打开后可以看到这样的界面就表示启动成功。

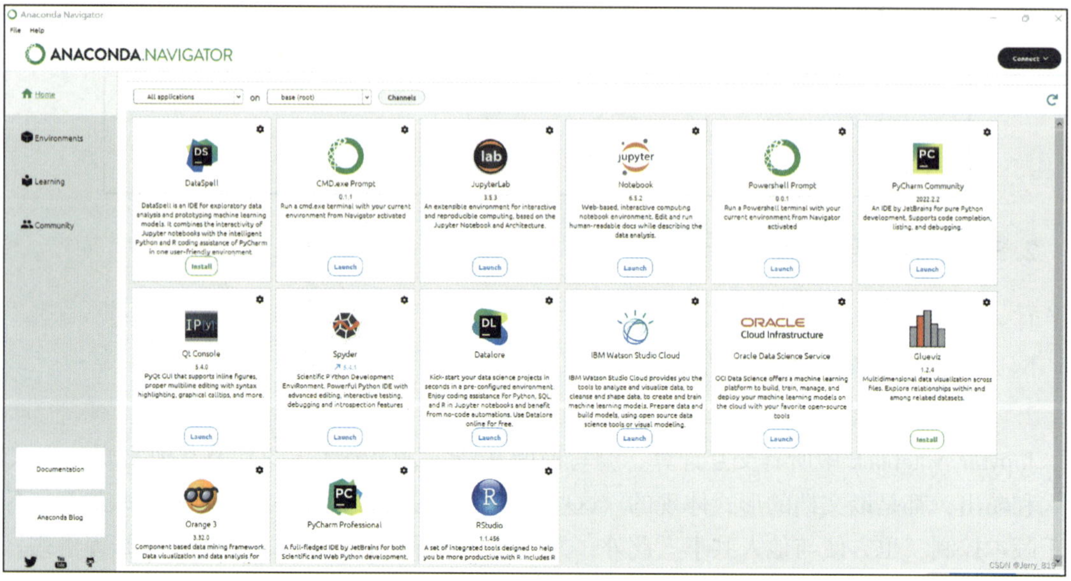

此时点击 Jupyter Notebook 的 Launch 按钮即可。

方法四：如果没有自动安装，那么可以在终端(Windows 的“Anaconda Prompt”)中输入以下命令安装。

```
conda install jupyter notebook
```

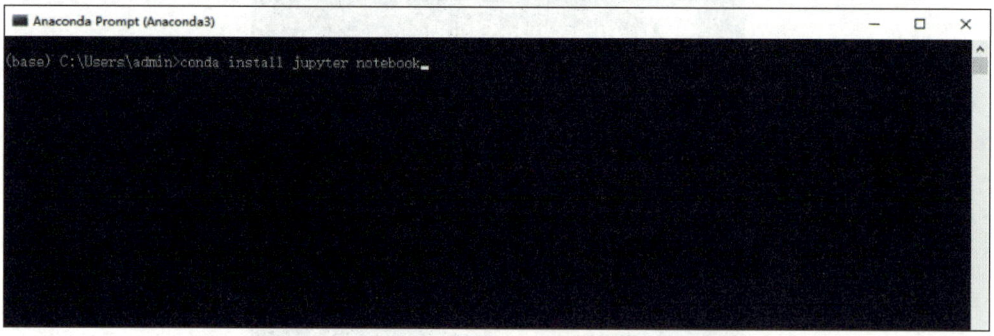

2.3.4　启动 Jupyter Notebook

第一步：在终端口输入“jupyter notebook”。

第二步：执行命令之后，在终端中将会显示一系列 Jupyter Notebook 的服务器信息，同时浏览器将会自动启动 Jupyter Notebook。

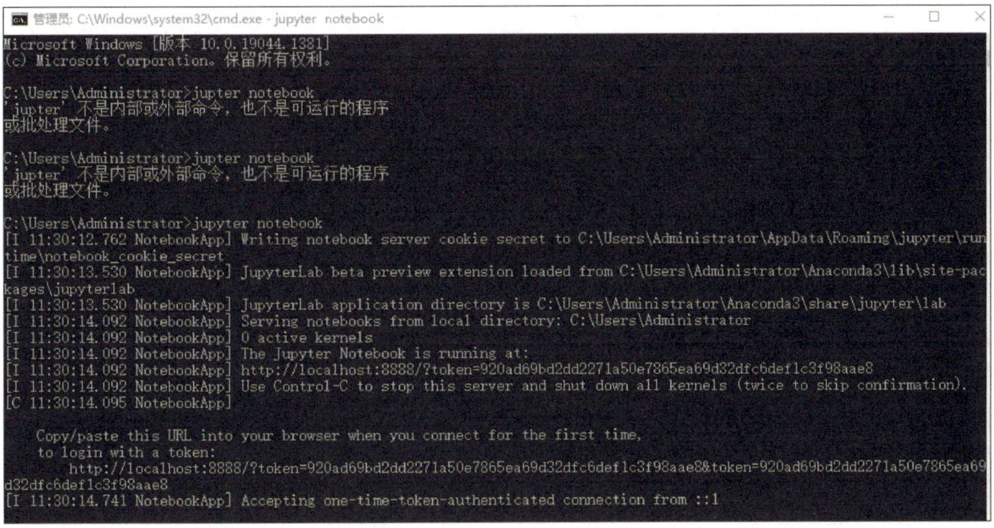

注意：之后在 Jupyter Notebook 的所有操作，都请保持终端开启。一旦关闭，就会断开与本地服务器的连接，将无法在 Jupyter Notebook 中进行其他操作。

2.3.5 设置 Jupyter Notebook 文件存放位置

如果需要修改 Jupyter Notebook 的文件存放路径，直接根据配置文件路径，打开文件就可以查看文件所在位置。

```
C:\Users\Administrator>jupyter notebook --generate-config
Writing default config to: C:\Users\Administrator\.jupyter\jupyter_notebook_config.py

C:\Users\Administrator>
```

第一步：修改保存路径，进入配置文件后查找关键词“c. NotebookApp. notebook_dir”，把该行行首的#删除，然后在后面加上自己想要存放的路径。

```
jupyter_notebook_config.py - 记事本
文件(F)  编辑(E)  格式(O)  查看(V)  帮助(H)
# Configuration file for jupyter-notebook.

#------------------------------------------------------------------------------
# Application(SingletonConfigurable) configuration
#------------------------------------------------------------------------------

## This is an application.

## The date format used by logging formatters for %(asctime)s
#c.Application.log_datefmt = '%Y-%m-%d %H:%M:%S'

## The Logging format template
#c.Application.log_format = '[%(name)s]%(highlevel)s %(message)s'

## Set the log level by value or name.
#c.Application.log_level = 30

#------------------------------------------------------------------------------
# JupyterApp(Application) configuration
#------------------------------------------------------------------------------
```

```
## The directory to use for notebooks and kernels.
c.NotebookApp.notebook_dir ='E:\jupyter'
```

第二步：在终端中输入命令“jupyter notebook”打开 Jupyter Notebook，这时候应该显示其为空的文件夹。

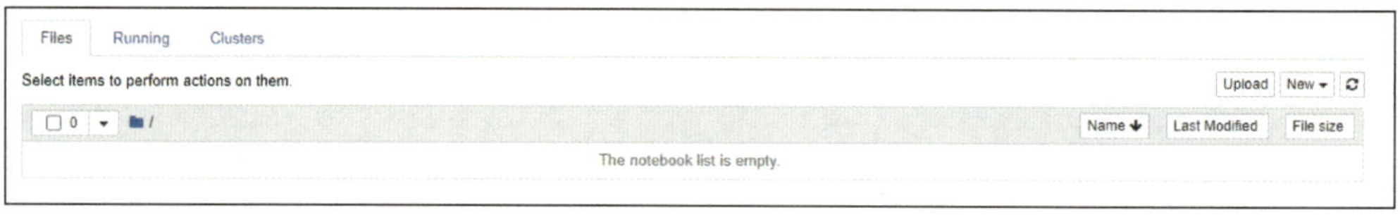

2.3.6 Jupyter Notebook 的使用

Files 页面是用于管理和创建文件相关的类目，对于现有的文件可以直接勾选，进行复制、移动、查看等操作，也可以根据需要，在“New”下拉列表中选择想要创建文件的环境，创建“ipynb”格式的笔记本、“txt”格式的文档、终端或文件夹。

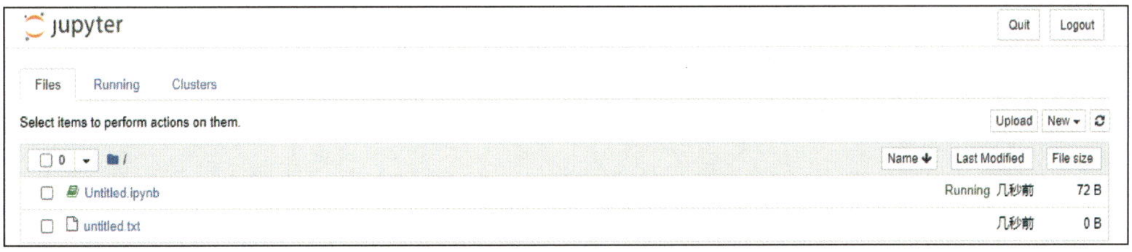

第一步：新建一个 ipynb 文件，将其命名为“notebook”，点击“New”，新建“Python 3”。

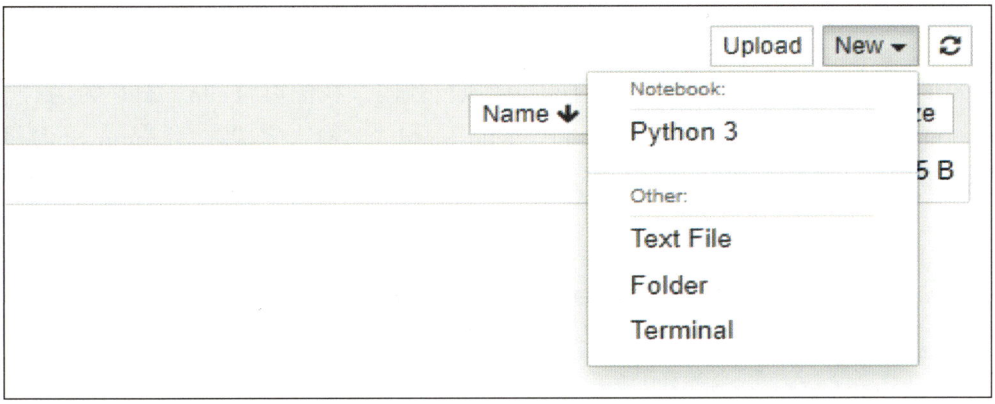

第二步：点击之后，Jupyter Notebook 会在该窗口下自动打开一个新页面，如下图所示。

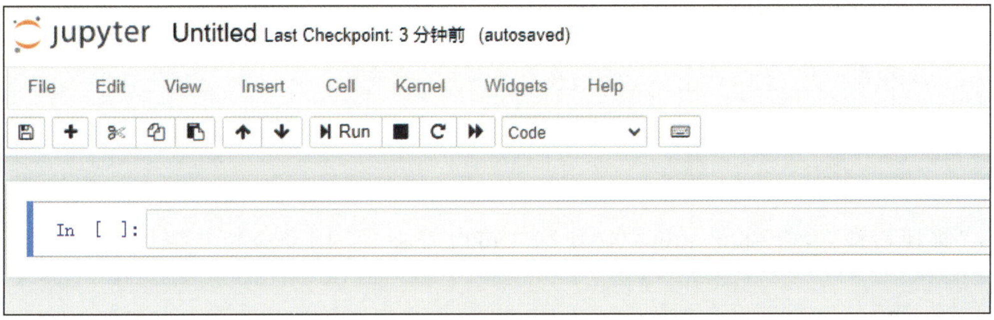

第三步：右键单击选择当前 Jupyter Notebook 显示的文件名“Untitled”，随后出现一个弹窗，即可将该笔记重命名为“notebook”并选择“Rename”，则对该 Jupyter Notebook 重命名成功。

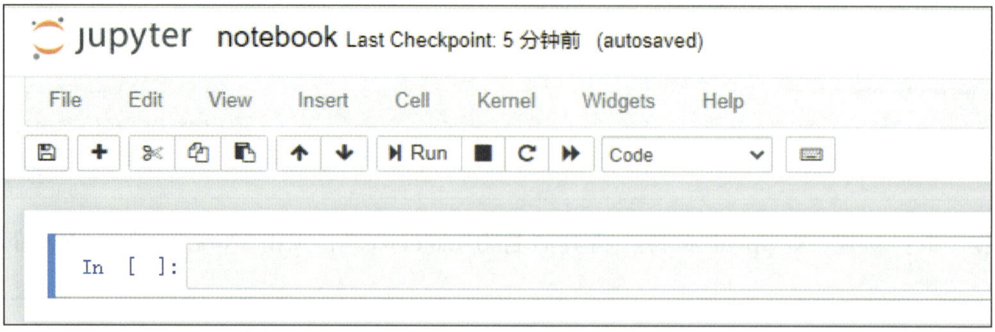

第四步：对 Jupyter Notebook 的使用该如何执行代码，我们以“hello world”为例。

在红框中输入一行 Python 代码：print('hello world')，输入完成之后，print 还是绿色的说明仍处于该输入框的编辑状态，如下图所示。

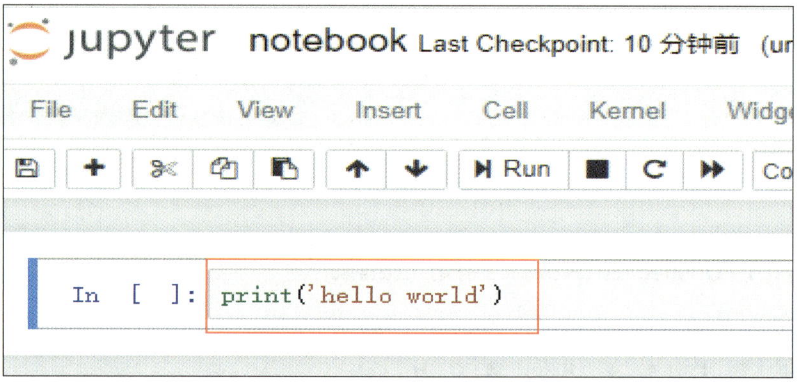

第五步：如有其他执行命令，可以按回车键进行多行编辑。输入完成之后，可以点击“run”来执行或者按“Shift+Enter”键执行，可以看到 In[1]命令执行成功，如下图所示。

课后实战

一、单选题

1. 关于 Anaconda 说法不正确的是(　　)。

A. 它是一个 Python 编辑器

B. 它拥有 Conda 命令

C. 它是一个 Python 集成环境

D. Spyder 属于 Anaconda

2. 下列不属于 Anaconda 主要特点的是(　　)。

A. 包含了众多流行的科学、数学、工程、数据分享的 Python 包

B. 完全开源和免费

C. 支持 Python2.6、2.7、3.4、3.5、3.6，可自由切换

D. 额外的加速和优化是免费的

3. Import 初始只能导入 Python 自带的库，第三方库都需要我们自己通过 cmd 去(　　)安装。

A. pip install　　　　B. Conda

C. Anaconda　　　　D. Jupyter Notebook

4. Anaconda 是一个免费开源的 Python 和(　　)的发行版本。

A. C 语言　　　　B. R 语言

C. Conda　　　　D. pip

5. 下列关于 Jupyter Notebook，说法不正确的是(　　)。

A. Jupyter Notebook 是 Anaconda 集成环境中自带的代码编辑器

B. Jupyter Notebook 是一个网页程序

C. Jupyter Notebook 页面单元格中不仅可以输入代码，还可以输入文字

D. Jupyter Notebook 的 Markdown 单元中只能输入文字

二、多选题

1. 下列属于 Anaconda 特点的是(　　)。

A. 开源　　　　B. 包管理

C. 环境管理　　　　D. 跨平台

2. 下列属于 Python 特点的是(　　)。

A. 开发效率非常高　　　　B. 开源

C. 代码具有极佳的可读性　　　　D. 需考虑底层细节

3. 关于 Anaconda 的说法，正确的是(　　)。

A. Anaconda 是一个用于科学计算的 Python 发行版

B. Anaconda 包含了大量的科学计算和数据分析的库

C. 安装 Anaconda 后无须再安装 Python

D. Anaconda 只能在 Windows 系统上运行

4. 关于 Jupyter Notebook 的特点，正确的是(　　)。

A. Jupyter Notebook 可以在浏览器中运行

B. Jupyter Notebook 支持多种编程语言

C. Jupyter Notebook 中的单元格可以包含代码、文本、图像等内容

D. Jupyter Notebook 只能在 Anaconda 环境中使用

5. 在搭建财务大数据开发环境时，常用的工具和库包括(　　)。

A. Pandas　　　　B. NumPy

C. Matplotlib　　　　D. Tensorflow

三、判断题

1. import 初始只能导入 Python 自带的库。(　　)

2. 安装 Anaconda 后，必须通过命令行启动 Jupyter Notebook。(　　)

3. 使用虚拟环境可以有效避免不同项目之间的依赖冲突。(　　)

4. Jupyter Notebook 仅支持 Python 语言，不支持其他编程语言。(　　)

5. Anaconda 是一个集成了 Python 语言和众多数据分析库的发行版，安装 Anaconda 后可以直接使用 Python 进行数据分析。(　　)

四、实操题

1. 练习从官方网站上下载匹配自己计算机的 Anaconda 安装版本。

2. 练习从官方网站上下载匹配自己计算机的 Python 安装版本。

项目三 Python基础应用

国家对财务人员提出加快数字化转型，支撑会计职能拓展，推动会计信息化工作向更高水平迈进等信息化转型的要求。而 Python 作为一种编程语言，其数据处理、数据分析和可视化等功能，使得其在财务数据采集、挖掘、处理和分析等方面具有不可比拟的优势，可以帮助会计人员深入理解和传达数据背后的逻辑和规律，提高工作效率，因此，Python 语言在财务领域的应用日益增多。为了更好地在财务工作中应用 Python 语言，需要会计人员从 Python 的基础语法和程序控制结构等内容开始学习，掌握控制程序流程、处理数据等基本应用手段，更加高效地处理和分析财务数据，提高工作效率，减少人为错误。因此，本项目详细介绍 Python 的基本语法结构和程序控制结构等内容，帮助会计人员快速掌握 Python 编程基础。

职业能力目标

素质目标： 1. 通过设计程序方案，培养学生良好的程序设计思维与习惯；
2. 通过设置人机交互场景，培养学生数据思维和规则意识；
3. 通过解决实际问题，培养学生举一反三、统筹规划等专业拓展能力。

知识目标： 1. 了解算法及算法的表示方法；
2. 掌握 Python 基本语法结构；
3. 掌握数据的类型及其转换方式；
4. 掌握运算符及其优先级的判断方法；
5. 掌握 3 种基本结构进行程序设计的方法。

技能目标： 1. 能够利用 Python 语句解决简单的财务问题；
2. 能够使用流程图描述解决问题的方法步骤；
3. 能够使用顺序结构、分支结构和循环结构解决实际问题；
4. 能够处理程序的异常操作；
5. 能够综合使用 3 种基本结构解决实际问题。

课程思政

2024 年 7 月 4 日，习近平主席出席了在阿斯塔纳举行的上海合作组织峰会。习近平主席先后出席两场会议，并会见三位外方领导人。“团结协作”是习近平主席重点强调的一个关键词。他说，“团结协作是上海合作组织一路走来的成功经验，也是新征程上应变局、开新局的必然选择。”七年前习近平主席在出席上海合作组织峰会时，引用了哈萨克斯坦一句谚语：“有团结的地方，定有幸福相随。”习近平主席一直都在向世界发出独具东方智慧的中国声音，提出鲜明的中国方案、中国主张，强调当今世界，面对前所未有的危机和挑战，唯有团结协作，方可战而胜之。

随着信息技术的不断发展，Python 作为一门简单、易学且功能强大的编程语言，在软件开发领域中得到了广泛的应用。作为一名财务人员，在应用 Python 语言完成工作任务时，不仅要掌握好 Python 语法和应用技巧，更应该提高团队协作和沟通能力，只有这样才能在遇到困难和问题时，与团队成员积极合作，寻找最佳解决方案。比如，财务人员需要核对采购信息，就需要与产品生产岗位、采购岗位、仓库管理岗位等进行合作，提取有效信息进行核对，保证采购工作顺利进行。在这一过程中，财务人员要善于沟通和协调，主动了解其他岗位的需求和要求，并根据实际情况进行调整和协调。因此，“团结协作”在财务岗位中也是重中之重的一环。

在 Python 程序设计过程中，对于基本语法结构、数据类型、程序控制结构等方面也需要各个要素之间合作，才能实现设计目标。比如在定义变量中，基本语法结构是变量名=变量值，表示把=右侧的数据放到=左侧的空间中，这就需要三个关键要素——变量名、赋值符号“=”和变量值之间的配合，位置、顺序等项目都不允许发生变化，否则系统就会报错。

因此，“团结协作”是保证大数据技术在财务工作中顺利应用的关键因素。

知识图谱

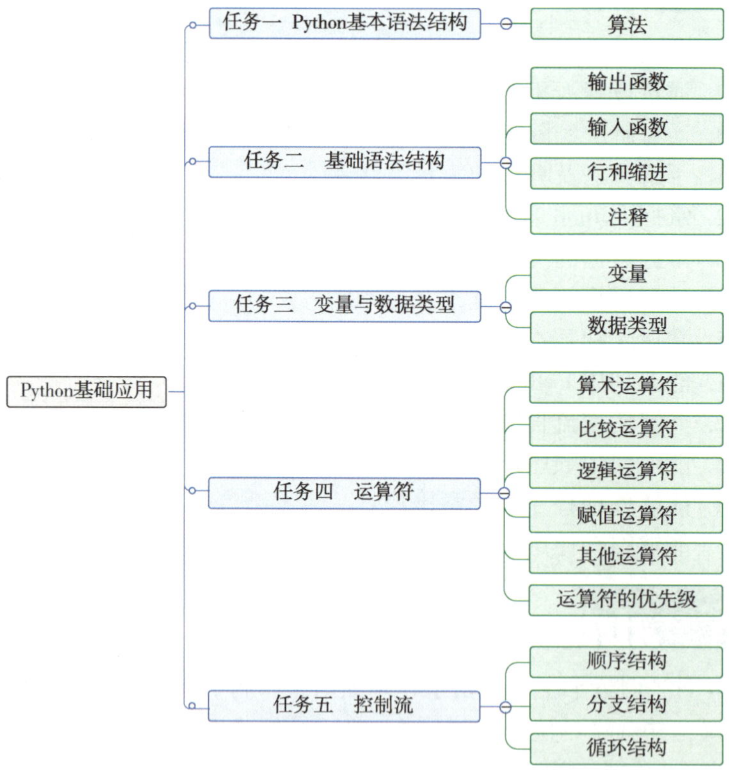

情境案例

诚发公司准备三年之后投资一个项目，该项目需要投入资金 2000 万元，诚发公司想将部分闲置资金进行投资以获得收益，在获得收益的同时还要确保三年后能直接使用这笔资金。现在银行提供了两种理财产品让其选择：

第一种是按照 10%的单利模式计算利息，投入的资金在这三年中可以随时提取。

第二种是按照 11%的复利模式计算利息，但是投入的资金在这三年中不可以随时提取。

思考：作为诚发公司的财务人员，请你编写一个 Python 程序，这个程序可用于在任意收益率、任意理财投资时间和任意期望收益额下，比较需要投入资金的大小，从多个理财方案中选择出较优的投资方案。

注：我们把单利收益规定为 pv，复利收益规定为 fv。

任务一　算法

任务情境

作为诚发公司的会计，请你计算一下将企业闲置资金 10 万元，存入银行三年，按照 10%的单利模式计算利息，三年后，公司可以获得多少利息？

任务分析

单利模式是指每次都是将投资双方初始确认的本金作为计算利息的基数，每次计算的利息并不转入下一次本金中。具体计算公式如下。

单利利息计算公式：F=本金×收益率×投资期数=$P \times r \times n$

本金为 P；利率为 r；投资期数为 n。

注意：投资期数和利率保持同一单位，如利率为年利率，则投资期数为年数。

了解了财务知识后，我们想要将其转换成计算机语言，形成解决方案，就需要了解算法等基本语法结构。

知识准备

在大数据时代，财务人员除了要具有从事财务工作基本的财务思维，还需要具备一定的计算机思维逻辑，需要将财务问题转换成计算机语言，并提出解决问题的方法。比如：我们在填制资产负债表时，需要核对资产期初余额和负债加所有者权益的期初余额是否平衡，这些表内数据勾稽关系可以通过计算机语言编制对应的解决方案，这样有利于提高工作效率和准确性，而这里所说的解决方案就是算法，算法是计算机科学中的基础概念之一，无论是编写一个简单的程序还是开发一个复杂的应用，算法都是不可或缺的。因此，我们以算法开启 Python 基本语言的第一篇章。

3.1.1　算法的含义

算法(Algorithm)是指解题方案的准确而完整的描述，是一系列解决问题的清晰指令，算法代表着用系统的方法描述解决问题的策略机制，也可以被视为一种操作序列，它们接受输入并产生输出。在编程中，算法是将解决方案转化为可执行代码的方法，如果一个算法有缺陷，或不适合某个问题，那么执行这个算法将不会解决这个问题。不同的算法可能用不同的时间、空间或效率来完成同样的任务。一个算法的优劣可以用空间复杂度与时间复杂度来衡量。

3.1.2 算法的特征

一个算法应该具有以下五个重要特征：

① 有穷性(Finiteness)：是指算法必须能在执行有限个步骤之后终止；

② 确切性(Definiteness)：是指算法的每一个步骤都必须有确切的定义；

③ 输入项(Input)：是指每一个算法有 0 个或多个输入，以刻画运算对象的初始情况，所谓 0 个输入是指算法本身定出了初始条件；

④ 输出项(Output)：是指每一个算法有一个或多个输出，以反映对输入数据进行加工后的结果，没有输出的算法是毫无意义的；

⑤ 可行性(Effectiveness)：也称为有效性，是指算法中执行的任何计算步骤都是可以被分解为基本的可执行的操作步骤，即每一个计算步骤都可以在有限时间内完成。

3.1.3 算法的要素

1. 数据对象的运算和操作

计算机可以执行的基本操作是以指令的形式描述的。一个计算机系统能执行的所有指令的集合，称为该计算机系统的指令系统。一个计算机的基本运算和操作有以下四类。

① 算术运算：加减乘除等运算；

② 逻辑运算：或、且、非等运算；

③ 关系运算：大于、小于、等于、不等于等运算；

④ 数据传输：输入、输出、赋值等。

2. 算法的控制结构

一个算法的功能结构不仅取决于所选用的操作，还与各操作之间的执行顺序有关。

3.1.4 算法的表达形式

1. 排序算法：让数据井然有序

在 Python 中，快速排序和归并排序是两种非常典型的排序算法。

① 快速排序：通过分治法的思想，将数组分成两个子数组，然后递归地对这两个子数组进行排序，速度飞快。

② 归并排序：通过将数组分成两半，分别排序后再合并成一个有序的数组，适合大数据量的排序。

2. 查找算法：快速定位目标

当你需要在一个有序数组中查找某个元素时，二分查找算法是个不错的选择，它通过不断将数组分成两半，逐步缩小查找范围，直至找到目标元素或确定目标不存在。这种算法的时间复杂度远低于简单的线性查找，大大提高了查找效率。

3. 搜索算法：探索图与树的奥秘

对于图或树结构的数据，搜索算法显得尤为重要。广度优先搜索（BFS）和深度优先搜索（DFS）是两种常用的搜索算法。

① 广度优先搜索（BFS）：是从根节点开始，逐层遍历所有相邻节点，直至找到目标节点或遍历所有节点。

② 深度优先搜索（DFS）：是沿着一条路径一直向下搜索，直至找到目标节点或到达叶子节点。

这两种算法各有千秋，适用于不同的场景。

4. 动态规划与分治算法：优化解决问题

优化解决问题常见算法有动态规划和分治两种算法。

① 动态规划是一种将复杂问题分解成简单子问题，并存储子问题解的优化技术。它避免了重复计算，大大提高了算法效率。

② 分治算法是将问题分解成更小的子问题，递归地解决这些子问题，然后将它们的解组合起来得到原问题的解。

这两种算法在优化解决问题时非常有效。

5. 贪心算法与回溯算法：试错与最优解的平衡

面对一些试错与最优解问题时，贪心和回溯算法比较常见。

① 贪心算法总是试图在当前状态下做出最优的选择，希望通过局部最优解达到全局最优解。虽然它不保证总能找到最优解，但实现简单、效率高。

② 回溯算法则是一种试错算法，通过尝试所有可能的解决方案来找到问题的解。当发现当前路径不可行时，它会回溯到上一步，尝试其他路径。这种算法虽然耗时较长，但能找到问题的精确解。

任务实施

根据任务要求，编制简单的计算单利的算法。

```
def danli_interes():
    p=100000
    r=0.1
    n=3
    I=p*r*n
    return I
D=danli_interes()
print(f'在单利算法下获得利息{D}元。')
```

执行步骤：

第一步：在新道云中打开新道代码编辑器。

第二步：点击左上角添加，添加一个新的脚本，命名为单利计息。

第三步：输入算法。

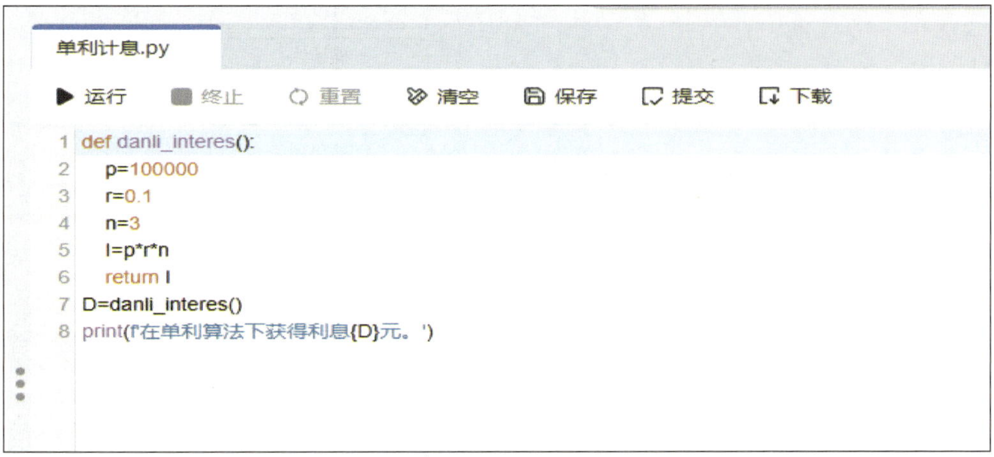

第四步：执行运行，可以看到结果。在单利算法下获得利息 30000.0 元。

任务小结

本任务学习了 Python 基础概念算法，通过算法含义、特征、要素和表达方式等进行讲解。通过本任务的学习，学生能够对 Python 基础应用有一个较为清晰的认知，为后续学习打下良好的基础。

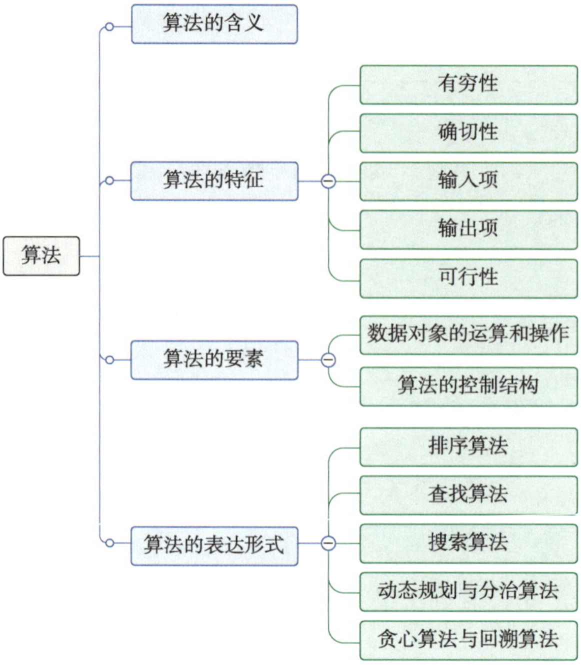

任务二　基础语法结构

任务情境

作为诚发公司的财务人员，请你计算一下将企业变动的闲置资金，存入银行三年，按照10%的单利模式计算利息，三年后，公司可以获得的利息总额。请编制一个基本语法结构，要求输入公司投资的资金总额，并将最终结果输出为，即要求显示输入的提示信息："请输入将要投资的总的金额为:"；将获得的计算结果输出为："在单利算法下获得利息××元。"

任务分析

本任务需要学习 Python 语言中输入和输出函数，将企业变化的投资总额录入系统，根据输入的信息，计算在单利算法下可以获得的利息总额，并将该结果呈现。同时，可以适当地添加注释，或者通过行和缩进等方式进行展示，方便使用和读取的用户能够更好地理解程序展示的内容。

知识准备

Python 是一种高级的编程语言，在财务工作中被广泛应用，作为财务人员，要将自己的需求告诉计算机，就需要进行人机交互，也就是利用 Python 构建人机交互的界面和应用，从而为用户提供更加友好和便捷的体验。

人机交互(Human-Computer Interaction)是指人类与计算机系统之间进行信息交流与互

动的过程，即通过计算机的输入、输出设备，以有效的方式实现人与计算机的对话。

在 Python 中常见的运行模式主要有两种：交互式命令运行和脚本运行。交互式命令运行模式是一种典型的逐行读取执行模式，就是输入交互命令的提示符，每次输入完毕后按回车键，该命令就会被 Python 解析器执行。而脚本运行模式是指创建一个后缀名为 *.py 的脚本文件，将大量的代码编写到该文件中，这样便于代码的维护和更新，之后再使用交互命令执行或 IDE 工具运行即可，当脚本执行完毕，解释器不再有效。本书主要采用交互式命令运行模式。

在 Python 中实现人机交互的一种简单方式是使用内置的 input( ) 函数。这个函数允许用户输入文本，然后将输入的文本作为字符串返回。

3.2.1 Python 输入函数——input( )

Python 程序需要获取用户提供的信息、数据时，需要使用输入函数 input( )。input( ) 函数将用户输入的文本装入一个字符串类型的数据中，作为返回值。input( ) 函数可以带一个字符串类型的参数变量，用以对用户输入进行提示。

1. input 的基本语法格式

input("输入的内容")

注：括号中的内容用于显示提示信息，是一个可选项，在代码运行后会原样显示，提醒用户进行对应的操作，如果没有输入内容，运行后只有光标在闪烁。

[示例 3-1] 请输入“请输入一句话：”。

代码格式如下。

sentence=input("请输入一句话:")

执行步骤如下。

第一步：在新道云中打开新道代码编辑器。

第二步：点击左上角添加，添加一个新的脚本，命名为输入。

第三步：输入代码。将输入的结果赋值给变量 sentence。

第四步：运行代码，显示“请输入一句话：”，在光标闪烁的位置上输入“我是会计”，按下回车键，完成运行。

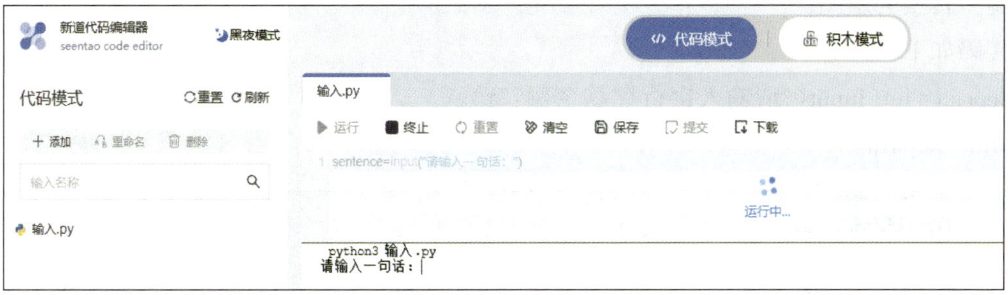

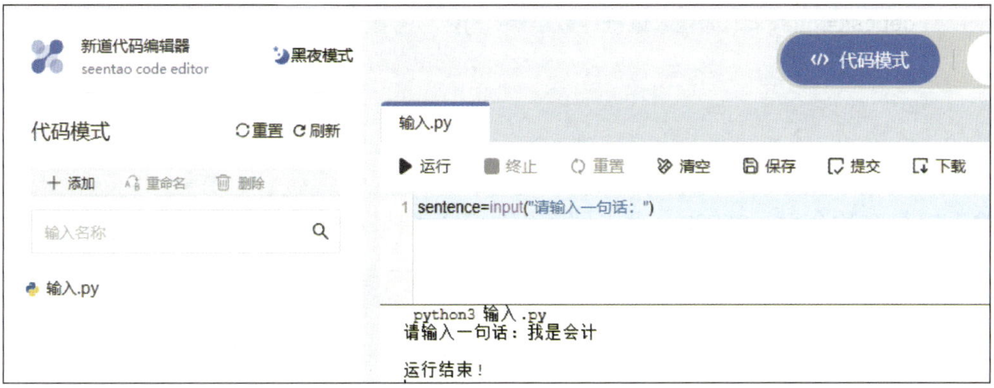

第五步：想要查看 sentence 的具体信息，可以输出 sentence 的内容，输入 print(sentence)，运行代码，在显示“请输入一句话：”后光标闪烁的位置上输入“我是会计”，按下回车键，可以看到输出的结果就是“我是会计”。

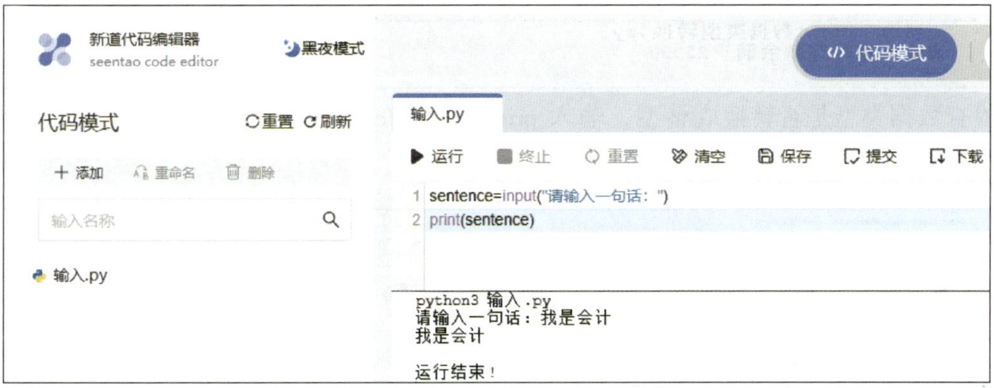

2. input 数据类型转换

因为 input() 函数无论输入的内容是字符还是数字，系统默认的返回值都是字符，在财务工作中，我们经常需要数值类型的信息，而不是字符串类型的信息，所以我们在一般情况下需要对用户输入进行预处理才能够使用，同时还要判断用户的输入是否规范，排除输入不规范的情况。输入预处理需要用到类型转换函数，将输入的字符转换成数字。比如：int()（将数据类型转换成整型），float()（将数据类型转换成浮点型，即小数），eval()（自动判断数据类型为整型还是浮点型，并实现转换），具体使用方法如下。

int(input("输入的内容"))

［示例 3-2］ 使用 input() 函数获取输入的公司银行存款余额，并使用 int() 函数，将

数据类型转换为整型。

代码如下：

```
deposit=int(input("请输入银行存款余额:"))
print(deposit)
```

输入银行存款余额：25000，点击回车键，运行结果如下图所示：

检查数据类型是否转换成整型，输入 print(type(deposit))，运行结果如下图所示，显示类型为 int。

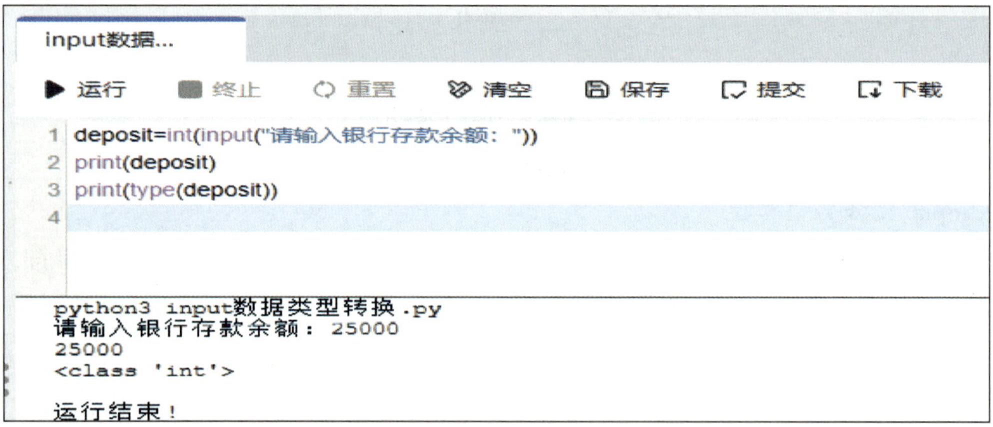

[**示例 3-3**]　使用 input()函数获取输入的库存现金的余额，并使用 float()函数，将数据类型转换为浮点型。

代码如下：

```
cash=float(input("请输入库存现金的余额:"))
```

print(cash)

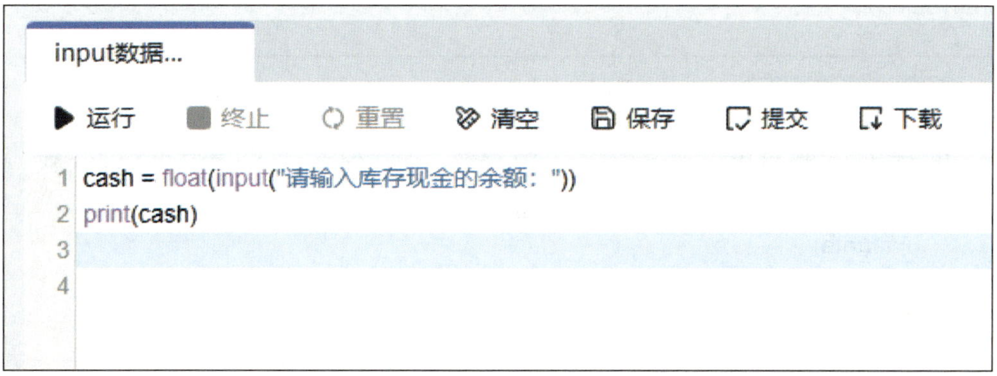

输入库存现金余额：10000，点击回车键，运行结果如下图所示：

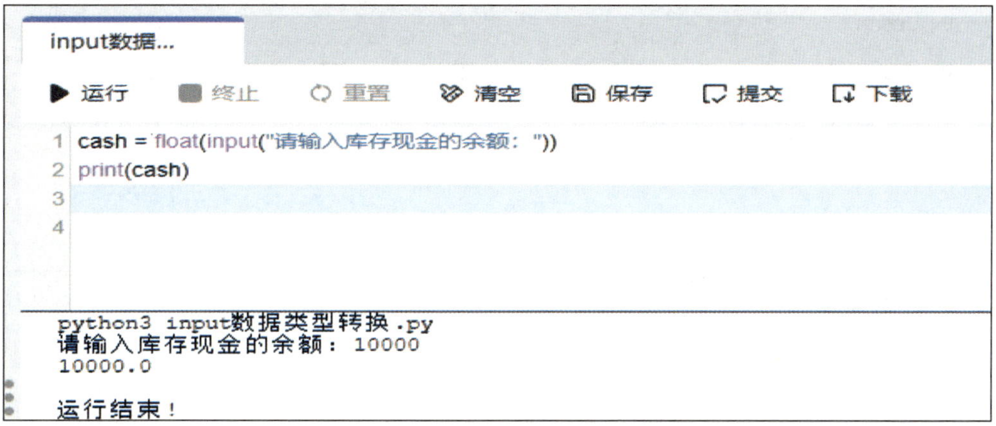

检查数据类型是否转换成浮点型，输入 print(type(cash))，运行结果如下图所示，显示类型为 float。

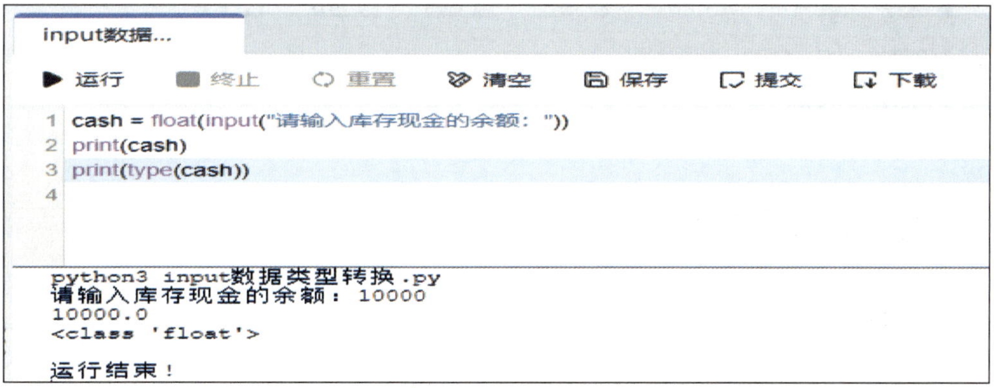

eval(input("输入的内容"))

[**示例 3-4**] 使用 input() 函数获取输入的纳税比率，并使用 eval() 函数，自动判断数据类型，并实现转换。

代码如下：

```
rate=eval(input("请输入纳税比率:"))
print(rate)
```

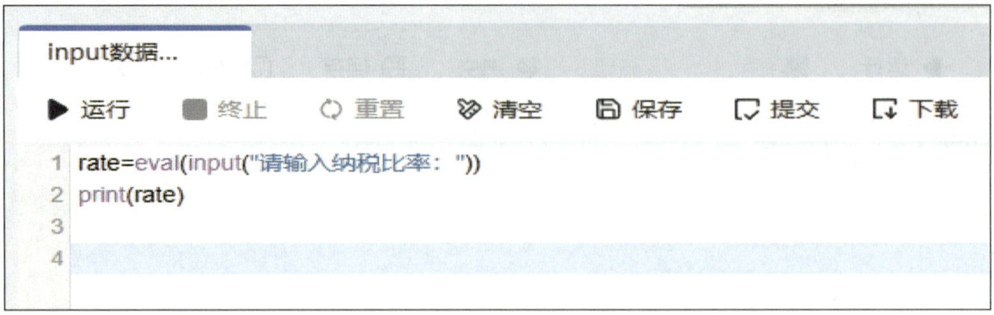

输入纳税比率：13，点击回车键，运行结果如下图所示：

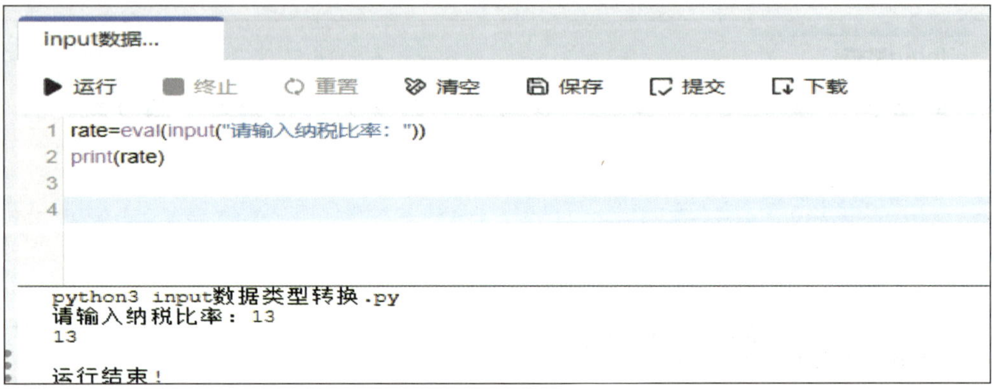

检查数据类型是否转换成浮点型，输入 print(type(rate))，运行结果如下图所示，显示类型为 int。

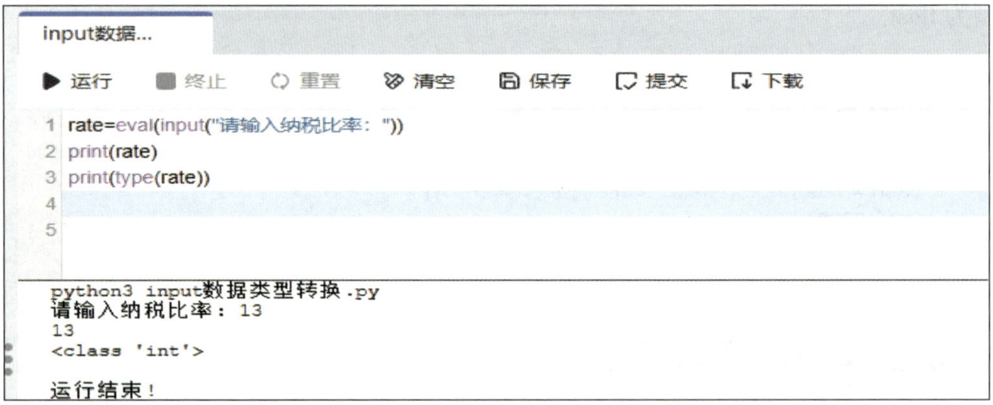

3. input() 函数多值输入

input() 函数一次可以输入多个值，可以与 split() 函数综合使用。

[示例 3-5] 利用 input() 函数一次输入多个值，使用空格作为分隔符，在这种情况下，我们可以使用 input() 函数来获取用户输入的数据，然后使用 split() 函数将输入的字符串按空格分割成一个列表。

代码如下：

a,b,c=input("请输入多个值,以空格为分隔符:").split()

print(a,b,c)

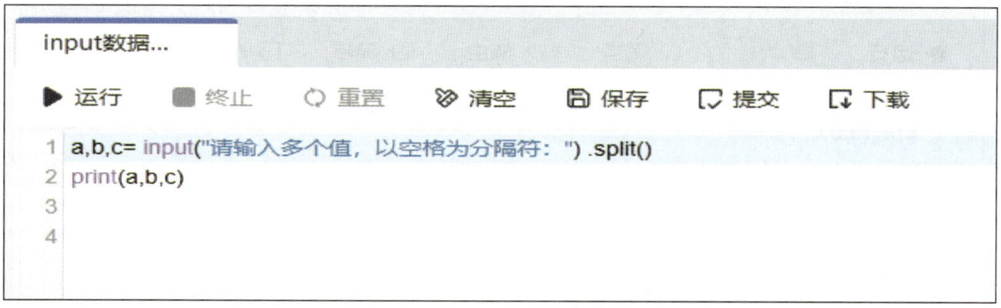

输入“1　2　3”，以空格分隔，点击回车键，运行结果如下图所示：

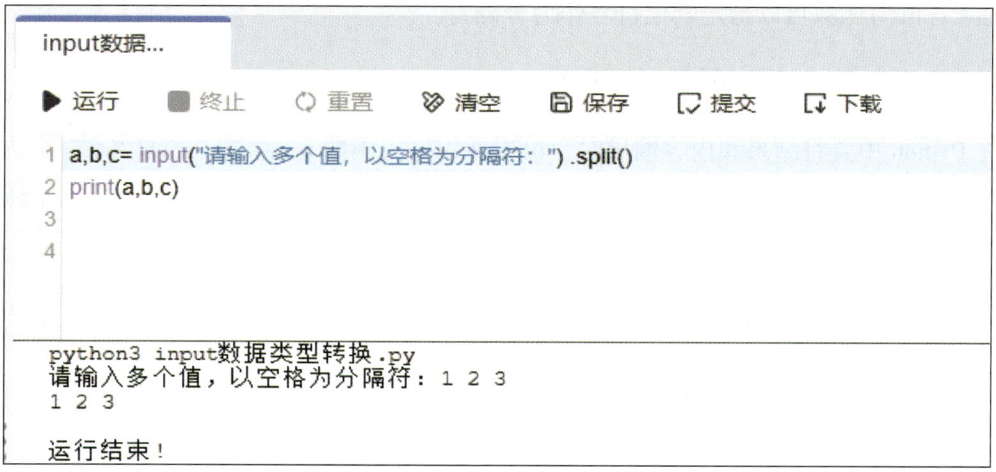

注：split()函数不指定分隔符时，默认使用空格作为分隔符。

［示例3-6］　利用input()函数一次输入多个值，使用逗号作为分隔符，可以使用split(',')函数将输入的字符串以逗号分割成一个列表。

代码如下：

a,b,c=input("请输入多个值,以逗号为分隔符:").split(',')

print(a,b,c)

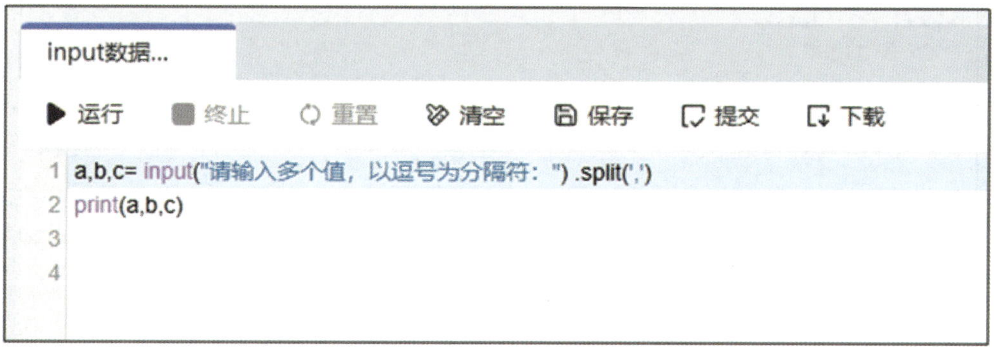

输入“1,2,3”，以逗号分隔，点击回车键，注意逗号一定是英文半角的形式，运行结果如下图所示：

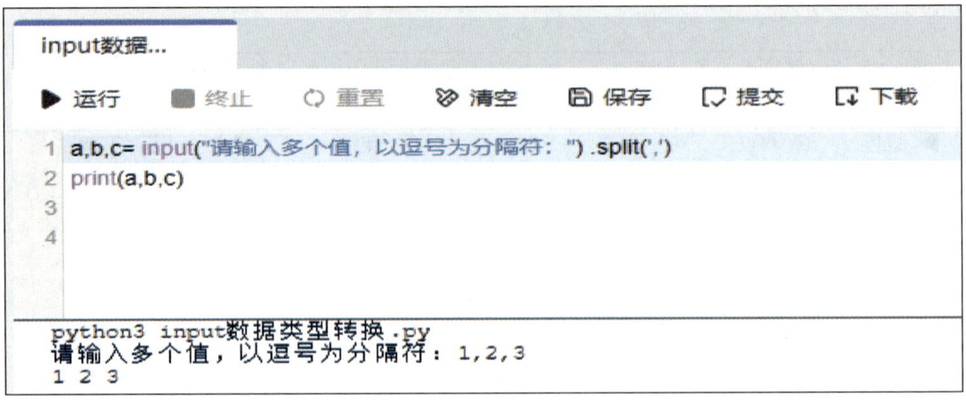

注：split( )函数可以指定其他符号作为分隔符。

3.2.2　Python 输出函数——print( )

在 Python 中要将结果和内容输出时，可以使用输出函数 print( )。print( )是一个内置函数，用于输出信息到控制台，即在显示屏上显示，可以直接看到结果，被广泛用于调试和展示计算结果。

1. print 的基本语法格式

print("输出的内容")

注：括号中的输出内容可以是一个变量、数字、字符串，甚至是元组或列表等，也可以是包含运算符的表达式的计算结果。

[示例 3-7]　世界上第一个程序就是“Hello, world”，欢迎大家来到编程世界，因此我们第一个程序也是让计算机输出“Hello, world”。

代码如下：

```
print("Hello,world")
```

执行步骤如下。

第一步：在新道云中打开新道代码编辑器。

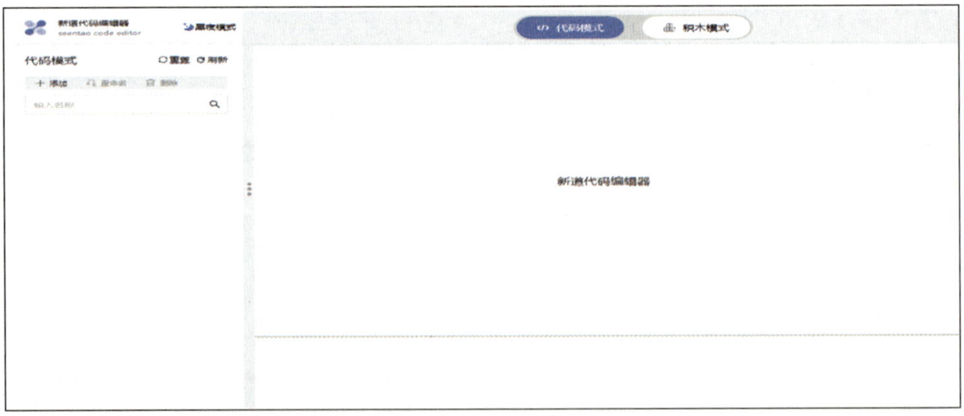

第二步：点击左上角添加，添加一个新的脚本，命名为输出。

第三步：输入代码。

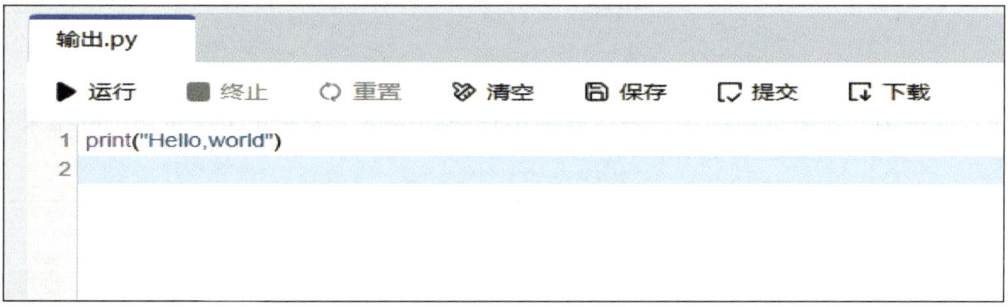

第四步：执行运行，查看输出结果。

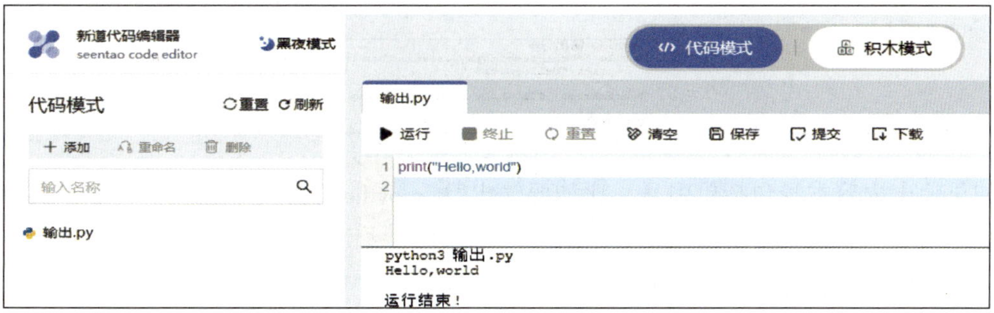

print( )函数输出的是文本字符串格式的内容，因此需要用双引号引入，计算机直接输出引号内部的内容。除了可以使用双引号表示想要输出的内容，还可以使用单引号('')或三引号(""")，但是要注意一定要成对出现。

［示例 3-8］　输出“Hello，world”。

代码如下：

print('Hello，world')

print(‴Hello，world‴)

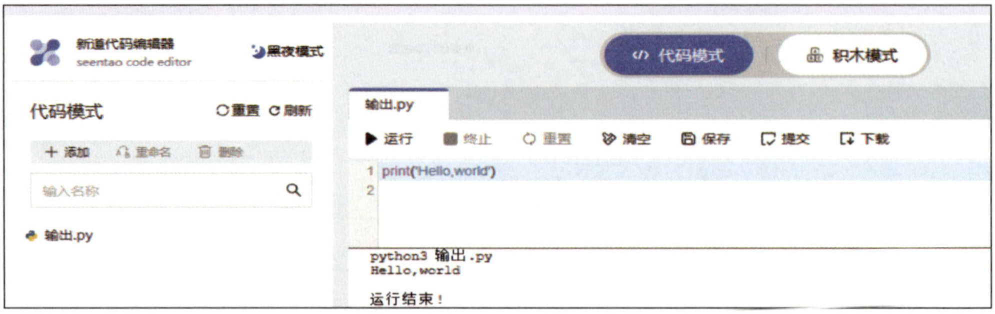

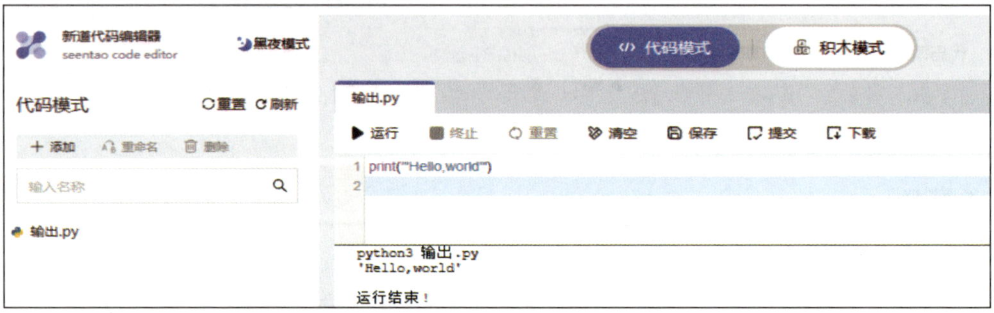

可以看到输出的结果都是一样的。

注：如果引号没有成对出现，系统就会出现报错信息，无法正常显示输出的结果。

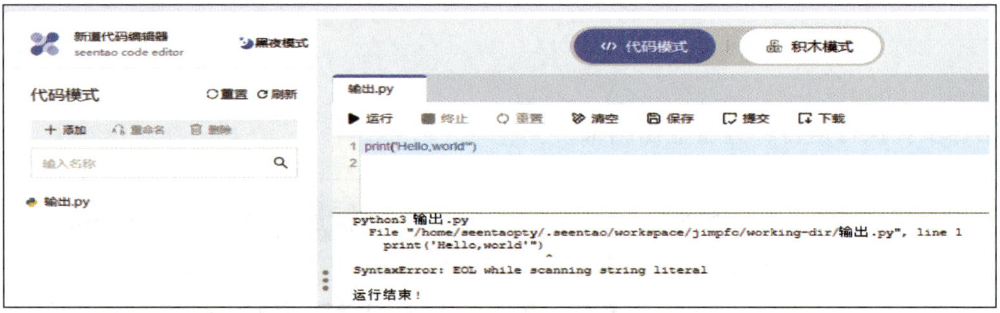

如果输出内容本身包括单引号，比如要输出“It′s python”，就不能用单引号，要使用双引号或三引号，否则系统会提示错误信息。

［示例 3-9］　请输出“It′s python”。

代码如下：

print("It′s python")

正确显示结果如下图所示：

出错结果如下图所示：

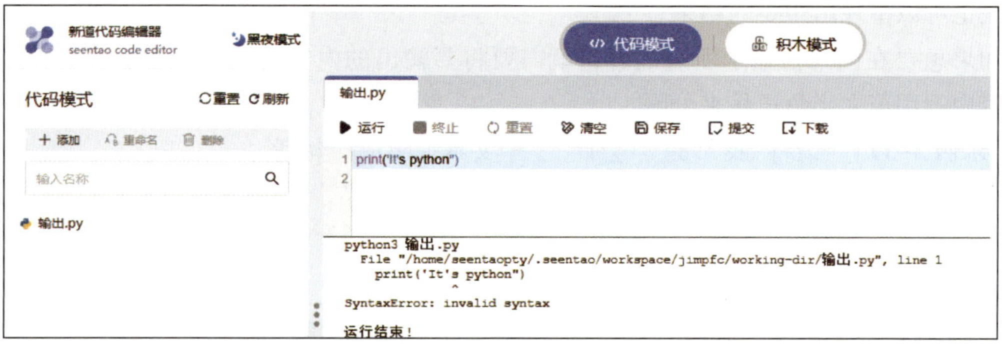

如果想要多行显示输出的内容，必须使用三引号，这样系统会根据提供的格式显示输出的内容。

［示例 3-10］ 请分两行输出“资产负债表”和“利润表”这两个内容。

第一种方法。

代码如下：

```
print('''资产负债表
利润表''')
```

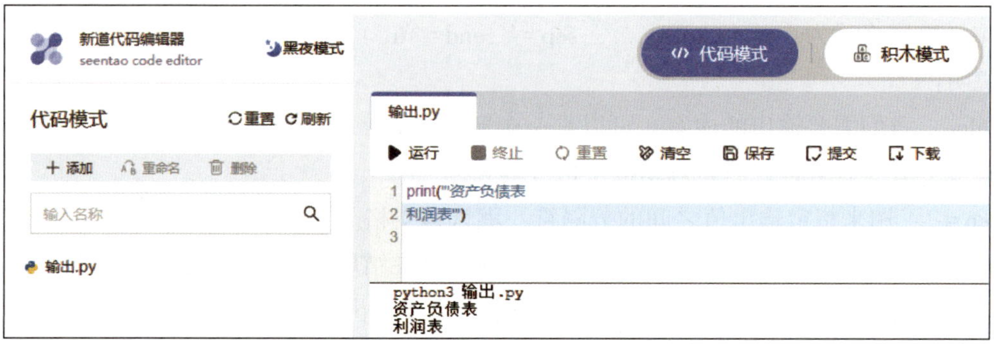

第二种方法。

代码如下：

```
print("资产负债表")
```

print("利润表")

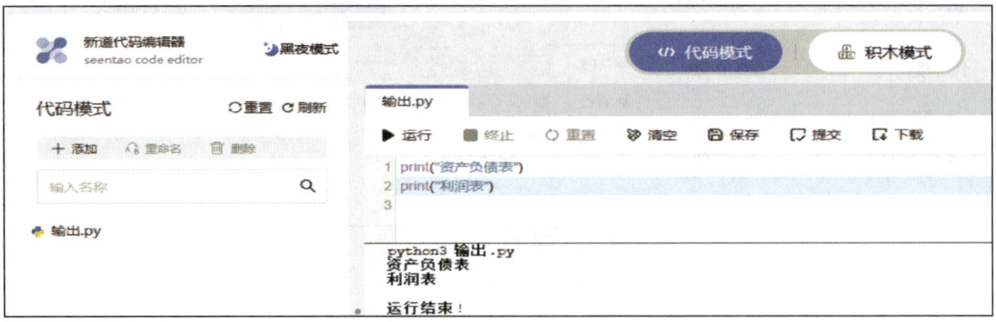

因为在 Python 中默认情况下，每一个新的 print( ) 函数输出后会自动换行，所以，第二种方法也可以呈现出想要的结果。

如果想要在同一行显示所有内容，就需要将要输出的内容写在同一个 print( ) 函数中，各内容中间用英文半角逗号来分隔。

[示例 3-11]　请将"我""是""会计"三个文本输出成一句话。

代码如下：

print("我","是","会计")

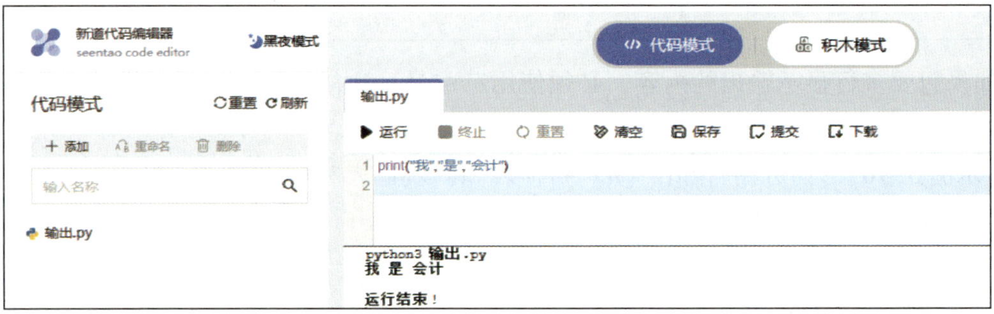

注意：显示结果每个文本中间用空格分隔。

2. 扩展格式

print 扩展格式为：print(value,. . . ,sep='',end='\n')。

说明：

value：我们需要输出的内容，可以是一个变量、数字、字符串，甚至是元组或列表等。如果有多个值，显示时它们会自动被空格分隔。

sep=''：用来指定输出值之间的分隔符，默认是空格。

end='\ n'：指定在所有值输出后，print( ) 函数会在结尾添加的字符，默认是换行符\ n。

设置区隔符 sep 参数，用制定的":"分隔多个需要输出的值。

[示例 3-12]　请输出"库存现金借方：2000　贷方：1000"。

代码如下：

print('库存现金借方','2000　贷方','1000',sep=':')

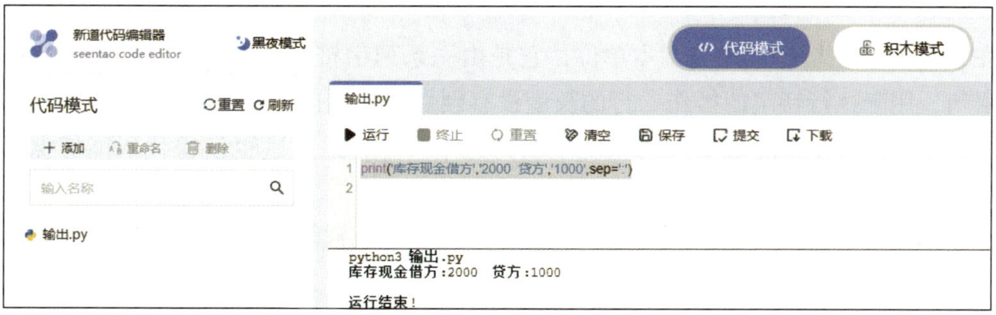

设置区隔符 sep 参数，用制定的“\n”(换行符)分隔多个需要输出的值。

[示例 3-13] 请分行输出具体信息“库存现金借方”“2000 元”“贷方”“1000 元”。

代码如下：

```
print('库存现金借方','2000','贷方','1000',sep='\n')
```

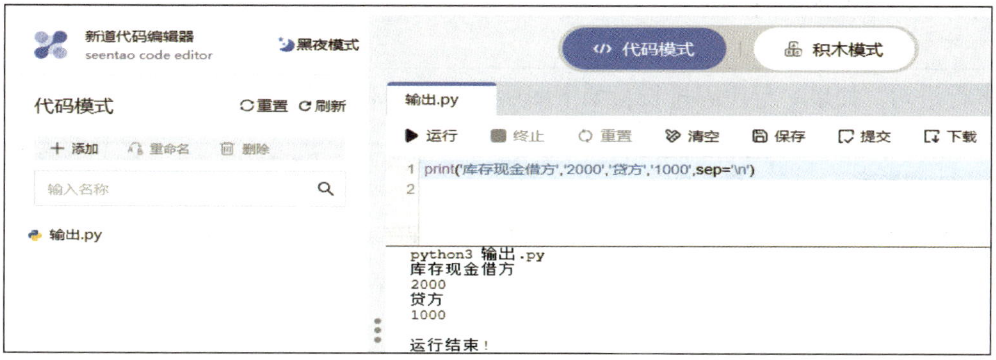

注：区隔符 sep 参数默认为一个空格，修改为换行符号，即每个元素用换行符分隔。

设置结束符号 end 参数，用“元”作单位符号来显示金额。

[示例 3-14] 请输出具体信息“库存现金借方：2000 元”。

代码如下：

```
print('库存现金借方:2000',end='元')
```

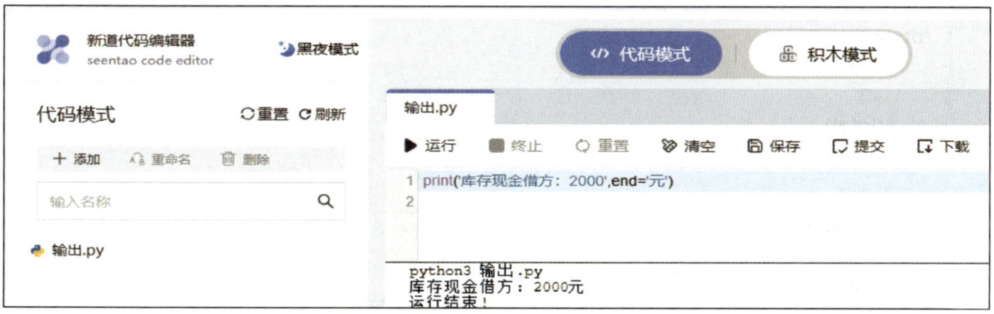

注：end 参数用来设定以什么信息结尾，系统的默认值是换行符(\n)。

3.2.3 行和缩进

Python 中的行和缩进是其编程语法的核心部分。

1. 行

在 Python 中，行是代码的基本单位，它是由一系列字符组成的。每个行都包含一个或多个语句，用于执行特定的操作。行的长度没有硬性限制。但是，推荐的最大行长是 79 个字符，这是因为大多数终端窗口的宽度限制为这个尺寸，并且这也使得代码能够保持良好的可读性。

行通常以换行符(\n)结束，以便将其与下一行代码分隔开。下图就是两行代码，行与行之间用换行符(\n)结束。

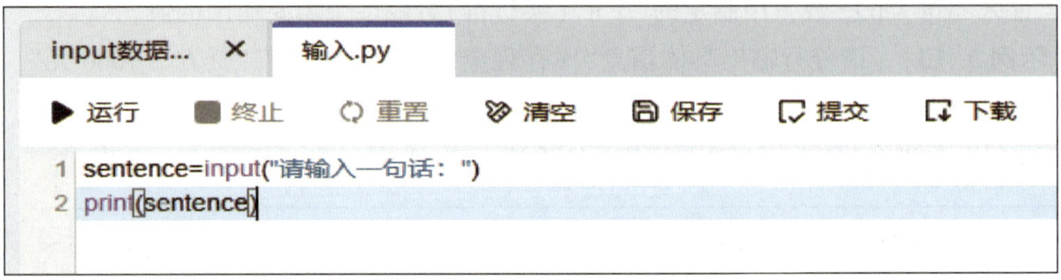

多行语句：如果一行代码过长，如下图所示，可以利用反斜杠(\)将其分割成多行。

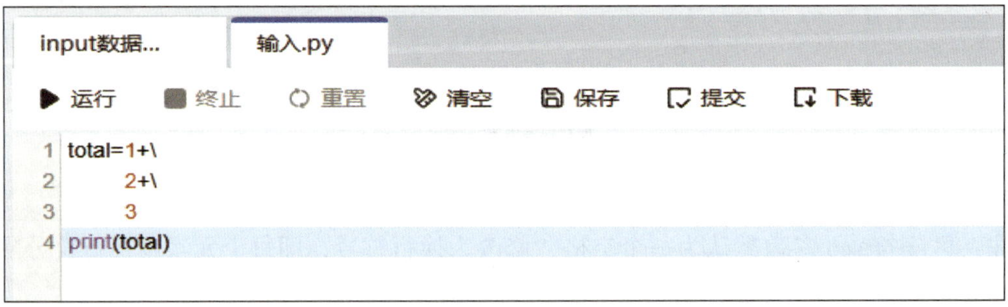

点击运行，显示运行结果如下：

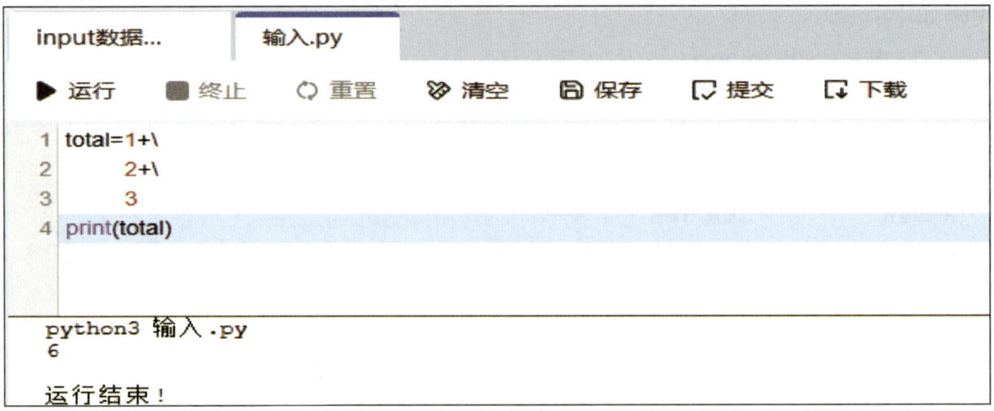

注意：行的理解包括以下几个方面。

① 语法：行必须符合 Python 的语法规则，包括正确使用关键字、运算符和标点符号及遵守缩进规则等。

② 逻辑：行中的语句必须按照正确的逻辑顺序组织，以实现预期的功能。例如，定义变量、调用函数、控制流语句等。

③ 空行：行之间可以插入空行，以提高代码的可读性和组织结构。

④ 错误处理：如果行中的代码存在语法错误或逻辑错误，Python 解释器会抛出异常，提示错误的位置和原因。

2. 缩进

Python 最具特色的就是使用缩进来表示代码块，而不是使用大括号。这意味着在类定义、函数定义、流程控制语句、异常处理语句等结构中，行尾的冒号和下一行的缩进表示下一个代码块的开始，缩进的结束则表示此代码块的结束，但是只要保证同一个代码块的缩进量一致即可，具体缩进多少，没有硬性规定。以下是一个正确的缩进演示：

Python 对代码的缩进要求非常严格，同一个级别代码块的缩进量必须一样，如下图所示，在缩进量不一致的情况下，系统会报错误提示。

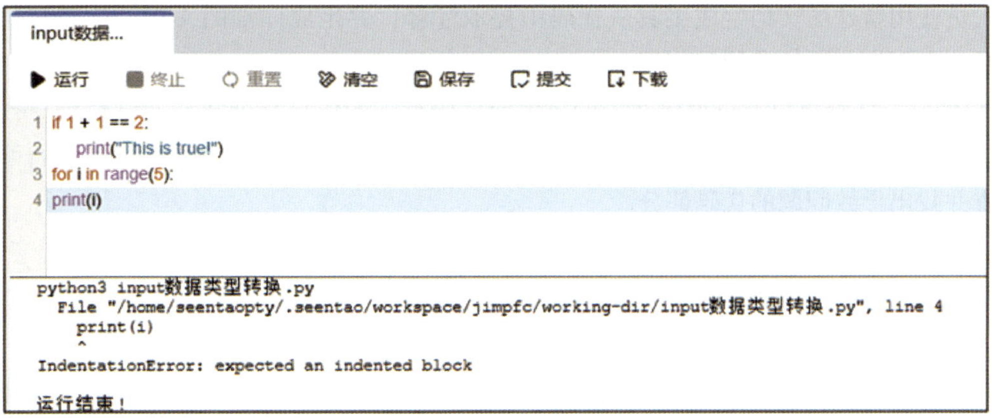

关于缩进，Python 有几个重要的规则：

① 使用 4 个空格来缩进代码块，而不是 Tab 键，因为不同的文本编辑器对 Tab 的宽度解析可能不同，可能会导致混乱。

② 缩进的空格数是可变的，但是同一个代码块内，所有行都应使用相同的缩进量。

③ 函数、控制结构(如 if、for、while)和其他代码块后的冒号(:)应该跟着一个空格。

④ 不要在行尾添加多余的空格。

注：关于缩进，Python 2 推荐使用空格数进行缩进，而 Python 3 推荐使用 4 个空格进行缩进。这是因为不同的文本编辑器和 IDE 对制表符(Tab)的处理方式不同，因此推荐使用空格保证了代码的一致性。

3.2.4 注释

1. 注释的含义

注释是对 Python 代码的解释和说明文本，其目的是让人们更加轻松地了解代码。注释只是为了提高可读性，不会被计算机编译。注释可以出现在单独的一行上，也可以出现在代码行的末尾。

2. 注释的类型

注释类型一般包括文档字符串、内联注释和 TODO 注释。

① 文档字符串：通常是模块、类或函数的第一个字符串，描述其用途和用法。

② 内联注释：放在代码内部，解释该行的作用或目的。

③ TODO 注释：标记未完成的任务或需要改进的代码。

3. 注释的用途

注释的用途包括提高可读性、记录意图、协作和调试。

① 提高可读性：注释可以解释代码中的复杂或晦涩部分。通过添加注释，我们可以解释代码的目的、算法和关键步骤，使代码更易读和易于维护。

② 记录意图：注释可以记录开发人员在编写代码时的意图和假设。

③ 协作：注释有助于其他开发人员了解代码如何工作并进行必要的更改。许多 Python 开发人员使用特殊的文档生成工具从代码中提取注释，并生成详细的文档。这些文档可以帮助其他人了解代码的功能和使用方法。

④ 调试：注释可以通过提供有关变量值或代码行为的信息帮助我们调试代码。当我们遇到问题时，可以使用注释来排除代码中的错误。通过暂时禁用一些代码行，我们可以逐步检查并找出导致问题的代码部分。

4. 注释的使用形式

在 Python 编程中，我们可以使用两种形式的注释：单行注释和多行注释。

(1) 单行注释

单行注释是指在一行代码的末尾使用井号(#)添加注释，#右边跟注释文本，注释文本具有解释说明的作用，解释器会忽略该行，不会被当成程序执行。Python 的单行注释只能注释一行内容。单行注释适用于简短的解释或对代码行的补充说明。

单行注释使用井号“#”作为单行注释的符号，语法格式如下：

添加的注释内容

[示例 3–15]

print(“Hello,world”)# 输出 Hello world

可以看到程序的输出结果为 Hello,world，并没有输出#后面的所有的文字。

注：#后面的说明可以放到一行代码的后面，一般习惯在代码后面添加一个或两个空格再书写注释文字。

单行注释注释多行代码时通常将注释放在代码的上一行，如下图所示：

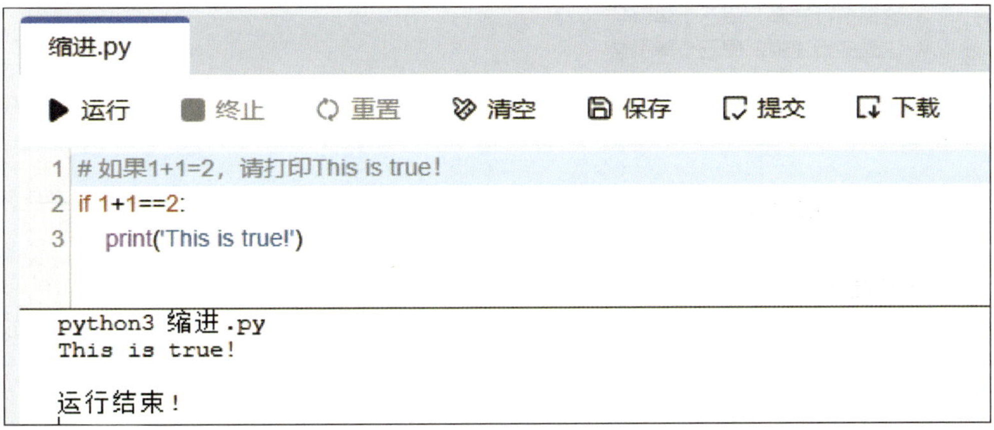

(2) 多行注释

多行注释是指使用三对双引号(""")或三对单引号(''')来创建多行注释。如果希望编写的注释信息很多，一行无法显示，就可以使用多行注释。Python 的两种多行注释都不可以嵌套使用，但两种多行注释混合使用可以嵌套。多行注释适用于为 Python 文件、模块、类或函数等添加版权、功能描述等信息。

注释不是越多越好，对于一目了然的代码，不需要添加注释；对于复杂的操作，应该在操作开始前写上若干行注释；对于不是一目了然的代码，应在其行尾添加注释。

多行注释使用三对双引号(""")或三对单引号(''')作为多行注释的符号，具体语法格式如下。

① 使用三个单引号注释多行 Python 代码，语法格式如下：

```
'''
注释 1
注释 2
注释 3
'''
```

[示例 **3-16**]

```
'''
这是多行注释,用三个单引号
这是多行注释,用三个单引号
这是多行注释,用三个单引号
'''
print("Hello,World!")
```

运行结果如下图所示：

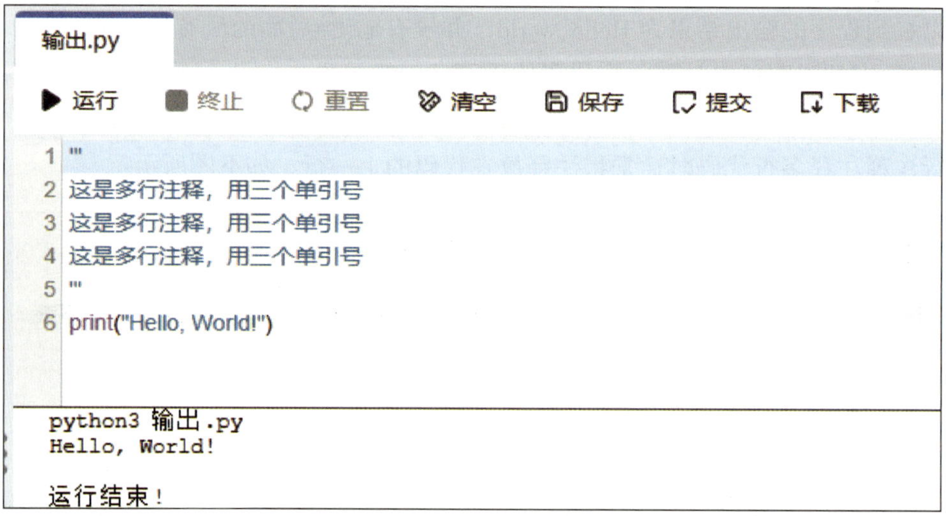

我们可以看到，程序的输出为“Hello,World!”，并没有输出上面的三个单引号之间解释的文字。

② 使用三个双引号注释多行 Python 代码，语法格式如下：

```
"""
第一行注释
第二行注释
第三行注释
"""
```

[示例 **3-17**]

```
"""
这是多行注释(字符串),用三个双引号
```

```
这是多行注释(字符串),用三个双引号
这是多行注释(字符串),用三个双引号
"""
print("Hello,World!")
```

运行结果如下图所示：

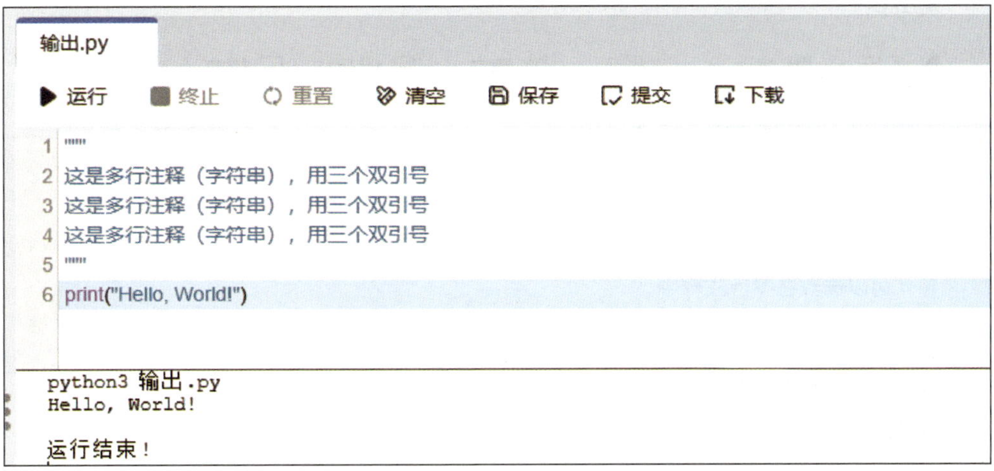

我们可以看到，程序的输出为“Hello,World!”，并没有输出上面的三对双引号之间解释的文字。

注：多行注释以'''(英文单引号)开头，以'''结尾，它们成对出现，在它们之间的命令不能执行。

③ 在 Python 中，多行注释是由三个单引号'''或三个双引号"""来定义的，而且这种注释方式不能嵌套使用。当你开始一个多行注释块时，Python 会一直将后续的行都当作注释，直到遇到另一组三个单引号或三个双引号。嵌套多行注释会导致语法错误。

[**示例 3-18**] 下面的示例是不合法的，系统给出了错误提示。

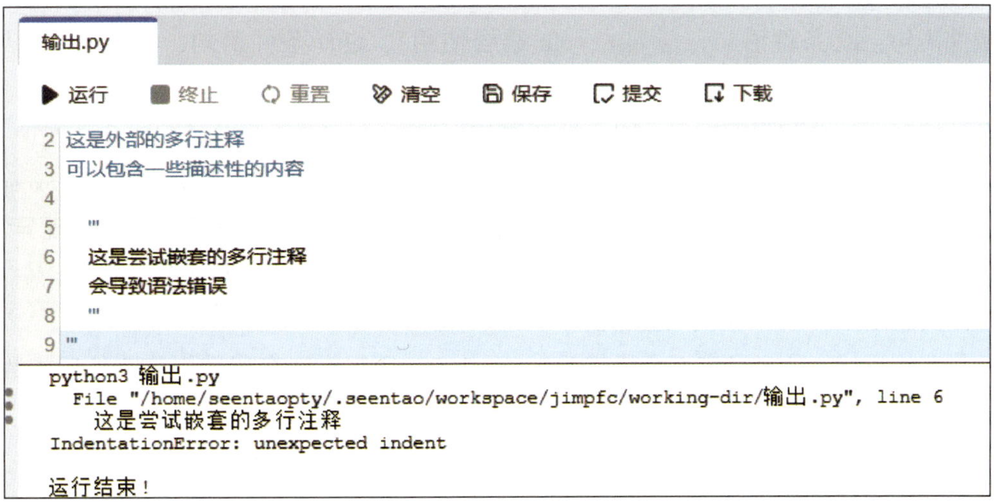

在这个例子中，内部的三个单引号并没有被正确识别为多行注释的结束，而是被解释

为普通的字符串。这将导致代码结构不正确，最终可能导致语法错误。

如果你需要在注释中包含嵌套结构，推荐使用单行注释(以#开头)，而不是多行注释。单行注释可以嵌套在多行注释中，而且不会引起语法错误。

[示例 3-19] 以下结构是合法的，并且通常能够满足文档化和注释的需求。

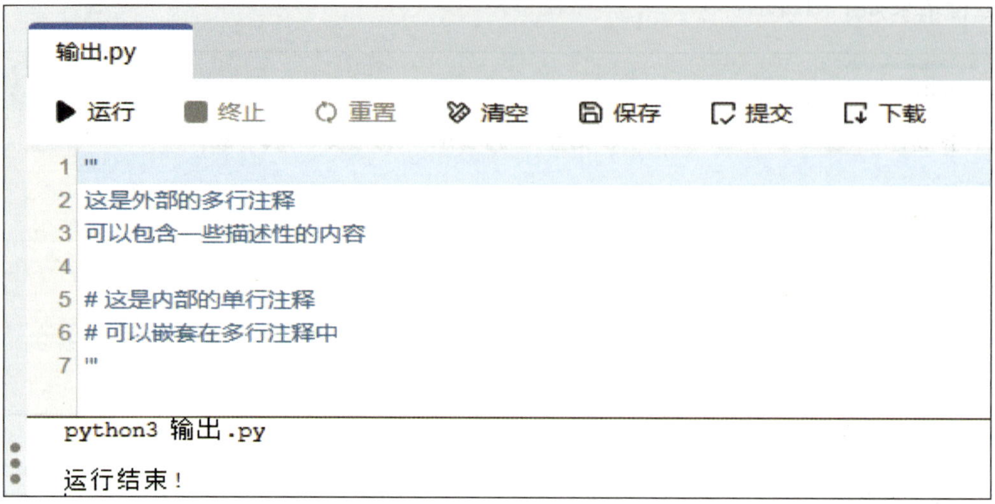

3.2.5 保留字

保留字也称关键字，是指 Python 语言中已经被赋予特定含义或用途，不能作为标识符(如变量名、函数名、模块名和其他对象的名字等)的预定义关键字。保留字在 Python 中扮演着重要的角色，用于定义程序的结构和控制流程。以下是 Python 的保留字列表。

逻辑操作符：and(用于表达式运算，逻辑与操作)，or(用于表达式运算，逻辑或操作)，not(用于表达式运算，逻辑非操作)。

成员测试操作符：in(判断变量是否存在序列)。

身份测试操作符：is(判断变量是否为某个类的实例)，not in(判断变量是否不在序列中)。

条件语句：if(条件语句，与 else、elif 结合使用)，elif(条件语句，与 if、else 结合使用)，else(条件语句，与 if、elif 结合使用，也可以用于异常和循环使用)。

循环控制：for(循环语句)，while(循环语句)。

异常处理：try(包含可能会出现异常的语句，与 except、finally 结合使用)，except(包括捕获异常后的操作代码，与 try、finally 结合使用)，finally(用于异常语句，出现异常后，始终要执行 finally 包含的代码块，与 try、except 结合使用)，raise(异常抛出操作)。

数据类型定义：class(用于定义类)。

变量和作用域：global(定义全局变量)，nonlocal(用于在嵌套函数中修改外层函数的局部变量)。

函数定义和调用：def(用于定义函数或方法)，return(用于从函数返回计算结果)。

迭代和生成器：yield(用于从函数依次返回值)。

其他：del(删除变量或者序列的值)，assert(断言，用于判断变量或条件表达式的值是否为真)，break(中断循环语句的执行)，continue(继续执行下一次循环)，with(简化 Python 的语句)，as(类型转换)，from(用于导入模块，与 import 结合使用)，print(输出语句)。

此外，还有一些特殊的保留字，如 False(否定)、None(空值)和 True(真值)，它们分别表示布尔类型的否定、空值和真值。

可以通过以下方法查询保留字，代码如下：

```
import keyword
print(keyword. kwlist)
```

点击运行，可以看到系统自带的保留字。

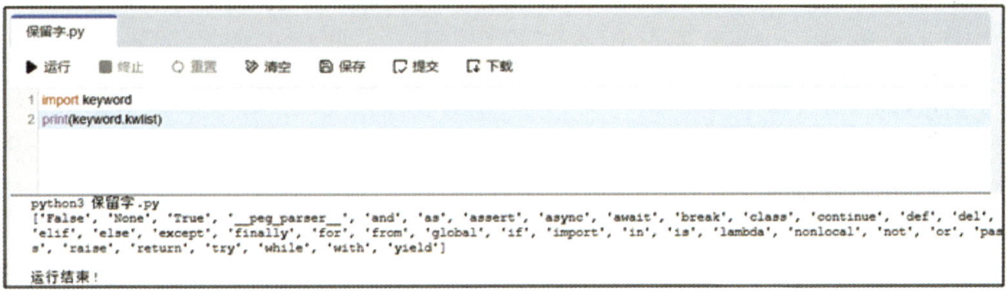

需要注意的是，这些保留字区分大小写，所有 Python 的保留字只包含小写字母，例如"and"是保留字，但是"And"就不是保留字。这些保留字在 Python 编程中具有特定的语法功能，因此不应被用作变量名、函数名、类名等标识符，以避免出现语法错误或逻辑错误。

任务实施

作为诚发公司的财务人员，请你计算一下将企业变动的闲置资金，存入银行三年，按照 10%单利模式计算利息，三年后，公司可以获得的利息总额。请编制一个基本语法结构，要求输入公司投资的资金总额、年利率，并将最终结果输出为，即要求显示输入的提示信息："请输入将要投资的总金额为:"；将获得的计算结果输出为："在单利算法下获得利息××元"。

```
#提示用户输入投资总金额
amount=float(input("请输入将要投资的总金额为:"))
```

```
i=0.1
n=3
#计算单利利息
interest=amount *i *n
print(f"在单利算法下获得利息{interest}元。")#输出结果
```

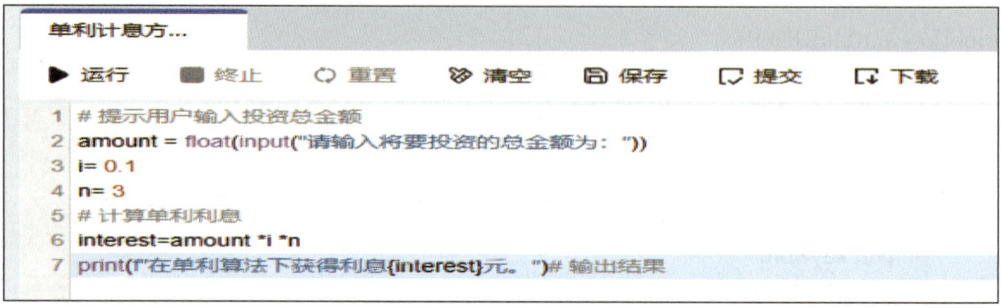

运行结果：输入将要投资的总金额为：100000 元，可以计算出利息为 30000.0 元。

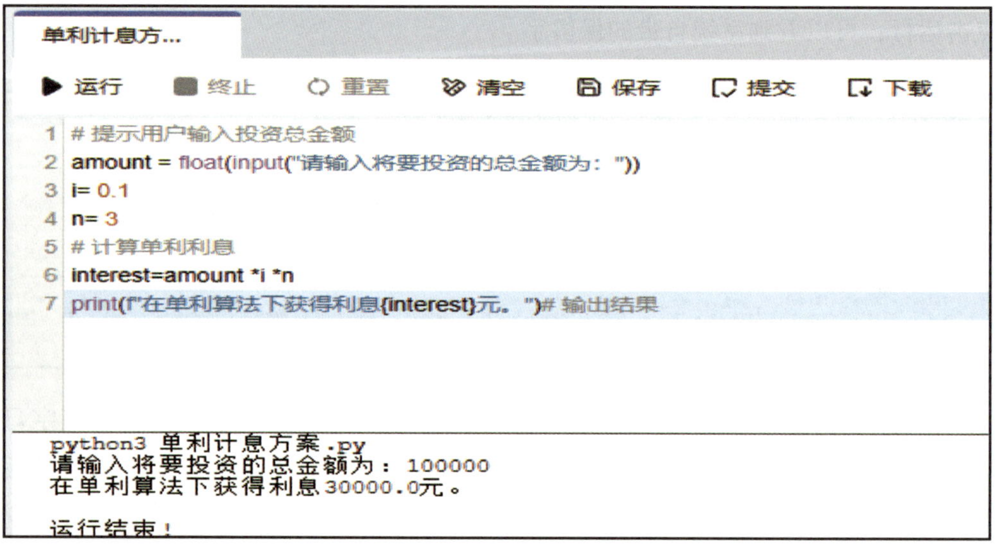

任务拓展

1. 代码注释的重要性

代码注释是指在程序代码中添加的解释性说明，用于描述代码的功能、目的、使用方法等。代码注释对于程序的重要性主要体现在以下几个方面。

提高代码的可读性：代码注释可以帮助开发人员和其他人员快速理解代码的功能和目的，避免阅读代码时产生歧义。

降低代码维护成本：随着程序的不断更新和扩展，代码可能会变得越来越复杂，这将给维护人员带来很大的困难。代码注释可以帮助维护人员快速理解代码的逻辑，并根据需要进行修改或扩展。

提高代码的质量：代码注释可以帮助开发人员发现代码中的错误和缺陷，并及时进行改进。

2. 代码注释可以用于以下场景

描述代码的功能和目的：例如，一个函数的注释可以描述该函数的功能、参数和返回值。

解释代码的逻辑：例如，一个复杂的代码逻辑可以使用注释进行解释，以便开发人员和其他人员能够更好地理解。

说明代码的使用方法：例如，一个API函数的注释可以说明该函数的使用方法和参数。

记录代码的修改历史：例如，一个注释可以记录代码的修改日期、修改者和修改内容。

3. 在实际开发中，代码注释应该做到以下几点

注释应与代码保持一致：注释应该与代码保持一致，不要出现前后矛盾的情况。

注释应简明扼要：注释应该简明扼要，避免使用过多的专业术语。

注释应及时更新：代码发生修改后，相应的注释也应该及时更新。

总之，代码注释是程序开发中必不可少的一部分，它可以帮助提高代码的可读性、可维护性和质量。开发人员应该养成写代码注释的习惯，以提高程序的开发效率和质量。

任务小结

本任务主要介绍了Python基本语法结构，通过本任务的学习，了解Python中行、缩进、注释和保留字等基础概念，掌握Python中输入和输出函数的应用和简单的规则，能够利用输入、输出函数编写简单的程序。

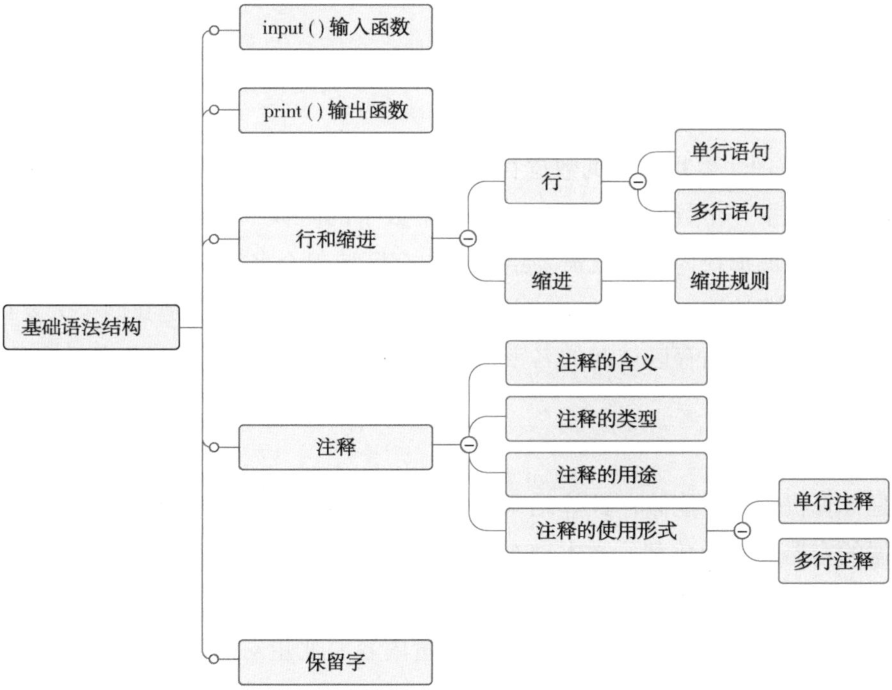

任务三　变量与数据类型

任务情境

作为会计人员，针对诚发公司准备三年之后投资一个项目，利用 Python 程序定义变量，用来记录两种投资情况的投资总金额、投资收益的利率和最后能够获得的收益，在定义变量的同时，确定数据类型是整型还是浮点型，能够根据最终需求，调整计算结果的数据类型。

现在银行提供了两种理财产品让其选择：

第一种是按照 10%的单利模式计算利息，投入的资金在这三年中可以随时提取。

第二种是按照 11%的复利模式计算利息，但是投入的资金在这三年中不可以随时提取。

任务分析

了解两种理财产品投资收益的计算方法。

单利模式下理财现在投入额计算公式：pv=fv/(1+r * n)。

复利模式下理财现在投入额计算公式：pv=fv/(1+r) * * n。

pv 表示现在需要投资的资金总额，r 表示投资收益率，n 表示投资期数，fv 表示到期获得的资金总额。

知识准备

3.3.1　变量

在 Python 语言中，要将使用的数据存放在内存中，也就是我们通过程序语言申请了一块内存空间，存入了一个数字，我想要使用这个数字的时候，就需要告诉这个系统，我要读取刚才存放数字的那块内存，就需要给这个内存区域起个名字，当想要读取这个数字时，只需要告诉系统我要读取××内存中对应的值即可，这个内存名字就是我们今天要讲的变量。简单来说，就是给某块内存区域起的名字，因为是“变”量，所以这个名字对应的值是可以变化的。

1. 变量的含义

变量是计算机语言中能储存计算结果或能表示值的抽象概念，是用来存放程序中使用的各种数据的容器，例如数字、文本、布尔值等，不同的变量代表储存在计算机内存中的不同数据，并且存放的数据是可以变化的。我们可以将变量比喻成一个装东西的小盒子，盒子的标签就是变量名，盒子里的东西就是变量内容，变量对应的内存区域的内容，一般称为变量的值，比如：“银行存款”就是一个标签，不同公司在命名标签时名字可能一样，但是其中的内容就可能不一样了。如果想要修改变量的值，对其重新赋值即可。

2. 变量的作用

变量的作用主要有以下几点。

① 数据存储：变量可以存储各种类型的数据，包括数字、字符串、布尔值、列表、元组、字典等。通过使用变量，您可以轻松地存储和操作数据。

② 数据引用：通过使用变量名，您可以在程序的其他部分引用变量。这使得代码更易于阅读和理解，并且如果您需要更改数据，只需更改变量的值即可，而无须在整个代码中搜索和替换。

③ 代码可读性：使用有意义的变量名可以提高代码的可读性。通过为变量赋予描述性的名称，可以清楚地了解变量的用途和含义，这对于其他人阅读和理解代码非常有帮助。

④ 灵活性：Python 中的变量可以动态地存储和访问各种类型的数据。这意味着您可以使用变量来适应不同的数据结构和需求，而无须编写大量代码。

⑤ 控制流程：在 Python 中，变量经常用于控制程序的流程。例如，它们可以用于条件语句中的比较操作，以及在循环中作计数器或迭代器等。

⑥ 函数参数：当定义函数时，可以使用变量作为函数的参数。这使得函数更灵活，可以接受不同的输入并根据需要进行处理。

3. 定义变量

当定义变量的时候，会在内存中申请一块空间专门用来存放变量值，而变量名，就是这个空间的门牌号，通过它我们能方便地找到这块内存空间。

（1）定义变量的基本格式

使用赋值运算符“=”为其赋值。变量在运算符左侧，赋予的值在右侧，即变量名=变量值，表示把=右侧的数据放到=左侧的空间中，可以赋值数字、字符串等各种数据类型。

数字赋值：Python 定义数字不需要引号，直接赋值即可。

字符串赋值：需要在赋值的内容上加英文引号(通常使用英文双引号，单引号或三引号也是可以的，但是必须成对出现)。

[**示例 3-20**]　a=10　#定义一个名为 a 的变量，并将数字 10 赋予变量 a。

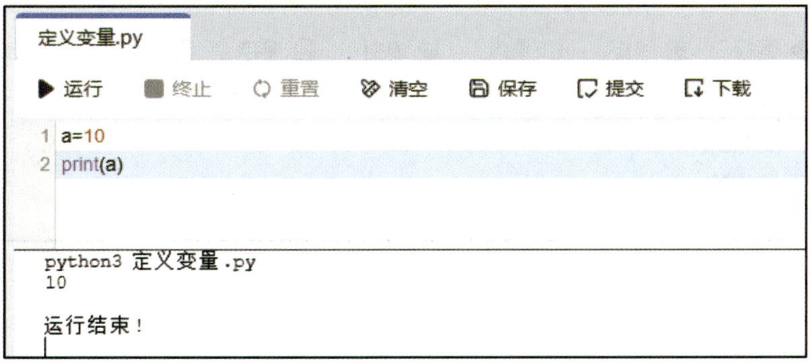

[**示例 3-21**]

a=10

a=a-1　#将 a-1 的值赋予变量 a，即 a-1 是 10-1=9，将 9 赋予 a。

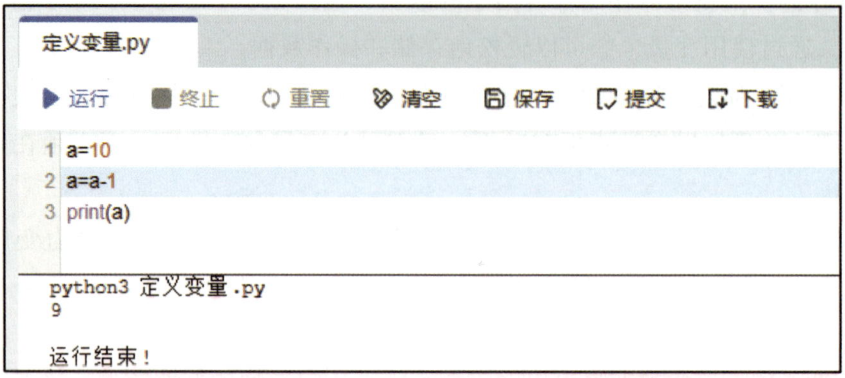

定义一个名为 a 的变量，将数字 10 赋予变量 a，此时就会在内存中开辟出一块区域，将 10 这个值保存起来，变量名 a 指向了这块区域；当给变量 a 重新赋值为 a-1 的时候，就会在内存中再次开辟一块区域，将 a-1 即 9 保存起来，然后 a 断开了和 10 的联系，去指向了 a-1 所在的内存位置，于是 a 的值就是 9。我们可以将指向理解为两者之间建立了一种绑定关系。

注：变量是可以变化的，如果想要修改变量的值，对其重新赋值即可。变量一旦被重新赋值，之前的值就会被覆盖，变量只保留最后一次的赋值结果。

（2）定义变量的其他赋值格式

同时给多个变量赋予同一个值。

[**示例 3-22**]

```
a=b=c='Hello world!'
print(a)
print(b)
print(c)
```

运行结果如下图所示：

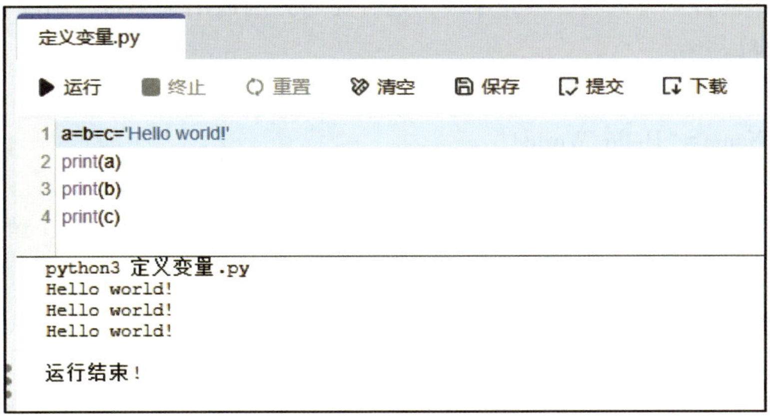

同时给多个变量赋予不同的值。

[示例 3-23]

```
a,b,c='Hello','Python','world!'
print(a)
print(b)
print(c)
```

运行结果如下图所示：

4. 变量的命名规范

Python 在命名变量的时候，可以按照以下方法来命名：

(1) 驼峰命名法

驼峰命名法是一种常用的命名方法，其中变量名由多个单词组成，每个单词的首字母大写，其他字母小写。比如，大驼峰：每个单词首字母都大写，UserName；小驼峰：第二个(含)以后的单词首字母大写，userName，这种命名方法适用于类名、函数名和变量名。

[示例 3-24]

```
# 驼峰命名法
myVariableName = "Hello, World!"
```

(2) 下划线命名法

下划线命名法是一种常见的命名方法，其中变量名由多个单词组成，单词之间用下划线(_)连接。这种命名方法适用于模块名、函数名和变量名。

[示例 3-25]

```
# 下划线命名法
my_variable_name = "Hello, World!"
my_class_name = "MyClass"
```

(3) 避免命名冲突

在编程中，避免命名冲突是非常重要的。以下是一些避免命名冲突的建议。

① 避免使用 Python 关键字和内置函数名作为变量名：不应该使用"print""if""and"等 Python 关键字作为变量名，因为这会导致语法错误或意外的行为。

② 避免使用与 Python 标准库命名冲突的变量名：不应该使用 Python 标准库中的模块、类和函数名，如 import math 等，应避免与它们冲突。

5. 变量的命名规则

变量的名字要遵守一定的规则。

(1) 硬性规则(务必遵守)

① 变量名只能由字母、数字和下划线"_"组成，且不能以数字开头。

② 变量名大小写敏感，即变量名 apple、Apple 和 APPLE 表示三个不同的变量。

③ 不能使用 Python 的保留字，如 if、def、for 等。

④ 变量名应尽量具有意义，便于代码的理解和维护。

⑤ 为了提高可读性，应该使用下划线分隔较长的变量名。

⑥ 变量名应当避免使用单个的小写字母 l，大写字母 O 和 I，易与数字 1 和 0 混淆。

(2) 软性规则(建议遵守)

① 变量名使用有描述性的单词来表示，尽量表达出变量的作用。

② 一个变量名可以由多个单词构成，长一点没关系，但是含义要清晰。

③ 当变量名包含多个单词的时候，建议使用"驼峰命名法"形如 totalCount、personInfo。

④ 数学上，变量通常使用 x、y、z 这种简单的英文字母或拉丁字母表示，但是在编程中不建议这样使用。

遵循这些规则可以避免在 Python 程序中引入不必要的错误和混淆，提高变量的可读性和可维护性。

正确命名习惯：

```
# 保持命名简洁，尽量做到见名知意，也可适当简写。
user_name
```

```
user_age
# 使用有意义的命名，能够清楚地表达变量的含义和用途。
student_name
student_grade
# 其他正确的命名方法
My_answer
answer23
answer_23
YourAnswer
Your2ndAnswer
```

下面是一些不合法变量名的例子。

23answer(起始字符不能为数字)

Your-answer(不允许有连字符等特殊符号)

My answer(不允许有空格)

return(不允许有关键字)

Not found | (不允许有竖线)

6. 使用变量

(1) 读取变量的值

定义好变量后，就可通过变量名访问到其指向的值。Python 中的变量没有默认值，使用前必须先赋值。

[**示例 3-26**]

给 total、Total、TOTAL 赋予不同的值，然后使用 print( )将变量输出。

```
total = 10
Total = 20
TOTAL = 30
print(total)
print(Total)
print(TOTAL)
```

运行结果：

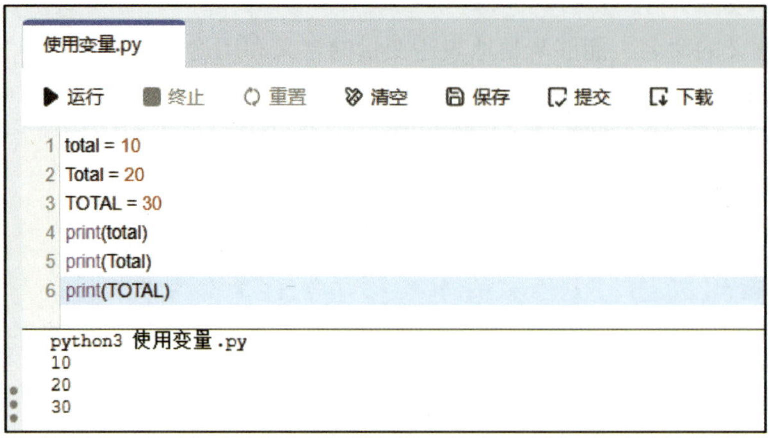

（2）修改变量的值

在 Python 中，修改变量也是使用=运算，看起来和定义变量没有明显区别。

注：Python 是弱类型的语言。创建或修改变量直接赋值即可，不需要声明类型。变量的值可以随意修改，没有类型限制。

［示例 3–27］

将 10、20、30 依次赋值给变量 total，后使用 print( )，将变量输出。

```
total = 10
total = 20
total = 30
print( total)
```

运行结果：

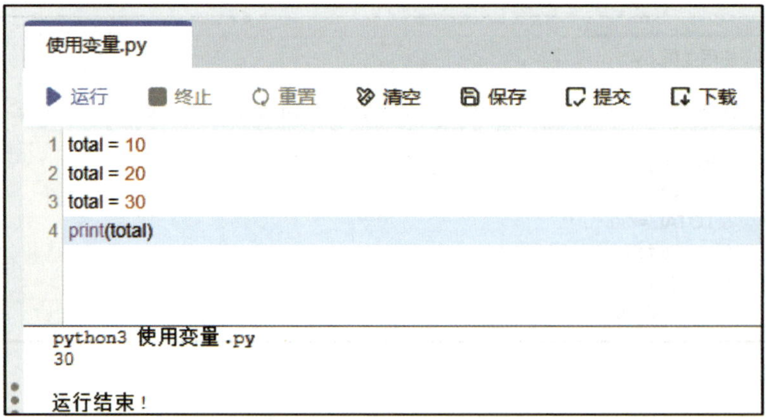

知识拓展

① 常量的含义。Python 中没有常量的含义，常量是变量的一部分，我们可以将内存中用于保存固定值的单元看作常量，比如 123、3.14159、abc。常量与变量唯一的区别就是常量定义后不可修改。

② 常量命名规范：通常是以大写字母开头进行区分，比如：Chy 为常量，chy 为变量。

③ 常量的赋值类型包括数字、字符串、布尔值和空值。比如：Aa = 123、Ab ='chy'、Ac=True 和 False、Ad=''、Pi=3.14159……

④ Python 内置常量(Built-in Constants)：Python 内置 6 个常量，分别是 True、False、None、Notimplemented、Ellipsis、__debug__。

注：严格来说，Python 语言没有专门定义常量的方法，因此可以给一个常量赋其他的值。

3.3.2 数据类型

Python 支持几种数据类型，包括数字(Number)、字符串(String)、布尔(Bool)、列表(List)、元组(Tuple)、集合(Set)和字典(Dictionary)。

其中不可变数据(3 个)：数字(Number)、字符串(String)、元组(Tuple)；可变数据(3 个)：列表(List)、集合(Set)和字典(Dictionary)。

具体每个数据属于哪个类型，可以直接使用 type()函数查询数据的类型。

[示例 3-28] 查询 123 和 36.5 的数据类型。

```
print(type(123))
print(type(36.5))
```

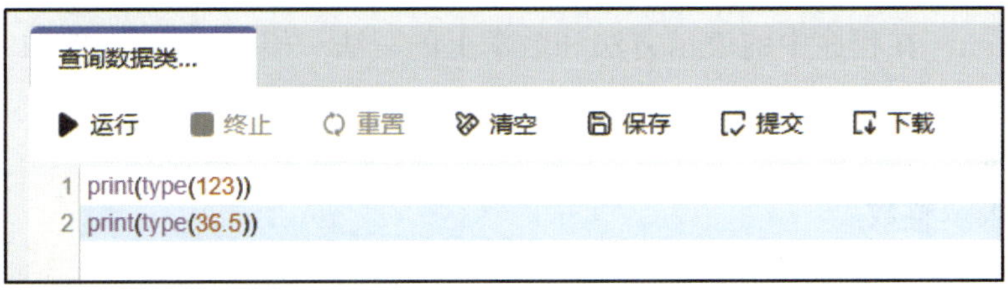

运行结果：123 是 int，也就是整型，36.5 是 float，也就是浮点型。

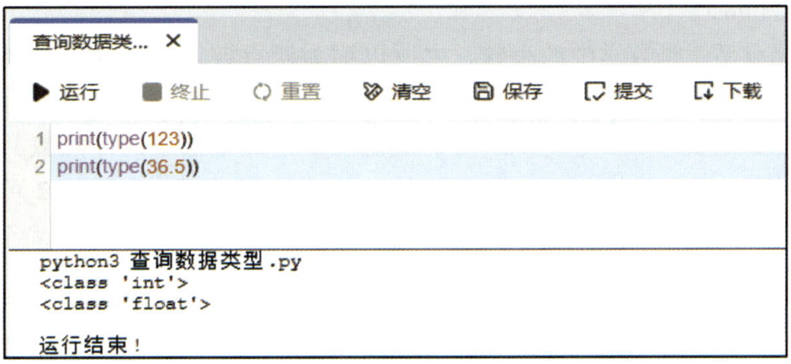

也可以使用 type()函数查询变量的数据类型。

[示例 3-29]　查询变量 num 的数据类型。

num=123

print(type(num))

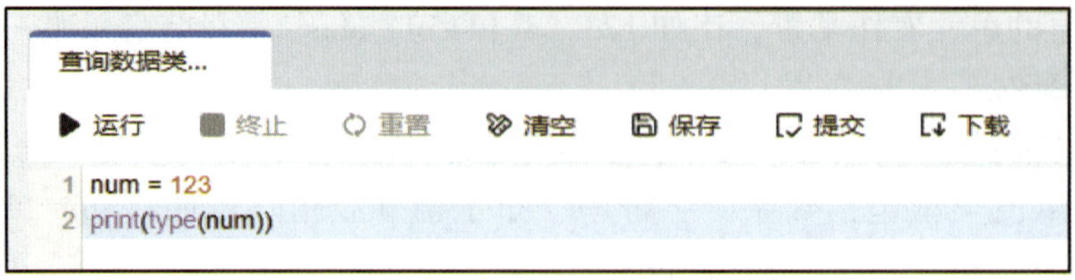

运行结果：num 是整型。

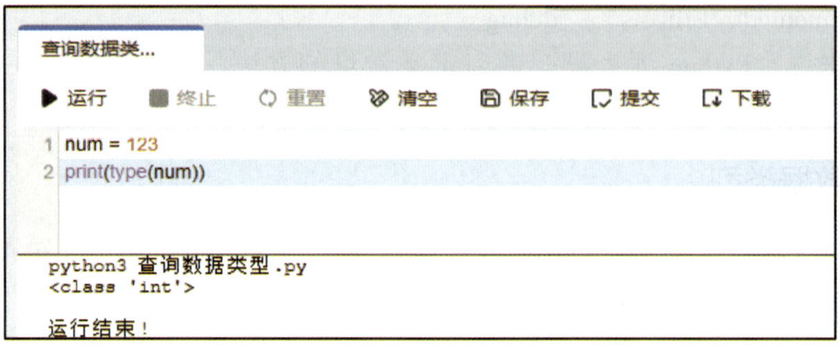

1. 数字类型

Python 数字类型包括整型(int)、浮点型(float)和复数型(complex)。

(1) 整型(int)

在 Python 内部对整数的处理分为普通整数和长整数，普通整数长度为机器位长，通常是 32 位，超过这个范围的整数就自动当长整数处理，而长整数的范围几乎完全没限制。Python 可以处理任意大小的整数，包括正整数、0、负整数，Python3 中只有 int，没有 long int 和 long long int。在程序中的表示方法和数学上的写法一模一样，例如：1、100、-8080、0，等。

[示例 3-30]

```
a=20  # 表示整数
b=-20  # 表示负整数
c=0  # 表示零
```

(2) 浮点型(float)

Python 的浮点型就是数学中的小数，之所以称为浮点数，是因为按照科学计数法表示时，一个浮点数的小数点位置是可变的，比如，1.23×10^9 和 12.3×10^8 是相等的。浮点数可以用数学写法，如 1.23、3.14、-9.01 等。但是对于很大或很小的浮点数，就必须用科学计数法表示，把 10 用 e 替代，1.23×10^9 就是 $1.23e^9$ 或 $12.3e^8$，0.000012 可以写成 $1.2e^{-5}$ 等。在运算中，整数与浮点数运算的结果都是浮点数。

[示例 3-31]

```
x=3.14  # 表示浮点数
y=-2.5  #表示负浮点数
```

注：整数和浮点数在计算机内部存储的方式是不同的，整数运算永远是精确的(除法难

道也是精确的？是的！），浮点数运算则可能会有四舍五入的误差。

（3）复数型（complex）

Python 的复数是指实数加虚数，只要存在虚数，此数据类型就为复数。复数由实数部分和虚数部分构成，其中虚部由数字后跟字母 j 或 J 表示，公式为 a+bj，或者用 complex（a，b）表示，例如，1+2j 表示一个复数，其中 1 是实部，2 是虚部。复数的实部 a 和虚部 b 都是浮点数，计算结果也是浮点数，如 6.5+32j、3.5e^3−3.1j 等。Python 中的复数支持常见的算术运算，如加法、减法、乘法和除法。这些运算对实部和虚部同时进行，以保持复数的数学属性。

［示例 3-32］

z=4+5j # 表示复数，实部为 4，虚部为 5

c=-1j # 表示纯虚数，实部为 0，虚部为-1

2. 布尔数据类型（Bool）

布尔数据类型，简称布尔类型，是 Python 的基本数据类型，用于表示逻辑上的真（True）或假（False）。这两个值在 Python 中是关键字，使用时首字母必须大写，否则解释器会报错。布尔类型常用于条件语句（如 if 语句），用于控制代码的执行流程。此外，布尔类型还可以与其他数据类型进行运算，例如，在布尔表达式中，True 相当于整数值 1，而 False 相当于整数值 0。布尔类型的这种特性使得它们在编程中非常有用，尤其是在需要进行条件判断或逻辑运算的场合。

Python 的布尔类型不仅用于条件判断，还广泛应用于循环控制中。例如，在 while 循环中，循环条件就是一个布尔表达式。只要该表达式的值为 True，循环就会继续执行。这种机制使得程序员可以更加灵活地控制程序的流程。

此外，布尔类型的实现细节也值得注意。在 Python 的实现中，布尔值是作为整数的子类实现的，这意味着它们可以参与数值计算和比较运算。布尔类型的这种设计使得它们在处理逻辑问题时更加灵活和高效。

3. 字符串类型（String）

Python 中字符串是由字符组成的一串字符序列，字符串是有顺序的，从左到右，索引从 0 开始增加。

（1）定义字符串

Python 字符串是既可以用单引号也可以用双引号括起来，甚至可以是用三引号括起来的任意文本。比如'abc'、"xyz"等。字符串可以说是 Python 中最常用的数据类型，是由数字、字母、下划线等特殊符号组成的一串字符串，如我们最熟悉的'hello world!'就是一串字符串。不含任何字符内容的字符串，如"",''，称为空字符串。

'Hello world!' #使用单引号

"Hello world!" #使用双引号

'''hello world!''' #使用三引号

"" #使用双引号定义空字符串

① 单引号或双引号本身只是一种表示方式，不是字符串的一部分。单引号、双引号作

用相同，可以避免字符串内出现相同的引号。字符串'abc'只有 a、b、c 这 3 个字符。如果单引号本身也是一个字符，那就可以用双引号括起来，比如"I'm OK"包含的字符是 I、'、m、空格、O、K 这 6 个字符。

② 三引号可以定义多行字符串，还可以定义包含单引号、双引号的字符串。比如：'''" It's python!", he says. '''。

(2) 字符串拼接

Python 的字符串拼接是指将两个或多个字符串连接成一个字符串的过程。Python 提供了多种方法来实现字符串的拼接，这些方法包括使用加号(+)拼接、使用逗号(,)拼接等。

① 使用加号(+)拼接：这是最直接和常用的方法，但需要注意的是，如果其中一个操作数是数字，需要将其转换为字符串才能进行拼接。

[示例 3-33]

将"Hello,"与"World!"进行拼接：

print("Hello,"+"World!")　#字符串与字符串拼接

运行结果：

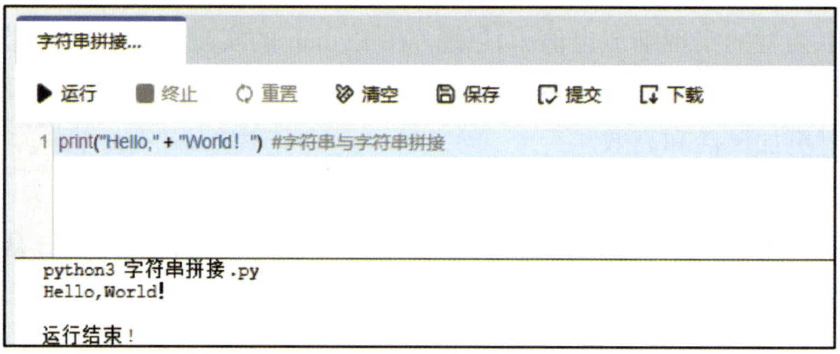

将"净利润"与 10000 进行拼接：

s1="净利润"

s2=10000

print(s1+str(s2))　#字符串与数字拼接，需要先将数字转换为字符串，再拼接。

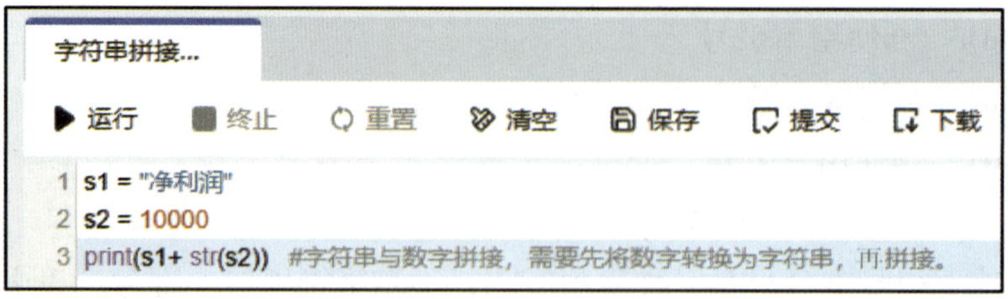

运行结果：

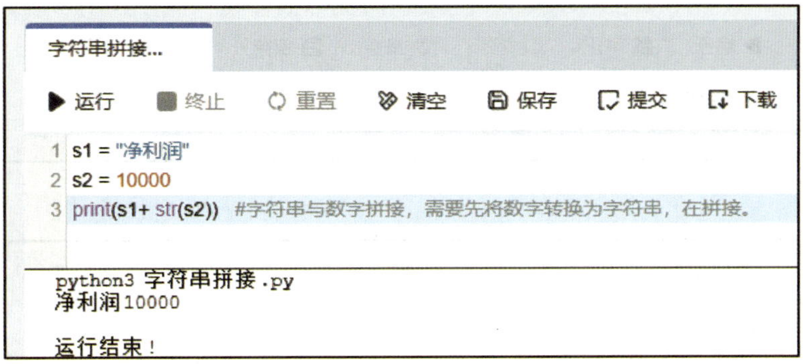

② 使用逗号(,)拼接：这种方法主要用于print()函数，逗号会自占一个空格。

[示例 3-34]

将“净利润”与10000进行拼接：

print("净利润","10000")　#使用逗号拼接

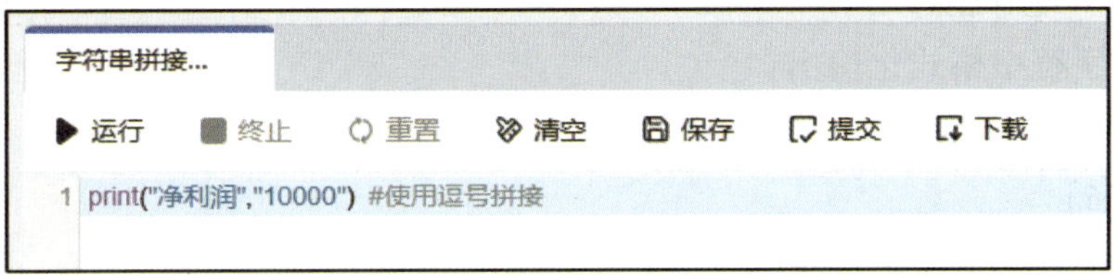

运行结果：

(3) 字符串格式化

字符串格式化是指定制输出模板，模板中预留有需要转换参数的位置和格式，传入的参数据此来实现转换。其余的内容保持原样。在预留位置上的是占位符。

① 字符串格式化输出：

定义一个包含资产的字符串，使用%s进行格式化输出数值类型。

[示例 3-35]

asset = 100000

print("诚发公司今年资产总额为%s 元"% asset)

注："诚发公司今年资产总额为%s 元"% asset，其中%s是带格式的占位符，表示对字符串的格式化，%是格式化符号，asset是传入的参数。

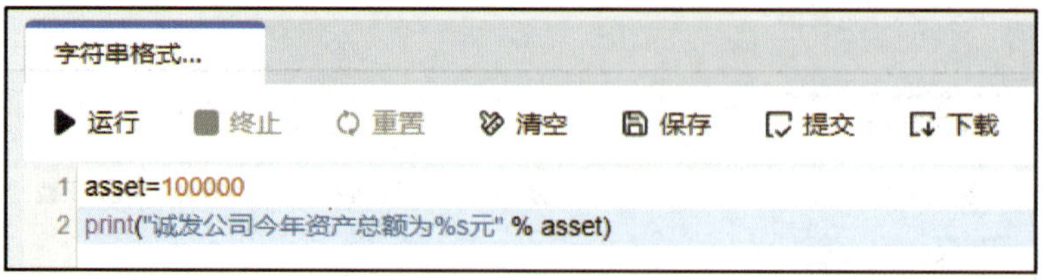

运行结果：

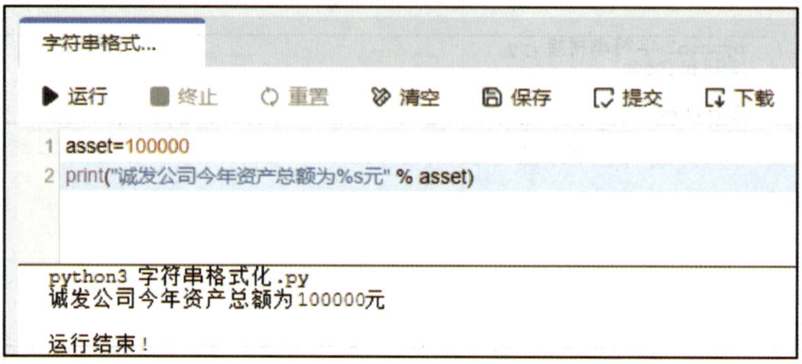

② 多参数字符串格式化输出：

定义多个字符串，使用%s 进行格式化输出。

［示例 **3-36**］

```
amount,number="10000","200"
print("存货的总金额为%s 元,%s 千克"%(amount,number))
```

注：amount、number 为多参数，需要加括号。

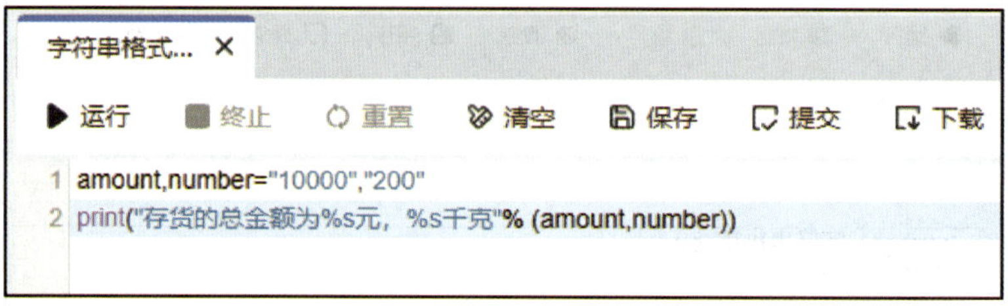

运行结果：

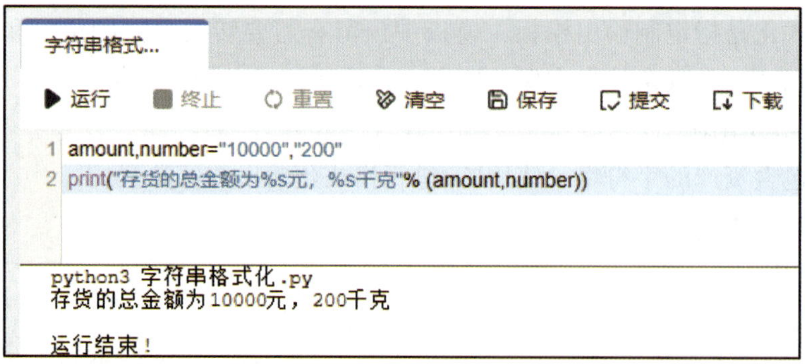

③ 浮点数格式化输出：

定义一个浮点型的数字，使用%f 和%.2f 进行格式化输出。其中%f 表示浮点数格式化，默认保留 6 位小数，%.2f 代表小数点后保留两位，并非严格的四舍五入。

[示例 3-37]

```
number=62.5
print("存货的数量是 %f 吨"% number)
print("存货的数量是 %.2f 吨"% number)
```

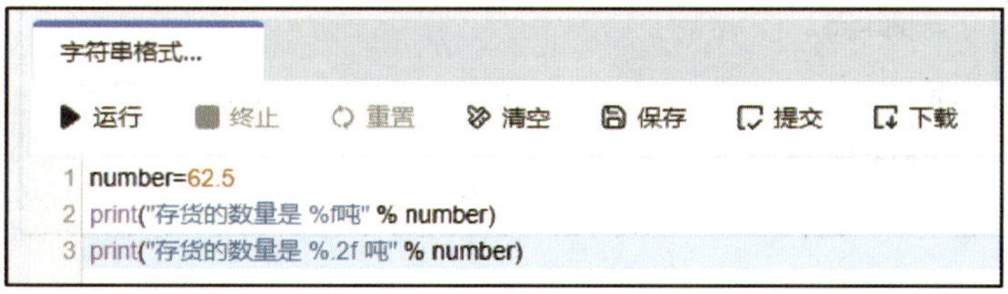

运行结果：

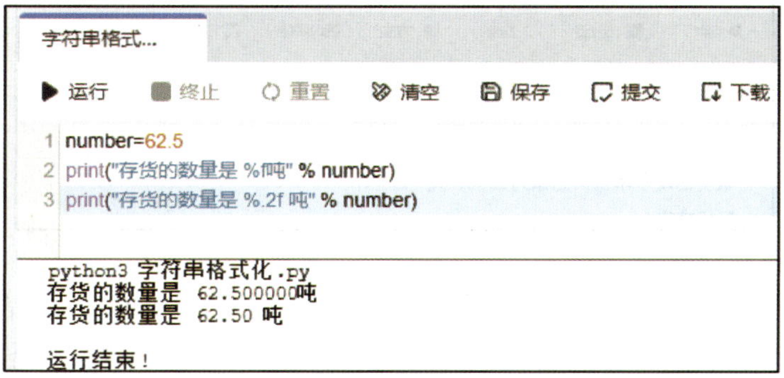

④ 百分号格式化输出：

定义一个浮点型的数字，使用%%和%.2f 将它转变为百分数形式。%%就可以输出为%。

[示例 3-38]

```
current_rate=0.30
print("中国银行的活期利率为%.2f%%"% current_rate)
```

运行结果：

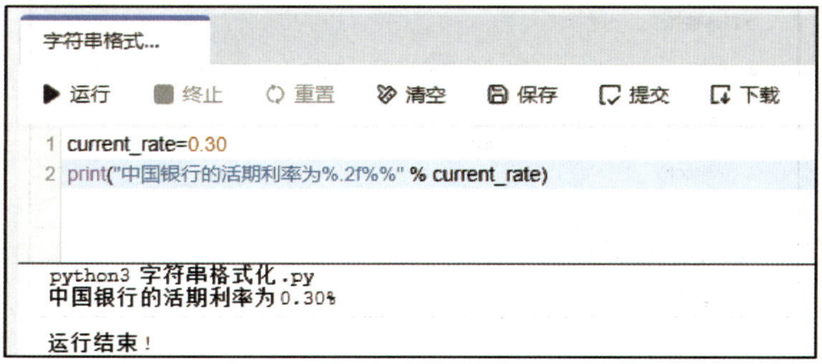

⑤ 整数格式化输出：

定义一个整型的数字，使用%d 进行格式化输出。%d 表示整数的格式化输出。

［示例 3-39］

```
asset = 100000
print("诚发公司今年资产总额为%d 元"% asset)
```

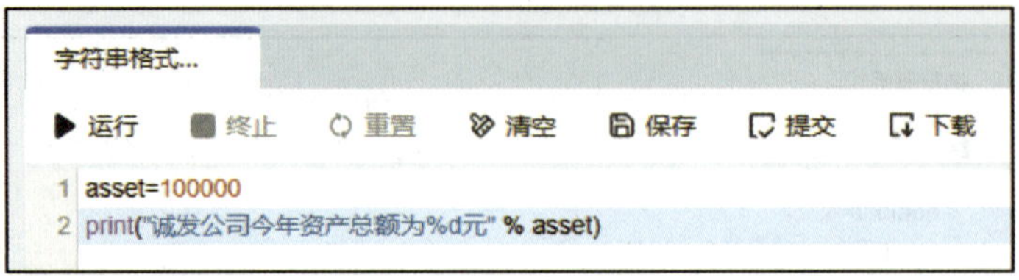

运行结果：

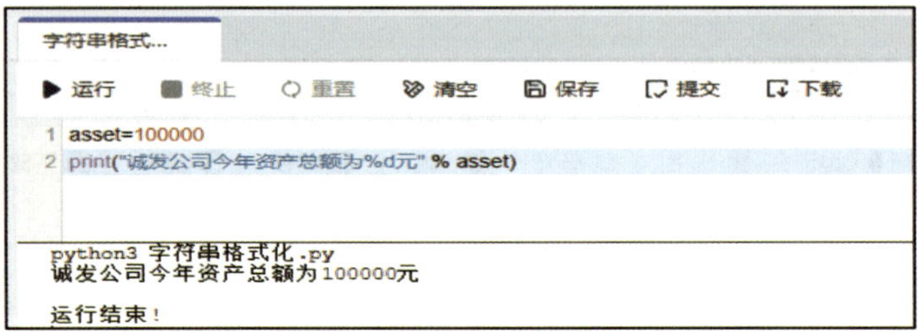

⑥ f-字符串格式化输出：

使用 f-string 形式，进行格式化输出。该方式只需传入变量即可。f"{表达式}"表达式可以是任何类型的数据、计算公式、调用函数等。输出的结果不可改变数据的位置，表示形式，按原样输出，可以使用本方法。

［示例 3-40］

```
name,asset="诚发公司",100000
con=f"{name}的资产总额为{asset}元"
print(con)
```

运行结果：

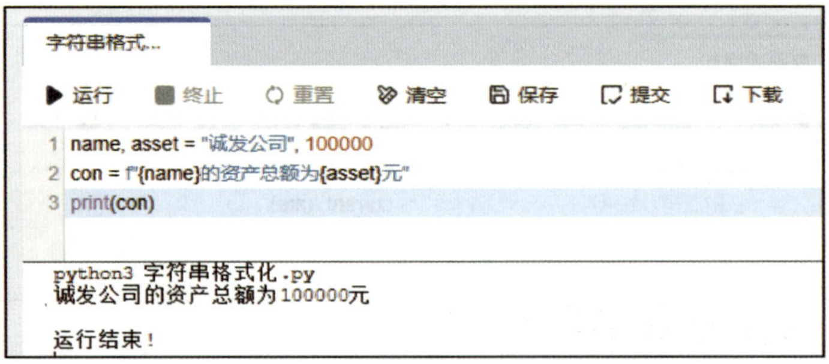

⑦ format 格式化输出：

format 括号中传入变量顺序与左侧字符串内括号的顺序一致。format 传递参数和%格式化类似，可以按位置传递参数，{}为参数位置，format 括号内为需要传递的参数，用逗号分隔，和参数的数量相同。

[示例 3-41]

```
name,asset="诚发公司",100000
print("{}的资产总额为{}元".format(name,asset))
```

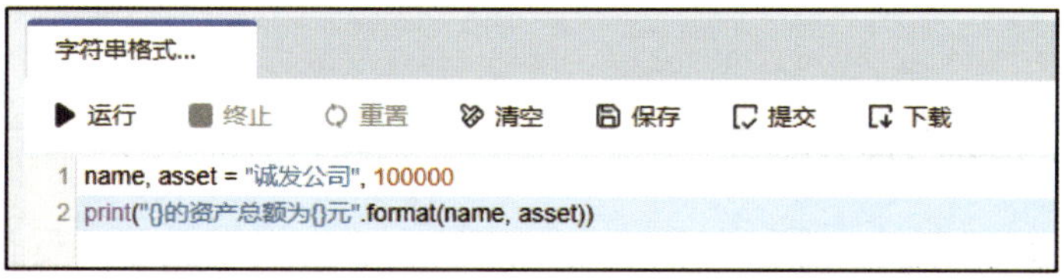

运行结果：

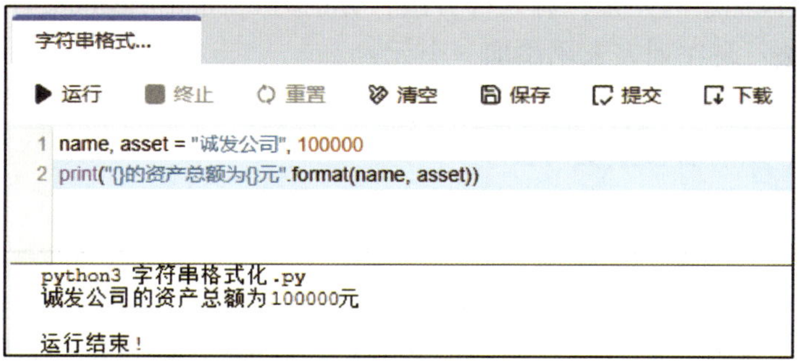

4. 列表类型(List)

列表(List)通常用于储存同类的元素，其内部元素是有序的(有序是指列表内储存的数据是有先后顺序的)，用于顺序存储结构，它是可以同时储存多个元素的数据类型之一。

(1) 定义列表

列表是用一对英文方括号“[ ]”将单个或多个元素括起来，元素之间用英文逗号分隔，比如['baidu','hello',123,'acde']。列表中的元素可以是任意类型，元素可以重复，可嵌套多层列表，[]表示没有元素的列表，称为空列表。

[示例 3-42]

定义名为 report 的列表，包含资产负债表、利润表和现金流量表三个字符串类型的元素。

```
report=['资产负债表','利润表','现金流量表']
print(report)
```

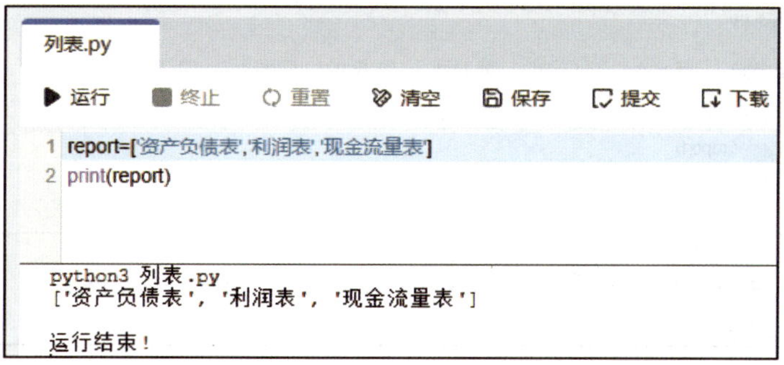

定义名为 work_hour 的列表，包含 10，20，30 三个数字类型的元素。

work_hour=[10,20,30]

print(work_hour)

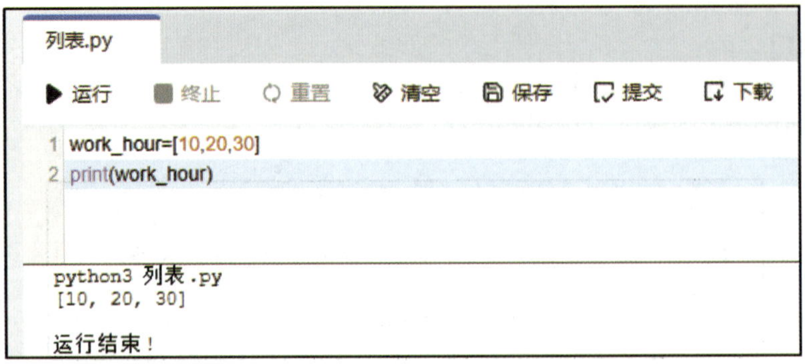

(2) 列表添加元素

给已有的列表添加新的元素，有三种方法，分别为 append、extend、insert。

① append 方法：是在列表末尾添加一个元素。

[示例 3-43]

report. append("所有者权益变动表")

print(report)

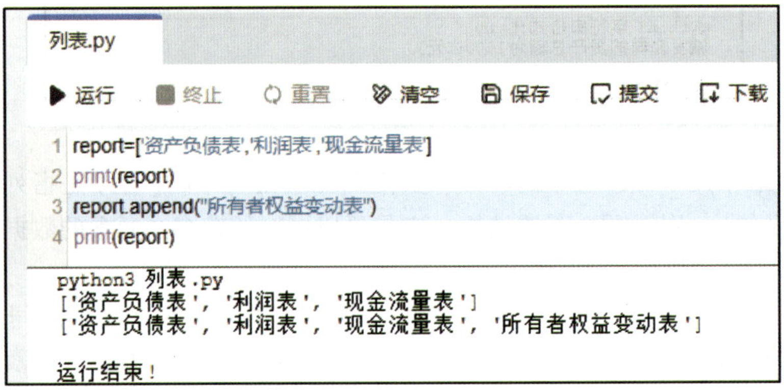

② extend 方法：是在列表末尾添加多个元素。

[示例 3-44]

report. extend(["所有者权益变动表","会计报表附注"])

print(report)

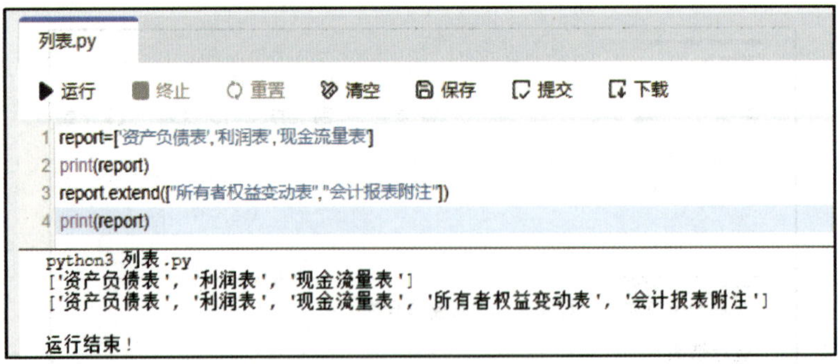

注：使用 extend 方法时，需要用列表的[ ]，将多个元素包裹起来。

③ insert 方法：是在指定索引位置添加元素或列表。

[示例 3-45]

report. insert(0,"所有者权益变动表")

print(report)

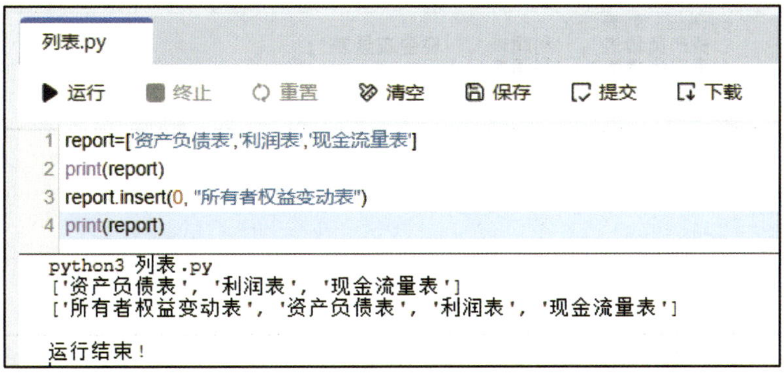

注：使用 insert 方法时，需要填入两个参数，第一个参数为需要插入的索引，第二个参数为新插入的内容。

(3) 列表删除元素

将列表中已有元素删除，有三种方法：按照索引删除、按照元素删除和清空列表。

① 按照索引删除列表元素：del 方法和 pop 方法。

[示例 3-46]

report. pop(-1)

print(report)

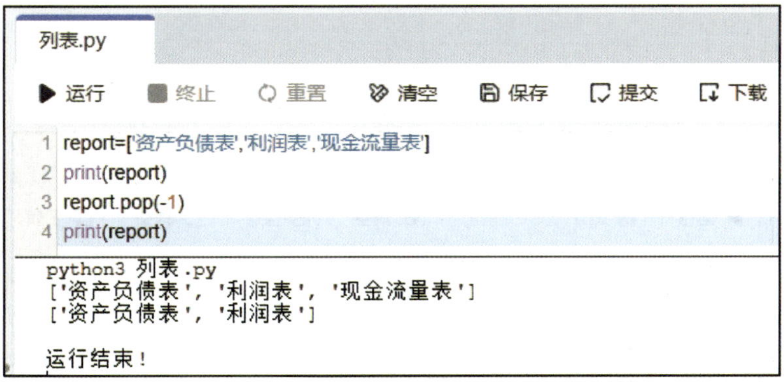

或者

del report[-1]

print(report)

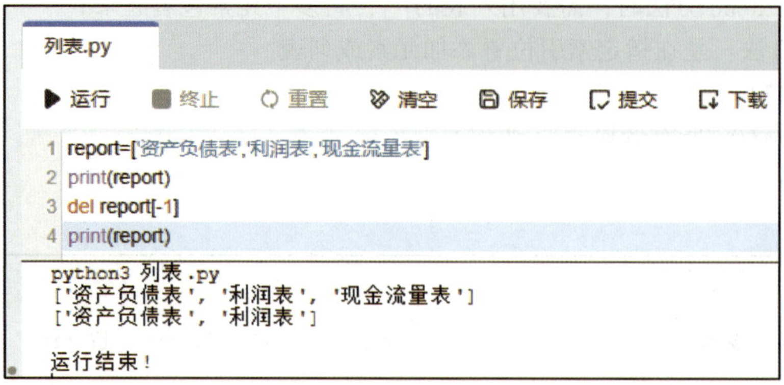

② 按照元素删除：remove 方法。

[示例 3-47]

report. remove("利润表")

print(report)

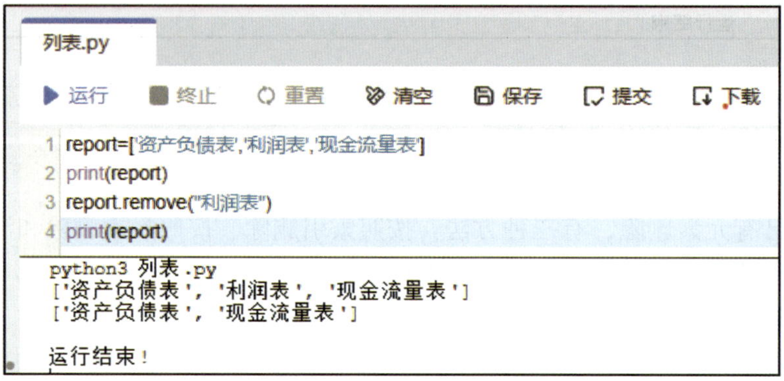

③ 清空列表：clear 方法。

[示例 3-48]

清空人员列表，并输出结果。

report. clear()

print(report)

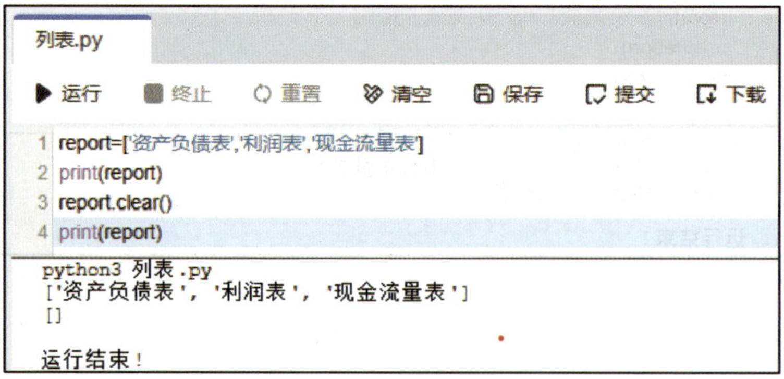

(4) 列表访问操作

切片法。切片指的是抽取序列的一部分，是利用索引来寻找目标元素的位置，切片法中的索引包括正索引和负索引。

切片法的具体表达式为：obj[start_index:end_index:step]

step：正负数均可，其绝对值大小决定切取数据时的“步长”，而正负号决定切取“方向”，正表示“从左往右”取值，负表示“从右往左”取值。当 step 省略时，默认为 1，即从左往右以步长 1 取值。切取方向非常重要。

start_index：表示起始索引(包含该索引对应值)，该参数省略时，表示从对象“端点”开始取值，至于是从“起点”还是从“终点”开始，则由 step 参数的正负决定，step 为正表示从“起点”开始，为负表示从“终点”开始。

end_index：表示终止索引(不包含该索引对应值)，该参数省略时，表示一直取到数据“端点”，至于是到“起点”还是到“终点”，同样由 step 参数的正负决定，step 为正时直到“终点”，为负时直到“起点”。

切片原理：利用索引来寻找目标元素的位置，包括正索引和负索引。

['资产负债表','利润表','现金流量表']

从左向右为正向			从右向左为负向
正索引	0	1	2
负索引	-3	-2	-1
列表中的值	资产负债表	利润表	现金流量表
	起点		终点

[示例 3-49]

将报表列表的第一个报表名称取出来。

print(report[0])

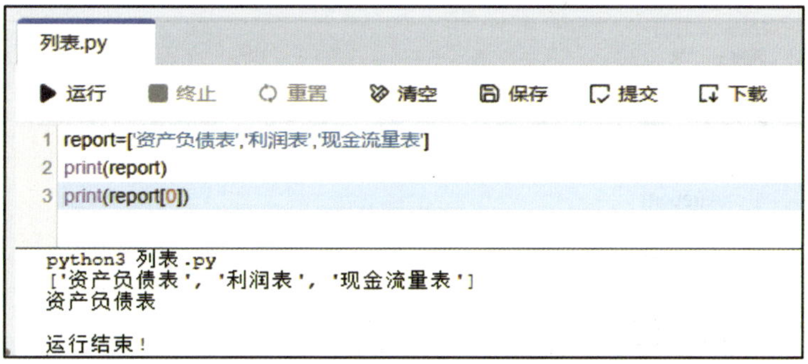

将报表列表的第三个报表取出来。

print(report[2])

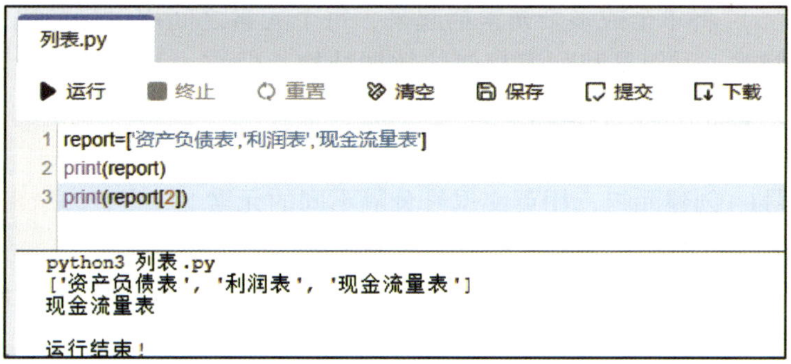

将报表列表的前三个报表取出来。

print(report[0:3])

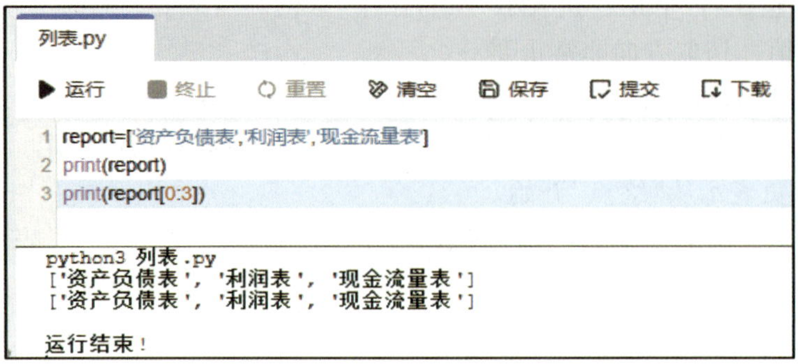

注意:

一个完整的切片表达式包含两个“:”,用于分隔三个参数(start_index、end_index、step)。

当只有一个“:”时,默认第三个参数 step=1;

当一个“:”也没有时,start_index=end_index,表示切取 start_index 指定的那个元素。

(5)列表修改元素

Python 的列表是可变数据类型,更改列表中的某个值,可以直接赋值。

[**示例 3-50**]

将第一个报表修改为资产负债表 1,并输出。

report[0]='资产负债表 1'

print(report)

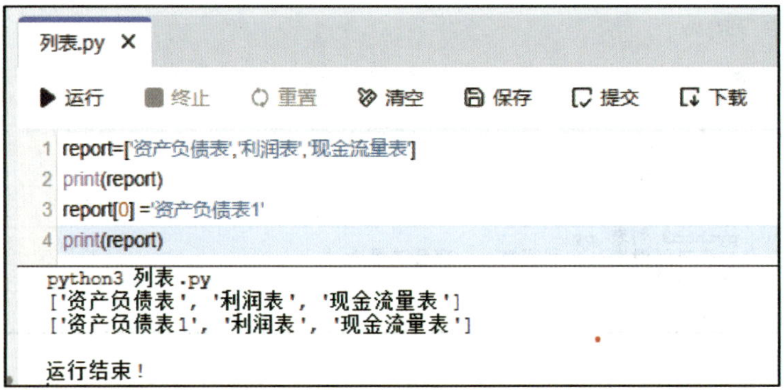

5. 元组(Tuple)

元组用一对“()”将单个或多个元素括起来,每个元素之间用逗号分隔开。元组创建完毕后,元素不可修改。元组是和列表相似的数据结构,但它一旦初始化就不能更改,速度比 List 快,同时 Tuple 不提供动态内存管理功能。

(1)定义元组

使用英文括号()创建元组,用英文逗号分隔不同的元素。

存储元素的类型可不同,元素可重复,可多层嵌套。

()表示没有元素的元组,称为空元组。只含一个元素的元组,在元素末尾加上英文逗号。

［示例 3-51］

name1=('资产负债表','利润表','现金流量表')#定义了名为 name1 的元组，包含三个字符串类型的元素。

name2=(3,)#定义了名为 name2 的元组，这个元组只有一个元素。

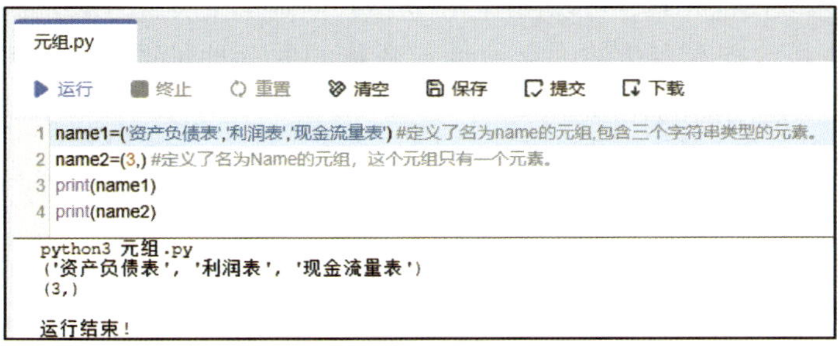

程序中如果一行内容过长，可以在每行末尾使用反斜杠（ \ ），让程序识别为一行内容。

［示例 3-52］

asset=('库存现金','银行存款','其他货币资金','存货','固定资产',\'无形资产')#系统显示这行内容在同一行上。

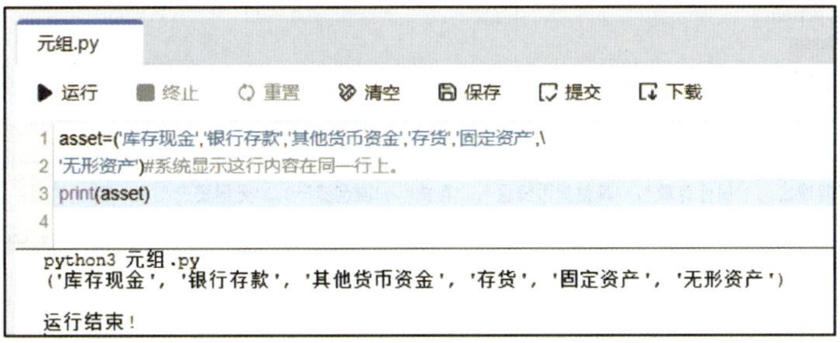

（2）元组访问

使用切片法完成元组的访问。

［示例 3-53］

#访问 asset 元组第二个位置的元素

print(asset[1])

#访问任务 asset 元组第二个位置到第三个位置的元素

print(asset[1:3])

注意：切片法 con[1:3]，右边索引为 3，即第四个位置的元素获取不到。

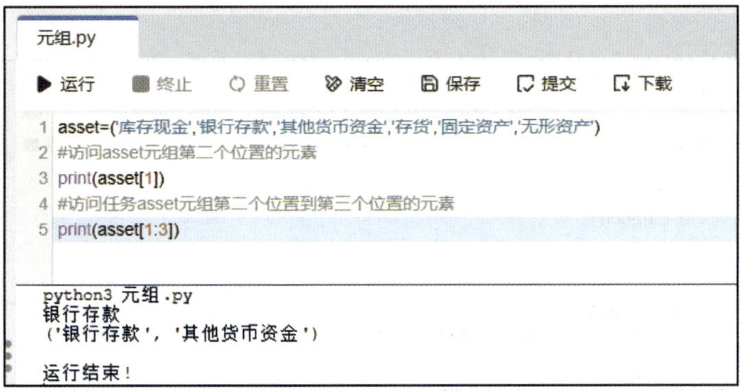

(3) 元组修改

元组是不可变类型，不能直接修改内部元素，否则程序会报错。

(4) 元组的添加元素

元组是不可变类型，不能添加元素，否则程序会报错。

注：元组不可修改内部元素，可以使用“+”拼接，但是拼接前后的元组不是同一个变量。

可以利用 id()函数查看变量的内存地址。变量的内存地址改变，说明前后两个变量的储存位置不同，不再是之前的元组。

(5) 元组的删除

删除元组，可以使用 del 方法。

[示例 3-54]

```
del asset
print(asset)
```

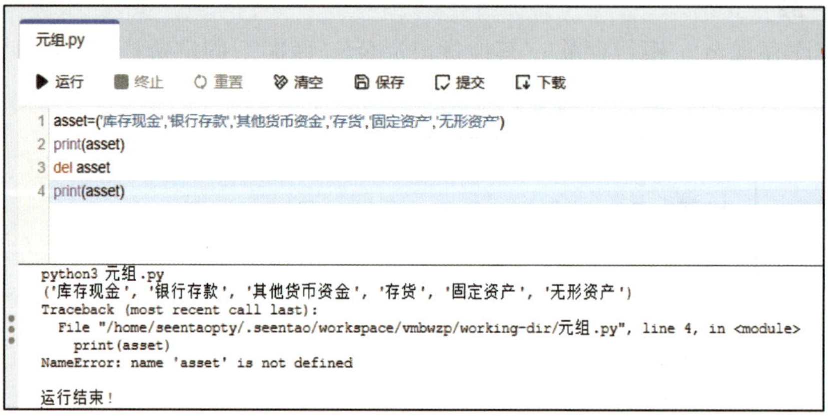

6. 集合(Set)

集合是一个无序的不重复元素序列，用大括号{}括起来，元素之间用逗号分隔，元素不允许重复。集合是无序的、不重复的元素集，类似于数学中的集合，可进行逻辑运算和算术运算。

(1) 定义集合

集合的构成形式为{value1, value2, value3……}

[示例 3-55]

```
report1={"资产负债表","利润表","现金流量表"}
print(report1)
```

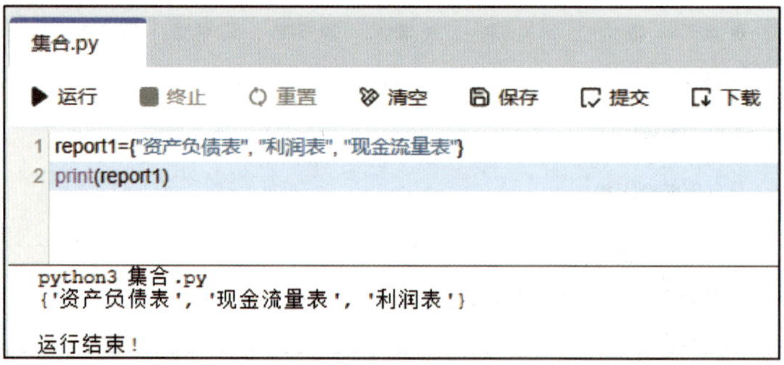

使用 set( )函数创建：con = set('abcdefg')

使用 set( )函数创建空集合：con = set( )

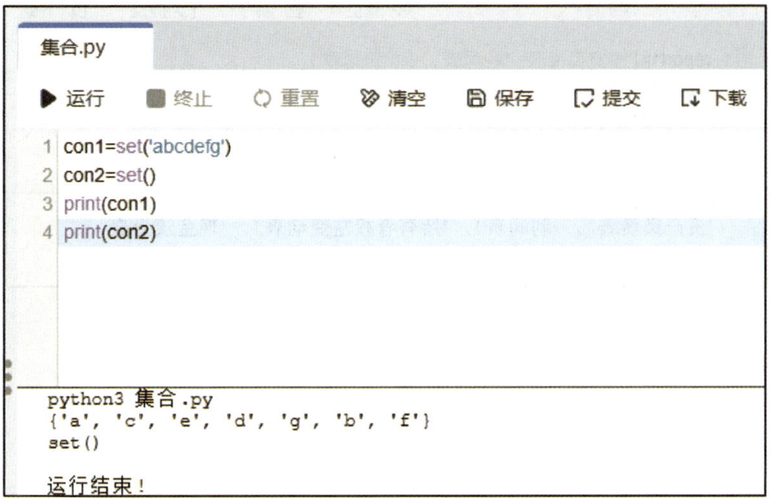

注：创建集合时，重复元素会被自动去除；创建空集合，必须使用 set( )函数，不能使用{ }，后者是创建一个空字典。

（2）访问集合

集合是无序的，所以无法使用索引进行访问，可以使用循环语句进行访问，这里使用 for 循环语句。

［示例 3-56］

```
report1 = {"资产负债表","利润表","现金流量表"}
for i in report1:
    print(i)
```

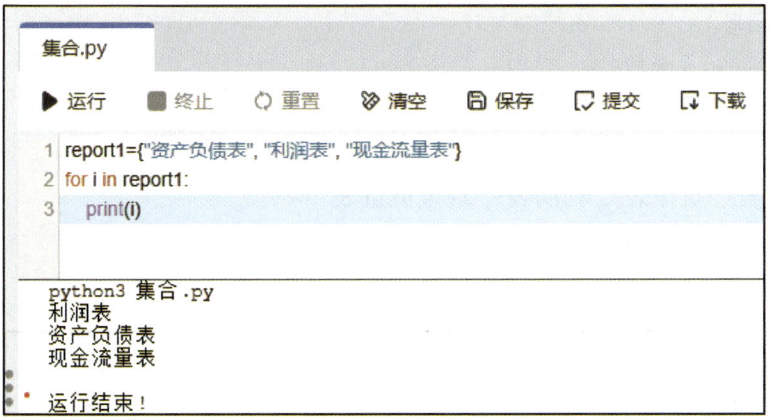

（3）集合添加元素

① add( )方法直接添加。

［示例 3-57］

```
report1 = {"资产负债表","利润表","现金流量表"}
report1. add("所有者权益变动表")
print(report1)
```

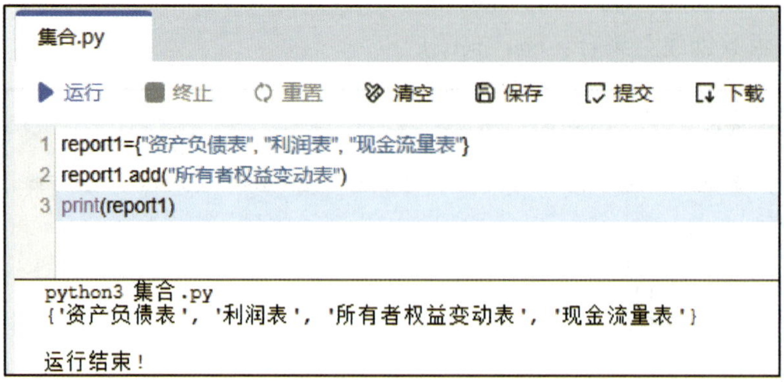

② update( )方法添加多个。

[示例 3-58]

report1 = {"资产负债表","利润表","现金流量表"}

report1. update({"所有者权益变动表"})

print(report1)

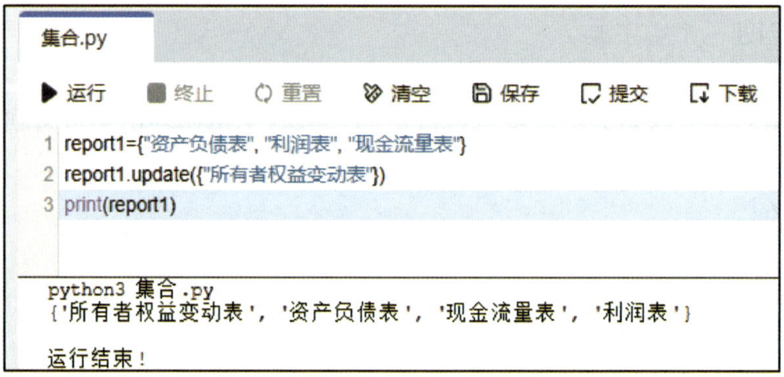

（4）删除元素

① 使用 remove( ) 函数。

[示例 3-59]

使用 remove( ) 函数删除元素“利润表”，并输出删除后的集合。

report1 = {"资产负债表","利润表","现金流量表"}

report1. remove("利润表")

print(report1)

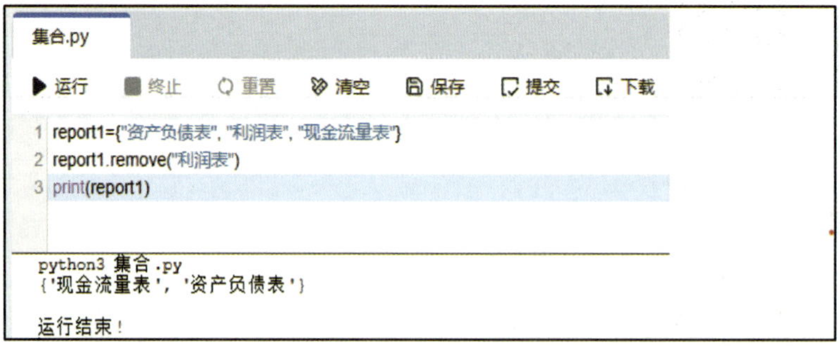

② 使用 discard( ) 函数。

[示例 3-60]

使用 discard( ) 函数删除元素“利润表”，并输出删除后的集合。

```
report1 = {"资产负债表","利润表","现金流量表"}
report1. discard("利润表")
print( report1)
```

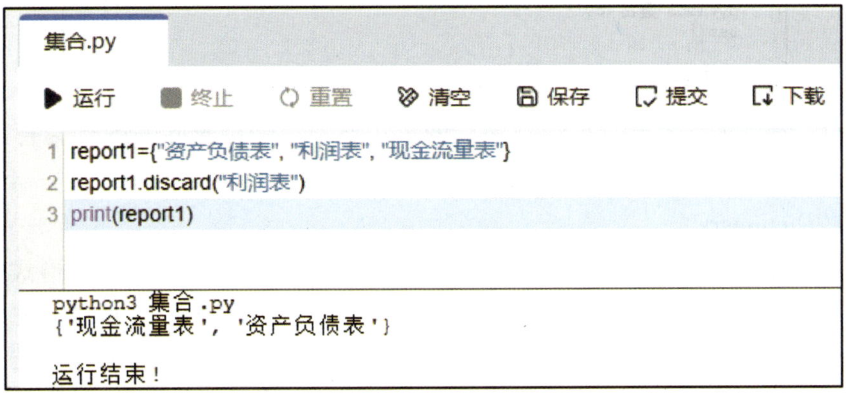

注：remove( ) 删除集合不存在的元素会报错；remove( ) 和 discard( ) 都可以删除集合已有元素；discard( ) 删除集合不存在的元素不会报错。

③ 使用 pop( ) 函数。

[示例 3-61]

```
set1 = {1,2,3,4,5}
set1. pop( )
print( set1)
```

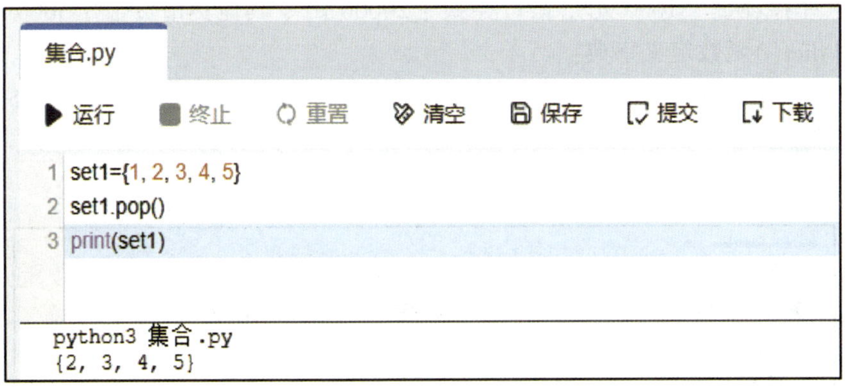

④ 使用 clear( ) 函数。

[示例 3-62]

```
set1 = {1,2,3,4,5}
set1. clear( )
print( set1)
```

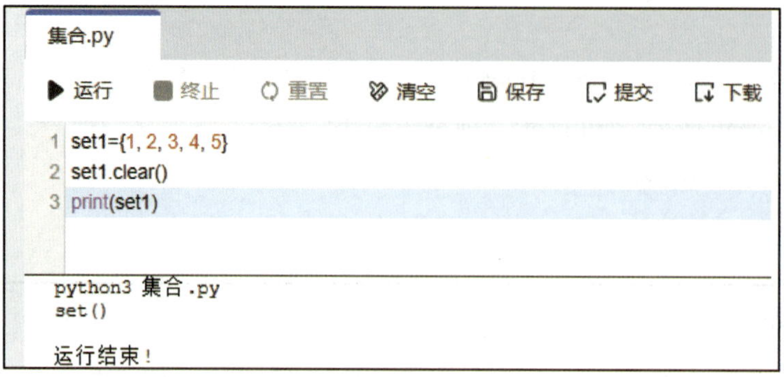

注：pop( )删除纯数字集合自动排序后的最小元素，随机删除非数字集合中的一个元素；clear( )清空集合中所有元素。

7. 字典(Dictionary)

字典(Dictionary)是储存数据的，它的元素是以“键值对(key-value)”的形式储存。字典中，将各元素对应的索引称为键(key)，各个键对应的元素称为值(value)，键与其关联的值称为“键值对”。字典是可变的、有序的。字典类型是 Python 中唯一的映射类型，它是指元素之间相互对应，即通过一个元素可以唯一找到另一个元素。

字典的构成形式是将所有元素放在大括号{}中，元素之间用逗号分隔，形式为“键:值”。每个对之间用逗号(,)分隔。

构成形式：{key1:value1,key2:value2}。

字典是一种无序存储结构。

[示例 3-63]

(1) 定义字典

① 直接定义键值对(键和值类型任意)：

dict1={"库存现金":"1000 元","银行存款":"20000 元","其他货币资金":"5000 元"}

② 使用 dict( )函数定义字典：

dict2={1:["库存现金",1000],2:["银行存款",20000],3:["其他货币资金",5000]}

③ 创建空字典：

dict3={}

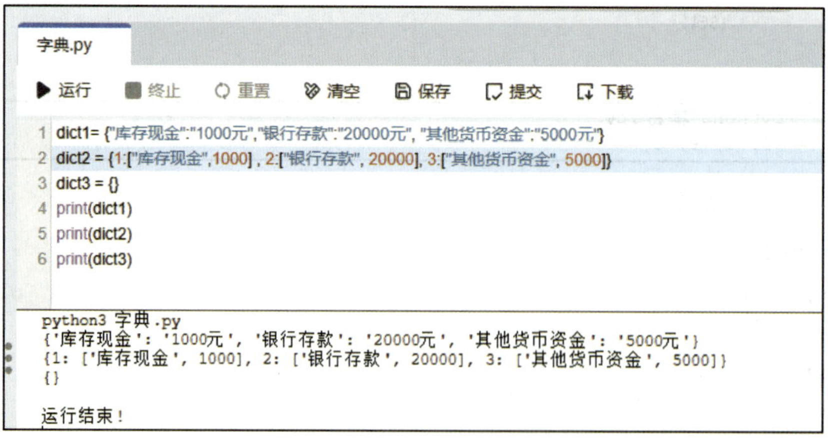

④ 创建空字典后再增加键值对:

dict4 = { }

dict4["asset"] = "货币资金"

dict4["number"] = 26000

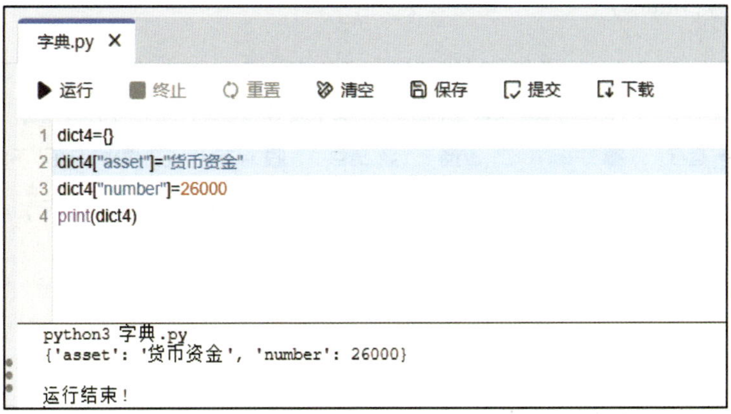

(2) 字典访问

根据键名访问字典的值,可以使用 dictname[key]和 dictname. get(key)两种形式。

访问字典所有键,可以使用 dictname. keys( )或使用 for 循环取所有的键。

访问字典所有值,可以使用 dictname. values( )或使用 for 循环取所有的值。

访问字典的键值对,可以使用 dictname. items( )或使用 for 循环取所有的键值对。

[示例 3-64]

以[示例 3-63]中 dict1 为例, 结合所学, 访问字典的值、键、键值对。

dict1 = {"库存现金":"1000 元","银行存款":"20000 元","其他货币资金":"5000 元"}

print(dict1["库存现金"])

print(dict1. get("银行存款"))

print(dict1. values( ))

print(dict1. keys( ))

print(dict1. items( ))

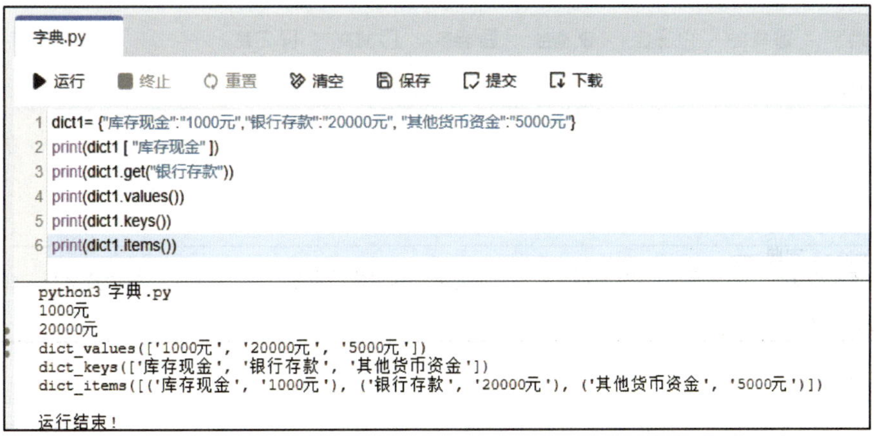

使用 for 循环遍历字典的键值对：

[示例 3-65]

```
dict1 = {"库存现金":"1000 元","银行存款":"20000 元","其他货币资金":"5000 元"}
for key,values in dict1. items( ):
    print( key,values)
```

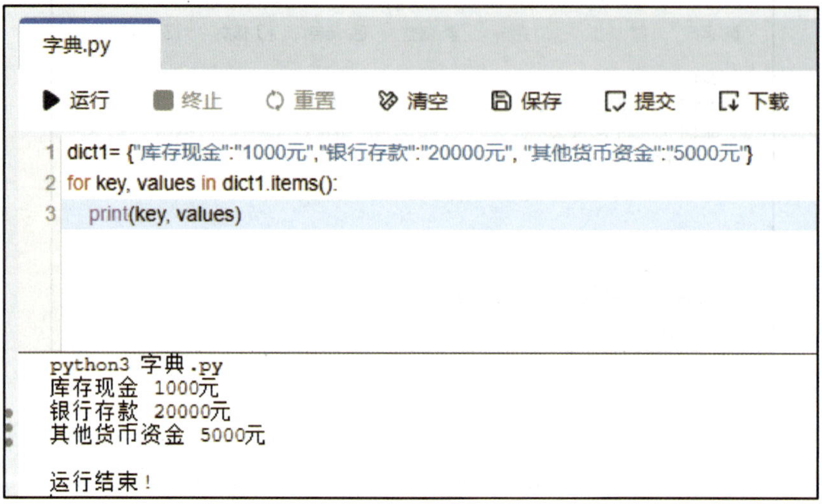

(3) 字典添加

使用 dictname[key]和 dictname. update(newdict)可以添加键和值。

dictname[key]直接添加或修改键值对，dictname. update(newdict)添加或修改键值对，使用 update 方法，可以同时更新多个键值对。

[示例 3-66]

```
dict1 = {"库存现金":"1000 元","银行存款":"20000 元","其他货币资金":"5000 元"}
dict1["货币资金"] = 26000
print(dict1)
```

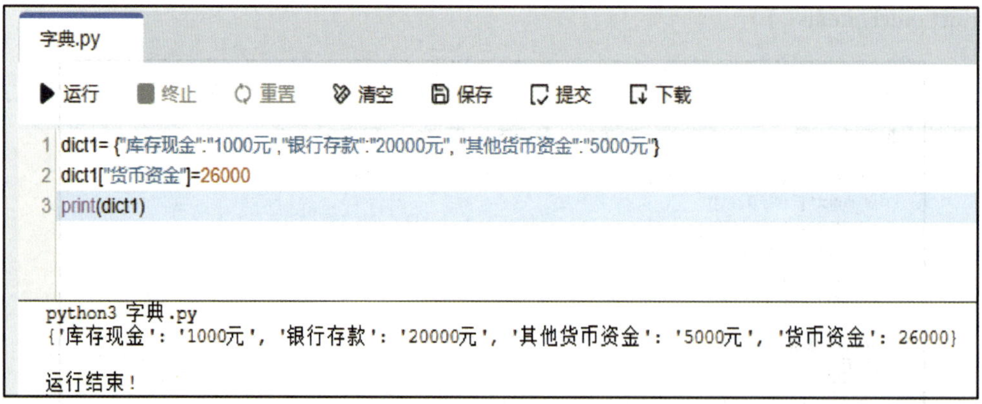

[示例 3-67]

```
dict1 = {"库存现金":"1000 元","银行存款":"20000 元","其他货币资金":"5000 元"}
dict1. update( {"货币资金":26000} )
```

print(dict1)

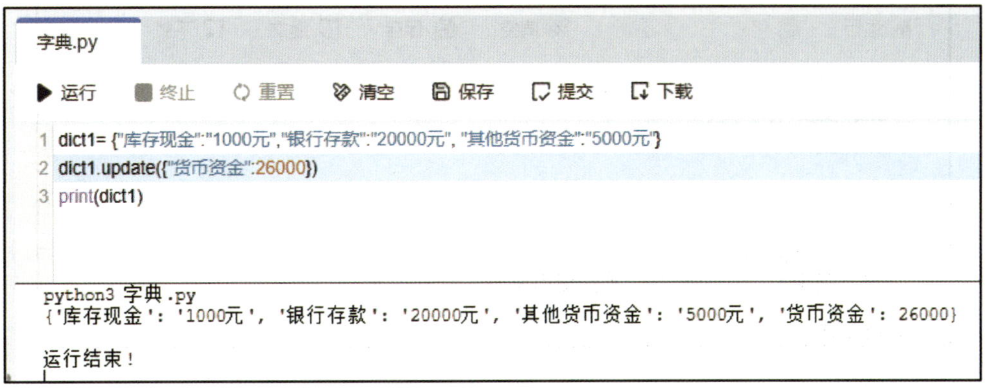

(4) 字典删除

通过 del 和 pop 清除键，同时删除值。但是使用 del 方法删除字典键的同时，也会删除对应的值。pop 方法返回指定删除键对应的值。

del dictname[key]

dictname. pop(key)

[示例 3-68]

dict1 = {"库存现金":"1000 元","银行存款" :"20000 元","其他货币资金":"5000 元"}

del dict1["银行存款"]

print(dict1)

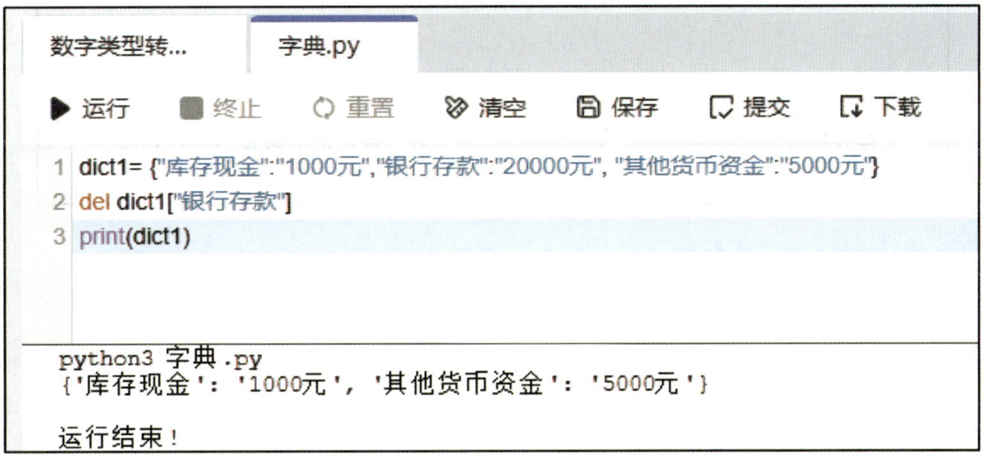

[示例 3-69]

dict1 = {"库存现金":"1000 元","银行存款":"20000 元","其他货币资金":"5000 元"}

dict1. pop("银行存款")

print(dict1)

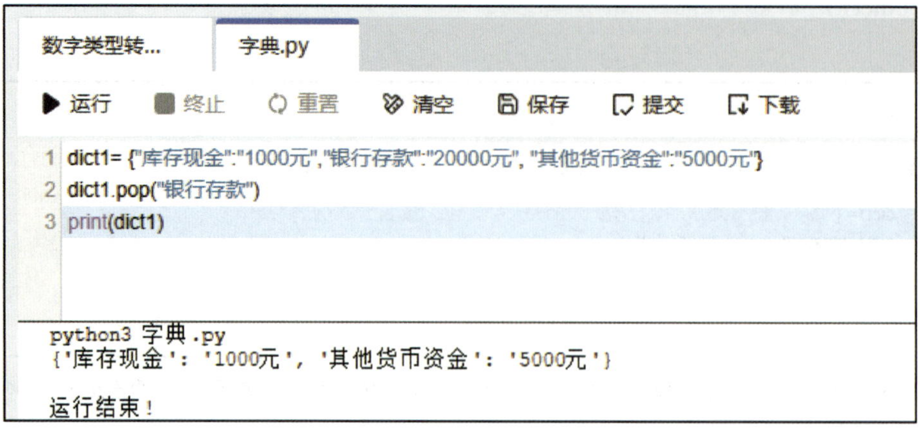

（5）字典修改

修改值：给键重新赋值，实现修改键对应的值。无法修改键。

［示例 3-70］

dict1 = {″库存现金″:″1000 元″,″银行存款″:″20000 元″,″其他货币资金″:″5000 元″}

dict1[″银行存款″] = 50000

print(dict1)

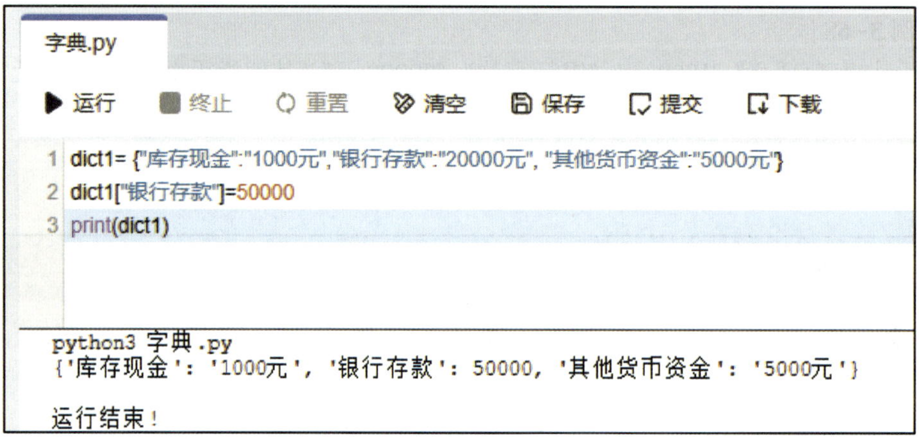

注：

Python 并没有直接对键的修改，字典的键是不可变的，所以不能直接修改。

Python 字典对键的修改是通过删除旧的键值对，再添加新的键值对来实现的。

除此之外，还有一种特殊的数据类型是空(None)，该值是一个空对象，表示空值或不存在的值。空值是 Python 里一个特殊的值，None 不能理解为 0，因为 0 是有意义的，而 None 是一个特殊的空值。

8. 数据类型转换

（1）隐形转换

直接输出一个 print(0. 1+0. 2)。

（2）显性转换

在 Python 中，可以使用内置函数来进行数据类型的转换。以下是一些常用的数据类型转换方法：

函　　数	描　　述
int(x)	将 x 转换成整数类型(特别注意，浮点数转换为整数是向下取整，不是四舍五入)，要将字符串转为整数，需要字符串是能够表示整数的字符串，字符串中不能含有数字之外的其他字符
float(x)	将 x 转换成浮点数类型
str(x)	将 x 转换成字符串类型，如果要将数值与字符串连接，则必须将其转换为字符串，否则将返回 TypeError
bool(x)	将 x 转换成布尔值，bool()函数的参数是“0”或省略，返回 False，否则，返回 True

注：并非所有值都可以强制转换为其他数据类型。例如，如果尝试将不表示数字的字符串转换为整数或浮点数，将返回 ValueError。

[示例 3-71]

```
print(int(3.1415))#将 3.1415 转换为整型
print(float(23))#将 23 转换为浮点型
```

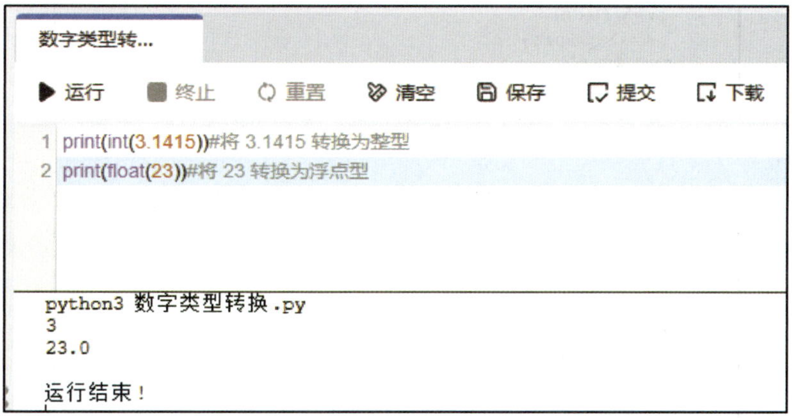

使用 round()函数格式：round(浮点数字，保留位数)，注意，并非严格的四舍五入。

[示例 3-72]

```
#将 3.1455 保留两位小数
print(round(3.1455, 2))
#将 3.1455 保留两位小数
print(round(3.1445, 2))
```

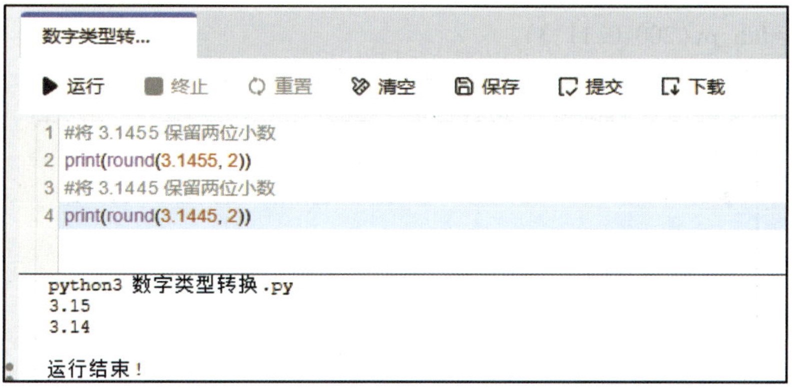

任务实施

解决方案：

1. 定义第一种理财方式的理财投入额函数

```
def danli_pv(fv,r,n):
    pv=fv/(1+r * n)
    return round(pv,2)
DENLI_PV=danli_pv(200,0.10,3)
print(f'选择第一种理财方式,现在需要投资{DENLI_PV}万元。')
```

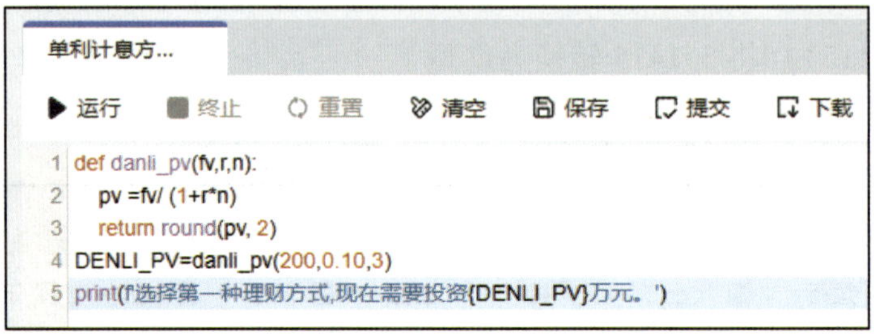

运行结果：

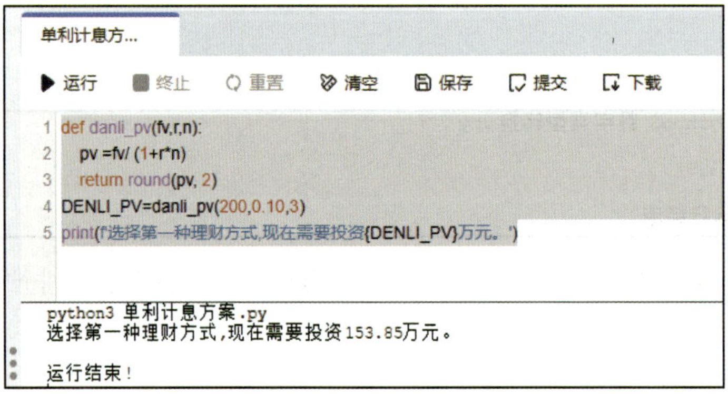

2. 定义第二种理财方式的理财投入额函数

```
def fuli_pv(fv,r,n):
    pv=fv/(1+r) * * n
    return round(pv,2)
FULI_PV=fuli_pv(200,0.11,3)
print(f'选择第二种理财方式,现在需要投资{FULI_PV}万元。')
```

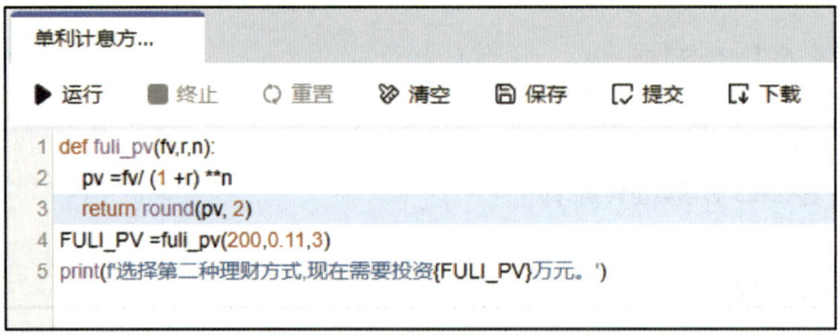

运行结果：

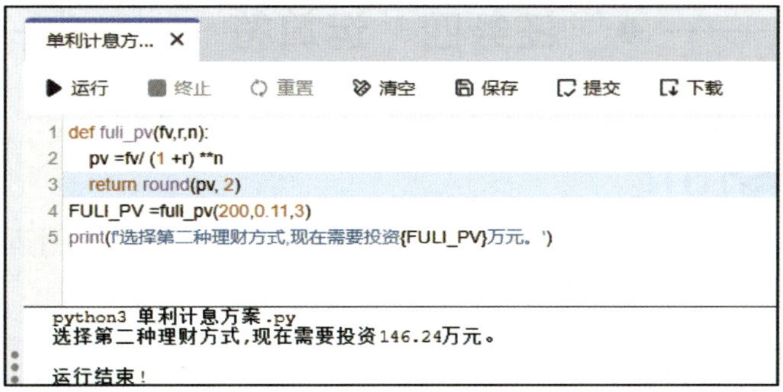

任务小结

本任务主要讲解了变量和数据类型，以及它们之间的相互转换。通过学习，了解变量，掌握变量命名规则，能够区分数据各种类型，并进行简单的编程，能够使用内置函数进行数据类型的转换。

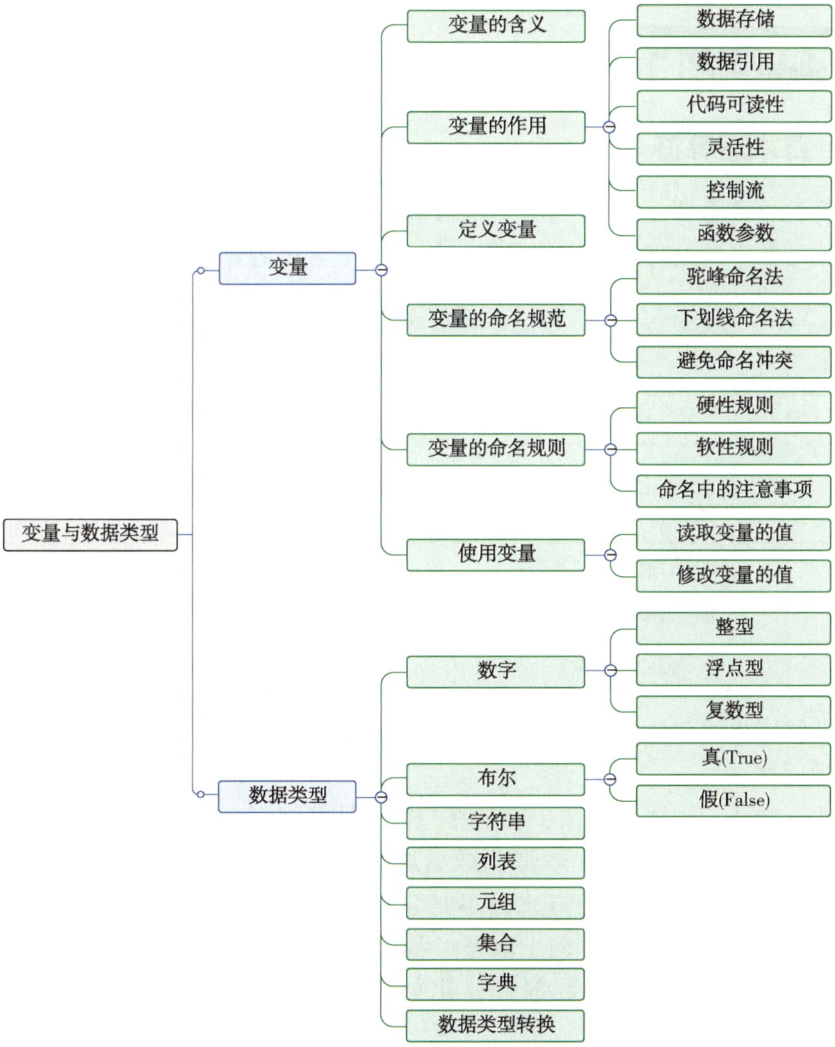

任务四 运算符

任务情境

诚发公司准备三年之后投资一个项目，作为会计人员，请你利用运算符为诚发公司计算一下按照10%单利计息方式投资的利息与本金之和。

任务分析

假设：p为本金；r为收益率；n为投资期数。注意，投资期数和收益率保持同一单位，如果收益率为年收益率，则投资期数为年数。

单利是指在计算利息时，每一次都是将初始投资双方确认的本金作为计算利息的基数，每次计算的利息并不转入下一次本金中。

单利计息方式下本利和计算公式：$F=p+p\times r\times n$

知识准备

3.4.1 算术运算符

算术运算符也称数学运算符，用于执行基本的四则数学运算，如加法、减法、乘法、除法等，在日常数字的处理中应用得最多。Python中常用的算术运算符如下表所示。

符号	含义	示例	结果
+	加法	2.5+24	26.5
-	减法	9.78-5	4.78
*	乘法	10*3.6	36.0
/	除法(浮点数结果)	10/4	2.5
//	除法取商(向下取整数)	10//4	2
%	除法取余数(模运算)	10%4	2
**	幂运算(指数)	2**4	16，即2^4

算数运算符优先级口诀：乘除高于加减；括号内最先运行；提升一下优先级；取余再整除；求幂最后算。

其中加法、减法、乘法、除法、幂运算与数学计算规则一样，本书不再阐述。

“//”除法取商(向下取整数)：取整顾名思义就是只取整数部分，不要小数部分。虽然字面意思是这样，但是取整的方式可不是直接这样分开只取前面的部分，取整的方式有三种：向下取整、四舍五入、向上取整，我们这里所说的取整运算符就是向下取整的方式，也就是最简单的只取整数部分，比如2.45向下取整就是2，具体演示如下图所示。

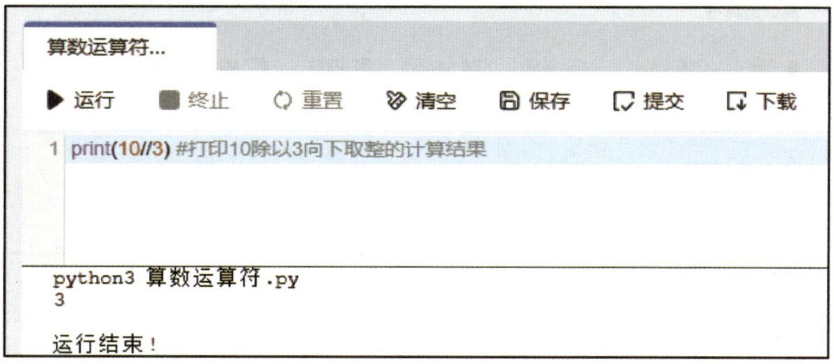

10 除以 3 等于 3.3333……，但是向下取整就只取整数部分 3，所以运行结果为 3。

“%”除法取余数：取余就是两数相除，取余数部分，比如 9 除以 5，计算结果是商 1 余 4，如果取余数的话就是取 4，具体运行结果如下：

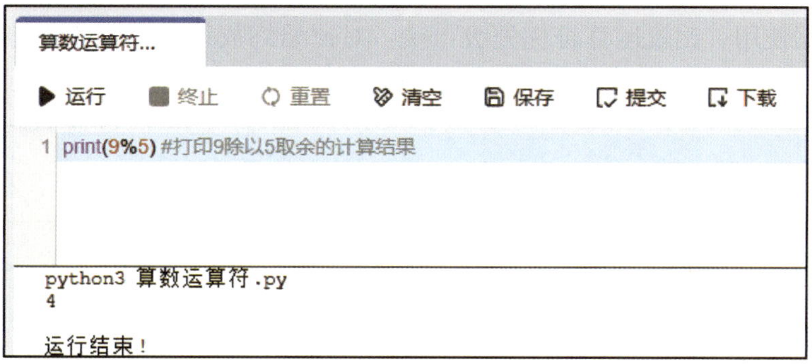

注：

① 使用除法运算符“/”“//”和“%”时，除数(第二个操作数)不能为 0，否则系统会出现错误提示。

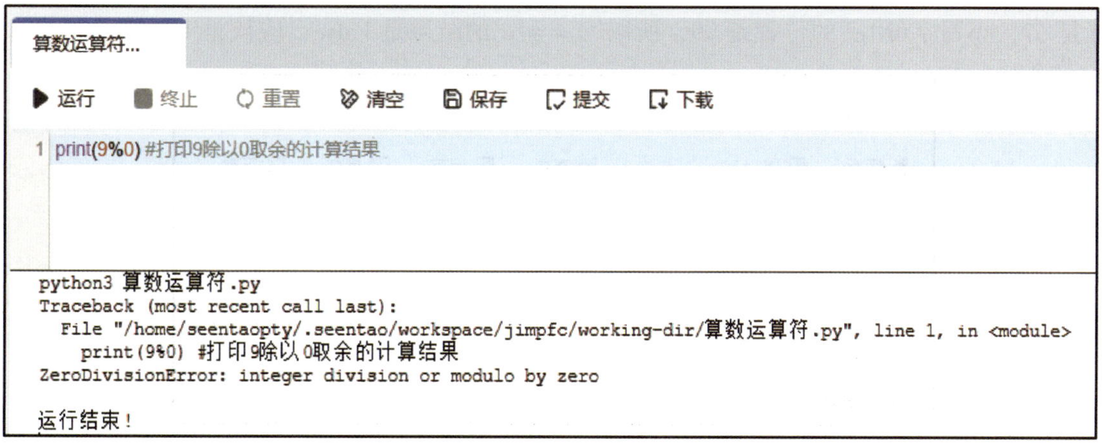

② Python 语言中进行四则混合运算时，凡是有小数参与到运算中，即使计算结果为整数，输出的结果也是默认保留小数点后一位小数。如下图所示：

3.4.2　比较运算符

比较运算符，也称关系运算符，主要用于比较两个值的大小或相等性。如果比较的结果为真，就返回 True；如果比较的结果为假，就返回 False。通常，比较运算符在条件语句中作为判断依据使用。比较运算符优先级口诀：对比始终放第一；等于不等运算；连起来判断真；大小比较从右算。Python 中常用的比较运算符如下表所示：

符号	含义	示例	结果
= =	等于	‘X’ = =‘x’	False
！ =	不等于	10！ =10	False
<	小于	5<6	True
>	大于	5>6	False
<=	小于或等于	5<=6	True
>=	大于或等于	5>=6	False

示例中除了数字可以比较，字母也可以比较，这是因为在 Python 中字母的大小比较，主要依赖于字母所在 ASCII 表中的数字大小。从 ASCII 表中我们可以查到大写字母“C”的位置是 67，小写字母“c”的位置是 99，所以′C′= =′c′的结果是 False，应该是′C′<′c′。

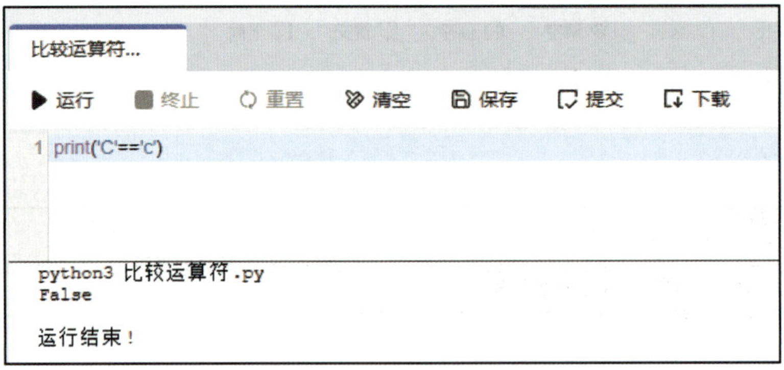

注：

① 在 Python 中“=”和“= =”表示的含义不一样，“=”表示的是赋值，把一个值赋予另一个变量；而“= =”才是真正表示大小相等，如果要判断某某是否等于某某，一定要写“= =”。

② 在 Python 中，当判断一个变量是否介于两个值之间时，可以采用“值 1<变量<值 2”的形式，比如“10<a<20”。

3.4.3 逻辑运算符

逻辑运算符用于对真和假两种布尔值进行运算，运算的结果仍然是一个布尔值，以实现更复杂的条件判断。逻辑运算符优先级口诀：与操作优先级最高；或操作只需一个真；非操作到是最低；布尔预算中出奇。Python 中常用的逻辑运算符如下表所示：

符号	含义	示例	说明
and	逻辑与	表达式 1 and 表达式 2	当表达式 1 和表达式 2 同时为真时，表达式 1 and 表达式 2 的结果才为真，否则为假
or	逻辑或	表达式 1 or 表达式 2	当表达式 1 和表达式 2 同时为假时，表达式 1 or 表达式 2 的结果才为假，否则为真
not	逻辑非	not 表达式	如果表达式为真，那么 not 表达式的结果为假；如果表达式为假，那么 not 表达式的结果为真，相当于对表达式取反

使用逻辑运算符进行逻辑运算时，其运算结果如下表所示：

表达式 1	表达式 2	表达式 1 and 表达式 2	表达式 1 or 表达式 2	not 表达式 1
True	True	True	True	False
True	False	False	True	False
False	False	False	False	True
False	True	False	True	True

3.4.4 赋值运算符

赋值运算符用于给变量赋值。使用时将赋值运算符“=”右边的值赋予左边的变量，当然也可以进行某些赋值后再赋值给左边的变量，比如加减乘除、函数调用、逻辑运算等。赋值运算符优先级口诀：单等号从右边来；加减乘除就简单；位移再多少看；最后来个赋值。Python 中最基本的赋值运算符是等号“=”，它还可以同时赋值多个变量，或者交换变量，如下表所示：

赋值方式	示例	含义
同一行，逗号分隔赋值语句	num1,num2=3,4	一行同时赋值两个变量，用逗号分隔
同一个值赋予多个变量	num1=num2=num3=6	先用等号连接多个变量，再赋值，可以将多个变量同时赋予相同的值
交换变量(两个)	num1,num2=num2,num1	依照变量的位置进行交换
交换变量(多个)	num1,num2,num3=num2,num3,num1	变量被重新赋值，达到交换的目的

赋值运算符还可以与算数运算符连用，以达到简化表达式的目的，Python 中常用的赋

值运算符如下表所示：

符号	含义	示例	展开形势
=	基本赋值	x=y	x=y
+=	加法赋值	x+=y	x=x+y
-=	减法赋值	x-=y	x=x-y
* =	乘法赋值	x * =y	x=x * y
/=	除法赋值	x/=y	x=x/y
//=	整除赋值	x//=y	x=x//y
%=	取余赋值	x%=y	x=x%y
* * =	幂运算赋值	x * * =y	x=x * * y

加赋值：x+=y 就是把 x 和 y 相加之后的结果赋予 x，相当于 x=x+y。

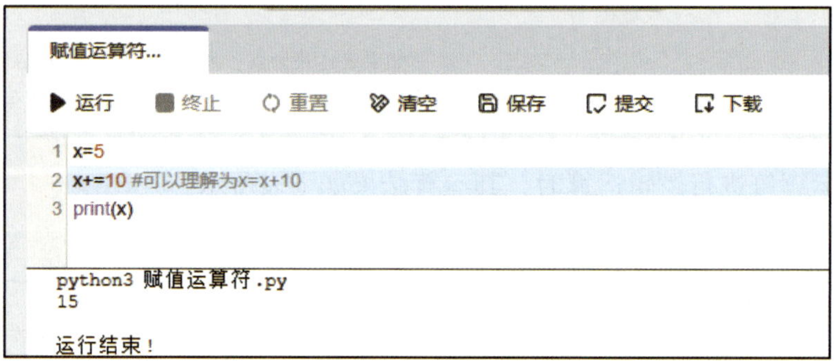

上图代码思路：首先把 5 赋给变量 x，那 x 的值就是 5，然后把 x+5 赋给变量 x，就相当于把 10+5 赋给变量 x，那 x 的值又变成了 15，最终输出的 x 的值就是 15。

3.4.5 其他运算符

Python 还提供了一些其他类型的运算符，如成员运算符(in、not in)和身份运算符(is、is not)。成员运算符和身份运算符优先级口诀：成员运算先看在；不在也是有例外；身份运算看 id；有意思总判断。

成员运算符用于检查一个值是否在某个容器(如列表、元组、集合、字典等)中，Python 中的成员运算符如下表所示：

成员运算符	含义	示例
in	如果在指定的序列中找到值就返回 True，否则返回 False	1in[1,2,3] 结果为真，返回 True
not in	如果在指定的序列中没有找到值，就返回 True，否则返回 False	'c' not in {'a':'Alice','b':'Bob'} c 不是字典的键，结果为真，返回 True

身份运算符用于比较两个对象的内存地址(即它们是否为同一个对象)，Python 中的身份运算符如下表所示：

身份运算符	含义	示例
is	is 判断两个对象的内存地址是否相同，为真返回 True，否则返回 False	1 is 1 结果为真，返回 True
is not	is not 判断两个对象的内存地址是否不同，为真返回 True，否则返回 False	a,b = 'saber','saber' a is not b 结果为假，返回 False

注意：身份运算符 is 用于判断两个变量引用对象是否为同一个(同一块内存空间)，id 相同；比较运算符==用于判断引用变量的值是否相等。

3.4.6 运算符的优先级

Python 运算符的优先级顺序从高到低如下：括号“( )”，幂运算“**”，正负号“+、-”，乘除法“*、/、//、%”，加减法“+、-”，比较运算符“<、<=、>、>=、==、!=”，逻辑非“not”，逻辑与“and”，逻辑或“or”。在实际使用中，可以使用括号来改变运算符的优先级。优先级相同的运算符按照从左到右的顺序进行计算。例如，乘法和除法是同级别的，它们从左到右进行计算。示例如下：

运算符优先...

运行　终止　重置　清空　保存　提交　下载

```python
# 优先级示例
result=2+3*5  # 先乘除后加减,同级别从左到右
print (result)  # 输出:17

result = 2 ** 3 ** 2 #  指数运算优先级最高
print (result) #  输出:512

result = 5 >> 1# 右移优先级高于左移
print (result)# 输出:2

a = 10
a +=1 #相当于a=a+1
print(a) # 输出:11

# 使用括号改变计算顺序
result = (2 + 3) * 5
print(result) #输出:25
```

```
python3 运算符优先级.py
17
512
2
11
25

运行结束!
```

在使用运算符优先级时，还需要注意一些常见的问题和陷阱，以避免潜在的错误。以下是一些常见的注意事项。

① 综合运算规则：在编写复杂的表达式时，要综合考虑运算符的优先级、结合性、括

号的使用及具体运算规则，避免出现歧义。

② 多种运算符混合使用：在处理多种类型的运算符时，要仔细理解优先级和结合性规则，避免混淆各种运算符的计算顺序。

③ 逻辑判断的误解：在编写条件判断和逻辑表达式时，要理解逻辑运算符的优先级和短路计算规则，避免出现逻辑错误。

④ 数据类型和运算符优先级：在进行类型转换和混合运算时，要注意不同数据类型的运算符优先级可能存在差异。

任务实施

```
def danli_income(p,r,n):
    m=p+p * r * n
    return round(m,2)
DA=danli_income(10000,0.05,3)
print(f'在单利算法下获得本利和{DA}元。')
```

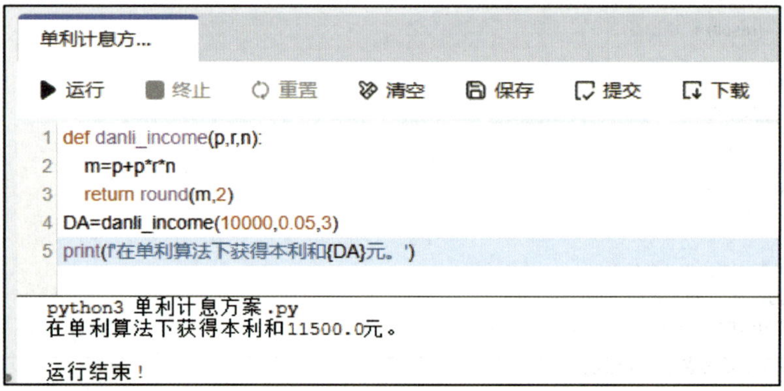

任务小结

本任务学习了 Python 中运算符的相关知识，了解了运算符在财务应用中发挥着关键作用。比如：算术运算符（加、减、乘、除等）用于各类财务计算，如投资回报率、利息、成本分摊等；比较运算符可对财务数据进行大小比较，辅助决策，如找出销售额最高的产品。通过本任务的学习，学生可以了解运算符的种类，掌握运算符的优先级，能够使用运算符处理财务数据，确保进行财务计算准确和高效。

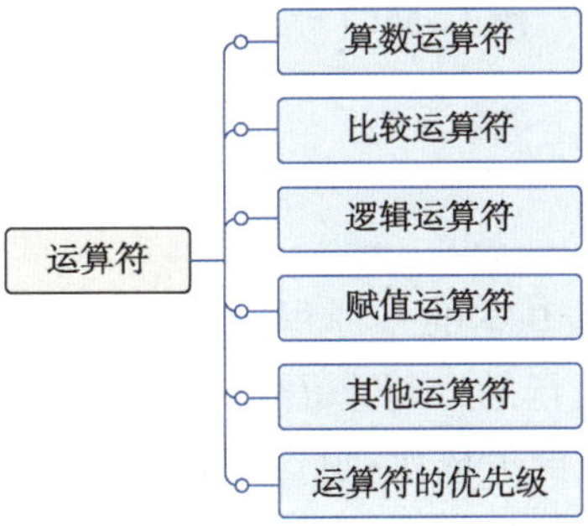

任务五　控制流

任务情境

诚发公司准备三年之后投资一个项目，作为会计人员，请你为诚发公司设计一个 Python 程序，实现投资审批权限的设置。具体审批要求如下：

当投资总额在 100 万元以下时，直接审批通过；

当投资总额在 100 万 ~ 1000 万元时，需要部门经理审批；

当投资总额超过 1000 万元时，需要企业高层领导审批。

任务分析

根据任务要求，需要编制一个基于投资总额的审批流程，需要提供的数据就是投资总额。其中需要使用 Python 语言设定相应的金额阈值来判断审批流程。

需要设置不同条件下审批的权限：

假设直接审批通过的阈值为 100 万元以下；

当费用金额小于 100 万元时，输出“直接审批通过”。

假设需要部门经理审批的阈值为 100 万元至 1000 万元；

当费用金额在 100 万元(含)至 1000 万元(不含)之间时，输出“需部门经理审批”；

假设需要高层领导审批的阈值为 1000 万元及以上；

当费用金额为 100 万元及以上时，输出“需高层领导审批”。

知识准备

在 Python 中，控制流通常指的是用来控制程序执行流程的语句，即当程序满足或不满足某一条件时，让程序去做哪些事情，以实现程序的各种结构方式。一般情况下，程序按照语句编写顺序依次执行，形成了一个标准的面向过程的结构化形式。但由于程序具备很强的逻辑性，有时候我们需要根据某些条件选择性执行或跳跃执行某些语句。当需要程序非顺序执行时，我们就需要控制流语句，改变其原有的顺序执行。在 Python 中，有三种主要的控制流类型，第一种是顺序结构，第二种是分支结构，第三种是循环结构。

3.5.1 顺序结构

在 Python 中，顺序结构是最基本的一种程序结构，是程序执行的默认方式，程序的执行是按照语句出现的先后次序执行的，每个语句都会被执行到，而且每一行代码只执行一次，即程序按照语句顺序，从上到下依次执行各条语句。

注：要执行顺序语句，需要严格按照顺序来实现每一个步骤，如果顺序错误，就会出现错误的结果。

顺序结构图如下所示：

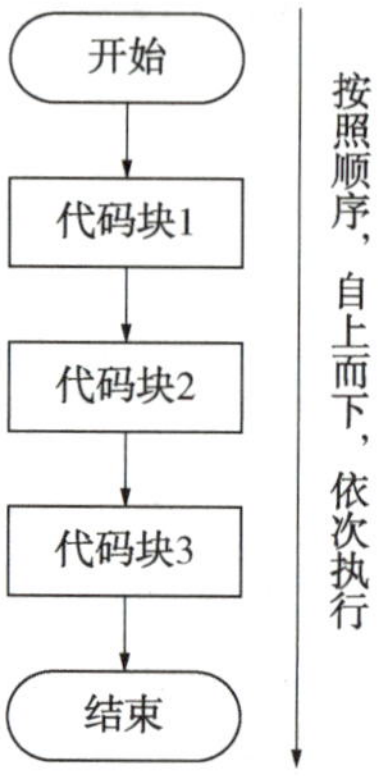

［示例 3-73］

请依次输出库存现金、银行存款、其他货币资金这三个会计科目。代码为：

```
cash= "库存现金"
deposit='银行存款'
other_monetary_funds='其他货币资金'
print(cash)
print(deposit)
print(other_monetary_funds)
```

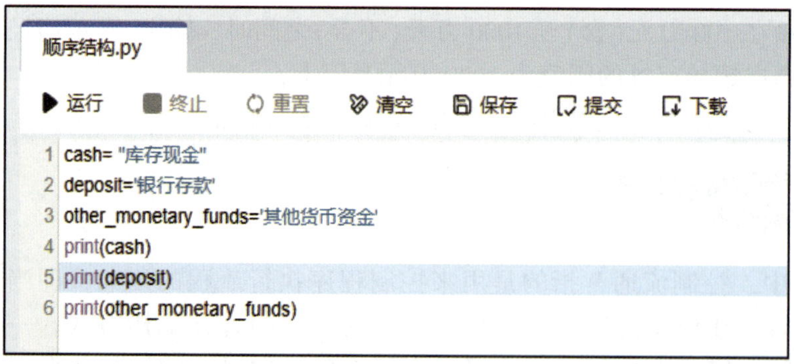

运行结果：按照顺序依次赋值、依次输出。如果顺序变了，结果也就发生变化。

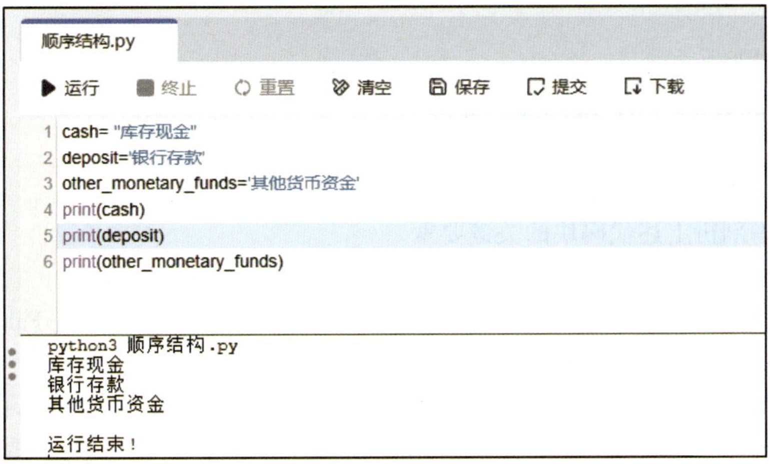

3.5.2 分支结构

分支结构也称选择结构，是程序根据条件判断结果而选择不同向前执行路径的一种运行方式，并不是严格按照语句出现的前后顺序，通俗来讲，分支结构就是让程序“拐弯”，有选择性地执行代码，也就是可以跳过没用的代码，只执行有用的代码。条件判断语句可以实现分支结构。if、else 语句为条件判断语句的主要表现形式。分支结构适用于要先做判断再选择处理方式的问题。

根据判断条件和处理方式的不同，分支结构又分为单分支(if 语句)、双分支(if-else 语句)和多分支(if-elif-else 语句)三种结构，这些分支结构足以处理各种各样的判断问题。

在分支结构中，将会用到关系表达式与逻辑表达式。关系表达式是由关系运算符连接的，而在 Python 中有两类关系运算符，即大小判断和相等判断；关系表达式最后的运算结果是逻辑值。逻辑表达式用到了逻辑运算符，即逻辑与 and、逻辑或 or、逻辑非 not。

注意：当不知道分支语句块中填写什么时，应先用空语句 pass 代替，以保证程序语法正确。

1. 单分支结构——if 语句

在 Python 分支结构中，if 语句用于根据条件的真假来选择性地执行特定的代码块。if 语句的执行流程如下图所示：

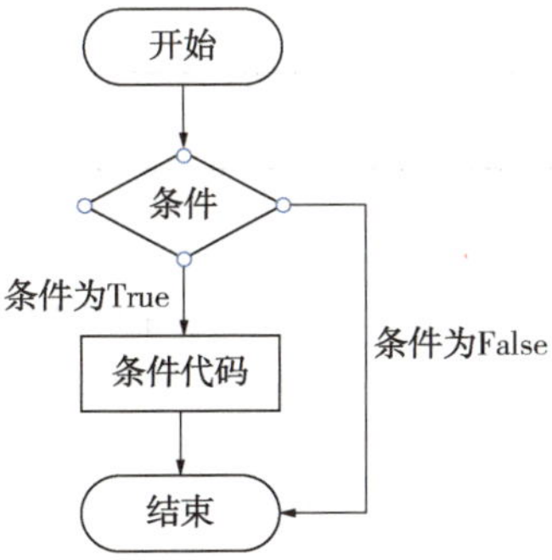

当单分支结构的条件为真值 True 时，执行条件代码块，然后执行后续代码；当条件为假值 False 时，跳过条件代码块，继续执行后续代码。if 语句是用来实现单分支选择的，可以应用在判断是否出现特定或特殊的情况，出现则执行条件代码 1，否则为正常情况，顺序

执行代码。

if 语法格式如下。

if 条件表达式：

　　条件代码 1　# 条件判断为真，执行条件代码 1

其他顺序代码　　# if 条件结构执行完，执行其他代码

我们来逐一剖析上述代码块的关键要素。

if，是 Python 语言的关键字，用来告诉系统，接下来是一个 if 语句。

条件表达式，与 if 之间用空格隔开，一般就是一个布尔变量(True or False)，或者结果为布尔类型的表达式(比如 a>3)。

冒号，在 Python 语言中，冒号非常常见，一般代表冒号前面的语句对冒号后面的语句有控制的关系。比如，对于 if 语句来说，冒号后面的代码块是否会执行，取决于冒号前面的条件是否满足。

代码块，代码块是一行或多于一行代码的简称。if 语句中的代码块在冒号后面，需要新增一行。当 if 语句的条件满足时(条件的结果为 True)，则该代码块会被执行，否则就不会被执行。

代码块的缩进，这也是 Python 的语法规则。当代码块隶属某个前面的结构时，需要在前方加上四个空格，这种在代码前面加空格的行为，一般叫作缩进。主流的缩进有四个空格或两个空格，Python 一般使用 4 个空格作为缩进。

[示例 3-74]

请判断给出的分数是否及格？代码如下：

```
score = 75.8
if score>= 60:
    print("score 为%s，及格了" % score)
print("判断结束，可继续执行后续代码")
```

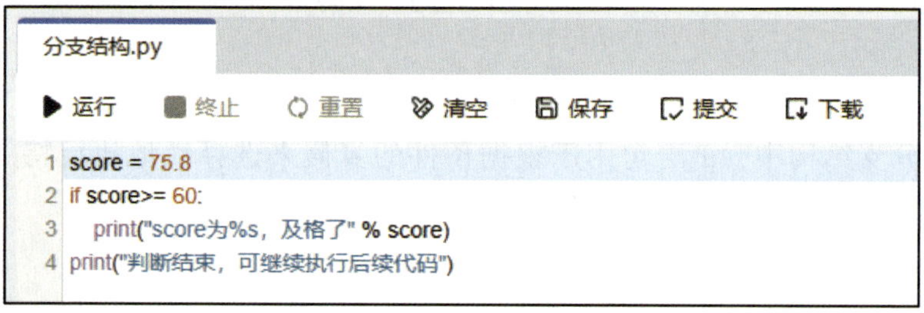

运行结果：

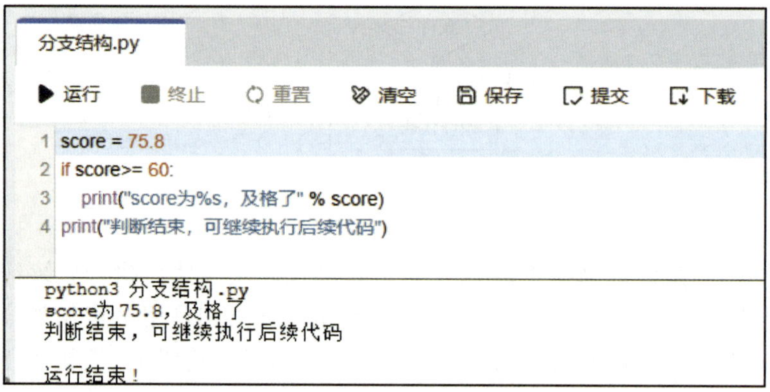

2. 双分支结构——if-else 语句

if 语句有几种形式，刚才我们学习的是最基础的形式，只有一个代码块，表示的是“如果满足条件，那么就做这件事”。如果要表达的是：“如果满足条件，那么就做这件事，否则就做那件事”。可以看出新的形式里有“两件事”，所以会有两个代码块。这种形式叫作 if-else 语句(else 就代表上面描述里的“否则”)，其实回想我们的生活，绝大多数选择都是 if-else 结构的。

双分支结构是在原来的单分支结构基础上，除条件为真时做一些事情外，条件为假时还需要继续去做另一些事情的分支结构，if-else 语句是用来实现双分支选择的。if-else 语句的执行流程如下图所示：

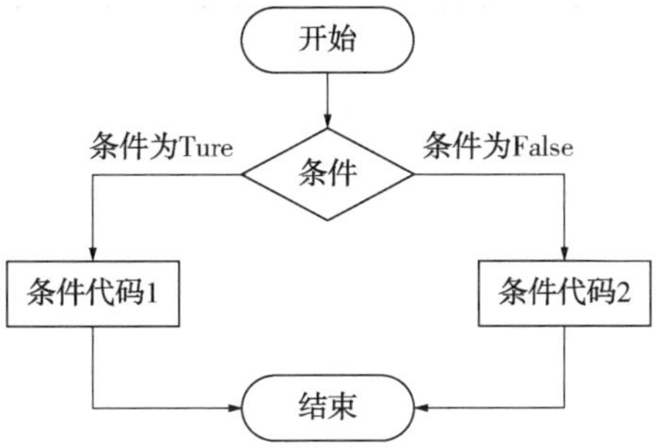

如果条件表达式成立，则执行 if 块中的条件代码 1，否则执行 else 块中的条件代码 2。

其基本语法格式如下。

```
if 条件表达式:
    条件代码 1
else:
    条件代码 2
```

注意：if-else 还有另外一种语法方式。

表达式 1 if 条件表达式 else 表达式 2

若条件表达式为真，则执行表达式 1；否则执行表达式 2。

两种语法格式执行的结果是一样的。

相比 if 语句，if-else 语句的关键要素增加了以下部分：

else，else 和 if 一样，也是 Python 的关键字，和 if 处于同一缩进层级；

冒号，由于 else 需要控制条件代码 2，所以需要在 else 的末尾增加一个冒号；

条件代码 2，代表由 else 控制的代码块，当条件不满足的时候执行。

[示例 3-75]

请判断输入的成绩是否及格？

```
score = int(input("请输入成绩(0~100 整数)"))
if score >= 60:
    print("成绩为%s,及格" % score)
else:
    print("成绩为%s,不及格" % score)
```

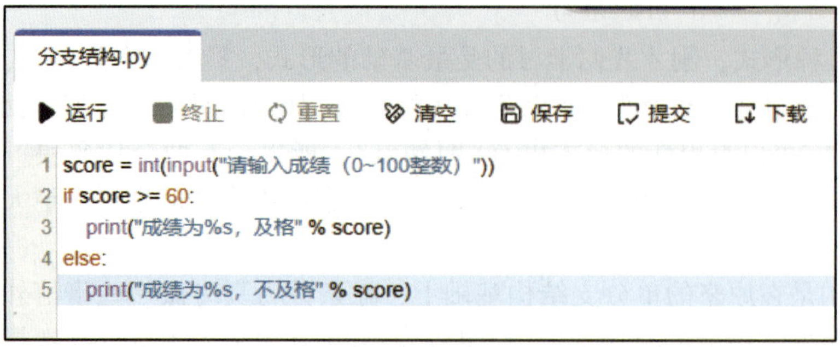

运行结果：

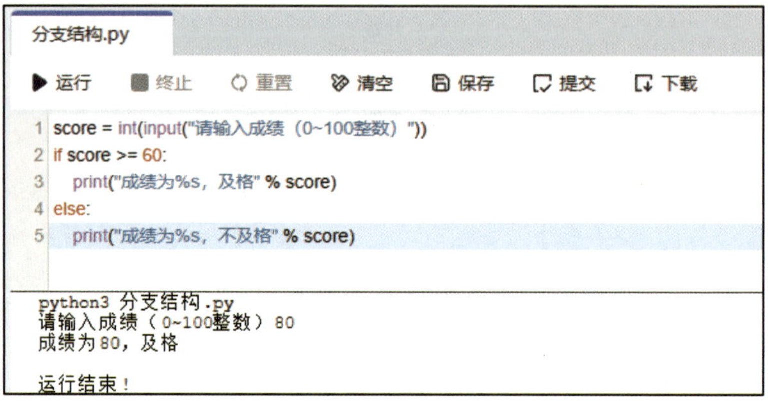

[示例 3-76]

财务中为员工计算绩效时也可以使用 if 函数，比如根据员工的业绩是否达到特定的标准来确定奖金的数额。

```
performance = 85# 员工业绩分数
threshold = 80# 业绩达标分数
bonus = 0
if performance >=threshold：
    bonus=1000
else：
    bonus=500
print(f"该员工的奖金为{bonus}")
```

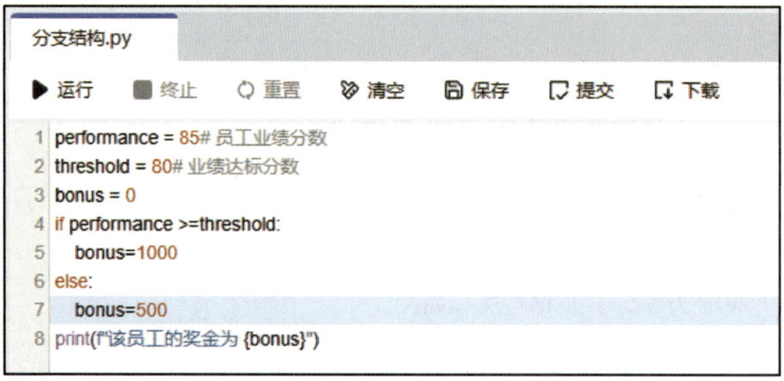

运行结果：

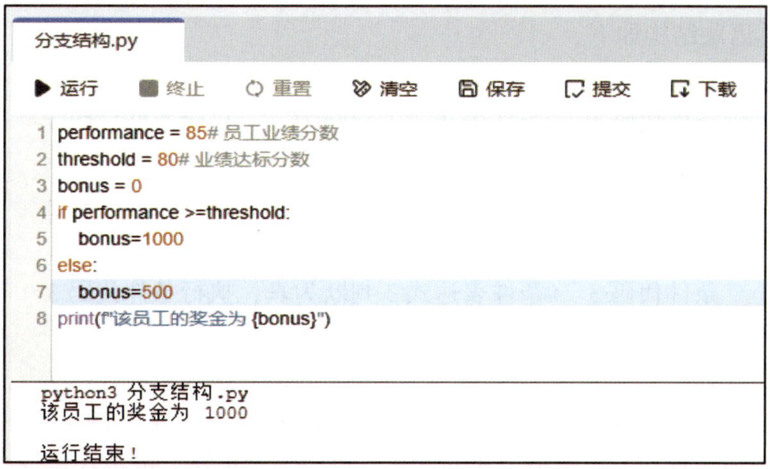

3. 多分支结构——if-elif-else 语句

多分支结构和双分支结构都是对一个条件作出的两种判断，若存在多个条件时，就需要使用多分支结构。if-elif-else 语句流程如下图所示：

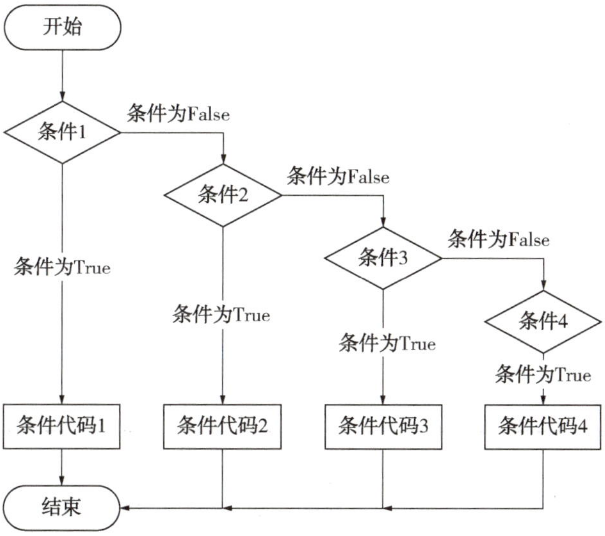

如果条件表达式 1 为 True，则表明条件表达式 1 成立，执行 if 语句块的条件代码 1，执行完不再执行后面 elif 中的代码块。如果 if 后面的条件表达式 1 不成立，即值为 False，则判断条件表达式 2 是否成立；如果条件表达式 2 成立则执行条件代码 2……如果所有的 if 和 elif 都不成立，则执行 else。

if-elif 语法结构如下。

```
if 条件表达式 1：
        条件代码 1    #条件表达式 1 判断为真，执行条件代码 1
  elif 条件表达式 2：
        条件代码 2    #条件表达式 2 判断为真，执行条件代码 2
```

```
    elif 条件表达式 3:
            条件代码 3    #条件表达式 3 判断为真，执行条件代码 3
```

if-elif-else 语法结构如下。

```
if 条件表达式 1:
            条件代码 1    #条件表达式 1 判断为真，执行条件代码 1
    elif 条件表达式 2:
            条件代码 2    #条件表达式 2 判断为真，执行条件代码 2
    elif 条件表达式 3:
            条件代码 3    #条件表达式 3 判断为真，执行条件代码 3
else:
        条件代码 4    #条件表达式 1、2、3 判断为假，执行条件代码 4
```

if-elif 结构和 if-elif-else 结构是一致的，else 补充判断条件都不满足或不容易写出条件判断的情况。适用场景如个税缴纳金额的计算、打折促销结算、成绩评定等。

［**示例 3-77**］

请判断输入的成绩是“不及格”“及格”“中等”“良好”和“优秀”中的哪一种？

```
score = int(input("请输入成绩(0~100 整数)"))
if score < 60:
    print(f"成绩为{score},不及格")
elif score <70:
    print(f"成绩为{score},及格")
elif score <80:
    print(f"成绩为{score},中等")
elif score <90:
    print(f"成绩为{score},良好")
elif score <=100:
    print(f"成绩为{score},优秀")
```

运行结果：

[示例 **3-78**]

请计算收入为 80000 元，应缴纳个人所得税的税额是多少？

```
income = 80000
if income<=50000:
    tax_rate = 0.1
elif income<=100000:
    tax_rate=0.2
else:
    tax_rate=0.3
tax_amount=income * tax_rate
print(f"应纳税额为 {tax_amount}")
```

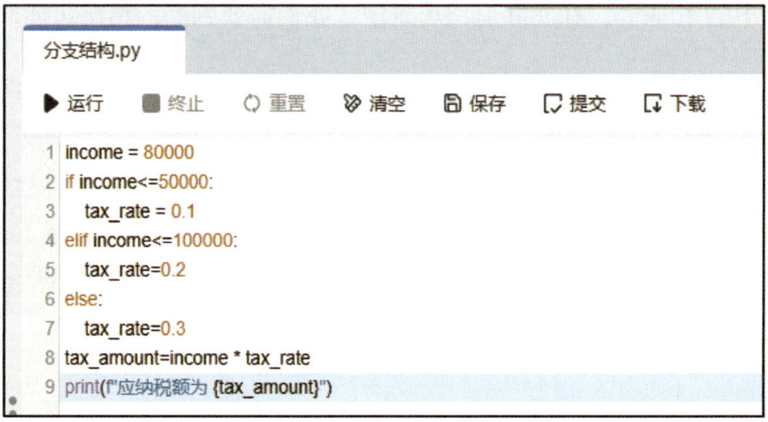

运行结果：

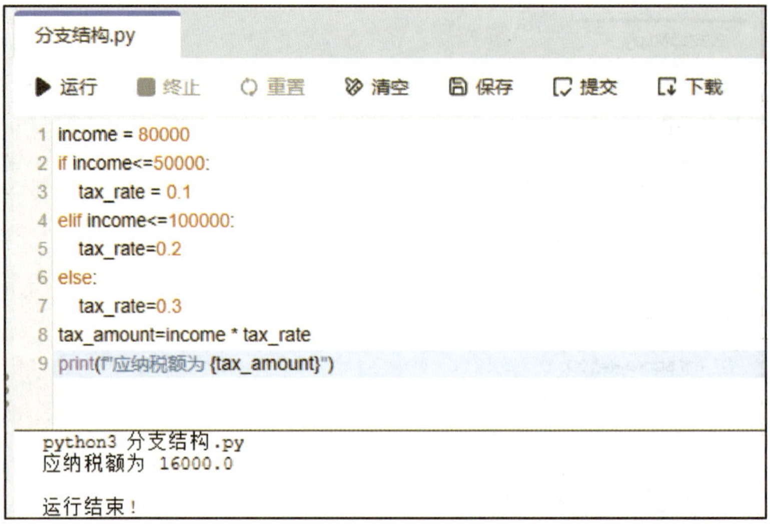

if-elif-else 结构要关注以下几个关键点：

① elif 块可以有任意多个。

② 每个条件和 else 后面都要使用冒号(：)，表示接下来是满足条件后要执行的语句块。

③ 在执行的时候，会一个一个、从上到下检查条件是否满足，当遇到满足的条件时，则执行该条件对应的代码块，整个语句也就结束了，即使后面还有表达式也能够成立。换句话说，判断会结束在第一个为真的表达式处，后面的表达式均不会再进行判断。

④ 每一个语句块均可以包含多条语句，通常使用缩进来划分语句块，即在相同语句块中，每条语句都要有相同的缩进格式。

⑤ else 块不是必须出现的。

注意：当遇到要进行多选择判断时，if-elif-else 要比使用 if-else 的多层嵌套好。

4. 嵌套分支结构

if-嵌套结构，适用于存在多层判断的情况。具体的结构可以理解为，if 结构、if-else 结构、if-elif 结构互相嵌套。在实际应用场景中，我们需要判断的情况可能非常多，需要灵活使用。

需要特别注意的是缩进的问题，一般涉及语句都会看到缩进。通常情况下，我们使用 4 个空格(Space 键)来控制缩进。

同一个判断条件下，缩进须保持一致，保持 4 个空格。嵌套结构在保持外层缩进的基础上，也要保持内层缩进。随意缩进和缩进不一致的情况，都会出现报错。

例如：在嵌套 if 语句中，可以把 if-elif-else 结构放在另外一个 if-elif-else 结构中。其语法结构如下。

```
if 条件表达式 1：
代码块 1
if 条件表达式 2：
        代码块 2
```

```
elif 条件表达式 3：
代码块 3
else：
            代码块 4
    elif 条件表达式 5：
        代码块 5
    else：
        代码块 6
```

［示例 3-79］

请判断员工工资收入如何？租金支出是否较高？

```
income_item = " salary"
income_amount = 8000
expense_item = " rent"
expense_amount = 2000
if income_item = = " salary" ：
    if income_amount>6000：
        print( " 工资收入较为可观" )
    else：
        print( " 工资收入一般" )
if expense_item = = " rent" ：
    if expense_amount>1500：
        print( " 租金支出较高" )
    else：
        print( " 租金支出在合理范围内" )
```

运行结果：

分支结构.py

运行　终止　重置　清空　保存　提交　下载

```
income_item="salary"
income_amount=8000
expense_item="rent"
expense_amount=2000
if income_item=="salary":
    if income_amount>6000:
        print("工资收入较为可观")
    else:
        print("工资收入一般")
if expense_item=="rent":
    if expense_amount>1500:
        print("租金支出较高")
    else:
        print("租金支出在合理范围内")
```

```
python3 分支结构.py
工资收入较为可观
租金支出较高

运行结束！
```

3.5.3　循环结构

循环结构：是重复执行同一个代码块多次，在很多场景中都非常重要。基本上所有统计逻辑(均值、方差等)背后，都是通过循环结构来实现的。

比如写了一段分析单个用户下单习惯的数据分析代码，但你拿到的数据集里面有 10 万个用户，我们肯定不能一个个处理，这时就需要一个强大的批量执行工具，也就是循环语句。

一段循环通常需要一个或多个条件：

一个开始条件，它被初始化为一个特定的值，这是循环的起点。

一个结束条件，这是循环停止的标准，通常为计数器达到一定值后循环结束。

一个迭代器，通常在每个连续循环上递增少量的计数器，直至达到退出条件。

Python 中的循环结构主要有两种：for 循环和 while 循环。

1. 循环结构——for 循环

for 循环主要用于遍历序列(如列表、元组或字符串)或其他可迭代对象。for 语句是 Python实现循环最常用的方式，for 循环执行流程如下图所示：

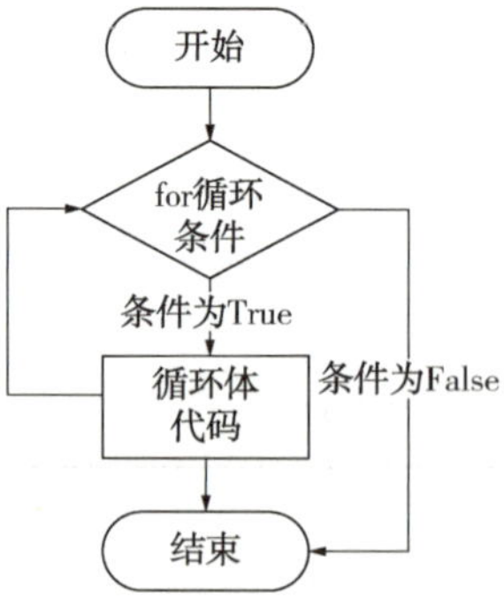

for 循环执行过程，首先判断循环条件表达式的值，其值为真(True)时，则执行循环体代码，执行完毕后，再回过头来重新判断条件表达式的值是否为真，若仍为真，则继续重新执行循环体代码……如此循环，直到条件表达式的值为假(False)，才终止循环。

for 循环语法格式：

```
for 变量名 in range(开始值，结束值，步长)：
    循环体代码块
```

for…in…：，是 Python 的语句，代表循环，因为需要控制一个代码块，所以和 if 语句一样，末尾需要加冒号。

循环变量、开始值、结束值、步长：用来控制循环的次数，循环变量的变量名没有特殊要求，和普通变量一样。步长是一个新概念，通俗理解就是“步子的长度”，在这里的意思就是循环变量每次增加的值，默认是 1。

代码块：每次循环时执行的代码块，它和由 if 语句控制的代码块一样，这个代码块由上面的 for 语句控制，所以也需要缩进。

这个结构做了一件什么样的事情呢？用白话来说就是，从循环变量=开始值开始，循环执行代码块，每次执行，循环变量的值都+步长，当循环变量的值大于或者等于结束值的时候，退出循环。

我们通过代码举例来理解。

```
for i in range(1,10,1):
    print(i)
```

在这个例子里，循环变量=i，开始值=1，结束值=10，步长=1。

结合上面的描述，这个循环的逻辑就是变量 i 从 1 开始循环，每次+1，当超过 10 时停止，所以循环一共会执行 9 次，每次循环的代码块都会输出变量 i 的值。

我们运行代码后可以看到如下图所示的输出结果。

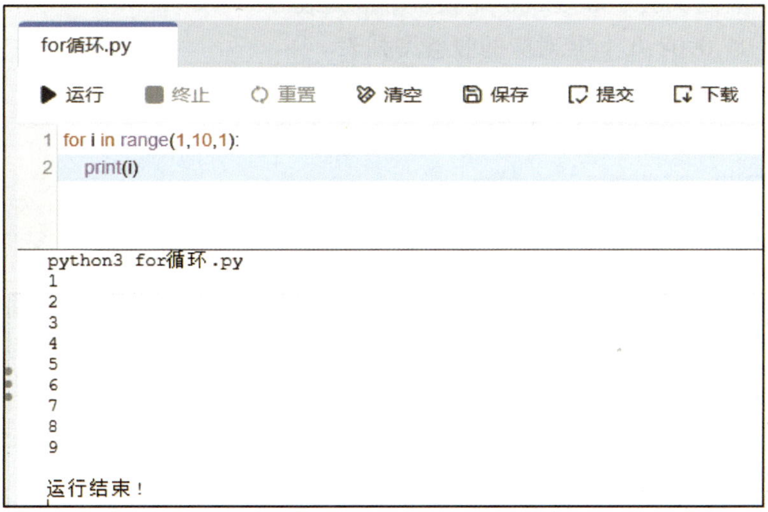

如果我们把步长改成 2 会怎么样呢？按照刚才的说明，则是变量从 1 开始，每次+2，当大于 10 时退出循环，代码如下。

```
for i in range(1,10,2):
    print(i)
```

输出结果确实如我们的预期，只循环了五次，并且每次 i 都会+2。

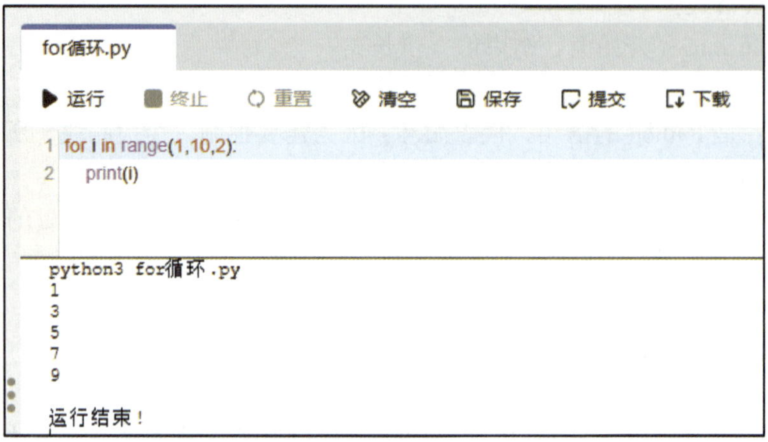

注：

range 函数

range(开始值，结束值，步长)

开始值：计数从开始值开始，默认从 0 开始。例如，range(5)等价于 range(0,5)。

结束值(必写项)：计数到结束值结束，但不包括 stop。例如，list(range(0,5))，相当于数学中的左闭右开结构，即[0,5)，所以结果是[0,1,2,3,4]，不包括 5。

步长：默认为 1。例如，range(0,5)，等价于 range(0,5,1)。

[示例 3-80]

计算多个投资项目的收益。

```
investments = [1000, 2000,3000]# 投资金额列表
rates = [0.05,0.08,0.1]# 对应的收益率列表
profits = [ ]# 用于存储每个投资的收益
for i in range(len(investments)):
    profit = investments[i] * rates[i]
    profits.append(profit)
print("各个投资项目的收益分别为:",profits)
```

运行结果：

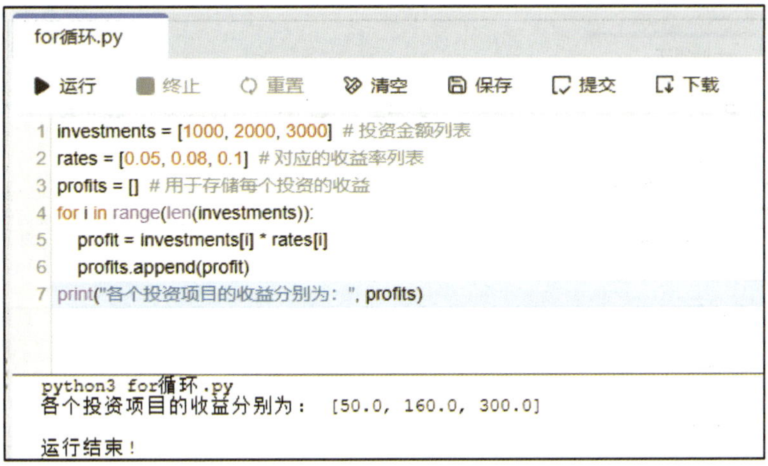

2. 循环结构——while 循环

while 循环根据一个条件表达式的值判断是否继续执行循环。只要条件为 True，就会一直执行循环体内的代码块。while-else 结构执行流程如下图所示：

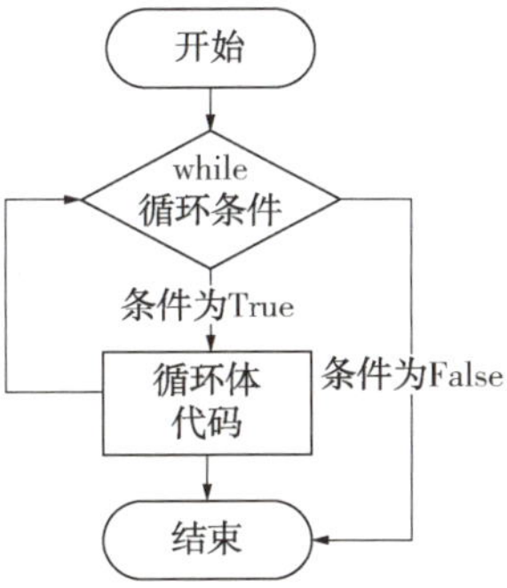

while 循环执行过程，首先判断循环条件表达式的值，其值为真(True)时，则执行条件代码块中的语句，当执行完毕后，再回过头来重新判断条件表达式的值是否为真，若仍为真，则继续重新执行条件代码块……如此循环，直到条件表达式的值为假(False)，才终止循环。

[示例 3-81]

```
number = 0
while number < 5:
    print(f'number 为:{number}')
    number += 1
```

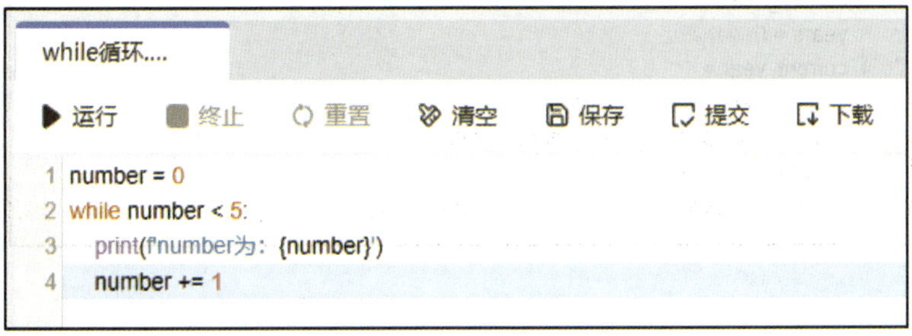

运行结果：

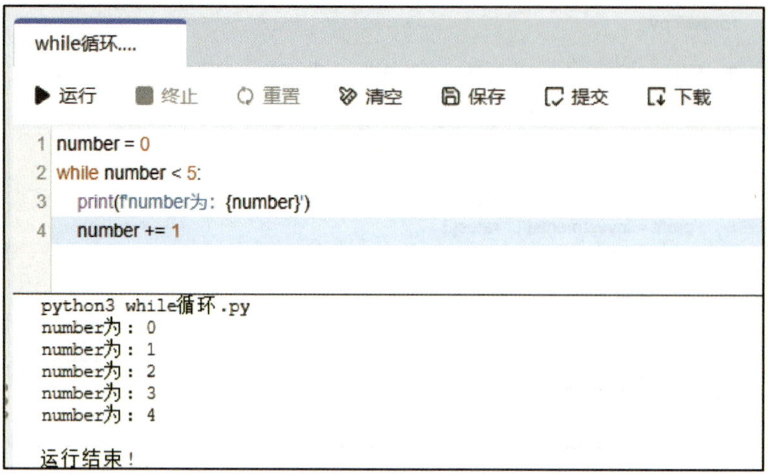

本例中 number 是在 while 语句中条件判断的参数，首先需要定义它的初始值，之后我们在 while 语句中，确定需要循环的次数，循环次数与 number 之后如何增加或减少有关。本例中每次循环 number 增加 1。增加到 number=5 时，while 条件判断为假，此时退出 while 循环，不再执行 number=5 时的逻辑。number 从 0 到 4，循环执行了 5 次。

［示例 3-82］

在计算复利的过程中，假设每年利率固定，要计算若干年后的资金总额。

```
principal = 10000# 初始本金
annual_rate = 0.05# 年利率
years = 5# 年数
current_year = 1
while current_year <= years:
    principal = principal * (1 + annual_rate)
    current_year += 1
print(f"经过 {years} 年后,资金总额为 {principal}")
```

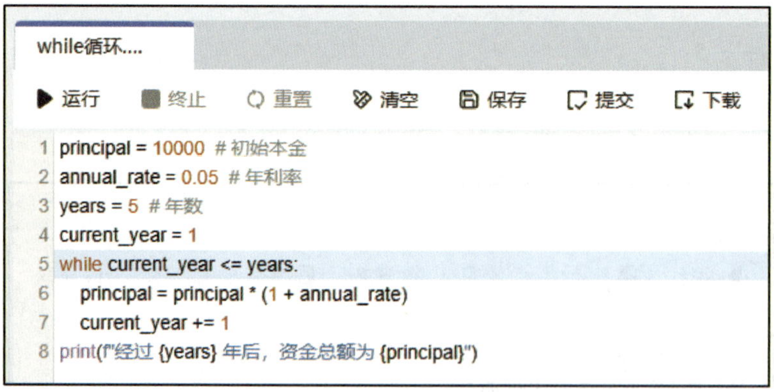

运行结果：

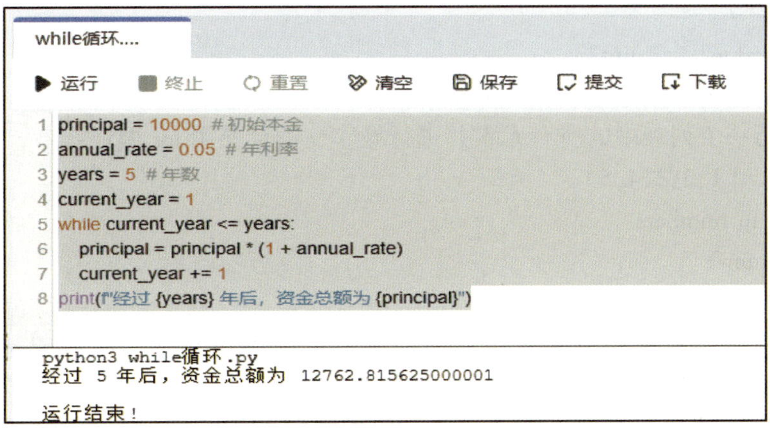

3. 循环语句扩展形式

上述 for 循环语句与 while 循环语句在 Python 中还有相对应的带 else 的扩展形式。

for 语句带 else 的扩展形式，语法格式如下。

```
for 循环变量 in 遍历结构：
    语句块 1
else：
    语句块 2
```

while 语句带 else 的扩展形式，语法格式如下。

```
while 表达式：
    语句块 1
else：
    语句块 2
```

for 循环带 else 的扩展形式与 while 循环带 else 的扩展形式，它们的共同点：当循环语句正常结束时，执行 else 对应的语句块；当循环语句提前结束时，不执行 else 对应的语句块。

一般带 else 的循环语句要和 break 语句配合使用。

4. for 循环和 while 循环的区别

for 循环适用于已知迭代对象和固定循环次数的场景，while 循环适用于需求次数不确定的情况。它们的不同之处如下。

（1）循环条件不同

while 循环根据一个条件来决定是否继续执行循环体。只要条件为真，就会一直执行。

for 循环通常用于遍历一个可迭代对象（如列表、字符串、range 等），会按照可迭代对象中的元素依次执行循环体。

（2）控制方式不同

while 循环的条件在循环体执行之前进行判断，如果初始条件就不满足，循环体可能一次都不执行。

for 循环会明确地遍历可迭代对象中的每个元素，循环次数通常是可确定的。

（3）应用场景不同

当无法预先确定循环次数，而是根据某个条件来决定何时停止循环时，通常使用 while 循环。

当需要对一个可迭代对象中的每个元素进行操作时，使用 for 循环更加简洁直观。

例如，如果要不断询问用户输入，直到输入特定的值时停止，适合使用 while 循环：

```
value = " "
while value! = " quit" :
    value = input( " 请输入值( 输入'quit'退出) : " )
```

如果要遍历一个列表中的所有元素并进行操作，适合使用 for 循环：

```
numbers = [1,2,3,4,5]
for num in numbers:
    print(num)
```

5. 退出循环语句

有时候循环不一定要全部执行完，我们可以提前退出循环，即使用 break 语句；除 break 语句外，continue 语句也可以在循环中使用。

(1) break 语句

break 语句用于立即终止当前所在的循环，并跳出该循环的执行体。通常与条件语句搭配使用，当满足某个条件时终止循环。当要提前结束整个循环并转去执行循环结构后的语句时，一般使用 break 语句，其语法格式如下：

```
break
```

[示例 3-83]

```
for i in range(1,6):
    if i in [2,3,4]:
        break
    print('当前的 i 是:',i)
print('for 循环结束')
```

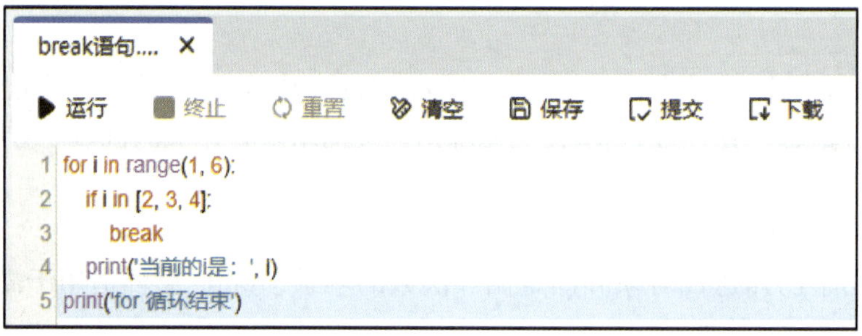

运行结果：

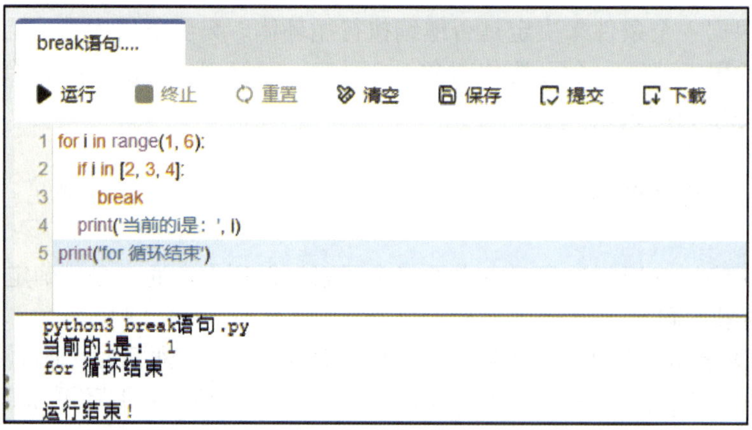

执行过程：for 循环依次遍历 1、2、3、4、5 五个数，i=1 时，i 不在[2，3，4]中，不执行 break，顺序执行 print。与 for 同缩进的 print 不执行。i=2 时，i 在[2，3，4]中，执行 break，后面的代码不再执行，直接退出 for 循环。

注意：break 执行时会忽略后面的逻辑，break 会直接跳出循环。

（2）continue 语句

continue 语句用于跳过本次循环的剩余代码，并继续执行下一次循环。通常用于循环主体中的某个条件判定后，直接进入下一次循环的情况。continue 的功能是提前结束本次循环，转到循环的开始，判断是否执行下一次循环。continue 并不会跳出循环，continue 执行时，会忽略后面的逻辑，直接执行下一次循环。具体语法格式如下：

continue

[示例 3-84]

```
for i in range(1,6):
    if i in [2,3,4]:
        continue
    print('当前的 i 是:', i)
```

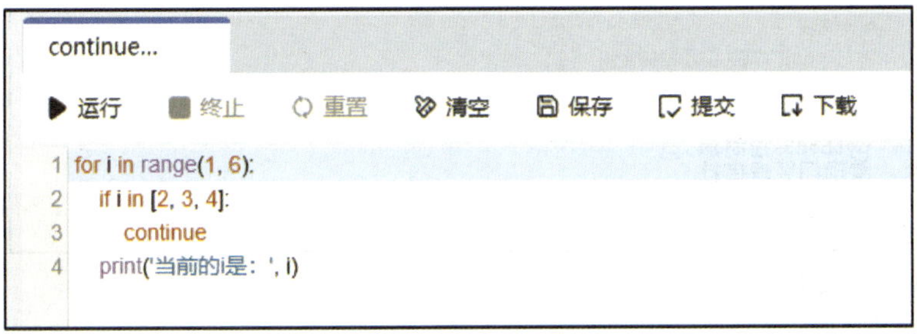

运行结果：

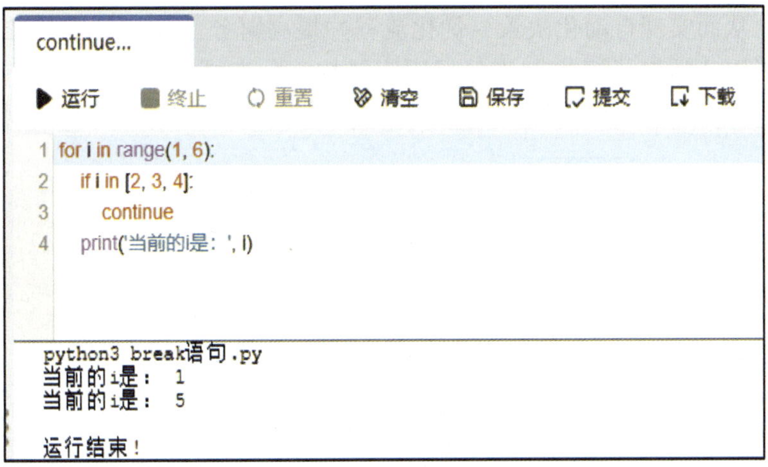

执行过程：for 循环依次遍历 1、2、3、4、5 五个数，i=1 时，i 不在[2，3，4]中，不执行 continue，顺序执行 print。i=2 时，i 在[2，3，4]中，执行 continue，后面的代码不再执行，进行下一次 for 循环。

注：continue 和 break 的区别在于 continue 跳出本次循环，继续下一次循环；break 直接跳出循环体。

任务实施

```
amount = 1000000# 假设投资总额为 1000000 元
if amount<1000000：
    print( " 直接审批通过" )
elif 1000000<=amount < 10000000：
      print( " 需部门经理审批" )
else：
      print( " 需高层领导审批" )
```

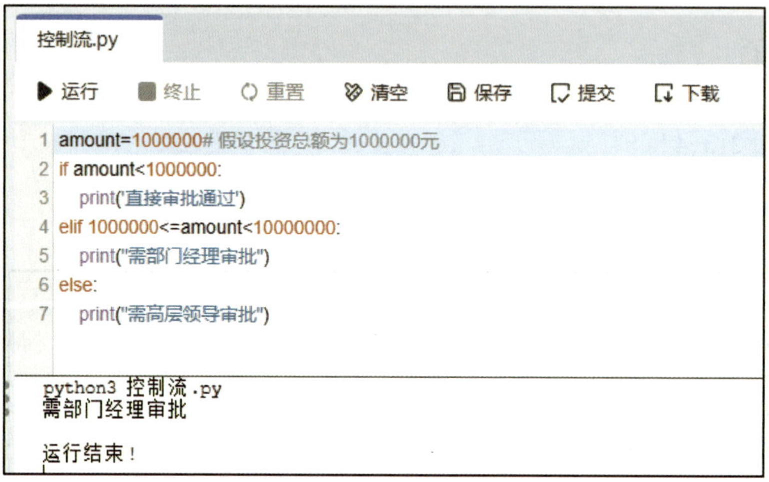

任务小结

本任务主要学习了 Python 控制流，可以解决条件判断问题，如费用审批、预算超支预警等财务问题，从而实现自动化决策、优化流程并提高财务工作的效率与准确性。通过本任务的学习，可以让学生了解控制流包括顺序结构、分支结构和循环结构，掌握 if 结构、while 循环结构、for 循环结构的执行流程和语句格式，能够根据财务案例编制简单的程序。

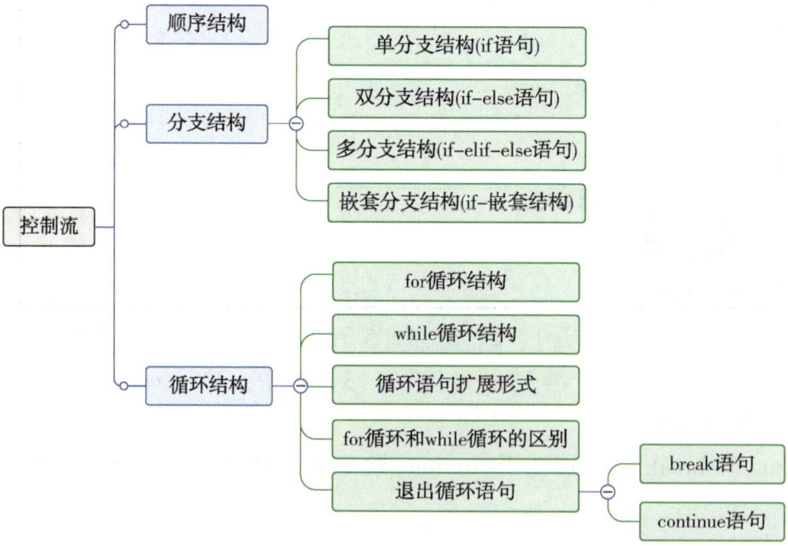

项目实操

利用学过的 Python 知识，完成情境任务：

诚发公司准备三年之后投资一个项目，该项目需要投入资金为 2000 万元，诚发公司想将部分闲置资金进行投资获得收益，在获得收益的同时还要确保三年后能直接使用这笔资金。现在银行提供了两种理财产品让其选择：

第一种是按照 10%的单利模式计算利息，投入的资金在这三年中可以随时提取。

第二种是按照 11%的复利模式计算利息，投入的资金在这三年中不可以随时提取。

思考：作为诚发公司的财务人员，请你编写一个 Python 程序，这个程序可用于在任意收益率、任意理财投资时间和任意期望收益额下，比较需要投入资金的大小，从多个理财方案中选择出较优的投资方案。

注：我们把单利收益规定为 pv，复利收益规定为 fv。

```
#定义第一种理财方式的理财投入额函数
def danli_pv(fv,r,n):
    pv=fv/(1+r* n)
    return round(pv,2)
#定义第二种理财方式的理财投入额函数
def fuli_pv(fv,r,n):
    pv=fv /(1+r) * * n
    return round(pv,2)
def pick_over(): #创建接收的参数
    fv=eval(input('请输入到期希望获得的理财收益额为:'))
    r1=eval(input('请输入第一种理财方案的年收益率为:'))
    r2=eval(input('请输入第二种理财方案的年收益率为:'))
    n=eval(input('请输入投资年限为:'))
    d_pv=danli_pv(fv,r1,n)#调用第一种方案
    f_pv=fuli_pv(fv,r2,n)#调用第一种方案
    pick='第一种理财方案优'if d_pv<f_pv else'两种方案一样' \
if d_pv= =f_pv else'第二种理财方案优'#设置择优条件
    print(f'选择第一种理财方案,现在需要投入{d_pv}万元,\
选择第二种理财方案，现在需要投入{f_pv}万元。{pick}。')#打印结果
pick_over()#调用函数
```

```
优先理财方...
运行 终止 重置 清空 保存 提交 下载

#定义第一种理财方式的理财投入额函数
def danli_pv(fv, r, n):
    pv=fv/ (1+r* n)
    return round(pv, 2)
#定义第二种理财方式的理财投入额函数
def fuli_pv(fv, r, n):
    pv=fv / (1+r) ** n
    return round(pv, 2)
def pick_over():#创建接收的参数
    fv=eval(input('请输入到期希望获得的理财收益额为:'))
    r1=eval(input('请输入第一种理财方案的年收益率为:'))
    r2=eval(input('请输入第二种理财方案的年收益率为:'))
    n=eval(input('请输入投资年限为:'))
    d_pv=danli_pv(fv,r1,n) #调用第一种方案
    f_pv=fuli_pv(fv,r2,n) #调用第一种方案
    pick='第一种理财方案优'if d_pv<f_pv else'两种方案一样'\
if d_pv==f_pv else'第二种理财方案优'#设置择优条件
    print(f'选择第一种理财方案,现在需要投入{d_pv}万元,\
选择第二种理财方案,现在需要投入{f_pv}万元。{pick}。')#打印结果
pick_over() #调用函数
```

运行结果：


```
优先理财方...
运行 终止 重置 清空 保存 提交 下载

#定义第一种理财方式的理财投入额函数
def danli_pv(fv, r, n):
    pv=fv/ (1+r* n)
    return round(pv, 2)
#定义第二种理财方式的理财投入额函数
def fuli_pv(fv, r, n):
    pv=fv / (1+r) ** n
    return round(pv, 2)
def pick_over():#创建接收的参数
    fv=eval(input('请输入到期希望获得的理财收益额为:'))
    r1=eval(input('请输入第一种理财方案的年收益率为:'))
    r2=eval(input('请输入第二种理财方案的年收益率为:'))
    n=eval(input('请输入投资年限为:'))
    d_pv=danli_pv(fv,r1,n) #调用第一种方案
    f_pv=fuli_pv(fv,r2,n) #调用第一种方案
    pick='第一种理财方案优'if d_pv<f_pv else'两种方案一样'\
if d_pv==f_pv else'第二种理财方案优'#设置择优条件
    print(f'选择第一种理财方案,现在需要投入{d_pv}万元,\
选择第二种理财方案,现在需要投入{f_pv}万元。{pick}。')#打印结果
pick_over() #调用函数
```


```
python3 优先理财方案.py
请输入到期希望获得的理财收益额为:2000000
请输入第一种理财方案的年收益率为:10
请输入第二种理财方案的年收益率为:11
请输入投资年限为:3
选择第一种理财方案,现在需要投入64516.13万元,选择第二种理财方案,现在需要投入1157.41万元。第二种理财方案优。

运行结束!
```

项目总结

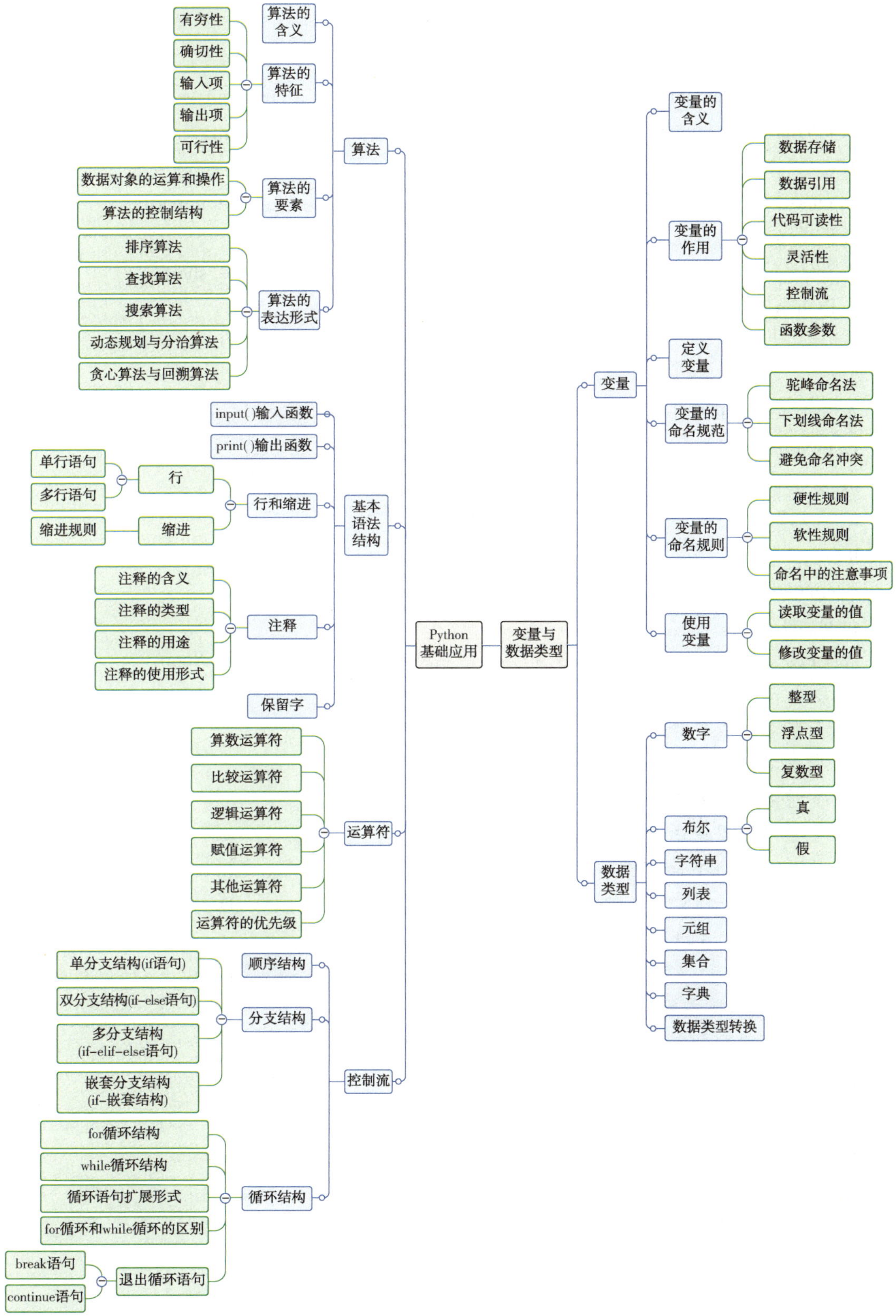
Python基础应用
算法
算法的含义
算法的特征
有穷性
确切性
输入项
输出项
可行性
算法的要素
数据对象的运算和操作
算法的控制结构
算法的表达形式
排序算法
查找算法
搜索算法
动态规划与分治算法
贪心算法与回溯算法
基本语法结构
input()输入函数
print()输出函数
行和缩进
行
单行语句
多行语句
缩进
缩进规则
注释
注释的含义
注释的类型
注释的用途
注释的使用形式
保留字
运算符
算数运算符
比较运算符
逻辑运算符
赋值运算符
其他运算符
运算符的优先级
控制流
顺序结构
分支结构
单分支结构(if语句)
双分支结构(if-else语句)
多分支结构(if-elif-else语句)
嵌套分支结构(if-嵌套结构)
循环结构
for循环结构
while循环结构
循环语句扩展形式
for循环和while循环的区别
退出循环语句
break语句
continue语句
变量与数据类型
变量
变量的含义
变量的作用
数据存储
数据引用
代码可读性
灵活性
控制流
函数参数
定义变量
变量的命名规范
驼峰命名法
下划线命名法
避免命名冲突
变量的命名规则
硬性规则
软性规则
命名中的注意事项
使用变量
读取变量的值
修改变量的值
数据类型
数字
整型
浮点型
复数型
布尔
真
假
字符串
列表
元组
集合
字典
数据类型转换

课后实战

一、单选题

1. 在 Python 中，以下哪个是正确的注释方式？(　　)

A. //This is a comment　　B. /* This is a comment */

C. # This is a comment　　D. -- This is a comment

2. (　　)是 Python 中的关键字。

A. class　　B. defintion　　C. whilee　　D. importt

3. Python 中(　　)用来表示整数的数据类型。

A. int　　B. integer　　C. long　　D. short

4. Python 中，(　　)数据类型是可变的。

A. 字符串　　B. 元组　　C. 数字　　D. 列表

5. (　　)循环语句可以遍历一个列表中的所有元素。

A. for each in list　　B. for in list

C. for item in list　　D. for element of list

6. 以下代码的输出结果是(　　)。

```
a =[1,2,3]
b=a
b.append(4)
print(a)
```

A. [1,2,3]　　B. [1,2,3,4]　　C. [4]　　D. None

7. 以下关于 Python 变量命名的说法错误的是(　　)。

A. 变量名可以包含字母、数字和下划线

B. 变量名不能以数字开头

C. 变量名区分大小写

D. 变量名可以使用 Python 关键字

8. 以下(　　)不是 Python 的内置数据类型。

A. 列表　　B. 字典　　C. 数组　　D. 元组

9. 执行表达式 3+4*2，Python 的计算结果是(　　)。

A. 14　　B. 11　　C. 10　　D. 16

10. 以下关于列表的说法错误的是(　　)。

A. 列表可以存储不同类型的元素

B. 列表是可变数据类型

C. 列表可以通过索引访问元素

D. 列表的长度是固定的

二、多选题

1. 在 Python 中，以下(　　)是正确的变量命名方式。

A. my_variable　　B. myVariable

C. 123variable　　D. my-variable

2. 以下关于 Python 中字符串的说法正确的有(   )。

A. 可以使用单引号或双引号定义字符串

B. 字符串是不可变数据类型

C. 可以使用索引访问字符串中的字符

D. 可以使用加号连接两个字符串

3. 在 Python 中，以下哪些是正确的循环方式？(   )

A. for i in range(len(list)):

B. for item in list:

C. while True:

D. do-while loop(在 Python 中不存在)

4. 以下关于 Python 中元组的说法正确的有(   )。

A. 元组可以存储不同类型的元素

B. 可以使用索引访问元组中的元素

C. 元组是不可变数据类型

D. 元组可以使用 append()方法添加元素

5. 以下关于 Python 中字典的说法正确的有(   )。

A. 字典是由键值对组成的

B. 可以使用键来访问字典中的值

C. 字典中的键必须是唯一的

D. 字典是不可变数据类型

三、判断题

1. Python 中，所有的代码行都需要使用分号结尾。(   )

2. 列表可以直接转换为元组，且转换后元素顺序保持不变。(   )

3. 逻辑运算符“and”两边的表达式只要有一个为真，整个表达式结果就为真。(   )

4. Python 中，if-elif-else 语句属于顺序结构。(   )

5. 在 Python 中，可以直接将字符串“abc”转换为整数类型。(   )

项目四　薪酬数据管理

薪酬是指员工在从事劳动、履行职责并完成任务之后所获得的经济上的酬劳或回报。薪酬数据管理是企业管理者对企业员工报酬的支付标准、发放水平、要素结构进行确定、分配和调整的过程。

薪酬不仅仅是企业的一项基本职能和最大的预算项目，它更被视为重要数据和战略洞见的来源之一。它涉及组织中每个人大量精确、多变的信息，这些信息可以被充分利用来指导业务操作。

职业能力目标

素质目标： 1. 通过获取职工工资项目，培养灵活处理数据的能力；

2. 通过计算个人所得税，增强依法纳税的意识，弘扬爱国主义精神。

知识目标： 1. 了解职工薪资的基本内容；

2. 熟悉数字类型和数据的运算符、运算函数；

3. 理解遍历循环 for 语句、无限循环 while 语句的区别。

技能目标： 1. 学会结合算术运算符和“ * ”的特殊用法获取工资项目数据；

2. 能采用数据类型的转换和数值运算函数计算实发工资；

3. 能结合流程控制结构和布尔值运算梳理个人所得税的计算流程；

4. 能够利用循环结构分配职工福利。

课程思政

中国的城乡居民基本医疗保险体系（以下简称“城乡居民医保”）是一个重要的社会保障制度，旨在为农村居民和城镇非就业人口提供医疗保障。这一体系的部分资金来自税收，政府通过财政补贴为农村和低收入群体提供支持。截至 2024 年，城乡居民医保已覆盖超过 10 亿人口，包括农村居民和城镇非就业人口。通过财政补贴和医保报销，城乡居民的医疗费用负担显著降低。税收资金支持的财政补贴，确保了低收入群体能够享有基本医疗保障，缩小了城乡收入差距。

知识图谱

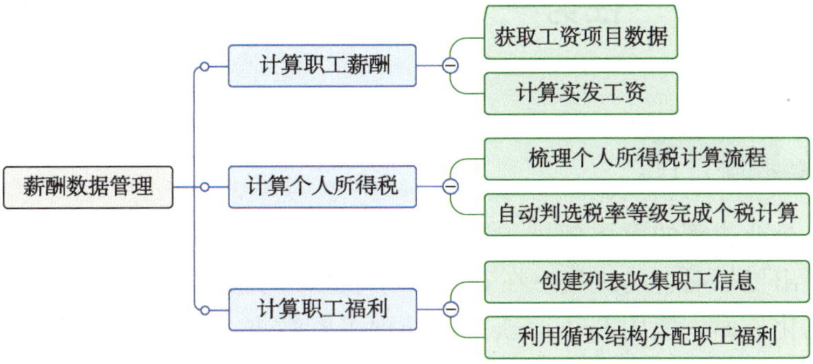

情境案例

薪酬数据管理对任何企业都十分重要，一个企业欲留住所需要的人才，最重要的是看其薪酬标准能否为其职工所认可。诚发公司的薪酬包括基本工资、绩效工资及福利。

基本工资是企业按照岗位职责付给职工的现金报酬，反映的是工作或技能价值。诚发公司部分职工基本工资数据如下表所示。

职工编码	部门	职工姓名	职位	基本工资/元
1001	企业管理部	王城	总经理	10000
1020	仓储部	刘晓明	仓管员	7000
1030	生产部	何丽	班组长	7500

绩效工资是对职工过去工作行为的认可，往往随职工业绩的变化而调整。如生产部职工的绩效工资按每生产 3 件产品计 25 元；余下不足 3 件的，按每件 5 元计算。

福利包括法定福利(医疗保险、养老金、带薪假期)和实物福利(免费工作餐、节假日慰问礼品等)。例如，中秋节快到了，公司初步拟定发放月饼、牛奶、花生油作为节日福利品。

诚发公司职工薪酬计算公式如下：

应发工资 = 基本工资 + 绩效工资

实发工资 = 应发工资 − 代扣社保 − 代扣公积金 − 代扣个税

财务部的财务会计贺青每月要按照上述计算公式计算职工的实发工资，但由于公式涉及多项数据，她需要先花费大量时间从林林总总的表格中收集所需数据。她一直想知道是否有一种方法能自动筛选、计算、合并数据？

每次发放薪酬的时候，经常有非财务员工询问个税 App 上显示的个人所得税金额是如何计算出来的；每次发放福利前，也经常有同事咨询福利品的发放详情。她想能不能设计一款交互式的个人所得税计算器和福利查询小程序，让非财务人员也能看懂个人所得税的计算过程；让同事们可以随时查询自己应享有的福利品详情。

她的这些想法都可以用 Python 来实现，只是有些是复杂的，有些是简单的。

任务一　计算职工薪酬

任务情境

工资数据是企业决策的重要依据。通过 Python，企业可以高效地收集、整理和分析这些数据，从而做出更加明智的决策。在 Python 中获取工资数据的重要性主要体现在数据处理、分析和自动化方面。使用 Python 获取和处理工资数据，可以显著降低人工成本和时间成本。企业可以更加高效地管理工资数据，减少错误和重复劳动。作为会计人员的贺青该如何运用 Python 获取工资数据呢？

任务分析

核算薪酬关系到每个员工的切身利益，手工进行核算既浪费时间和消耗精力，又容易出错，那么如何用 Python 简单高效地核算工资呢？首先我们应获取薪酬核算所需的各个项目，比如基本工资、绩效工资、代扣社保、代扣个税、代扣公积金等。由于这些都属于数字类型的数据，我们需要进一步掌握与之相关的算术运算符。

知识准备

4.1.1　获取工资项目

核算薪酬的各个项目都属于数字类型数据，在计算数字类型数据时往往需要算术运算符的帮助。算术运算符是处理四则运算的符号，常用的算术运算符如下表所示。

运算符	说明	实例	结果
+	加	122+34	156
-	减	122.34-2	120.34
*	乘	2*3.4	6.8
/	除	9/3	3
%	取余（取模），即返回除法的余数	9%4	1
//	取整除，即返回商的整数部分	9//2	4
**	幂（指数），即返回 x 的 y 次方	5**2	25

需要注意的是，使用除法运算符(/或//)和取余(%)运算符时，除数不能为 0，否则系统会报错。当运算对象是数字类型的变量时，同样可以使用上述算术运算符进行四则运算。示例代码及运算结果如下图所示：

```
a1=100
a2=200
b1=10
print(a1+a2)
print(a2-a1)
print(a1*b1)

300
100
1000
```

4.1.2 “*”的特殊用法

“*”是 Python 中常见的一个代码，它除了可作为算术运算符，还有一些特殊功能，比如倍数。x*n，表示复制 n 次字符串 x。示例代码及运行结果如下图所示：

```
print("薪酬管理"*3)

薪酬管理薪酬管理薪酬管理
```

在运用 Python 进行程序设计时，我们除了满足程序的功能需求，也追求一定的界面美观，这样能让我们的程序更清晰可读，通常会设计一个程序的开头。如下图所示，它在告知使用者，这是一个有关职工薪酬管理的程序。

```
print('+'*5+"职工薪酬管理程序"+"+"*5)

+++++职工薪酬管理程序+++++
```

4.1.3 计算实发工资

获取员工的基本工资、绩效工资、代扣社保、代扣个税、代扣公积金等数据后，接下来可以依据工资规则计算最终的实发工资了。但现实中有时收集来的数据类型不符合要求，因此首先需要对数据类型进行适当的转换才能使用。

1. 数据类型的转换

貌似数字的字符串类型数据和数字类型数据之间可以互相转换，其中貌似数字的字符串类型数据是指字符串中所有字符（除小数点字符外）都是数字字符，不包含其他字符。Python提供了 int( ) 函数、float( ) 函数、str( ) 函数等来完成这种转换。

（1） int( ) 函数

int 是 integer 的缩写，integer 中文释义是整数。因此从函数名称就可推断 int( ) 函数的功能，该函数可以把小数进行取整并转换为整数，也可以把貌似数字类型的字符串转换为整数，示例代码及运行结果如下图所示：

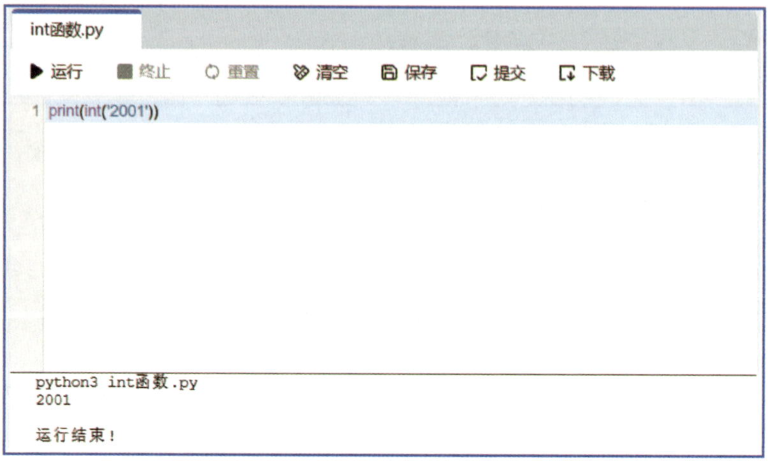

值得注意的是，用 int( ) 函数将字符串转换成整数时，字符串必须是貌似整数类型的字符串，否则将报错，示例代码及运行结果如下图所示：

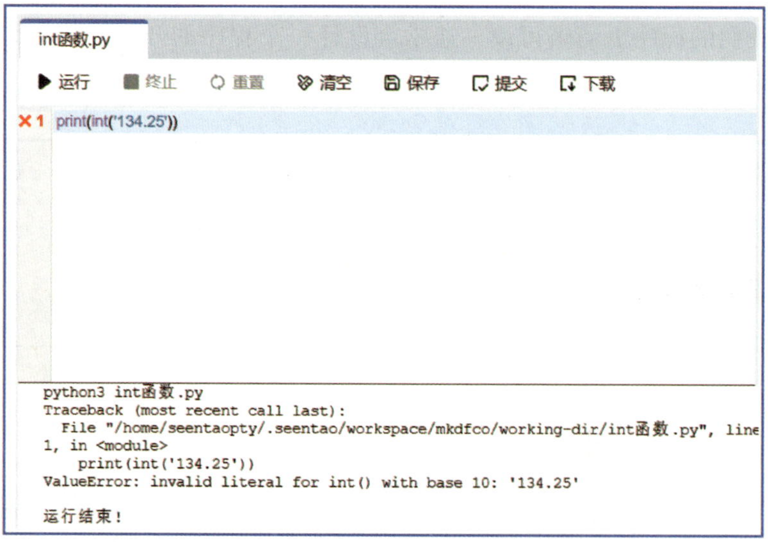

用 int( ) 函数将浮点数转换成整数时，小数部分会被舍弃掉，而不是遵循四舍五入原则，示例代码及运行结果如下图所示：

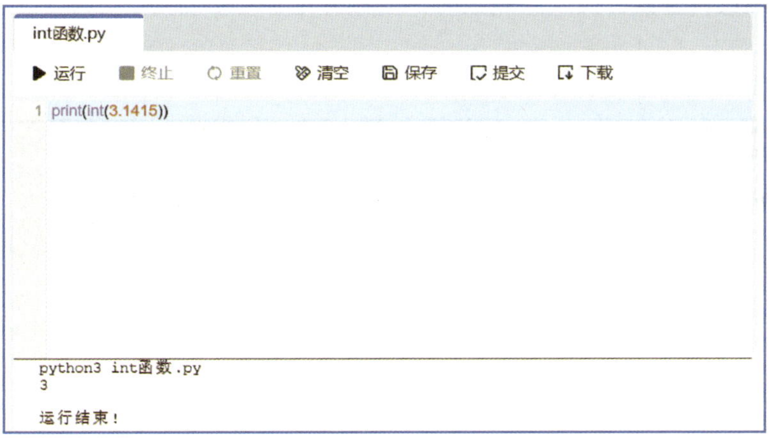

（2）float( ) 函数

float( ) 函数可以把数字类型的字符串或整数转换为小数，小数在 Python 中也被称为浮点数，因为计算机存储小数时，小数位置不是固定的，而是浮动的，示例代码及运行结果如下图所示：

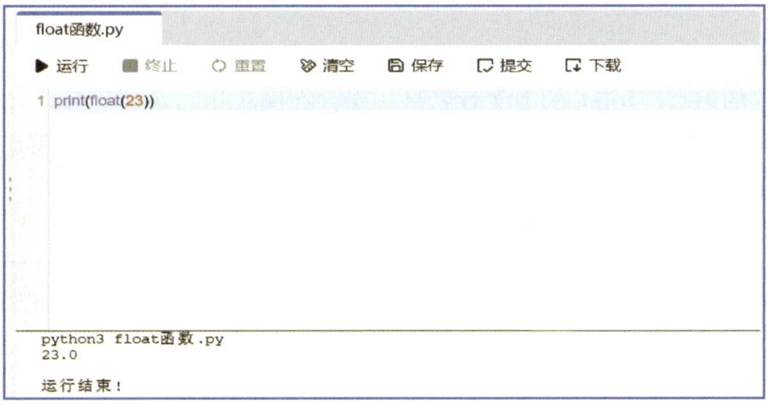

用 float( ) 函数将字符串转换成浮点数时，字符串必须是类似数字类型的字符串，否则将报错，示例代码及运行结果如下图所示：

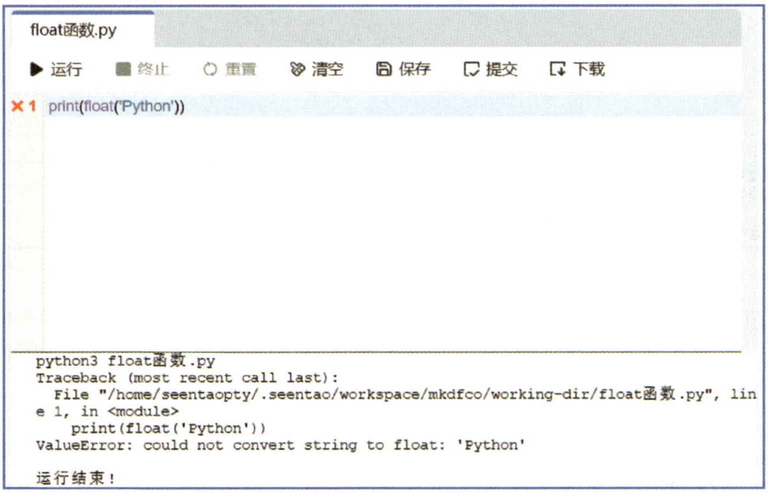

用 float( ) 函数将整数转换成浮点数时，会额外增加小数部分，示例代码及运行结果如下图所示：

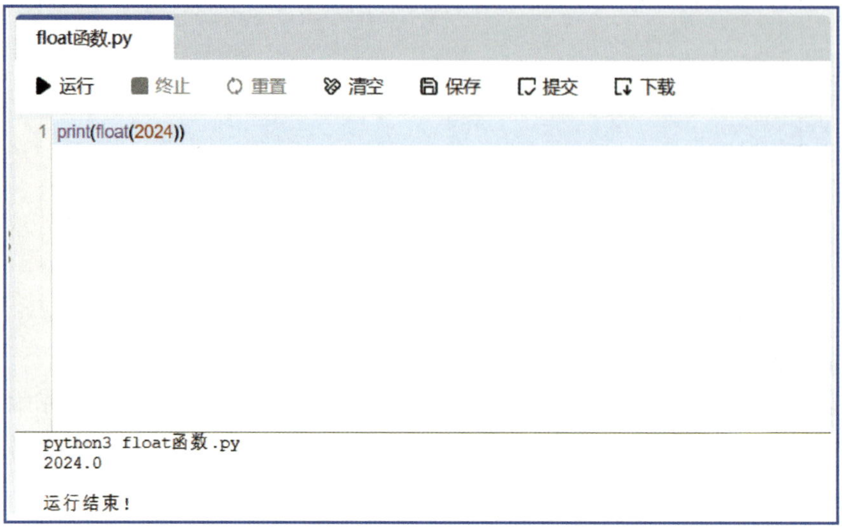

(3) str( ) 函数

str 是 string 的缩写，string 的中文意思是一串，在编程语言中表示字符串。因此从函数名称就可推断 str( ) 函数的功能，该函数可以把数字类型的数据转换为字符串型，示例代码及运行结果如下图所示：

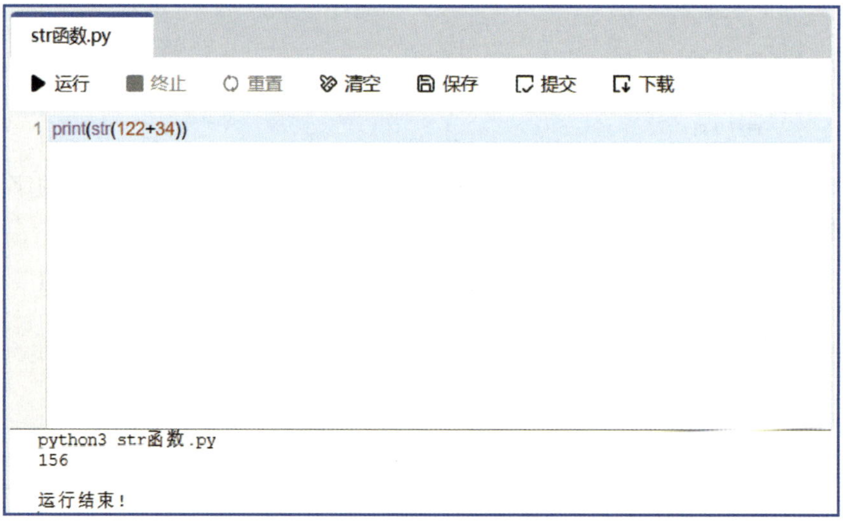

(4) eval( ) 函数

简单来说，eval( ) 函数是去掉字符串最外侧的引号后，再执行去掉引号后的字符串表达式，示例代码及运行结果如下图所示：

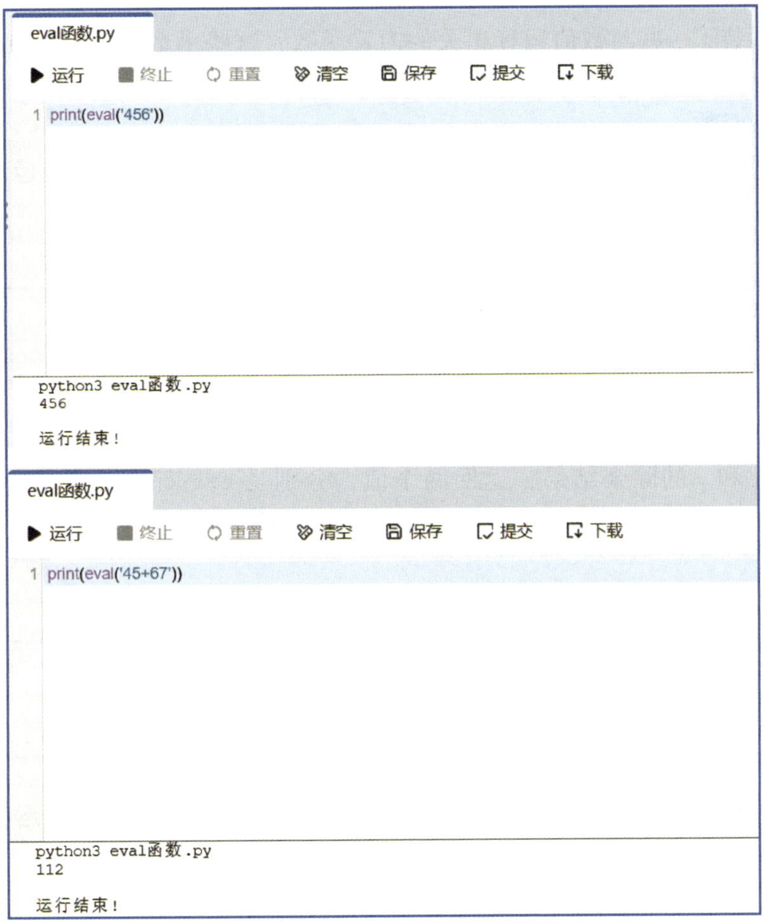

上述第一个例子中，eval( ) 函数去掉字符串“456”最外侧的引号，得到整数 456。第二个例子中，eval( ) 函数去掉字符串“45+67”最外侧的引号，得到的是一个表达式 45+67，接着对其进行运算后返回整数 112。

eval( ) 函数还可以用于交互模式，常常与 input( ) 函数结合使用，语法结构如下：

```
<变量>=eval(input(<提示性文字>))
```

由于 input( ) 函数返回值的数据类型为字符串类型(str)，与 eval( ) 函数结合后，可将输入的字符串转换为数字类型数据，再将这个数字类型数据赋值给等式左边的变量，接下来可用于数学运算，示例代码及运行结果如下图所示：

```
profit=eval(input("请输入本年利润："))
tax=profit*0.25
print(tax)
```

```
请输入本年利润：328635
82158.75
```

2. 数值运算函数

Python 中预装了一些与数值运算相关的内置函数，这些函数只要填入相关的参数就能执行特定的运算。常见的数值运算函数有以下几种。

（1）abs(x)函数

用于计算整数或浮点数 x 的绝对值，结果为非负数，示例代码及运行结果如下图所示：

```
abs(-8)
8
```

（2）divmod(x，y)函数

用于计算 x 和 y 的除余结果，返回两个值，分别是 x÷y 商的整数部分和余数，这两个值组成了一个元组类型，即小括号里包含的两个元素，示例代码及运行结果如下图所示：

```
divmod(100,11)

(9,1)
```

也可以通过赋值的方式将结果同时反馈给两个变量，示例代码及运行结果如下图所示：

```
divmod函...
▶ 运行  ■ 终止  重置  清空  保存  提交  下载

a,b=divmod(100,11)
print(a,b)

python3 divmod函数.py
9 1

运行结束！
```

（3）pow(x，y)函数

用于计算 x 的 y 次幂，与 x＊＊y 相同，示例代码及运行结果如下图所示：

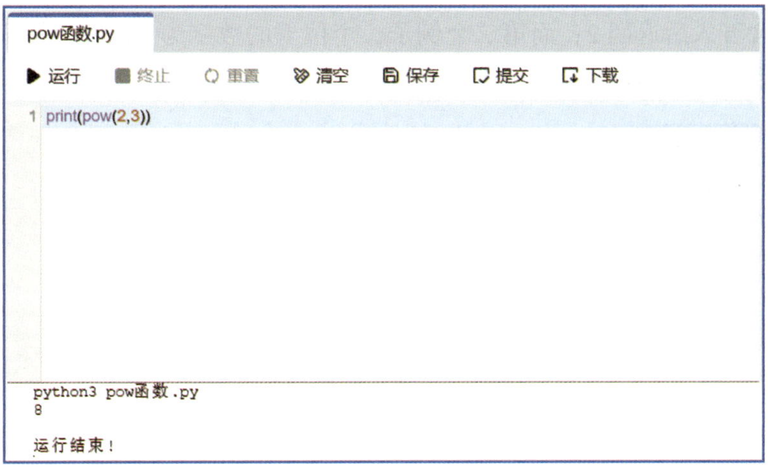

(4) round(x, d)函数

用于对整数或浮点数 x 进行带 d 位小数的四舍五入运算。当参数 d 不存在时，round( )函数的输出为整数。当参数 d 存在时，即使为 0，round( )函数的输出也会是一个浮点数，示例代码及运行结果如下图所示：

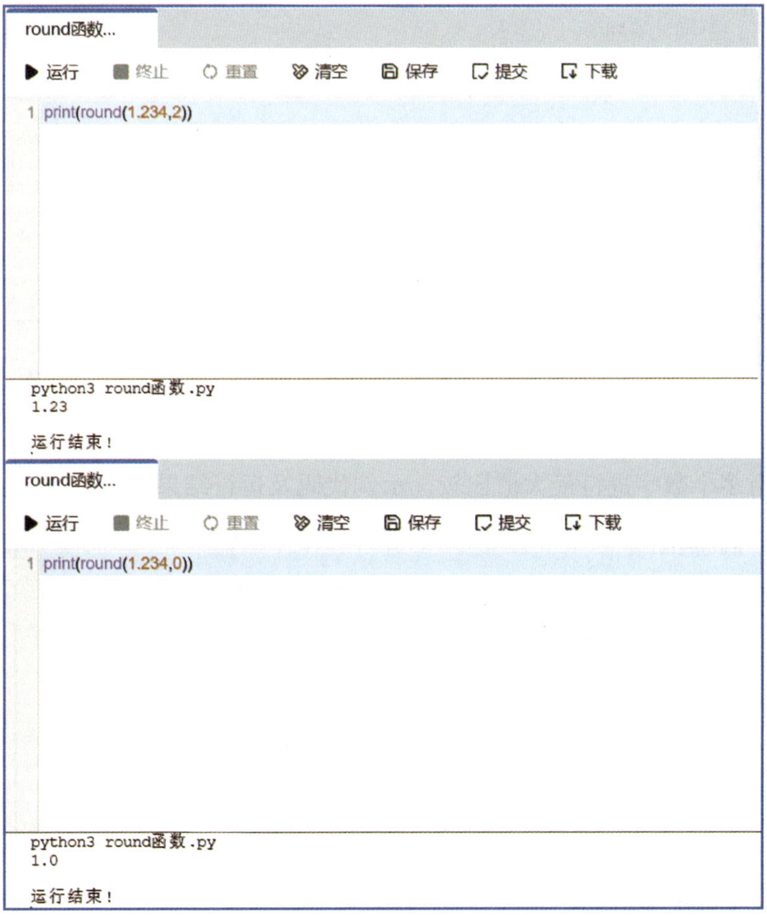

此外，在进行四舍五入时，并非所有小数点后面 5 以上的数字都会被进位，而是采用

“奇进偶不进”的方式运算。如下图中的第一个例子，个位上的数字为 1，也就是奇数，因此答案进行四舍五入后返回 2；而第二个例子，个位上的数字为 2，也就是偶数，因此答案没有进行四舍五入，返回值仍然为 2：

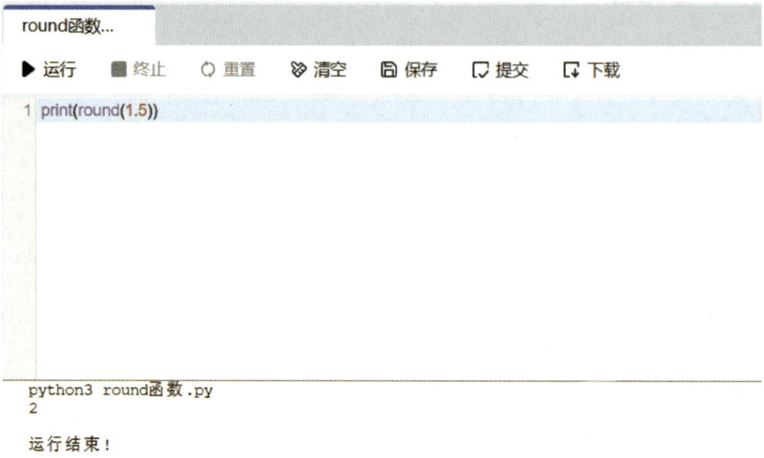

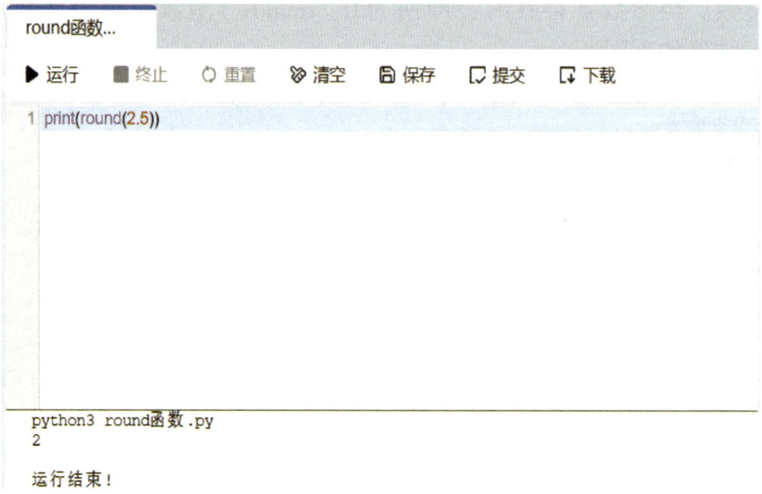

（5）max( ) 函数

用于对任意多个数字进行最大值比较，示例代码及运行结果如下图所示：

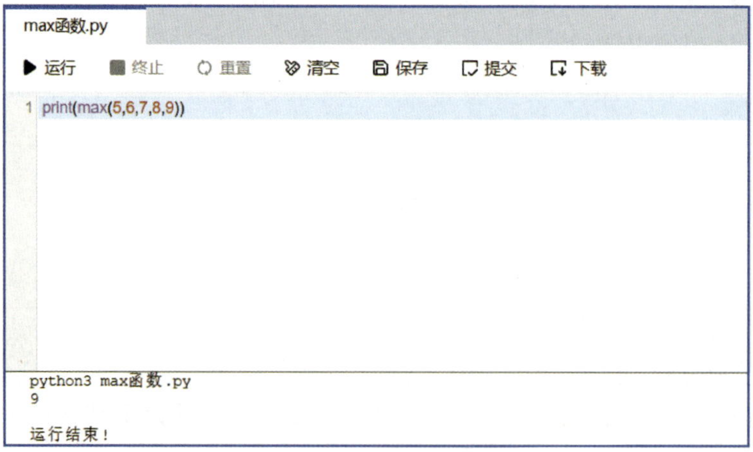

(6) min( )函数

用于对任意多个数字进行最小值比较，示例代码及运行结果如下图所示：

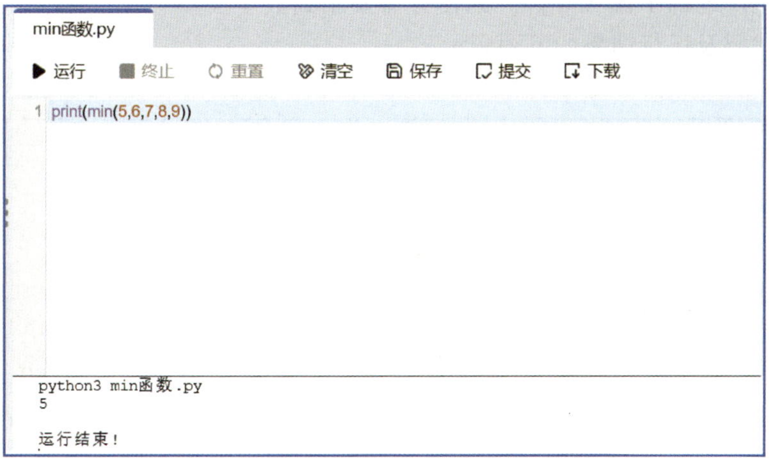

任务实施

1. 请用 Python 设计一个“诚发公司工资计算程序”的开头

为了让程序更美观以提高可读性，在程序名“诚发公司工资计算程序”的左右两侧增加一些装饰图案“======”，示例代码及运行结果如下图所示：

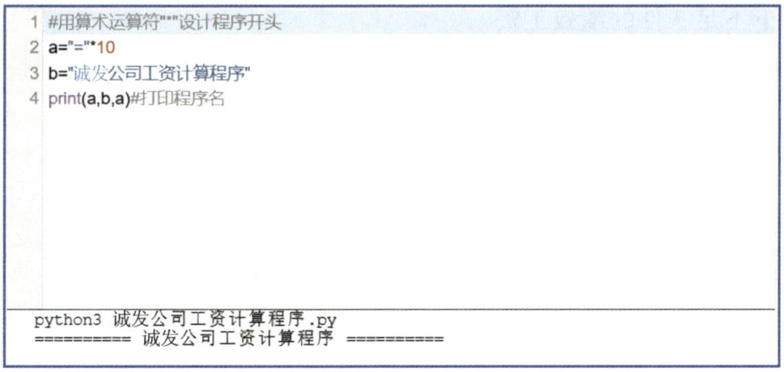

第一步：在新道云中打开新道代码编辑器。

第二步：点击左上角添加，添加一个新的脚本，命名为工资程序。

第三步：将代码输入。

```
#用算术运算符" * "设计程序开头
a = " = " * 10
b = "诚发公司工资计算程序"
print( a , b , a ) #打印程序名
```

第四步：运行代码。

2. 请用 Python 计算何丽的绩效工资

绩效工资的计算规则：按每生产 3 件产品计 25 元；余下不足 3 件的，按每件 5 元计算。本月何丽一共生产纯棉 T 恤 350 件。此任务需要用到数字类型数据的乘、除、取余、取整除运算，示例代码及运行结果如下图所示：

```
#计算何丽的绩效工资。
pq= 350            #pq表示product quantity
#按每3件一组，先计算有多少组，以及总组数应得绩效工资
x=(pq//3)*25
#再计算余下不足3件的绩效工资
y=(pq%3)*5
#合计出总绩效工资
salary = x + y
#打印结果
print("何丽这个月的绩效工资是{}元。".format(salary))  #占位格式化
```

```
何丽这个月的绩效工资是2910元。
```

第一步：在新道云中打开新道代码编辑器。

第二步：点击左上角添加，添加一个新的脚本，命名为计算何丽的绩效工资。

第三步：输入代码。

```
#计算何丽的绩效工资。
pq=350    #pq 表示 product quantity
#按每 3 件一组,先计算有多少组,以及总组数应得绩效工资
x=(pq//3) * 25
#再计算余下不足 3 件的绩效工资
y=(pq%3) * 5
#合计出总绩效工资
salary=x+y
#打印结果
print("何丽这个月的绩效工资是{}元。".format(salary))#占位格式化
```

第四步：运行代码。

3. 请运用 Python 计算总经理王城的应发工资和实发工资

首先需要创建变量接收各个工资项目的金额，如下表所示，比如基本工资、绩效工资、代扣社保等，因此需要用到 input( ) 函数和 eval( ) 函数；接下来计算并输出应发工资和实发工资，此处需要用到数字类型数据的加、减运算，并控制输出结果的小数位数，示例代码及运行结果如下图所示。

金额单位：元

职工编码	部门	姓名	职位	基本工资	绩效工资	代扣社会保险	代扣住房公积金	代扣个人所得税	代扣总金额
1001	企业管理部	王城	总经理	10000	6200	1296	3600	420.4	5316.4

```
#创建变量接收工资项目的金额
staff=input("请输入员工姓名: ")
bs=eval(input("请输入基本工资: "))
ws=eval(input("请输入绩效工资: "))
sip=eval(input("请输入代扣社会保险金额: "))
hf=eval(input("请输入代扣住房公积金的金额: "))
it=eval(input("请输入代扣个人所得税的金额: "))
#计算工资
wages=bs+ws
withhold=sip+hf+it
net=wages-withhold
#打印结果
print(f"{staff}这个月应发的工资是: {wages}元, 实发的工资是{net:.2f}元。")
#控制输出浮点数的小数位数
```

```
请输入员工姓名：王城
请输入基本工资：10000
请输入绩效工资：6200
请输入代扣社会保险金额：1296
请输入代扣住房公积金的金额：3600
请输入代扣个人所得税的金额：420.4
王城这个月应发的工资是：16200元，实发的工资是10883.60元。

运行结束！
```

第一步：在新道云中打开新道代码编辑器。

第二步：点击左上角添加，添加一个新的脚本，命名为计算王城的应发工资和实发工资。

第三步：输入代码。

```
#创建变量接收工资项目的金额
staff=input("请输入员工姓名:")
bs=eval(input("请输入基本工资:"))
ws=eval(input("请输入绩效工资:"))
sip=eval(input("请输入代扣社会保险金额:"))
hf=eval(input("请输入代扣住房公积金的金额:"))
it=eval(input("请输入代扣个人所得税的金额:"))
#计算工资
wages=bs+ws
withhold=sip+hf+it
net=wages-withhold
#打印结果
print(f"{staff}这个月应发的工资是:{wages}元,实发的工资是{net:.2f}元。")
#控制输出浮点数的小数位数
```

第四步：运行代码。

4. 请运用 Python 对刘晓明的实发工资进行抹零(即只保留整数)处理

所谓抹零处理，即对每月的零头进行累积，当零头累积到 1 元以上便进位，余下的零头继续累积。比如，2 月工资零头是 0.5 元，3 月是 0.6 元，2 月和 3 月的零头累积为 1.1

元，那 1 元归 3 月发放，0. 1 元与以后月份的零头继续累积。这里需要用到整型、浮点型数据的转换，以及占位符格式的输出方法，示例代码及运行结果如下图所示。

金额单位：元

职工编码	部门	姓名	职位	基本工资	绩效工资	代扣社会保险	代扣住房公积金	代扣个人所得税	代扣总金额
1020	企业管理部	刘晓明	仓管员	7000	2700	856	1210	153. 4	2219. 4

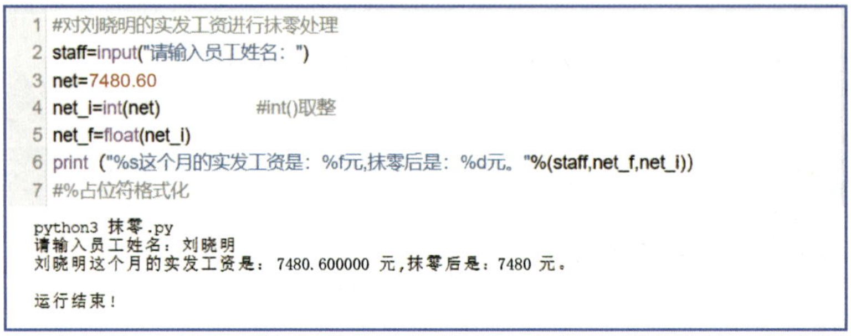

```
#对刘晓明的实发工资进行抹零处理
staff=input("请输入员工姓名：")
net=7480.60
net_i=int(net)            #int()取整
net_f=float(net_i)
print ("%s这个月的实发工资是：%f元,抹零后是：%d元。"%(staff,net_f,net_i))
#%占位符格式化

python3 抹零.py
请输入员工姓名：刘晓明
刘晓明这个月的实发工资是：7480.600000 元,抹零后是：7480 元。

运行结束！
```

第一步：在新道云中打开新道代码编辑器。

第二步：点击左上角添加，添加一个新的脚本，命名为抹零。

第三步：输入代码。

```
#对刘晓明的实发工资进行抹零处理
staff=input("请输入员工姓名:")
net=7480.60
net_i=int(net)                    #int()取整
net_f=float(net_i)
print("%s 这个月的实发工资是:%f 元，抹零后是:%d 元。"%(staff,net_f,net_i))
#%占位符格式化
```

第四步：运行代码。

任务小结

1. 算术运算符

常用的算术运算符有“+、-、*、/、%、//和**”，其中“%”用于取余，即求除法中的余数；“//”用于取整除，即求除法中商的整数部分；“**”用于进行幂运算。

2. “*”号的特殊用法

结合 print()函数使用时，表示重复前面的字符串。

3. 数据类型的转换

int()函数：将字符串或浮点型数据转换成整型。

float()函数：将字符串或整型数据转换成浮点型。

str()函数：将任意类型数据转换成字符串类型。

eval( )函数：去掉参数中字符串外的引号，并返回算式参数进行运算后的结果。

4. 数值运算函数

abs(x)函数：用于计算整数或浮点数 x 的绝对值，结果为非负数。

divmod(x, y)函数：用于计算 x 和 y 的除余结果，返回两个值，分别是 x÷y 商的整数部分和余数。

pow(x, y)函数：用于计算 x 的 y 次幂，与 x**y 相同。

round(x, d)函数：用于对整数或浮点数 x 进行带 d 位小数的四舍五入运算，奇进偶不进。

max( )函数：求参数中的最大值。

min( )函数：求参数中的最小值。

任务二　计算个人所得税

任务情境

Python 实现个人所得税的自动化计算，通常涉及以下几个步骤。

1. 收集税法规定

首先，需要了解并收集当前有效的税法规定，包括税率表、起征点、扣除项等信息。这些信息是计算个人所得税的基础。

2. 定义计算逻辑

根据税法规定，定义个人所得税的计算逻辑。通常包括计算应纳税所得额、查找适用的税率和速算扣除数、计算应纳税额等步骤。

3. 编写 Python 代码

使用 Python 编写代码，实现上述计算逻辑。可以使用函数组织代码，使其更加模块化和易于维护。

4. 输入和输出

编写代码来处理用户输入(如税前收入、扣除项等)和输出结果(如应纳税额)。

任务分析

根据税法规定，居民个人综合所得应纳个人所得税的计算公式如下：

应纳税额=应纳税所得额×适用税率-速算扣除数

应纳税所得额=年度综合收入额-基本费用 60000-专项扣除-专项附加扣除-其他扣除

从计算公式可以看出，个人所得税的计算涉及很多项目，因此首先需要梳理清楚个人所得税的计算流程。

由于应纳税额=应纳税所得额×适用税率-速算扣除数，因此在计算个人所得税时需要根据应纳税所得额选择适用的税率和速算扣除数。在 Python 中要实现类似这种多选一的情形，就需要用到分支结构及分支结构的嵌套。

知识准备

4.2.1 梳理个人所得税的计算流程

1. 程序的流程控制结构

语句是构造程序的基本单位，程序运行的过程就是执行语句的过程，程序语句执行的次序称为流程控制或控制流程。而 Python 中的流程控制结构有三种，分别是顺序结构、分支结构和循环结构，多数程序都是由一种基本结构或几种基本结构组合而成的。

2. 布尔值及布尔运算

前面在谈及<表达式>的判断结果时，我们用到了 True 和 False，这两个值被称为布尔值(bool)，布尔类型是整型数据的子类型，所以整数的运算都适用于布尔值运算。任何对象都可以进行布尔值的检测，使用内置函数 bool( )来查看任意对象的布尔值，示例代码及运行结果如下图所示：

布尔运算符有 and、or、not，可对任何值进行运算。

(1) and 运算符

保留字 and 作为逻辑运算符，表示多条件之间的“与”关系，等价于数学中的“且”，即两边的值都为真时，最终结果才为真；只要其中有一个值为假，那么最终结果就是假，所以 Python 按照这个规则执行 and 运算。

如果左边表达式的值为假，那么就不用计算右边表达式的值了，因为不管右边表达式的值是什么，都不会影响最终结果，最终结果都是假，此时 and 会把左边表达式的值作为最终结果。示例代码及运行结果如下图所示：

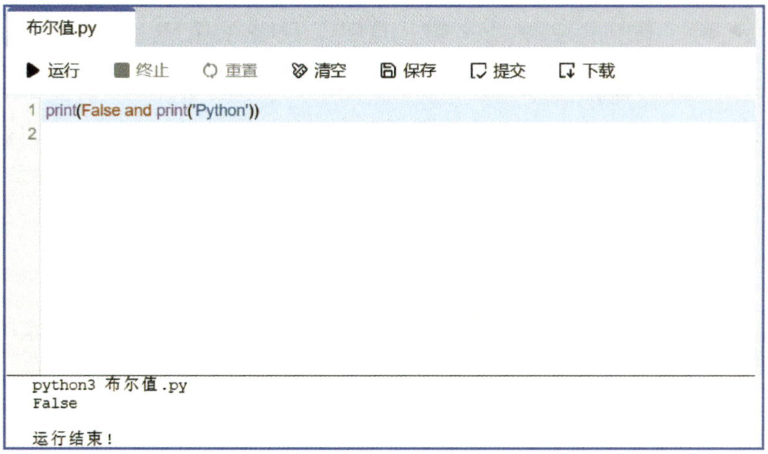

如果左边表达式的值为真，那么最终值是不能确定的，and 会继续计算右边表达式的值，并将右边表达式的值作为最终结果。示例代码及运行结果如下图所示：

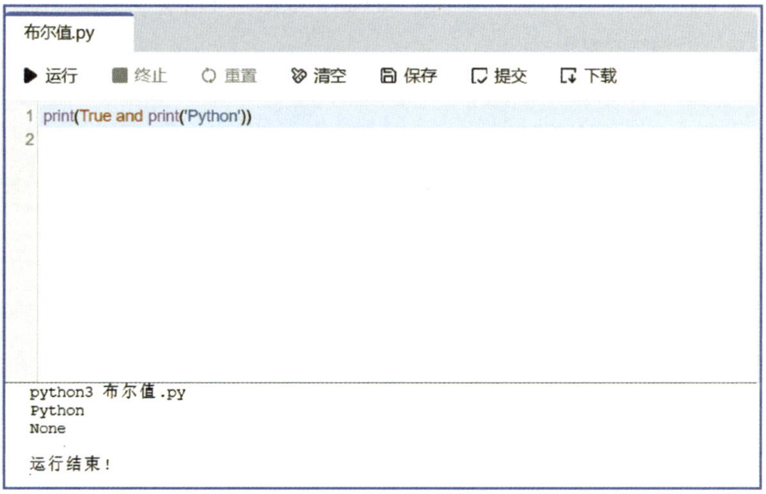

注意：在 Python 中任何非零的数值、非空的数据类型都等价于 True，0 或空类型等价于 False。

（2）or 运算符

保留字 or 作为布尔运算符，表示多条件之间的“或”关系，即两边的值都为假时，最终结果才为假，只要其中有一个值为真，那么最终结果就是真，所以 Python 按照这个规则执行 or 运算。

如果左边表达式的值为真，那么就不用计算右边表达式的值了，因为不管右边表达式的值是什么，都不会影响最终结果，最终结果都是真，此时 or 会把左边表达式的值作为最终结果。示例代码及运行结果如下图所示：

如果左边表达式的值为假，那么最终值是不能确定的，or 会继续计算右边表达式的值，并将右边表达式的值作为最终结果。示例代码及运行结果如下图所示：

另外，多条件之间也可以通过小括号进行组合，实现条件之间的运算。示例代码及运行结果如下图所示：

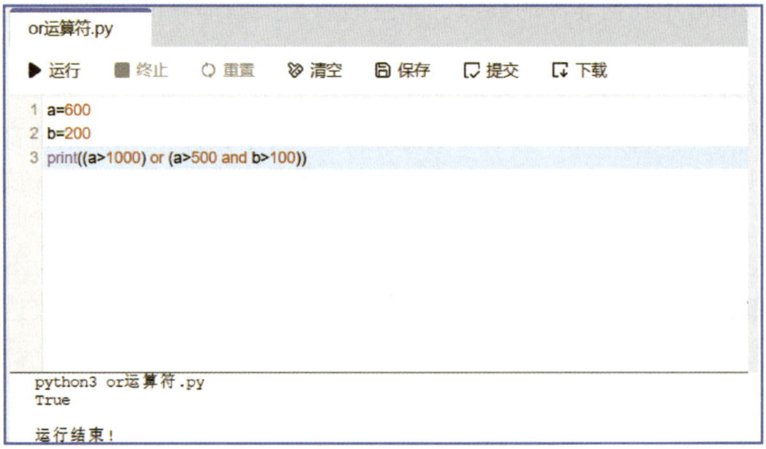

（3）not 运算符

保留字 not 作为布尔运算符，等价于数学中的"非"，表示的是单个条件的"否"关系，即返回一个与右边的值或表达式相反的结果。示例代码及运行结果如下图所示：

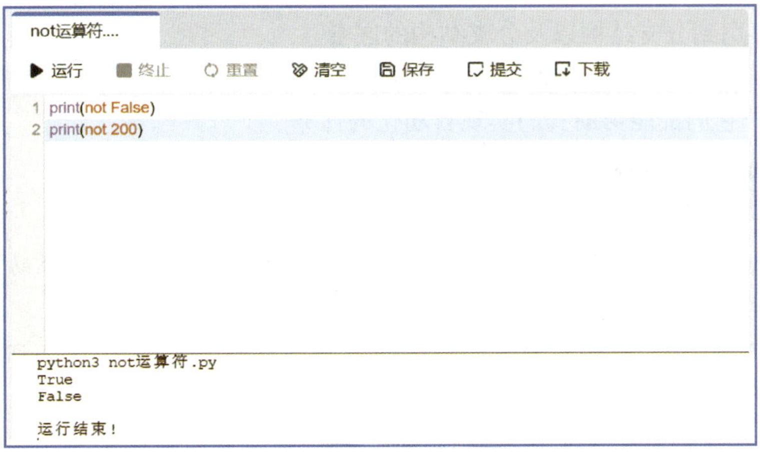

如果要实现个人所得税的计算，应该选择哪一种流程结构进行编程呢？

贺青依据居民个人综合所得应纳税额计算过程，梳理出的流程结构如下图所示，此流程结构同时采用了顺序结构与分支结构。

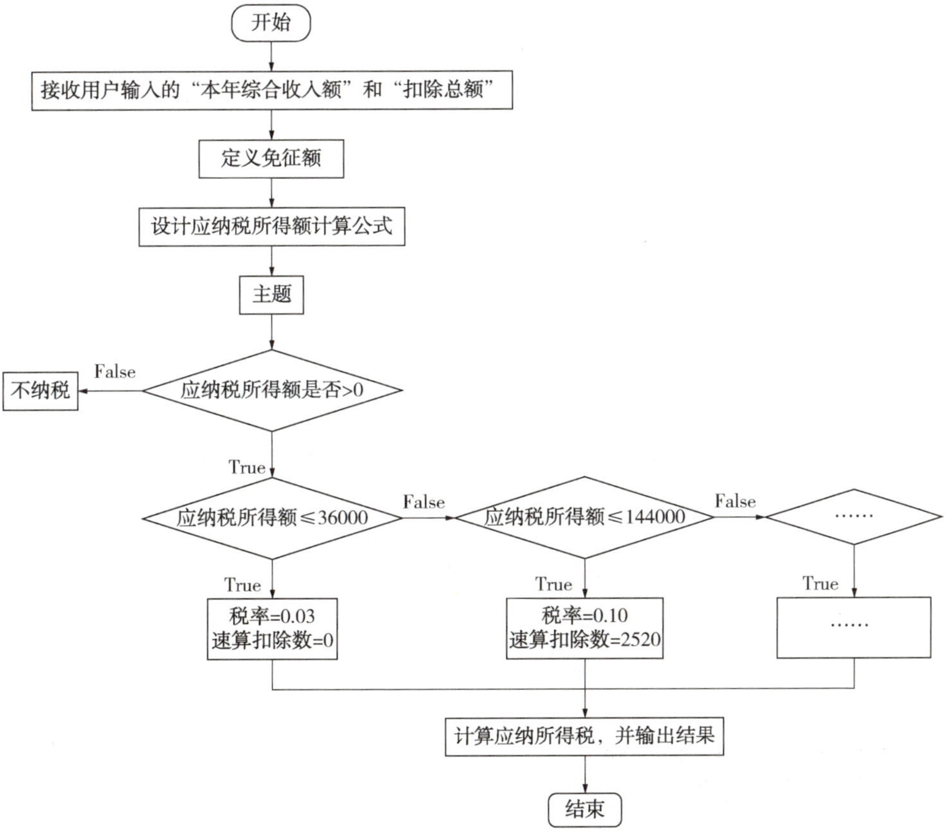

4.2.2 自动判选税率等级完成个税计算

由于应纳税额=应纳税所得额×适用税率-速算扣除数，所以在计算个人所得税时需要根据应纳税所得额选择适用的税率和速算扣除数。那么在 Python 中想实现类似这种多选一的情形，就需要用到分支结构以及分支结构的嵌套。

分支结构可以细分为单分支结构(if 语句)、双分支结构(if-else 语句)和多分支结构(if-elif-else 语句)，它们都能帮助我们实现自动化的任务。

任务实施

1. 请用 Python 设计一个计算个人所得税的交互式程序，目的是帮助非财务人员看懂个人所得税的计算原理

为了让程序更美观，首先设计一个程序开头，显示程序名称为“个人所得税自动计算器”，以提高可读性，示例代码及运行结果如下图所示。

```
#设计程序开头
a="="*10
b="个人所得税自动计算器"
print(a,b,a)
```

```
python3 个人所得税自动计算器.py
========== 个人所得税自动计算器 ==========

运行结束!
```

第一步：在新道云中打开新道代码编辑器。

第二步：点击左上角添加，添加一个新的脚本，命名为个人所得税自动计算器。

第三步：输入代码。

```
#设计程序开头
a="="*10
b="个人所得税自动计算器"
print(a,b,a)
```

第四步：运行代码。

2. 请运用 Python 设计程序，判断员工本年是否需要纳税

根据输入的综合收入额和各项扣除总额(包括专项扣除、专项附加扣除、其他扣除)判断员工本年是否需要纳税，需要结合 input()函数和 eval()函数，已知诚发公司的综合所得仅涉及工资、薪金所得，示例代码及运行结果如下图所示。

```
#获取计算应纳税所得额的基本数据
wages = eval(input("请输入您本年的综合收入额: "))
sip = eval(input("请输入您的本年工资中各项扣除总额: "))
#定义免征额 (全国统一为60000元)
exemption = 60000
#定义计算年应纳税所得额的计算方法
t_income = wages - exemption - sip
```

```
python3 判断员工是否需要纳税.py
请输入您本年的综合收入额: 150000
请输入您的本年工资中各项扣除总额: 3900
```

第一步：在新道云中打开新道代码编辑器。

第二步：点击左上角添加，添加一个新的脚本，命名为判断员工是否需要纳税。

第三步：输入代码。

```
#获取计算应纳税所得额的基本数据
wages = eval(input("请输入您本年的综合收入额:"))
sip = eval(input("请输入您的本年工资中各项扣除总额:"))
#定义免征额(全国统一为 60000 元)
exemption = 60000
#定义计算年应纳税所得额的计算方法
t_income = wages - exemption - sip
```

第四步：运行代码。

3. 请用 Python 设计程序，输出效果为：若需要纳税，则输出“纳税光荣，您本年获得纳税资格”；若无需纳税，则输出“争取下年获得纳税资格”

涉及两种选择路径，因此需要用到 if-else 分支结构，示例代码及运行结果如下图所示。

```
#获取计算应纳税所得额的基本数据
wages = eval(input("请输入您本年的综合收入额: "))
sip = eval(input("请输入您的本年工资中各项扣除总额: "))
#定义免征额（全国统一为60000元）
exemption = 60000
#定义计算年应纳税所得额的计算方法
t_income = wages - exemption - sip
#先判断是否需要纳税（外层if语句）
if t_income>0:
    print('纳税光荣，您本年获得纳税资格。')
else:
    print('争取下年获得纳税资格。')
python3 判断员工是否需要纳税.py
请输入您本年的综合收入额：150000
请输入您的本年工资中各项扣除总额：3900
纳税光荣，您本年获得纳税资格。

运行结束！
```

第一步：在新道云中打开新道代码编辑器。

第二步：点击左上角添加，添加一个新的脚本，命名为判断员工是否需要纳税。

第三步：输入代码。

```
#获取计算应纳税所得额的基本数据
wages = eval(input("请输入您本年的综合收入额:"))
sip = eval(input("请输入您的本年工资中各项扣除总额:"))
#定义免征额(全国统一为 60000 元)
exemption = 60000
#定义计算年应纳税所得额的计算方法
t_income = wages - exemption - sip
#先判断是否需要纳税(外层 if 语句)
```

```
if t_income>0：
    print('纳税光荣,您本年获得纳税资格。')
else：
    print('争取下年获得纳税资格。')
```

第四步：运行代码。

4. 请用 Python 自动判断适用的税率和速算扣除数

个人所得税的税率如下表所示，这里需要用到分支结构，示例代码如下图所示。

金额单位：元

全年应纳税所得额(t_income)	适用税率(t_rate)	速算扣除数(quick_d)
0<年应纳税所得额<=36000	3%	0
36000<年应纳税所得额<=144000	10%	2520
144000<年应纳税所得额<=300000	20%	16920
300000<年应纳税所得额<=420000	25%	31920

```
#先判断是否需要纳税（外层if语句）
if t_income>0:
    print('纳税光荣，您本年获得纳税资格。')
    #再判断适用税率和速算扣除数
    if t_income<=36000:
        t_rate=0.03
        quick_d=0
    elif 36000<t_income<=144000:
        t_rate=0.1
        quick_d=2520
    elif 144000<t_income<=300000:
        t_rate=0.2
        quick_d=16920
    elif 300000<t_income <=420000:
        t_rate=0.25
        quick_d=31920
else:
    print('争取下年获得纳税资格。')
```

第一步：在新道云中打开新道代码编辑器。

第二步：点击左上角添加，添加一个新的脚本，命名为判断员工是否需要纳税。

第三步：将代码输入。

```
#先判断是否需要纳税(外层 if 语句)
if t_income>0：
    print('纳税光荣，您本年获得纳税资格。')
    #再判断适用税率和速算扣除数
    if t_income<=36000：
        t_rate=0.03
        quick_d=0
```

```
        elif 36000<t_income<=144000:
            t_rate=0.1
            quick_d=2520
        elif 144000<t_income<=300000:
            t_rate=0.2
            quick_d=16920
        elif 300000<t_income<=420000:
            t_rate=0.25
            quick_d=31920
    else:
        print('争取下年获得纳税资格。')
```

第四步：运行代码。

5. 请用 Python 自动计算个人所得税(保留 2 位小数)，并在屏幕上输出“您当年的应纳税所得额为×××，应预缴个税款为：×××元”

根据要求，这里需要进行赋值输出，可以采用 f-string 法，示例代码如下图所示：

```
#获取计算应纳税所得额的基本数据
wages=eval(input('请输入您本年的综合收入额：'))
sip=eval(input('请输入您的本年工资中各项扣除总额：'))
#定义免征额（全国统一60000元）
exemption=60000
#定义计算年应纳税所得额的计算方法
t_income=wages-exemption-sip
#先判断是否需要纳税（外层if语句）
if t_income>0:
    print('纳税光荣，您本年获得纳税资格。')
    #再判断适用税率和速算扣除数
    if t_income<=36000:
        t_rate=0.03

        quick_d=0
    elif 36000<t_income<=144000:
        t_rate=0.1
        quick_d=2520
    elif 144000<t_income<=300000:
        t_rate=0.2
        quick_d=16920
    elif 300000<t_income <=420000:
        t_rate=0.25
        quick_d=31920
        #定义个人所得税的计算方法
    per_tax=t_income*t_rate-quick_d

    #最后打印结果
    print(f"您当年的应纳税所得额为{t_income},\
    应预缴个税款为：{per_tax:.2f}元。")
else:
    print('争取下年获得纳税资格。')
```

```
python3 个税.py
请输入您本年的综合收入额：150000
请输入您的本年工资中各项扣除总额：39000
纳税光荣，您本年获得纳税资格。
您当年的应纳税所得额为51000,     应预缴个税款为：2580.00元。

运行结束!
```

第一步：在新道云中打开新道代码编辑器。

第二步：点击左上角添加，添加一个新的脚本，命名为“判断员工是否需要缴税”。

第三步：输入代码。

```
#获取计算应纳税所得额的基本数据
wages=eval(input('请输入您本年的综合收入额:'))
sip=eval(input('请输入您的本年工资中各项扣除总额:'))
#定义免征额(全国统一 60000 元)
exemption=60000
#定义计算年应纳税所得额的计算方法
t_income=wages-exemption-sip
#先判断是否需要缴税(外层 if 语句)
if t_income>0:
    print('纳税光荣,您本年获得纳税资格。')
    #再判断适用税率和速算扣除数
    if t_income<=36000:
        t_rate=0.03
        quick_d=0
    elif 36000<t_income<=144000:
        t_rate=0.1
        quick_d=2520
    elif 144000<t_income<=300000:
        t_rate=0.2
        quick_d=16920
    elif 300000<t_income<=420000:
        t_rate=0.25
        quick_d=31920
        #定义个人所得税的计算方法
    per_tax=t_income * t_rate-quick_d
    #最后打印结果
    print(f"您当年的应纳税所得额为{t_income},\
    应预缴个税款为:{per_tax:.2f}元。")
else:
    print('争取下年获得纳税资格。')
```

第四步：运行代码。

任务小结

程序的流程控制结构：

① 顺序结构是所有程序的默认结构，是指程序按照语句编写的先后顺序依次执行。

② 分支结构是程序根据条件判断结果而选择不同的向前执行路径。

③ 循环结构是程序根据条件判断结果向后执行的一种运行方式，当条件成立时循环执行指定代码块，不成立时退出，或条件不成立时循环执行指定代码块，成立时退出循环。

布尔值及布尔运算：

① True 和 False，这两个值被称为布尔值(bool)。

② 布尔值的运算包括 and、or、not。

任务三　计算职工福利

任务情境

职工福利的计算通常涉及多个因素和复杂的计算规则，如基础工资、奖金、津贴、补贴、社会保险费、住房公积金等。使用 Python 编写计算程序，可以自动化处理这些计算，大大提高计算效率和准确性。Python 的内置函数和丰富的库(如 NumPy、Pandas 等)使得数据处理和计算变得更加简便和高效。

任务分析

诚发公司需要设计中秋节的福利品自助查询程序，由于福利品的发放方案与职工工龄有关，因此首先需要统计职工的工龄信息。用什么格式或类型去统计并存储工龄信息呢？

知识准备

4.3.1　创建列表收集职工信息

1. 列表及其创建

Python 中有一个名为列表(list)的内置数据结构，它能把一系列按照特定顺序排列的元素存储起来。那么在 Python 中如何创建列表呢？可以使用赋值运算符“=”直接创建，其语法结构如下：

<列表名>=[元素 1,元素 2,元素 3,…,元素 n]

需要注意以下几点：

① 列表名称可以是任何符合 Python 命名规则的标识符。

② 在形式上，列表的所有元素都放在一对英文中括号“[ ]”中，两个相邻元素间使用英文逗号分隔。

③ 列表中的元素可以是整数、浮点数、字符串、列表、元组等任何类型的内容，并且同一个列表中，元素的类型可以不同，因为它们之间没有任何关系。

④ 列表中的元素没有数量限制，只要是 Python 支持的数据类型即可。但通常情况下，为了提高程序的可读性，一个列表中只放入一种类型的数据。

例如，我们创建一个购物清单列表，它包含 5 个想要购买的项目，示例代码如下图所示：

```
shopping_list=['apples','pens','notepad','brushes','paint']
```

2. 列表的索引

在创建列表后，可以使用整数作为索引来访问列表指定位置上的元素，其中 0 表示第 1 个元素，1 表示第 2 个元素，2 表示第 3 个元素，以此类推。列表还支持使用负整数作为索引，其中-1 表示最后 1 个元素，-2 表示倒数第 2 个元素，-3 表示倒数第 3 个元素，以此类推。根据这种简单的计数方式，要访问列表的任何元素，都可将其位置减 1，并将结果作为索引。例如，要访问下表购物清单中的第 4 个元素，可使用索引 3，示例代码及运行结果如下图所示。

正索引	0	1	2	3	4
shopping_list =	['apples',	'pens',	'notepad',	'brushes',	'paints']
负索引	-5	-4	-3	-2	-1

```
shopping_list=['apples','pens','notepad','brushes','paint']
print(shopping_list[3])

brushes
```

如果想通过更快捷的方式实现，也可以通过 index 方法直接获取列表元素的索引值，其语法结构如下：

<列表名>. index(<元素名>)

例如在上述购物清单中，想获取 apples 所在列表中的索引值就可以用下图所示的代码来实现：

```
shopping_list=['apples','pens','notepad','brushes','paints']
index_sl=shopping_list.index('pens')
print(index_sl)

1
```

4.3.2 利用循环结构分配职工福利

清楚职工的工龄后，我们就可以依据福利品的发放方案分配职工福利了。但是公司员工众多，如果人工一个一个去辨析工龄，然后分配其应得福利，这是一份无聊又费时的工作，如何让 Python 帮我们自动判断每位员工应得的福利呢？可以利用循环结构来实现这个功能。

1. 遍历循环：for

购物完毕，我们通常会通读购物清单来检查是否已经得到清单上的每一件东西。像这种依次访问集合中的每个项目，在 Python 中称为枚举或遍历序列，即 for 循环，它是一个依次重复执行的循环。其语法结构如下：

for<迭代变量>in<循环对象>：

<代码块>

其中，迭代变量用于存放从循环对象中读取出来的元素，所以一般不会在循环中对迭代变量进行手动赋值；循环对象为要遍历或迭代的对象，一般为有序序列对象，如字符串、

列表、元组、字典、集合等。代码块指的是具有相同缩进格式的多行代码，由于和循环结构连用，因此代码块又被称为循环体。其执行流程如下图所示。

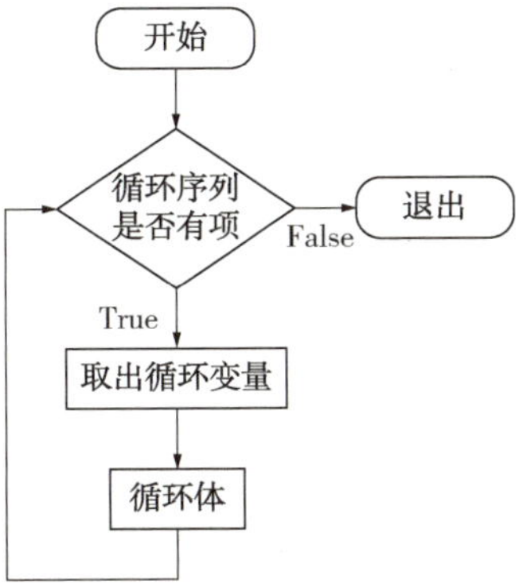

在现实生活中，有大量的 for 循环运用场景。例如，学校组织师生接种疫苗，要求全体师生排队有序进行疫苗接种。医护人员在面对每一位接种者时，要核实学校事先提供的名单中有无此人，如果有，则接种疫苗，否则不接种疫苗；依次对全体师生循环核实，直至全体对象核实完毕。

（1）for 循环遍历列表

当用 for 循环遍历列表时，其迭代变量会先后被赋值为列表的每个元素并执行一次循环体。例如，需要逐个输出购物清单时，可以使用如下图所示的代码：

```
shopping_list=['apples','pens','notepad','brushes','paints']
for goods in shopping_list:
    print('是否购买商品：',goods)
是否购买商品： apples
是否购买商品： pens
是否购买商品： notepad
是否购买商品： brushes
是否购买商品： paints
```

（2）利用赋值运算符进行循环设计

赋值运算符主要用于变量的赋值。最基本的赋值运算符为“=”，意思是把等号右边的数据(或表达式的运算结果)赋值给等号左边的变量。除此之外，Python 还有许多其他赋值运算符，如下表所示：

运算符	说明	举例	展开形式
=	简单的赋值运算	x=y	x=y
+=	加赋值	x+=y	x=x+y
-=	减赋值	x-=y	x=x-y
*=	乘赋值	x*=y	x=x*y
/=	除赋值	x/=y	x=x/y
%=	取余赋值	x%=y	x=x%y
//=	取整除赋值	x//=y	x=x//y
**=	幂赋值	x**=y	x=x**y

在 for 循环语句中加入赋值运算语句可以实现循环累计，示例代码及运行结果如下图所示：

```
students=["李雷","韩梅梅","路茜"]
count=0
for name in students:
    count+=1
    print(f"第{count}个员工的名字是{name}")
```

```
第1个员工的名字是李雷
第2个员工的名字是韩梅梅
第3个员工的名字是路茜
```

2. 无限循环：while

while 也是 Python 中常用的实现循环的关键字，其语法结构如下。

```
while<条件表达式>:
    <代码块>
```

在条件表达式返回值为真的情况下，会执行相应的代码块。执行完毕后，重新判断条件表达式的返回值，直至表达式返回的结果为假时，退出循环。while 循环语句的执行流程如下图所示。

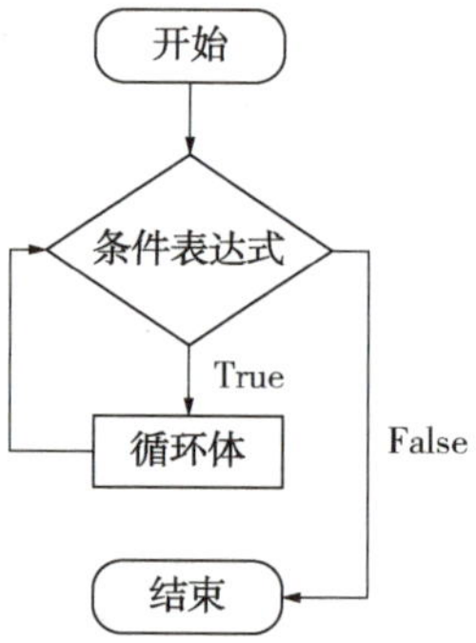

while 循环与 for 循环的最大区别在于，while 循环是基于条件判断的循环，而 for 循环则是基于容器的循环。对于 while 循环来说，当条件满足时，将一直处于循环状态；对于 for 循环来说，当容器内的元素没有遍历结束，则一直处于循环状态。所以，在解决循环问题时，首先自问循环过程中有没有明确的遍历对象（即容器），然后根据判断结果选择优先方案，即如果有遍历对象，则优先使用 for 循环，否则优先使用 while 循环。

下面我们就使用 while 循环来实现密码正误的判断。当密码输入后，会立马进入条件判断。如果密码不正确（即满足“密码不等于 7878”），则进入循环体，并继续下一轮的循环，直到密码正确（即不满足“密码不等于 7878”），退出循环。示例代码及运行结果如下图所示：

```
key="7878"
inkey=""
while inkey!="7878":
        inkey=input("请输入账号密码：")
print("密码正确！")
```

```
请输入账号密码：1234
请输入账号密码：5678
请输入账号密码：7878
密码正确！
```

3. 循环控制语句：break 和 continue

while 无限循环语法结构如下。

while True：

<循环体>

此时条件表达式恒为真，循环不会自动结束。for 循环也是一样，只要条件表达式永远为真，循环将永不结束，形成无限循环，也称死循环。编写程序时应尽量避免进入死循环，但是在特定场合，偶尔也需要设置无限循环，例如手机开机后，手机程序将持续自动运行，直到关机或掉电，手机的主程序便是一个无限循环程序。若为了使循环结束，通常在循环语句中嵌套 if 语句，判断当某个特定条件成立时，强制结束无限循环语句，Python 提供了 2 种强制离开当前循环体的语句：break 语句和 continue 语句。

（1）break 语句

使用 break 语句，用来跳出最内层 for 或 while 循环，脱离该循环后程序继续执行后续代码。示例代码及运行结果如下图所示：

```
while True:
    x=input('请输入您的姓名（按Q退出）：')
    if x=='Q':
        break
    print('您输入的姓名是：',x)
print('程序退出！')

请输入您的姓名（按Q退出）：刘峰
您输入的姓名是： 刘峰
请输入您的姓名（按Q退出）：韩梅
您输入的姓名是： 韩梅
请输入您的姓名（按Q退出）：Q
程序退出！
```

（2）continue 语句

continue 语句也是用来跳出循环的语句，与 break 语句不同的是，使用 continue 语句不会跳出整个循环体，只是跳出当前循环，然后回到循环的开头，继续执行下一次循环。示例代码及运行结果如下图所示：

```
1 x=0
2 for i in [1,2,3,4,5]:
3     if x == i:
4         continue
5     x+=i
6 print('x的值为：',x)
x的值为： 12
```

上述代码中第 1 行代码将 x 赋值为 0，第 2 行代码使用 for…in 语句遍历列表[1，2，3，4，5]，第 3 行代码将 x 与 i 进行比较，如果 x 与 i 值相等，则执行第 4 行的 continue 语句，停止当前循环，不会执行 x+=i 语句，接着继续执行下一个循环。具体执行过程如下：

当 x=0 时，i=1，不满足 x==i，因此执行 x+=i，x 变为 1；

当 x=1 时，i=2，不满足 x==i，因此执行 x+=i，x 变为 3；

当 x=3 时，i=3，满足 x==i，因此不执行 x+=i，x 仍然为 3；

当 x=3 时，i=4，不满足 x==i，因此执行 x+=i，x 变为 7；

当 x=7 时，i=5，不满足 x==i，因此执行 x+=i，x 变为 12。

任务实施

1. 请用 Python 统计职工的福利发放物资和数量

中秋节快到了，公司拟定的节日福利发放方案与职工的工龄有关：工龄满 5 年的，发放花生油 2 桶(98 元/桶)、蛋黄月饼 1 盒(198 元/盒)；工龄不满 5 年的，发放枣泥月饼 1 盒(168 元/盒)、牛奶 2 箱(78 元/箱)。以财务部为例，已知财务部 5 名员工的工龄信息如下表所示，请用 Python 统计财务部职工的福利发放物资数量与金额，格式如下：

需要购买的花生油数量是×××桶，金额是×××元。

需要购买的蛋黄月饼数量是×××盒，金额是×××元。

需要购买的枣泥月饼数量是×××盒，金额是×××元。

需要购买的牛奶数量是×××箱，金额是×××元。

职工编码	部门	职工姓名	职位	工龄/年
1004	财务部	刘丽	财务经理	10
1005	财务部	王晓琳	出纳	3
1006	财务部	张婧	税务会计	6
1007	财务部	程凯	成本会计	4
1008	财务部	贺青	财务会计	4

为了帮助我们更好地实现程序，首先需要梳理实现此程序的执行流程，如下图所示：

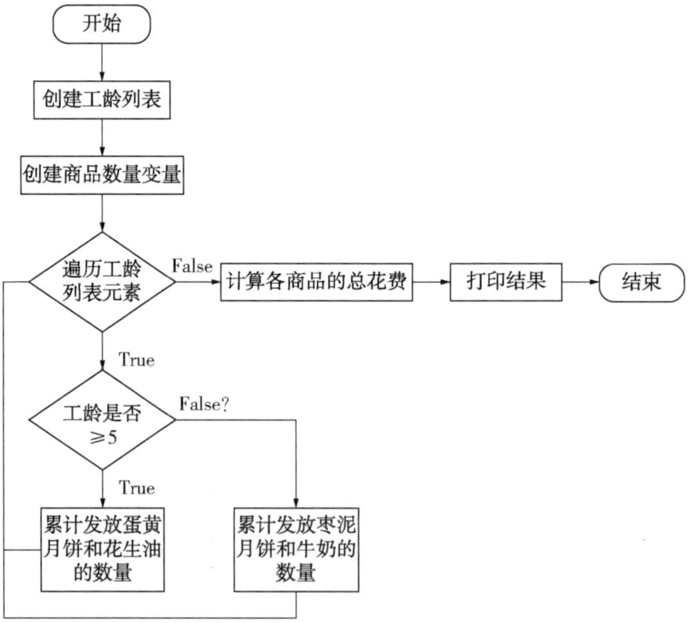

① 创建列表存储工龄数据及创建商品数量变量，示例代码如下图所示：

```
#创建列表，用于储存工龄数据
wk _years =[10,3,6,4,4]
#创建商品数量变量
oil_q= 0
mc_egg_q = 0
mc_jp_q = 0
milk_q = 0
```

第一步：在新道云中打开新道代码编辑器。

第二步：点击左上角添加，添加一个新的脚本，命名为计算职工福利。

第三步：输入代码。

```
#创建列表,用于储存工龄数据
wk_years=[10,3,6,4,4]
#创建商品数量变量
oil_q=0
mc_egg_q=0
mc_jp_q=0
milk_q=0
```

② 利用 for 循环统计商品数量，示例代码如下图所示：

```
for i in wk_years:
  #对遍历变量进行判断
  if i >=5:
    #计算商品数量
    mc_egg_q+=1
    oil_q+=2
  else:
    mc_jp_q+=1
    milk_q+=2
```

```
for i in wk_years:
    #对遍历变量进行判断
    if i>=5:
        #计算商品数量
        mc_egg_q+=1
        oil_q+=2
    else:
        mc_jp_q+=1
        milk_q+=2
```

③ 计算商品金额并输出统计结果，示例代码及运行结果如下图所示：

```
#计算商品花费金额
oil_a=oil_q*98
mc_egg_a=mc_egg_q*198
mc_jp_a=mc_jp_q*168
milk_a=milk_q*78
#打印结果
print(f'''
需要购买的花生油数量是{oil_q}桶，金额是{oil_a}元。
需要购买的蛋黄月饼数量是{mc_egg_q}盒，金额是{mc_egg_a}元。
需要购买的枣泥月饼数量是{mc_jp_q}盒，金额是{mc_jp_a}元。
需要购买的牛奶数量是{milk_q}箱，金额是{milk_a}元。
''')
```

```
需要购买的花生油数量是4桶，金额是392元。
需要购买的蛋黄月饼数量是2盒，金额是396元。
需要购买的枣泥月饼数量是3盒，金额是504元。
需要购买的牛奶数量是6箱，金额是468元。
```

```
#计算商品花费金额
oil_a=oil_q * 98
mc_egg_a=mc_egg_q * 198
mc_jp_a=mc_jp_q * 168
milk_a=milk_q * 78
#打印结果
print(f'''
需要购买的花生油数量是{oil_q}桶,金额是{oil_a}元。
需要购买的蛋黄月饼数量是{mc_egg_q}盒,金额是{mc_egg_a}元。
需要购买的枣泥月饼数量是{mc_jp_q}盒,金额是{mc_jp_a}元。
需要购买的牛奶数量是{milk_q}箱,金额是{milk_a}元。''')
```

2. 请用 Python 编写一个交互式程序，让员工在输入自己的姓名后就能获悉自己的福利品信息

为了方便同事们查询自己的福利品发放信息，请用 Python 编写一个交互式程序，让员工在输入自己姓名后就能获悉自己的福利品信息。若输错姓名，系统将自动提示“查无此人”，并自动退出程序。

① 创建列表储存员工姓名与工龄数据，示例代码及运行结果如下图所示：

```
#创建列表，用于储存员工姓名与工龄数据
name_list=['刘丽','王晓琳','张婧','程凯','贺青']
wk_years=[10,3,6,4,4]
#创建循环
while True:
    #获取用户输入姓名
    name=input('请输入您的姓名（Q或q退出）:')
    #对姓名进行判断，如果没有此姓名，输出：查无此人
    if name in name_list:
        #此处需要插入根据工龄查询福利品方案并打印
    else:
        print('查无此人！')
```

第一步：在新道云中打开新道代码编辑器。
第二步：点击左上角添加，添加一个新的脚本，命名为员工姓名与工龄数据。
第三步：输入代码。

```
#创建列表,用于储存员工姓名与工龄数据
name_list=['刘丽','王晓琳','张婧','程凯','贺青']
wk_years=[10,3,6,4,4]
#创建循环
while True:
    #获取用户输入姓名
    name=input('请输入您的姓名(Q或q退出):')
    #对姓名进行判断,如果没有此姓名,输出:查无此人
    if name in name_list:
        #此处需要插入根据工龄查询福利品方案并打印
    else:
        print('查无此人!')
```

② 根据工龄查询福利品方案并输出，示例代码及运行结果如下图所示：

```
#创建列表，用于储存员工姓名与工龄数据
name_list=['刘丽','王晓琳','张婧','程凯','贺青']
wk_years=[10,3,6,4,4]
#创建循环
while True:
  #获取用户输入名
  name=input('请输入您的姓名（Q或q退出）:')
  #对姓名进行判断，如果没有此名，输出：查无此人
  if name in name_list:
    #此处需要插入根据工龄查询福利品方案并打印
    pass

    #如果用户输入"Q"或"q"则退出程序，保留字break作用是退出循环体
  elif name =='Q' or name =='q':
    break
  else:
    print('查无此人！')
```

```
请输入您的姓名（Q或q退出）:李浩
查无此人!
请输入您的姓名（Q或q退出）:q

运行结束!
```

继续输入代码：

```
#创建列表,用于储存员工姓名与工龄数据
name_list=['刘丽','王晓琳','张婧','程凯','贺青']
wk_years=[10,3,6,4,4]
#创建循环
while True:
    #获取用户输入姓名
    name=input('请输入您的姓名(Q或q退出):')
```

```
#对姓名进行判断,如果没有此姓名,输出:查无此人
if name in name_list:
    #此处需要插入根据工龄查询福利方案并打印
    pass
    #如果用户输入"Q"或"q"则退出程序,保留字 break 作用是退出循环体
elif name=='Q' or name=='q':
    print('您将退出程序。')
    break
else:
    print('查无此人!')
```

最后，运行代码。

3. 无限次查询福利品信息

为了方便同事们查询自己的福利品信息，请用 Python 设计交互式程序实现无限次输入，直到输入“Q”或“q”退出。示例代码及运行结果如下图所示：

```
#查询福利品程序
#1.创建列表，用于存储员工姓名与工龄数据
name_list=['刘丽','王晓琳','张婧','程凯','贺青']
wk_years=[10,3,6,4,4]
while True:
    #2.获取用户输入姓名
    name=input('请输入您的姓名（Q或q退出）： ')
    #3.对姓名进行判断，如果没有此姓名，输出：查无此人
    if name in name_list:
        #4.如果有此员工，则进行工龄提取
        #4.1提取name的索引
        ix = name_list.index(name)
        #4.2按name的索引号提取其工龄
        year = wk_years[ix]
        #5.根据不同的工龄输出结果
        if year>=5:
            print('您将获得花生油2桶（98元/桶），蛋黄月饼1盒（198元/盒）')
        else:
            print('您将获得枣泥月饼1盒（168元/盒），牛奶2箱（78元/箱）')
    elif name =='Q' or name =='q':
        print('您将退出程序。')
        break
    else:
        print('查无此人！')
```

```
python3 交互式程序无限次查询福利品.py
请输入您的姓名（Q或q退出）：贺青
您将获得枣泥月饼1盒（168元/盒），牛奶2箱（78元/箱）
请输入您的姓名（Q或q退出）：王明
查无此人！
请输入您的姓名（Q或q退出）：|
```

第一步：在新道云中打开新道代码编辑器。

第二步：点击左上角添加，添加一个新的脚本，命名为查询福利品程序。

第三步：输入代码。

```
#查询福利品程序
#1. 创建列表,用于存储员工姓名与工龄数据
name_list=['刘丽','王晓琳','张婧','程凯','贺青']
wk_years=[10,3,6,4,4]
while True:
    #2. 获取用户输入姓名
    name=input('请输入您的姓名(Q 或 q 退出):')
    #3. 对姓名进行判断,如果没有此姓名,输出:查无此人
    if name in name_list:
        #4. 如果有此员工，则进行工龄提取
        #4.1 提取 name 的索引
        ix = name_list.index(name)
        #4.2 按 name 的索引号提取其工龄
        years = wk_years[ix]
        #5. 根据不同的工龄输出结果
        if year>=5:
            print('您将获得花生油 2 桶(98 元/桶),蛋黄月饼 1 盒(198 元/盒)')
        else:
            print('您将获得枣泥月饼 1 盒(168 元/盒),牛奶 2 箱(78 元/箱)')
    elif name=='Q' or name=='q':
            print('您将退出程序。')
        break
    else:
        print('查无此人!')
```

第四步，运行代码。

拓展提升

在了解程序的控制结构后，我们仍然不能掉以轻心，即便我们的程序结构设计得再完美，在运行代码时，也可能发生意想不到的结果。接下来我们就来认识一下 Python 中的“异常处理”。

异常处理(Exception handling)是指在进行运算时，出现例外的情况(需要特殊处理的非常规情况)对应的处理，这种情况经常会破坏程序的正常流程。在编写程序的时候，程序员通常需要辨别事件的正常过程和异常(非正常)情况。这类异常事件可能是错误，或者是不希望经常发生的事情。

在这些异常信息中，最重要的部分是异常类型，它表明发生异常的原因，也是程序处理异常的依据。那么这些异常类型代表什么含义呢？Python 又包含多少种异常类型呢？大家可以借助下表对应学习。

异常名称	描述	异常名称	描述
BaseException	所有异常的基类	NameError	未声明/初始化对象(没有属性)
SystemExit	解释器请求退出	UnboundLocalError	访问未初始化的本地变量
KeyboardInterrupt	用户中断执行	ReferenceError	弱引用试图访问已经垃圾回收了的对象
Exception	常规错误的基类	RuntimeError	一般的运行时错误
StopIteration	迭代器没有更多的值	NotImplementedError	尚未实现的方法
GeneratorExit	生成器(generator)发生异常通知退出	SyntaxError	Python 语法错误
StandardError	所有的内建标准异常的基类	IndentationError	缩进错误
ArithmeticError	所有数值计算错误的基类	TabError	Tab 和空格混用
FloatingPointError	浮点计算错误	SystemError	一般的解释器系统错误
OverflowError	数值运算超出最大限制	TypeError	对类型无效的操作
ZeroDivisionError	除(或取模)零(所有数据类型)	ValueError	传入无效的参数
AssertionError	断言语句失败	UnicodeError	Unicode 相关的错误
AttributeError	对象没有这个属性	UnicodeDecodeError	Unicode 解码时的错误
EOFError	没有内建输入，到达 EOF 标记	UnicodeEncodeError	Unicode 编码时错误
EnvironmentError	操作系统错误的基类	UnicodeTranslateError	Unicode 转换时错误
IOError	输入/输出操作失败	Warning	警告的基类
OSError	操作系统错误	DeprecationWarning	关于被弃用的特征的警告
WindowsError	系统调用失败	FutureWarning	关于构造将来语义会有改变的警告

任务小结

列表及其创建：

① 列表是用于存放系列数据的复合数据结构。

② 列表可以使用赋值运算符“=”直接创建。

③ 列表包括正索引和负索引，可使用索引号访问与修改列表元素。

for 循环：

① for 循环是一个依次重复执行的循环。

② for 循环可用于遍历列表，进行循环累计。可结合使用赋值运算符进行累加、累减、累积等多种运算。

while 循环：

while 是无限循环语句。它是通过一个条件来控制是否需要重复执行循环体中的代码，在条件表达式返回值为真的情况下，会执行相应的代码块。执行完毕后，重新判断条件表达式的返回值，直至条件表达式返回的结果为假时，退出循环。

控制循环语句 break 和 continue：

① break 语句用来跳出最内层 for 循环或 while 循环，脱离该循环后程序继续执行后续代码。

② continue 语句用来跳出当前循环的语句，继续下一轮循环。

异常处理：

① 异常处理是指在程序运行时，出现例外的情况对应的处理。

② 使用 try-except 语句捕捉异常。

课后实战

一、单选题

1. 表达式 9+5＊＊2%2 输出的结果为(　　)。

A. 10　　B. 9　　C. 14　　D. 21.5

2. 执行表达式"传统会计一定要"+"转型!"＊2，返回的结果是(　　)。

A. "传统会计一定要 2 转型!"

B. "传统会计一定要转型！转型!"

C. "传统会计一定要转型！2"

D. "传统会计一定要转型！传统会计一定要转型!"

3. str='主营业务成本科目发生额是 28845.36 元'，执行 float(str[12:20])，返回的结果是(　　)。

A. "是 28845.3"　　B. "28845.36"

C. 28845.36　　D. ValueError

4. 想输出一句话“薪资管理是现代企业管理的一个重要部分!”应该用(　　)命令语句。

A. print"薪资管理是现代企业管理的一个重要部分!"

B. print(薪资管理是现代企业管理的一个重要部分!)

C. print("薪资管理是现代企业管理的一个重要部分!")

D. print("薪资管理是现代企业管理的一个重要部分!")

D. 语法错误

5. 执行以下语句：

```
i=0
while i<10:
i+=2
if i>=4:
continue
else:
print(i)
```

程序运行的结果是(　　)。

A. 输出 2　　B. 输出 2、4、6、8

C. 输出 2、6、8　　D. 输出 2、4

6. 以下代码的输出结果是(　　)。

```
lis=list(range(4))
```

print(lis)

A. [0,1,2,3,4]　　B. [0,1,2,3]

C. 0,1,2,3　　D. 0,1,2,3,4

7. 为了返回字符串“员工信息管理是现代企业管理的一个重要部分!”的长度，应该使用下面哪个语句(　　)。

A. len("薪资管理是现代企业管理的一个重要部分!")

B. len('薪资管理是现代企业管理的一个重要部分!')

C. len(薪资管理是现代企业管理的一个重要部分!)

D. lenth("薪资管理是现代企业管理的一个重要部分!")

8. 以下程序的输出结果是(　　)。

x='123'

y='456'

z=x+y

Print(z:[0, 2])

A. 12　　B. 57　　C. 123　　D. 579

9. 表达式 3+3*3 的计算结果是(　　)。

A. 12　　B. 18　　C. 9　　D. 30

10. 以下代码的输出结果是(　　)。

d={'行政部':'5 人','财务部':'8 人','仓储部':'6 人'}

print(d["财务部"],d.get("仓储部","0 人"))

A. '6 人''6 人'　　B. '8 人''6 人'

C. '6 人''5 人'　　D. '6 人''0 人'

二、多选题

1. 以下属于数字类型的是(　　)。

A. 整数　　B. 浮点数　　C. 复数　　D. 列表

2. 下列说法中正确的是(　　)。

A. 列表可以进行索引操作

B. list=[1,2,3]，则 [1] in list 返回的结果是 True

C. 列表中元素是不允许重复的

D. 可以用 for 循环对列表进行遍历操作

3. 下列关于 try-except 语句说法中正确的是(　　)。

A. 定义了进行异常监控的一段代码，并且提供了处理异常的机制

B. 首先尝试执行 try 子句，如果没有错误，忽略所有的 except 从句继续执行

C. 如果发生异常，解释器将在这一串处理器(except 子句)中查找匹配的异常

D. except 后面不跟特定异常，将会捕获所有异常

4. 下面对分支结构描述正确的是(　　)。

A. if 语句中语句块执行与否依赖于条件判断

B. if 语句中条件部分可以使用任何能够产生 True 和 False 的语句和函数

C. 多分支机构是二分支结构的扩展，用于设置同一个判断条件的多条执行路径

D. Python 通过 if、else 保留字来实现单分支、二分支和多分支结构

5. 以下条件判断语句：

```
if score>=90：
reward = "学习标兵"
elif score>=80：
reward = "学习之星"
else：
reward = "进步之星"
```

想要获得“学习之星”的奖励，考试成绩的取值可以是(　　)。

A. 91　　B. 89　　C. 80　　D. 79

三、判断题

1. int( )函数可以把小数进行取整并转换成整数。(　　)
2. int( )函数将浮点数转换成整数时按照四舍五入的原则。(　　)
3. max( )函数用于对任意多个数字进行最小值比较。(　　)
4. min( )函数用于对任意多个数字进行最大值比较。(　　)
5. pow(x, y)函数用于计算 x 的 y 次幂，与 x**y 相同。(　　)

项目五　固定资产管理

固定资产是指企业为生产商品、提供劳务、出租或经营管理而持有的、使用年限在一年以上、单位价值较高、在使用过程中保持原来实物形态的资产。固定资产的核算与管理一直是企业会计管理工作的重点。

本项目主要介绍利用 Excel 建立固定资产统计表，利用 Python 操作 Excel 表格，按照不同的分类方式对固定资产进行汇总，使用 Pandas 库中的财务函数计算不同固定资产折旧额。

职业能力目标

素质目标： 1. 坚持理论学习与实际应用相结合；

2. 在编写程序代码的过程中，培养认真细致的工作态度。

知识目标： 1. 掌握利用 Pandas 库进行数据读取与清洗的方法；

2. 掌握利用 Pandas 库进行数据连接与合并的方法。

技能目标： 1. 能运用 Pandas 模块进行数据的分组与运算；

2. 能根据实际需求创建自定义函数进行数据的处理与运算。

课程思政

对制造型企业而言，如果生产设备管理不善，可能导致设备故障和停工时间增加，设备不良或老化可能会导致产品质量问题，引发产品召回或客户投诉，损害企业的声誉和市场地位。

因此，在固定资产管理过程中，责任意识、节约意识和诚信意识是非常重要的管理理念和价值观。管理者或使用者应对固定资产的管理、使用和维护负有明确的责任，确保资产的安全、完整和有效利用。在固定资产的使用和管理过程中，应注重资源的合理配置和高效利用，避免浪费。同时，管理者和使用者还应遵守规章制度，如实记录和报告资产状况，杜绝虚假行为和腐败现象。

知识图谱

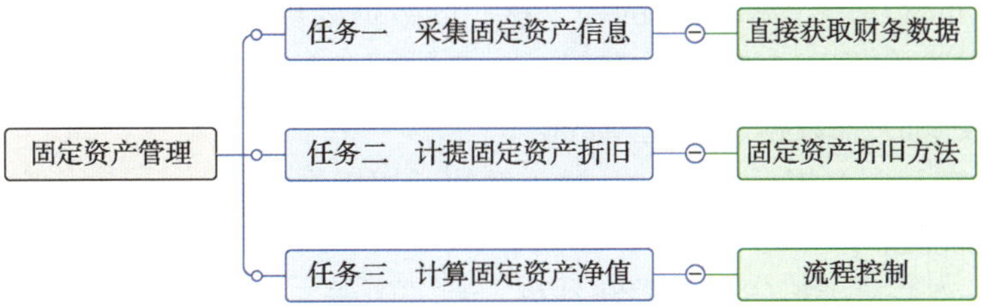

情境案例

本次任务围绕诚发公司的固定资产信息，使用 Python 帮助会计贺青完成固定资产统计、折旧计提和固定资产净值计算等重复性工作。诚发公司固定资产信息见下表。

资产编码	资产名称	原值(元)	折旧年限(年)	折旧率(%)	残值率(%)
GZ001	办公楼	5000000	25	4.00	0
GZ002	办公设备	30000	5	20.00	0
GZ003	机器设备	200000	10	10.00	0

任务一 采集固定资产信息

任务情境

固定资产统计表是固定资产管理系统处理的起点。基于统计表，管理者可以对固定资产记录进行添加、修改、删除等操作。通过编写合适的算法和程序，Python 可以实现固定资产的自动统计、自动分类、自动调整等功能，大大降低了人工操作的复杂度和工作量。

任务分析

Python 的 Pandas、NumPy 等库能快速处理大量固定资产数据(如资产名称、购置日期、原值、折旧率等)，自动完成分类、筛选、汇总等操作。

知识准备

使用 Python 直接获取财务数据常用的两种方法是：人工录入和直接读取经过转换的财务数据。

在 Python 中，输入或读取数据常用的数据类型有 Pandas 数组和 Pretty Table 表格。此外，Python 还可以很方便地读取 Excel 数据、HTML 数据和 CSV 数据等。

1. 安装数据处理库 Pandas

Pandas 是 Python 中基于 NumPy 的一个核心的数据处理库。它包括大量库和一些标准的数据模型，提供高效操作大型数据集所需的工具，包含快速、灵活、明确的数据结构，旨在简单、直观地处理关系数据、标记型数据。

打开 Python 运行命令提示符窗口，输入并执行以下命令：

pip3 install pandas

出现 Pandas 的安装过程信息与安装结果，如下图所示：

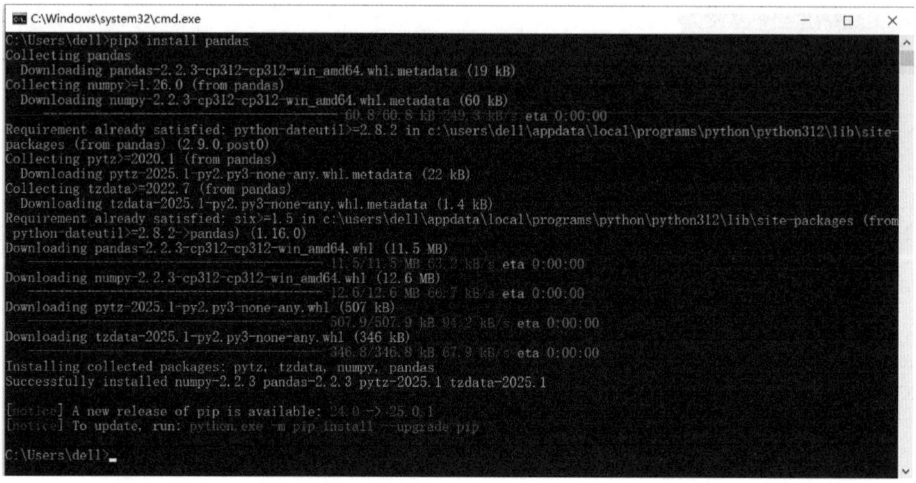

2. Pandas 数组数据

Pandas 有两大主要数据结构 Series（一维数组结构）和 DateFrame（二维数组结构），这两种数据结构足以处理金融、统计、社会科学、工程等领域的大多数典型用例，是 Python 数据分析的基本数据类型。

（1）一维数组结构 Series

Series 是一种带索引的一维数组，由一组数据（ndarray 类型）以及一组与之相关的数据索引组成，可存储整数、浮点数、字符串、Python 对象等数据。这种数据结构的索引与数据默认对齐，索引在左边，值在右边，除非特殊情况，一般不会断开连接，因此可直接通过索引取值，非常方便。

① 创建 Series 对象：

在 Pandas 中，创建一维数组对象 Series 可以使用 Series 函数，使用格式如下：

pandas.Series(data,index,dtype,name,copy)

参数说明如下：

data：输入数据，如 ndarray、列表、字典等。

index：数据索引，默认从 0 开始。索引必须是唯一可哈希的，与数据 data 的元素数量相同。如果没有指定索引，则默认为 numpy.arrange(n)，即自动创建一个 0～n-1 的整数索引。

dtype：数据类型，默认系统自动判断。

name：设置名称。

copy：指定是否复制数据，默认为 False。

② Series 属性：

创建 Series 对象后，可以根据需要修改 Series 属性。Series 常用属性如下表所示：

属性	说明	属性	说明
values	数组数据	name	数组数据的名称
index	索引	index. name	索引的名称

（2）二维数组结构 DataFrame

DataFrame 是一个表格型的数据结构，它含有一组有序的列，每列的值可以是不同类型的数据（如数值、字符串、布尔值等）。DataFrame 既有行索引也有列索引，可以看作由 Series 组成的字典（共用同一个索引）。DataFrame 中的数据是以一个或多个二维块的形式存放的，而不是列表、字典或别的一维数据结构。

① 创建 DataFrame 对象：

在 Pandas 中，使用 DataFrame 函数可以创建二维数组对象 DataFrame。该函数的使用格式如下：

pandas. DataFrame(data,index,columns,dtype,copy)

参数说明如下：

data：一组数据（如 ndarray、Series、列表、字典等）。创建 DataFrame 对象最常用的一种方法是直接输入一个由等长列表或 NumPy 数组组成的字典。

index：数据索引，也称为行索引，如果不指定，默认从 0 开始。

columns：列索引，默认为 0~n-1 的整数索引（n 为 data 的长度），且全部列会被有序排列。

dtype：数据类型，默认系统自动判断。

copy：指定是否复制数据，默认为 False。

② DataFrame 属性：

通过属性可以查看定义的 DataFrame 数据，DataFrame 常用属性如下表所示：

属性	说明	属性	说明
values	DataFrame 的值	axes	DataFrame 的行坐标轴
index	DataFrame 的行索引	T	DataFrame 的行列转置
colmuns	DataFrame 的列索引	size	DataFrame 中的元素数量

任务实施

采集诚发公司固定资产基本信息。

诚发公司固定资产如下表所示：

资产编码	资产名称	原值(元)	折旧年限(年)	折旧率(%)	残值率(%)
GZ001	办公楼	5000000	25	4.00	0
GZ002	办公设备	30000	5	20.00	0
GZ003	机器设备	200000	10	10.00	0

第一步：在新道云中打开新道代码编辑器。

第二步：点击左上角添加，添加一个新的脚本，命名为采集固定资产。

第三步：输入代码。

```
import pandas as pd
# 原始数据输入
data = [{"资产编码":"GZ001","资产名称":"办公楼","原值(元)":"5 000 000","折旧年限(年)":25, "折旧率(%)":4.00,"残值率(%)":0}, {"资产编码":"GZ002","资产名称":"办公设备", "原值(元)":"30 000", "折旧年限(年)":5,"折旧率(%)":20.00,"残值率(%)":0}, {"资产编码":"GZ003","资产名称":"机器设备","原值(元)":"200 000","折旧年限(年)":10,"折旧率(%)":10.00,"残值率(%)":0}]
# 数据预处理：转换金额格式
for item in data:
    item["原值(元)"] = int(item["原值(元)"].replace(" ", ""))
# 创建 DataFrame
df = pd.DataFrame(data)
# 计算衍生字段
df["年折旧额(元)"] = df["原值(元)"] * df["折旧率(%)"] / 100
df["残值(元)"] = df["原值(元)"] * df["残值率(%)"] / 100
df["总折旧额(元)"] = df["原值(元)"] - df["残值(元)"]
# 格式化显示数据
display_df = df.copy()
numeric_cols = ["原值(元)", "年折旧额(元)", "残值(元)", "总折旧额(元)"]
for col in numeric_cols:
    display_df[col] = display_df[col].apply(lambda x: f"{x:,}" if col != "年折旧额(元)" else f"{x:,.2f}")
# 打印详细信息
print("固定资产详细信息:")
print(display_df.to_string(index=False))
```

第四步：运行代码。

统计固定资...

▶ 运行　■ 终止　重置　清空　保存　提交　下载

```
import pandas as pd
# 原始数据输入
data = [{ "资产编码": "GZ001", "资产名称": "办公楼","原值（元）": "5 000 000", "折旧年限（年）": 25,"折旧率（%）": 4.00, "残值率（%）": 0 }, { "资产编码": "GZ002", "资产名称": "办公设备", "原值（元）": "30 000","折旧年限（年）": 5,"折旧率（%）": 20.00, "残值率（%）": 0 }, { "资产编码": "GZ003", "资产名称": "机器设备", "原值（元）": "200 000","折旧年限（年）": 10,"折旧率（%）": 10.00, "残值率（%）": 0 }]
# 数据预处理：转换金额格式
for item in data:
    item["原值（元）"] = int(item["原值（元）"].replace(" ", ""))
# 创建DataFrame
df = pd.DataFrame(data)
# 计算衍生字段
df["年折旧额（元）"] = df["原值（元）"] * df["折旧率（%）"] / 100
df["残值（元）"] = df["原值（元）"] * df["残值率（%）"] / 100
df["总折旧额（元）"] = df["原值（元）"] - df["残值（元）"]
# 格式化显示数据
display_df = df.copy()
numeric_cols = ["原值（元）", "年折旧额（元）", "残值（元）", "总折旧额（元）"]
for col in numeric_cols:
    display_df[col] = display_df[col].apply(lambda x: f"{x:,}" if col != "年折旧额（元）" else f"{x:,.2f}")
# 打印详细信息
print("固定资产详细信息：")
print(display_df.to_string(index=False))
```

```
python3 统计固定资产.py
固定资产详细信息：
 资产编码 资产名称      原值（元）   折旧年限（年）   折旧率（%）   残值率（%）      年
折旧额（元） 残值（元）       总折旧额（元）
GZ001  办公楼 5,000,000       25      4.0        0 200,000.00   0.0 5,000,000.0
GZ002 办公设备     30,000        5     20.0        0   6,000.00   0.0    30,000.0
GZ003 机器设备    200,000       10     10.0        0  20,000.00   0.0   200,000.0

运行结束！
```

任务小结

本任务主要介绍了如何安装和使用 Pandas 数据库，Pandas 数据库的主要数据结构分为 Series 和 Dataframe 两类。通过学习能够使用 Pandas 数据库统计固定资产基本信息。

分类	内容
数据结构	使用 Dataframe 存储资产信息，字段包含原值、残值率、折旧年限等
数据清洗	处理缺失值(如未填残值率时默认设为 0)
性能优化	避免逐行循环，优先使用向量化操作(如 df["列"] = df["列 A"] * df["列 B"])

任务二　计提固定资产折旧

任务情境

固定资产的折旧计提涉及多个复杂的计算步骤和因素，如原值、折旧率、折旧年限、残值等。Python 具备强大的自动化和智能化能力，可以根据预设的规则和条件进行固定资产的折旧计提。通过编写合适的算法和程序，Python 可以实现固定资产计提折旧功能，大大降低了人工操作的复杂度和工作量。

任务分析

固定资产是企业为了生产商品、提供劳务、出租或经营管理而持有，使用寿命超过一个会计年度的有形资产。企业在生产经营过程中使用固定资产而使其损耗导致价值减少仅余一定残值，其原值与残值之差在其使用年限内分摊，称为计提固定资产折旧。本任务采用直线法计提固定资产折旧。

本任务将介绍如何使用 Python 编写程序，根据诚发公司的固定资产信息，自动计算折旧。

知识准备

1. 平均年限法

平均年限法，是按固定资产的使用年限平均计提折旧的方法，按此方法所计算的每年的折旧额相同。在各年使用固定资产情况相同时，采用这种方法比较恰当。计算公式如下：

$$年折旧额=(固定资产原值-预计净残值)\div折旧年限$$

$$年折旧率=(1-预计净残值率)\div折旧年限\times100\%$$

$$月折旧率=年折旧率\div12$$

$$月折旧额=固定资产原值\times月折旧率$$

示例代码及运行结果如下：

```
def straight_line_method(cost, salvage, life):
    return (cost - salvage) / life

# 示例：原值10000元，残值1000元，使用5年
print(straight_line_method(10000, 1000, 5))
```

```
python3 平均年限法.py
1800.0
```

其中，cost 为固定资产原值，salvage 为固定资产残值，life 为折旧年限。

2. 工作量法

工作量法是根据实际工作量计提折旧额的一种方法，一般用于生产设备的折旧计算。

计算时，先计算出单位工作量折旧额，再计算出某项固定资产月折旧额，计算公式如下：

单位工作量折旧额=(固定资产原值−预计净残值)÷预计的总工作量

月折旧额=当月工作量×单位工作量折旧额

示例代码及运行结果如下：

```
def units_of_production(cost, salvage, total_units, current_units):
    per_unit = (cost - salvage) / total_units
    return current_units * per_unit

# 示例：总工作量5000单位，当期工作量300单位
print(units_of_production(10000, 1000, 5000, 300))
```

```
python3 工作量法.py
540.0
```

其中，cost 为固定资产原值，salvage 为固定资产残值，total_units 为总工作量，current_units 为当期工作量。

3. 双倍余额递减法

双倍余额递减法是在不考虑固定资产残值的情况下，根据每期固定资产账面净值和双倍直线折旧率计算固定资产折旧额的一种方法，是一种加速折旧法。双倍余额递减法计算公式如下：

年折旧率=2÷折旧年限×100%

月折旧率=年折旧率÷12

月折旧额=固定资产账面净值×月折旧率

年折旧额=每年年初固定资产账面净值×年折旧率

最后两年折旧额=(固定资产账面净值−预计净残值)÷2

示例代码及运行结果如下：

```
def double_declining_balance(cost, salvage, life, year):
    book_value = cost
    for y in range(1, year + 1):
        if y <= life - 2:
            depreciation = book_value * 2 / life
        else:
            # 最后两年转为直线法
            remaining_life = life - y + 1
            depreciation = (book_value - salvage) / remaining_life
        book_value -= depreciation
    return depreciation
# 示例：第1年折旧
print(double_declining_balance(10000, 1000, 5, 1))
# 示例：第2年折旧
print(double_declining_balance(10000, 1000, 5, 2))
```

```
python3 双倍余额递减法.py
4000.0
2400.0

运行结束！
```

其中，cost 为固定资产原值；salvage 为固定资产残值，可以为 0；life 为折旧年限，book_value 为账面净值。

4. 年数总和法

年数总和法是将固定资产原值减去净残值后的余额乘以一个逐年递减的分数（即年折旧率）来计算年折旧额，是一种变率折旧法，也是加速折旧法。

分数的分子代表固定资产尚可使用的年数，分母代表固定资产使用年数的序数之和。例如，使用年限为 10 年，则分母为 10+9+8+7+6+5+4+3+2+1=55，第一年分子为 10，第二年分子为 9，以此类推。

年数总和法的计算公式如下：

年折旧额=（固定资产原值-预计净残值）×可使用年数÷使用年数的序数之和

年折旧率=该年尚可使用年数÷各年尚可使用年数总和=（预计使用年限-已使用年数）÷［预计使用年限×（预计使用年限+1）÷2］

月折旧率=年折旧率÷12

月折旧额=（固定资产原值-预计净残值）×月折旧率

示例代码及运行结果如下：

```
def sum_of_years_digits(cost, salvage, life, year):
    total = life * (life + 1) // 2
    remaining = life - year + 1
    rate = remaining / total
    return (cost - salvage) * rate

# 示例：第1年折旧
print(sum_of_years_digits(10000, 1000, 5, 1))
```

```
python3 年数总和法.py
3000.0

运行结束！
```

任务实施

采用直线法计提诚发公司固定资产折旧。

诚发公司固定资产基本信息如下表所示：

资产编码	资产名称	原值（元）	折旧年限（年）	折旧率（%）	残值率（%）
GZ001	办公楼	5000000	25	4.00	0
GZ002	办公设备	30000	5	20.00	0
GZ003	机器设备	200000	10	10.00	0

第一步：在新道云中打开新道代码编辑器。

第二步：点击左上角添加，添加一个新的脚本，命名为计提折旧。

第三步：输入代码。

```
import pandas as pd
# 创建固定资产数据框
data = {'资产编码':['GZ001','GZ002','GZ003'],'资产名称':['办公楼','办公设备','机器设备'],'原值(元)':[5000000, 30000, 200000],'折旧年限(年)':[25, 5, 10],'折旧率(%)':[4.00, 20.00, 10.00],'残值率(%)':[0, 0, 0]}
df = pd.DataFrame(data)
# 计算年折旧额
df['年折旧额(元)'] = df['原值(元)'] * (1 - df['残值率(%)'] / 100) / df['折旧年限(年)']
# 输出结果
print(df[['资产编码','资产名称','原值(元)','折旧年限(年)','年折旧额(元)']])
```

第四步：运行代码。

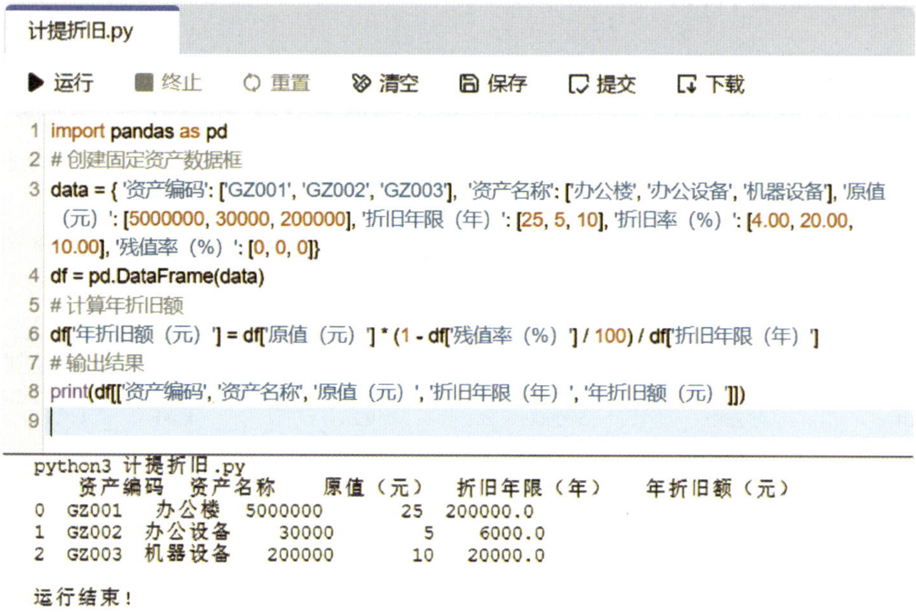

任务小结

平均年限法：适用于价值损耗均匀的资产（如房屋）。

双倍余额递减法/年数总和法：适用于技术更新快、前期损耗大的资产（如电子设备）。

工作量法：适用于使用频率不稳定的资产（如运输车辆）。

计提固定资产折旧的一般逻辑如下：①首先导入所需的 Pandas 库；②使用字典存储固定资产信息，并将其转换为 DataFrame 格式；③根据折旧率计算每项资产的年折旧额。

任务三　计算固定资产净值

任务情境

通过 Python 编写的固定资产净值计算程序，可以实现自动化和智能化的固定资产管理。企业可以建立固定资产管理系统，将资产的购置、计提折旧、报废等流程自动化处理，提高工作效率和管理水平。同时，系统还可以根据预设的规则和条件自动计算固定资产净值，确保计算结果的准确性和及时性。

任务分析

诚发公司财务部需要对现有固定资产进行盘点，并计算各项资产的净值，以便进行财务报表的编制和资产管理工作。计算固定资产净值需要以下步骤。数据准备：将固定资产信息整理成 Python 可处理的数据结构，例如列表或字典。折旧计算：根据折旧年限和折旧率，计算每项资产的累计折旧。净值计算：用资产原值减去累计折旧，得到资产净值。结果输出：将计算结果输出到屏幕或保存到文件中。诚发公司固定资产信息如下表所示。

资产编码	资产名称	原值(元)	折旧年限(年)	折旧率(%)	残值率(%)
GZ001	办公楼	5000000	25	4.00	0
GZ002	办公设备	30000	5	20.00	0
GZ003	机器设备	200000	15	10.00	0

固定资产净值是固定资产原值减去已计提折旧后的净额，它可以反映企业实际占用固定资产的金额和固定资产的新旧程度。固定资产净值的计算公式如下：

固定资产净值=固定资产原值-累计折旧

在任务二中，我们计算了诚发公司三类固定资产的年累计折旧。实务中，固定资产按月计提折旧，按月计算固定资产净值。我们可以使用分支语句计算一个月的固定资产折旧和净值，如果要计算 12 个月的固定资产折旧和净值，逐月计算工作量会很大。这个时候，就可以使用循环语句，计算固定资产的净值。

本任务中，首先需要准备好计算固定资产净值的数据，例如固定资产原值、使用年限、年折旧率等，将相关数据分别存储在变量中，用于接下来数据的运算。然后运用循环语句循环计算 12 个月的固定资产净值，最后将 12 个月的固定资产净值数据存储在列表中输出。

知识准备

1. range( )函数

range( )函数是 Python 中的一个内置函数，用于生成一个整数序列。它的语法形式为 range(star，stop，step)，其中 start 表示序列的起始值(默认为 0)，stop 表示序列的结束值(不包含在序列中)，step 表示序列中相邻两个值之间的步长(默认为 1)。

range( )函数的主要作用是用于循环操作，可以方便地生成指定范围内的整数序列，例如在 for 循环中使用 range( )函数可以遍历一个指定范围内的整数序列。

range( )函数的意义在于它提供了一种简洁、高效的方式来生成整数序列，可以方便地控制循环的次数和步长，减少了编写循环代码的复杂度。

对于 range( )函数，有几个注意点：①它表示的是左闭右开区间；②它接收的参数必须是整数，可以是负数，但不能是浮点数等其他类型；③它是不可变的序列类型，可以进行判断元素、查找元素、切片等操作，但不能修改元素；④它是可迭代对象，却不是迭代器。

使用 range( )函数进行 5 次乘法运算，代码及运行结果如下：

```
for i in range(1,5):
    print(i,'*5=',i*5)

```

```
python3 range完整.py
1 *5= 5
2 *5= 10
3 *5= 15
4 *5= 20

运行结束!
```

这段代码表达的意思是：将 1~5 范围内的每一个数字依次装入变量 i 中，每次展示一次 i＊5 的结果。因为 range(1，5)给出的列表是[1，2，3，4]。为什么没有 5 呢？这是因为 range( )函数的运行机制。range( )函数运行会提供一个数字列表，该列表从起始值开始，到结束值的前一个数字为止(不包括结束值)。考虑到这一点，我们可以通过调整数值范围得到想要的循环次数。

下面，我们来学习 range( )函数的其他用法。range( )函数可以创建一个整数列表，一般用在 for 循环，如 range(3，6，1)。其中 3 为计数开始，6 为计数结束(不含该数)，1 为步长。计数开始和步长可以不写，计数开始默认为从 0 开始，步长默认为 1，该示例计数到 6 结束，但不包含 6。

经过对 range( ) 函数的了解，我们知道不一定非要给 range( ) 函数提供两个参数，也可以只提供一个参数。

简写 range( ) 函数参数，进行多次乘法运算，代码如下：

```
for i in range(5):
    print(i,'*5=',i*5)

```

```
python3 range函数.py
0 *5= 0
1 *5= 5
2 *5= 10
3 *5= 15
4 *5= 20

运行结束!
```

以上两项的结果其实是一致的，不同的是第二项多了一条内容。这是因为对 range( ) 函数只提供一个参数时，默认是从 0 开始，而不是从 1。从 0 开始到 4 就是循环了 5 次。

到目前为止，计数循环在每次迭代时都会让循环变量加 1，如果想让循环按步长为 2 或者其他数字来计算，该怎么处理呢？上文提到的 range(3，6，1) 就是可以接受一个额外的参数，利用这个参数就可以把步长从默认值 1 改为其他值。

range( ) 函数步长设置为 2，进行多次乘法运算，代码及运行结果如下：

```
for i in range(1,10,2):
    print(i,'*5=',i*5)
```

```
python3 range函数步长2.py
1 *5= 5
3 *5= 15
5 *5= 25
7 *5= 35
9 *5= 45

运行结束!
```

2. round( ) 函数

round( ) 函数是 Python 中的数据函数，主要用于返回浮点数的四舍五入值。简单来说，就是四舍五入后保留小数点后的几位数字。round( )不添加任何参数的时候等同于 round(0)就是取整。round( )方法的基本语法代码如下：

```
round(x,n)
```

x 表示数值表达式，n 表示四舍五入到小数点后的位数。

任务实施

使用循环语句来实现诚发公司固定资产净值的计算。

诚发公司固定资产基本信息如下表所示：

资产编码	资产名称	原值(元)	折旧年限(年)	折旧率(%)	残值率(%)
GZ001	办公楼	5000000	25	4.00	0
GZ002	办公设备	30000	5	20.00	0
GZ003	机器设备	200000	10	10.00	0

步骤 1：准备固定资产相关数据。计算固定资产净值需要固定资产原值、固定资产使用年限和固定资产折旧率，将这三个数据分别赋值给变量，设置期初累计折旧初始值为零并赋值变量，设置本期固定资产折旧初始值为零并赋值变量，设置空列表，用于后面存储固定资产净值。

第一步：在新道云中打开新道代码编辑器。

第二步：点击左上角添加，添加一个新的脚本，命名为计算办公设备净值。

第三步：输入代码。

```
#变量赋值
yz=30000   #固定资产原值
year=5       #使用年限
rate=0.2     #折旧率
qz=0          #期初累计折旧
zj=0          #本期折旧
li_jz=[ ]
```

步骤 2：计算并存储固定资产净值。使用 for 语句和 round( )方法，循环 12 次，计算固定资产折旧，将计算结果存储到 li_jz 中，输出结果。代码及运行结果如下：

```
#计算 1-12 月折旧及净值
for i  in range(12):
    qz+=zj   #累计折旧
    zj=round(yz*rate/12,2)    #本期折旧
    jz=round(yz-qz-zj,2)   #固定资产净值
    li_jz.append(jz)     #存储固定资产净值
print('1-12 月的固定资产净值为:', li_jz)
```

```
#变量赋值
yz=30000 #固定资产原值
year=5    #使用年限
rate=0.2   #折旧率
qz=0      #期初累计折旧
zj=0      #本期折旧
li_jz=[]
#计算1-12月折旧及净值
for i  in range(12):
    qz+=zj  #累计折旧
    zj=round(yz*rate/12,2)   #本期折旧
    jz=round(yz-qz-zj,2)  #固定资产净值
    li_jz.append(jz)   #存储固定资产净值
print('1-12月的固定资产净值为：',li_jz)

```

```
python3 计算办公设备净值.py
1-12月的固定资产净值为：  [29500.0, 29000.0, 28500.0, 28000.0, 27500.0, 27000.0, 2
6500.0, 26000.0, 25500.0, 25000.0, 24500.0, 24000.0]

运行结束！
```

代码解释：

1. 第一次循环

代码 range(12)形成的是 0 到 11 的整数序列，运用 for 循环语句逐次访问这个序列中的数据。当第一次访问时，i 为 0。

代码 qz+=zj，其中 zj=0，因 qz=0，所以运行后，qz 的值仍为 0。

代码 zj=round(yz*rate/12,2)用于计算折旧，yz*rate 为年折旧额，除以 12 得到月折旧额，运用 round()函数保留两位小数，计算结果为 500.00，赋值给变量 zj。（上文案例计算结果为整数）

代码 jz=round(yz-qz-zj,2)用于计算固定资产净值，即原值减去期初累计折旧和本期折旧，计算结果为 29500.00，赋值给变量 zj。

代码 li_jz.append(jz)表示将变量 jz 的值，即固定资产净值添加到空列表 li_jz 中，此时列表 li_zj=[29500.00]。本轮循环结束。

2. 第 2 次循环

for 语句第二次访问 0 到 11 的整数序列，此时 i 为 1。

代码 qz+=zj，经过第一次循环，此时 zj=500.00，则 qz=500.00。

代码 zj=round(yz*rate/12，2)运行结果同第一次循环一样，值为 500.00。

代码 jz=round(yz-qz-zj，2)，计算结果=30000-500-500=29000，赋值给变量 jz。

代码 li_jz.append(jz)表示将变量 jz 的值，即固定资产净值添加到空列表 li_jz 中，此时列表 li_jz=[500.00，500.00]。本轮循环结束。

同理，再循环 10 次后，列表 li_jz 的值是 12 个月的资产净值。全部循环结束后，运用 print()函数输出列表 li_jz。

任务小结

① 注意 for 循环语句后面的冒号必须写。

② 百分数在计算时必须要写成浮点数的形式，即 50%要写成 0.5，否则会报错。

③ range( ) 函数中，结束效值取不到。

拓展提升

我们学习了 while 循环和 for 循环两种基本的循环语句。实务中，为了处理更复杂的事情，会将 while 循环和 for 循环相互嵌套，也就是循环嵌套。就是在一个循环中还包含另外一个完整的循环，即循环体中还包含循环语句。拿生活中的例子来说，比如俄罗斯套娃，一般由多个一样图案的空心木娃娃一个套一个组成，最多可套 10 多个；比如我们平时看到的钟表，秒针旋转一周，分针转动一格，分针旋转一周，时针转动一格，一直这样循环往复。这些都包含循环嵌套的知识。

在 Python 编程中，循环嵌套的执行过程是：一次外层循环对应着完整的一轮内层循环。相当于一次分针的转动，对应着秒针的一轮完整的转动。循环嵌套的执行过程如下图所示。

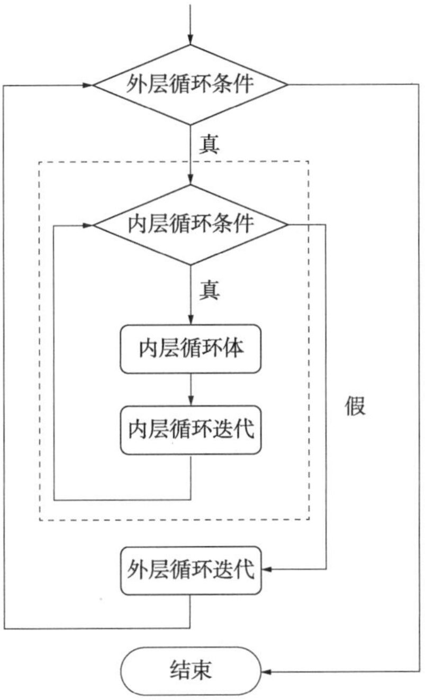

开始执行程序，当外部循环条件为真时，进入外层循环体。然后进行内层循环条件的判断，判断结果为真时，进入内层循环体，然后进行内层循环的迭代，直到内层循环条件判断为假时，再跳到外层循环体进行迭代。最后，当外层循环条件判断为假时程序终止。还是以钟表为例，我们将分针的转动比作外层循环，秒针的转动比作内层循环。假设外层循环条件判断为真、内层循环条件判断为真时，执行内部循环体，也就是秒针开始转动，每转动一次就是一次循环迭代，直到转到 60 次后，则跳出内层循环，执行外层循环，这时候分钟转动一格。然后外层循环条件判断为真、内层循环条件判断为真时，执行内层循环体。外层循环和内层循环一直迭代下去。我们以具体的示例来看。

分针秒针的循环嵌套，代码如下：

```
#分针和秒针
for i in range(0, 60):      #分针数取数范围
    for j in range(1, 61):      #秒针数取数范围
        print('现在的分针数是：',i,'秒数是：',j)
    print( '现在的分针数是 :',i+1)
```

运行代码，结果如下：

```
现在的分针数是：  59 秒数是：  53
现在的分针数是：  59 秒数是：  54
现在的分针数是：  59 秒数是：  55
现在的分针数是：  59 秒数是：  56
现在的分针数是：  59 秒数是：  57
现在的分针数是：  59 秒数是：  58
现在的分针数是：  59 秒数是：  59
现在的分针数是：  59 秒数是：  60
现在的分针数是  ： 60

运行结束！
```

因运行结果内容很多，只截取部分展示，上述案例的代码是运用了 for 循环的嵌套，展示了分针和秒针的关系，如果再加入时针，那需要再嵌套一层 for 循环。for 循环的嵌套如下：

外循环体：
```
for i in range(0,60):
    for j in range(1,61):                          } 内循环体
        print('现在的分针数是:', i,'秒针数是:', j)   }
    print('现在的分针数是:', i+1)
```

课后实战

一、单选题

1. 下面的 Python 循环体的执行次数与其他不同的是(　　)。

A. i=0
```
while(i<=10):
    print(i)
    i=i+1
```
B. i=10
```
while(i>0):
    print(i)
    i=i-1
```
C. for i range(10):
```
    print(i)
```
D. for i in range(10, 0, -1):
```
    print(i)
```

2. range(1, 2, 3)的值是(　　)。

A. [1, 4]　　　　B. [7, 10]

C. [0, 3]　　　　D. [6, 9]

3. 执行下列语句

```
Accounting_subject = ["生产成本","固定资产","短期借款"]
for x in Accounting_subject:
  print(x)
  if x == "固定资产":
    break
```

程序的执行结果是(　　)。

A. 输出"生产成本"

B. 输出"生产成本"和"固定资产"

C. 输出"生产成本""固定资产"和"短期借款"

D. 语法错误

4. DataFrame 表示的数据结构是(　　)。

A. 行标签

B. 列标签

C. 二维数据，整个表格，多行多列

D. 一维数据，一行或一列

5. 编写代码时，需要导入 Pandas 库，才能使用它。在文件的前几行使用什么语句导入?(　　)

A. import 语句

B. for 语句

C. del 语句

D. pip 语句

二、多选题

1. Pandas 的特点有(　　)。

A. 数据集的灵活的重塑和旋转

B. 基于标签的切片，便于获取大型数据集的子集

C. 功能强大，灵活的按组功能来执行对数据集的拆分、应用和组合操作，能够灵活地进行数据聚合、转换和筛选等操作

D. 允许简单索引和多级索引。

2. Pandas 中两种常见的数据结构是(　　)。

A. iFrame

B. Data

C. Series

D. DataFrame

3. 以下哪些操作可以用于 Pandas 的 DataFrame?(　　)

A. 对某一列进行排序

B. 对数据进行分组聚合

C. 将 DataFrame 转换为 NumPy 数组

D. 删除某一列或某一行

4. 关于 Pandas 的 Series，以下哪些说法是正确的?(　　)

A. Series 是一个一维的、可以包含任何数据类型的数组

B. Series 的索引可以是字符串、整数或其他类型

C. Series 的值可以通过索引访问

D. Series 不能进行算术运算

5. 关于 Pandas 的 DataFrame，以下哪些说法是正确的？(　　)

A. DataFrame 是一个二维的、大小可变的、可以包含异构类型列的表格结构

B. DataFrame 的每一列可以看作是一个 Series

C. DataFrame 的索引只能是整数

D. DataFrame 可以通过字典、列表、NumPy 数组等方式创建

三、判断题

1. Series 是带标签的一维同构数组。(　　)
2. Pandas 是 Python 中用于数据分析和操作的库。(　　)
3. Pandas 的 DataFrame 是一个一维数据结构。(　　)
4. Pandas 的 Series 可以包含不同类型的数据。(　　)
5. DataFrame 是带标签的、大小可变的二维数据结构，类似于 Excel 、SQL 表。(　　)

项目六　应收账款管理

企业销售产品，通常有现销和赊销两种方式。如果是赊销，就会形成企业的应收账款。而应收账款回款的快慢会影响企业生产经营资金的周转。若能及时、全面了解客户和应收账款的信息，帮助企业尽早收回款项，则对企业的持续经营发展有重要的意义。我们用Python语言编写程序，实现企业对客户和应收账款全面、高效、快捷的管理。本项目将使用列表和字典对客户信息、应收账款等进行管理。

职业能力目标

素质目标： 1. 通过使用列表和字典，培养学生构建数据结构的基本素养；
2. 通过管理客户信息和应收账款，培养学生遵纪守法的意识。

知识目标： 1. 熟悉列表、字典的结构；
2. 掌握列表、字典的使用方法。

技能目标： 1. 能够使用列表采集、管理应收账款信息和计算坏账准备；
2. 能够使用字典采集、管理客户信息和计算应收账款账面价值。

课程思政

积极探索创新，敢于挑战自我

——记第21届全国青年岗位能手(标兵)宛云龙

2022年8月，由共青团中央、人力资源和社会保障部共同组织开展的第21届“全国青年岗位能手(标兵)”评选活动揭晓，注册会计师行业4名青年榜上有名。其中，容诚会计师事务所安徽分所合伙人宛云龙荣获“全国青年岗位能手(标兵)”称号。

在同行眼中，宛云龙负责的项目有三大特点：行业跨度广，涉及电子科技、生物医药、智能装备、光伏能源、装修装饰等，企业账务处理千差万别；创新元素多，服务的大丰实业系国内舞台机械行业第一股，君实生物系国内首家科创板+H股，业内无范例可循；协调难度大，在负责多个 IPO(首次公开募股)项目申报的同时还负责“建筑装饰第一股”苏州金螳螂、光伏逆变器行业龙头阳光电源等多家上市公司年报审计工作，涉及主体千余家。

敢于创新和挑战，或许就是宛云龙能够以青年之姿在行业内独当一面的秘诀。

“相较于接一些中规中矩的活，我更愿意做一些有难度的事情，不怕挑战，喜欢挑战。”宛云龙回忆，刚入职一年多，他就成为项目经理。对他来说，那段时间面临极大的挑战，因为要学会利用自己的特长与客户进行沟通，取得客户的认可和肯定，团队管理的压力也是新的挑战。

“刚开始的时候，有很多东西不会，但是也不要怕。既要勇于挑战，还要善于研究。在实际工作中有很多项目是没有案例可以参考的，都需要自己研究，然后结合企业的实际情况，以及准则规定、最新的监管要求等设计方案。”他说。

正是抱着“虽然心里很慌，但是依然毫无畏惧”的信念，他迅速转化自己的“新人”形象，做到主动与客户沟通、虚心向专家请教、同组员战在一起，高质量完成每一项审计任务，既展现事务所的品牌形象，也挖掘自身潜力，彰显了一个青年人对行业的热爱与希望。

晋升合伙人后，他充分发挥年轻人头脑灵活、精力充沛的优势，在业务管理、人员管理等方面不断探索，率先研究大项目管理模式，针对大型上市公司多主体、多模式、海外经营等复杂情况，从项目管理、审计方法、风险管控等多角度探索创新管理模式，编写了《业务参考资料第 1 号——大项目管理》，为所内新人提供业务参考，帮助他们少走弯路，更快地成长。

从业 13 年，他累计服务了 20 多家上市公司、大型企业单位。作为申报签字会计师，成功推荐大丰实业等 7 家企业上市，融资近 80 亿元。辅导的恒兴新材等 3 家企业在会审。他倡导打造学习型团队，连续 8 年义务宣讲注册会计师备考要点，管理的团队先后有 30 余人取得执业资格。作为容诚专业技术委员会成员，他牵头主编《IPO 业务研讨(2019 年)》等 4 项专业标准文件，总计 80 余万字，对实践具有很强的指导意义。

“青年人要有‘一根筋’的精神，保持对这个行业的热爱与执着，相信这个行业的发展前景，脚踏实地，未来自然可期。”这也是宛云龙最想对同他一路前行的青年人说的心里话。

资料来源：《中国会计报》：青年人需要“一根筋”的精神——记第 21 届全国青年岗位能手标兵宛云龙，2022 年 9 月 23 日第 3 版。

思考与启示：

党的二十大强调，全面建设社会主义现代化国家必须坚持科技是第一生产力、人才是第一资源、创新是第一动力。人才创新是发展新质生产力的力量之源。发展新质生产力的主体是劳动者，人是能够发挥主观能动性的最重要的因素。在新质生产力的推动下，我们必须不断学习新知识、掌握新技能、勇于开拓创新，才能在激烈的竞争中立于不败之地。

知识图谱

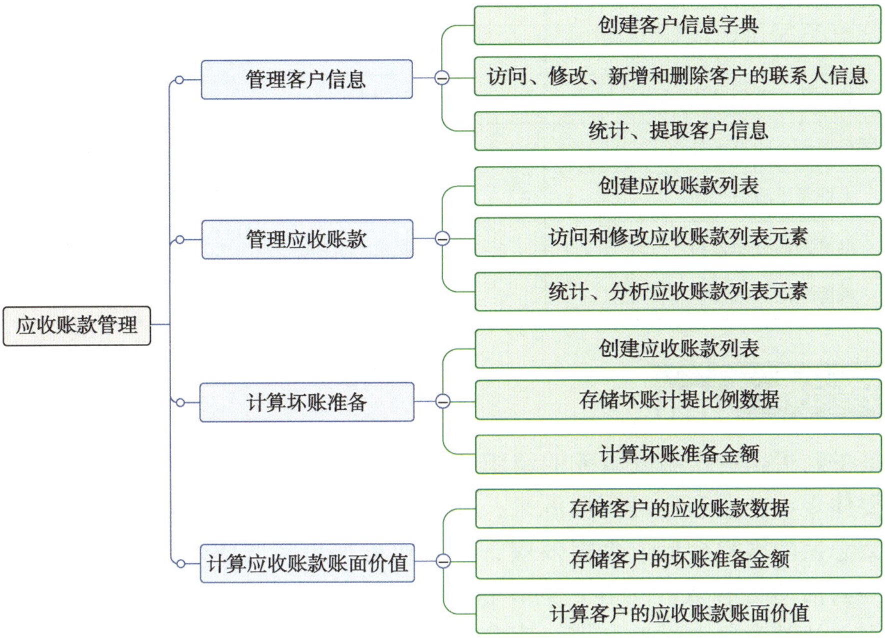

情境案例

海兴有限责任公司以赊销、现销两种方式销售产品，因赊销形成的较多应收账款影响了公司的资金周转。财务部主管张军经常找销售部经理王南，催他收回货款。因此，王南需要获取各客户应收账款的详细信息，以便催收货款，弥补流动资金的不足。在催收货款时，需要联系客户，客户的信息却经常变化，及时更新客户信息可以节省联系客户的时间。张军在年末需要遵循谨慎性原则，分析客户的账龄，根据账龄确定坏账计提比例，对应收账款计提坏账准备，进而计算应收账款账面价值。怎样用 Python 帮助王南、张军实现呢？

任务一　管理客户信息

任务情境

王南是海兴有限责任公司的销售部经理。在催收货款时，王南需要联系客户，客户的信息却经常变化，及时更新客户信息可以节省联系客户的时间。海兴有限责任公司的客户信息如下表所示：

客户名称	联系人	电话
山东万景有限公司	张兆军	19665436736
北京宜缘商贸有限公司	李娜娜	13706316350
青岛福莱有限公司	孙立	13866325517
烟台乐成有限公司	王玉利	13653248135
烟台恒创科技有限公司	熊强	13005350029
上海星琳有限公司	王雪	15654510136
南京锦湖有限公司	赵全	13891262766
威海连点有限公司	钱琪	15066574875

任务分析

客户是指购买企业产品或服务的组织或个人。本项目里的客户以公司为例。客户的重要性主要体现在：①客户是利润源泉，当客户购买企业的产品或服务时，会为企业带来利润；②忠诚的客户会形成聚客效应，为企业增加更多的收入；③客户的信息价值会使企业的经营活动更有效；④客户的评价带来口碑价值，帮助宣传企业的产品或服务；⑤客户是企业战胜竞争对手的利器。客户形成规模效应后，可以降低单位成本。及时获取客户信息，全面了解客户需求，对企业持续经营和高质量发展有重要的意义。

管理客户信息主要包括查找、修改、新增、删除客户的联系人信息；查找、增加、删除客户信息等，对客户及联系人进行动态管理，方便服务客户、沟通事宜、及时回收货款等。

本任务使用字典管理客户信息，首先创建客户信息字典，其次根据需要访问、修改、新增、删除客户的联系人信息，最后运用函数统计、提取客户信息。

知识准备

6.1.1 创建客户信息

1. 创建客户联系人字典

创建客户联系人字典，即创建一个由若干个键值对组成的字典，而键值对中的键是客户，值是联系人，也称创建客户信息字典。

[**示例 6-1**] 创建客户联系人字典，代码如下：

```
#创建客户联系人字典
customer = {
            '山东万景有限公司':'张兆军','北京宜缘商贸有限公司':'李娜娜',
            '青岛福莱有限公司':'孙立'
            }
print(customer)
```

在新道代码编辑器中输入代码，运行代码，结果如下图所示：

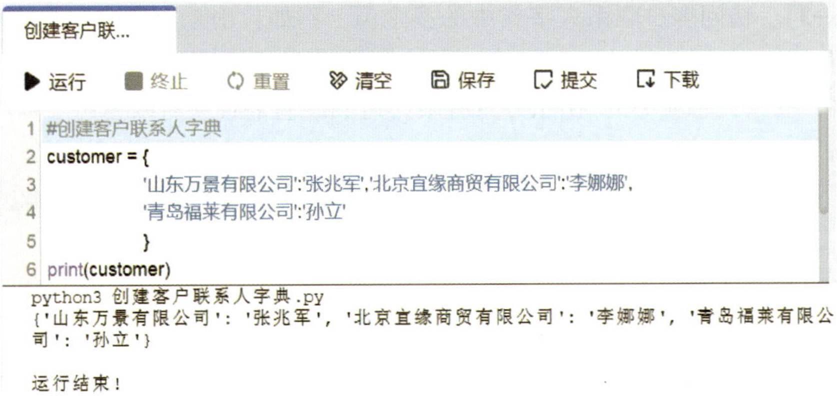

上述代码创建字典并赋值给变量 customer，字典名是“customer”。字典包含键值对'山东万景有限公司':'张兆军'、'北京宜缘商贸有限公司':'李娜娜'、'青岛福莱有限公司':'孙立'。字典的键包含山东万景有限公司、北京宜缘商贸有限公司和青岛福莱有限公司，字典的值包含张兆军、李娜娜和孙立。字典中的键和值一一对应。键具有唯一性，即同一个字典中的键不能重复。键的值可以重复，可以是任意类型的对象，如数字、字符串。

2. 获取字典中键的值

［**示例 6-2**］ 访问客户联系人字典中的“山东万景有限公司”，代码如下：

```
#访问客户联系人字典中的“山东万景有限公司”
customer = {
            '山东万景有限公司':'张兆军','北京宜缘商贸有限公司':'李娜娜',
            '青岛福莱有限公司':'孙立'
            }
print(customer['山东万景有限公司'])
```

在新道代码编辑器中输入代码，运行代码，结果如下图所示：

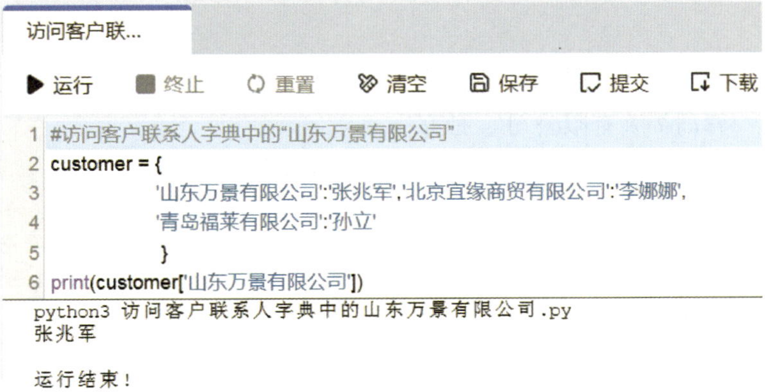

使用[ ]访问字典中的值，需要将其对应的键放在[ ]内。如果需要同时输出多个键对应的值，可以用英文逗号分隔。

[示例 6-3]　访问客户联系人字典中的多个值，例如：山东万景有限公司和青岛福莱有限公司，代码如下：

```
#访问客户联系人字典中的“山东万景有限公司”和“青岛福莱有限公司”
customer = {
            '山东万景有限公司':'张兆军','北京宜缘商贸有限公司':'李娜娜',
            '青岛福莱有限公司':'孙立'
            }
print(customer['山东万景有限公司'],customer['青岛福莱有限公司'])
```

在新道代码编辑器中输入代码，运行代码，结果如下图所示：

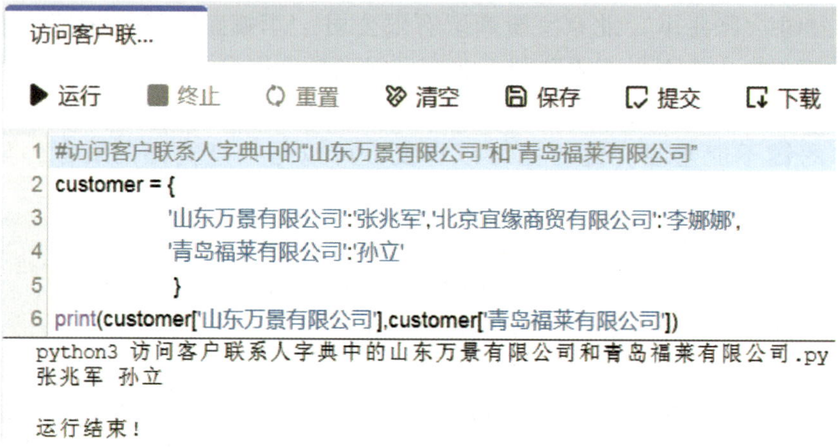

3. 修改字典中键的值

[示例 6-4]　修改客户联系人字典中键的值，例如：把北京宜缘商贸有限公司的联系人改为“郑飞”，代码如下：

```
#修改客户联系人字典中的“北京宜缘商贸有限公司”的值
customer = {
            '山东万景有限公司':'张兆军','北京宜缘商贸有限公司':'李娜娜',
            '青岛福莱有限公司':'孙立'
            }
customer['北京宜缘商贸有限公司']='郑飞'
print(customer)
```

在新道代码编辑器中输入代码，运行代码，结果如下图所示：

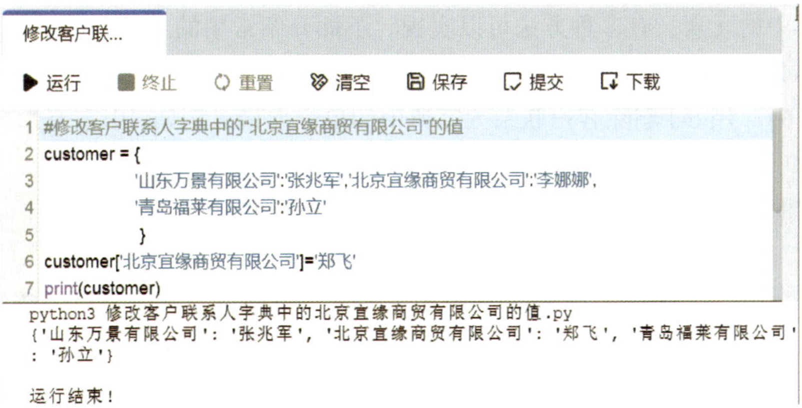

4. 在字典中添加元素

在字典中添加元素，亦是在字典中添加键值对。

[示例 6-5]　在客户联系人字典中添加键值对，例如:'烟台乐成有限公司':'王玉利'，代码如下:

```
#在客户联系人字典中添加键值对'烟台乐成有限公司':'王玉利'
customer = {
            '山东万景有限公司':'张兆军','北京宜缘商贸有限公司':'李娜娜',
            '青岛福莱有限公司':'孙立'
            }
customer['烟台乐成有限公司']='王玉利'
print(customer)
```

在新道代码编辑器中输入代码，运行代码，结果如下图所示:

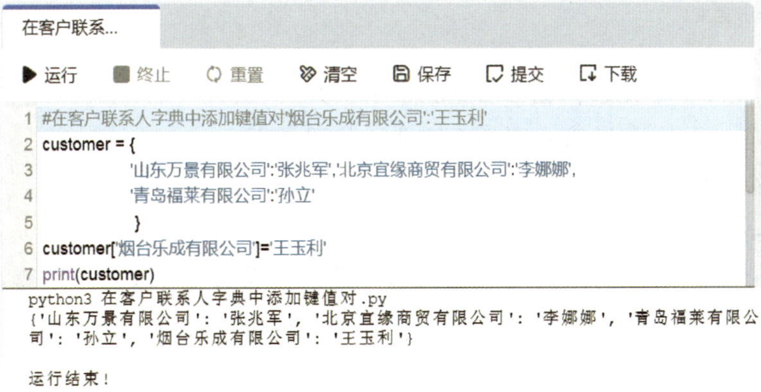

[示例 6-5]与[示例 6-4]是否相似? 使用"字典名[键] = 值"，可以修改字典中存在的键的值，也可以给字典中不存在的键赋值，即新增一个键值对，实现在字典中添加元素。

5. 删除字典中的元素

删除字典中的元素，有多种方法可以实现。下面介绍常用的 3 种方法。

(1) 用 del 删除元素

[**示例 6-6**] 用 del 删除客户联系人字典中的单个元素，例如：′山东万景有限公司′：′张兆军′，代码如下：

```
#用 del 删除客户联系人字典中的键值对′山东万景有限公司′:′张兆军′
customer1 = {
            ′山东万景有限公司′:′张兆军′,′北京宜缘商贸有限公司′:′李娜娜′,
            ′青岛福莱有限公司′:′孙立′,′烟台乐成有限公司′:′王玉利′
            }
del customer1[′山东万景有限公司′]
print(customer1)
```

在新道代码编辑器中输入代码，运行代码，结果如下图所示：

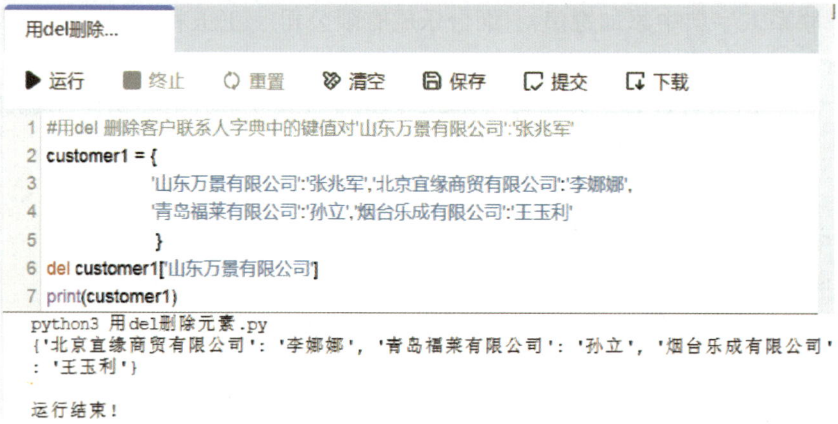

用 del 可以删除单个元素，也可以删除整个字典。

[**示例 6-7**] 用 del 删除客户联系人字典，代码如下：

```
#用 del 删除客户联系人字典
customer1 = {
           ′山东万景有限公司′:′张兆军′,′北京宜缘商贸有限公司′:′李娜娜′,
           ′青岛福莱有限公司′:′孙立′,′烟台乐成有限公司′:′王玉利′
           }
del customer1
print(customer1)
```

在新道代码编辑器中输入代码，运行代码，结果如下图所示：

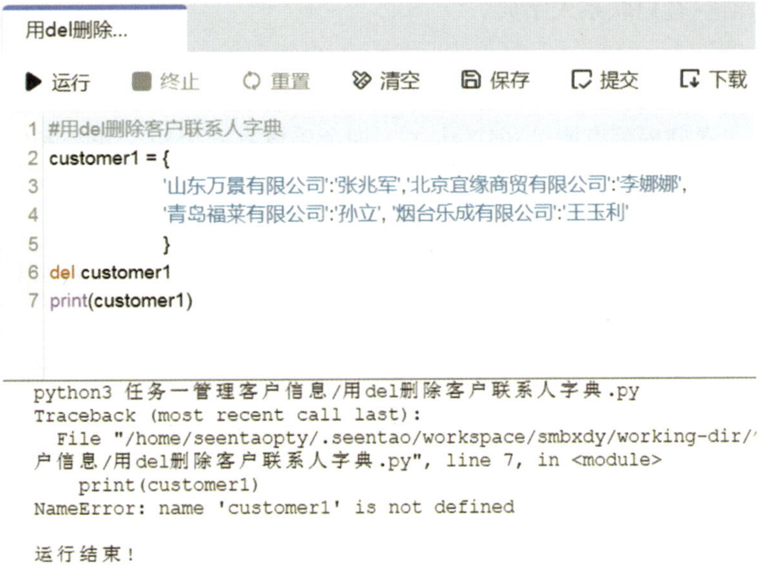

用 del 删除了客户联系人字典，所以当输出客户联系人字典时，系统报错，提示客户联系人字典没有被定义。

（2）用 pop( )删除元素

[**示例 6-8**] 用 pop( )删除客户联系人字典中的单个元素，例如：'北京宜缘商贸有限公司'：'李娜娜'，代码如下：

```
#用 pop( )删除客户联系人字典中的键值对'北京宜缘商贸有限公司'：'李娜娜'
customer1 = {
        '山东万景有限公司'：'张兆军'，'北京宜缘商贸有限公司'：'李娜娜'，
        '青岛福莱有限公司'：'孙立'，'烟台乐成有限公司'：'王玉利'
        }
customer1.pop('北京宜缘商贸有限公司')
print(customer1)
```

在新道代码编辑器中输入代码，运行代码，结果如下图所示：

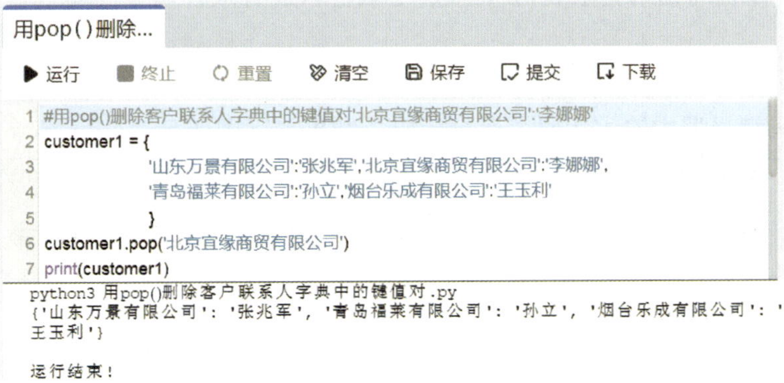

用 pop( )删除字典给定键对应的值，返回值为被删除的值。

（3）用 clear( )删除元素

[**示例 6-9**] 用 clear( )清空客户联系人字典，代码如下：

```
#用 clear( )清空客户联系人字典
customer1 = {
            '山东万景有限公司':'张兆军','北京宜缘商贸有限公司':'李娜娜',
            '青岛福莱有限公司':'孙立','烟台乐成有限公司':'王玉利'
            }
customer1. clear( )
print( customer1)
```

在新道代码编辑器中输入代码，运行代码，结果如下图所示：

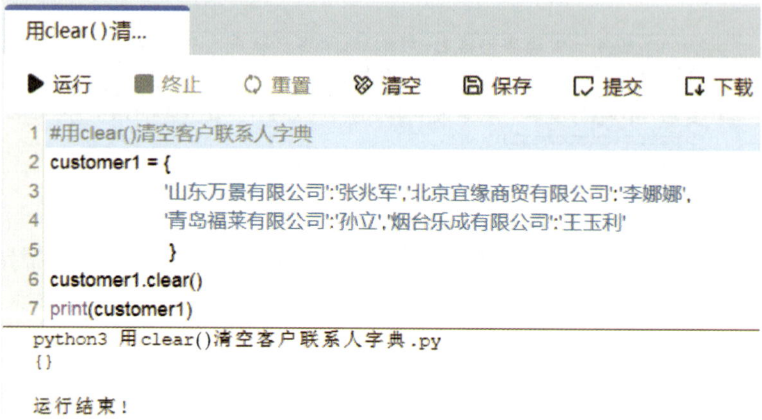

用 clear( )可以清空字典，即删除字典中全部元素，留下一个空字典。

6.1.2 统计、提取客户信息

1. 用 len( )函数统计字典的元素个数

[**示例 6-10**] 用 len( )函数统计客户联系人字典的元素个数，代码如下：

```
#用 len( )函数统计客户联系人字典的元素个数
customer1 = {
            '山东万景有限公司':'张兆军','北京宜缘商贸有限公司':'李娜娜',
            '青岛福莱有限公司':'孙立','烟台乐成有限公司':'王玉利'
            }
print( len( customer1) )
```

在新道代码编辑器中输入代码，运行代码，结果如下图所示：

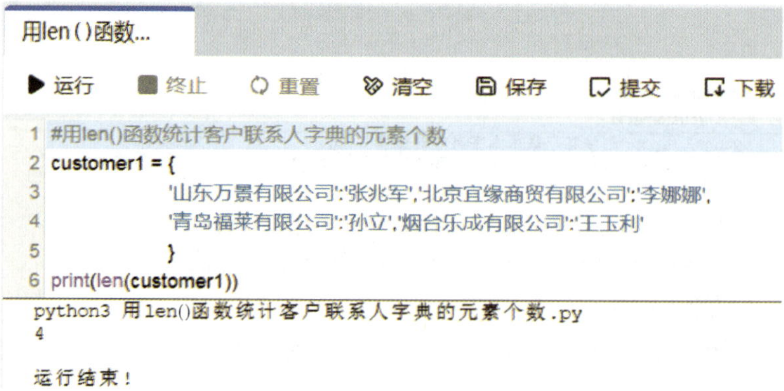

len( )函数是字典常用的内置函数之一。它用于统计字典中元素的个数，又称字典的长度。

2. 用 get( )函数提取字典键的值

[**示例 6-11**]　用 get( )函数提取客户联系人字典键的值，代码如下：

```
#用 get( )函数提取客户联系人字典键"青岛福莱有限公司"和"上海星琳有限公司"的值
customer1 = {
            '山东万景有限公司':'张兆军','北京宜缘商贸有限公司':'李娜娜',
            '青岛福莱有限公司':'孙立','烟台乐成有限公司':'王玉利'
            }
print(customer1.get('青岛福莱有限公司'))
print(customer1.get('上海星琳有限公司'))
```

在新道代码编辑器中输入代码，运行代码，结果如下图所示：

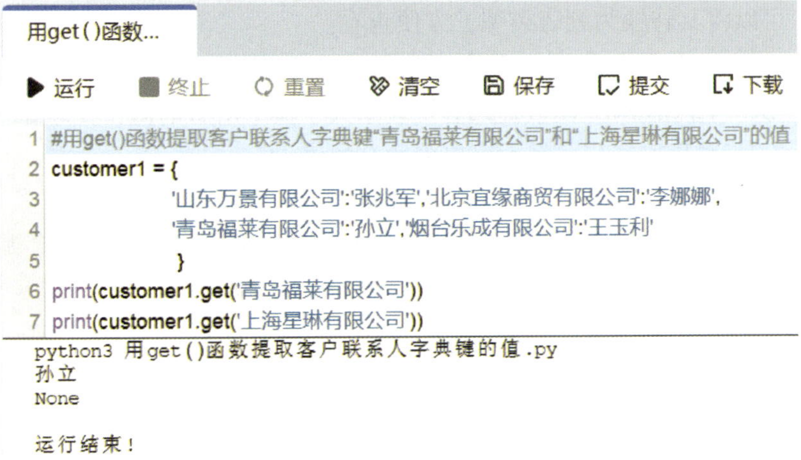

get( )函数是字典常用的内置函数之一。若键在字典中，则返回指定键的值；若键不在字典中，则返回 default 设置的默认值，例如 None。

3. 用 keys( )函数提取字典中所有的键

[**示例 6-12**]　用 keys( )函数提取客户联系人字典中所有的键，代码如下：

```
#用 keys( )函数提取客户联系人字典中所有的键
customer1 = {
            '山东万景有限公司':'张兆军','北京宜缘商贸有限公司':'李娜娜',
            '青岛福莱有限公司':'孙立','烟台乐成有限公司':'王玉利'
            }
print(customer1.keys())
print(list(customer1.keys()))
```

在新道代码编辑器中输入代码，运行代码，结果如下图所示：

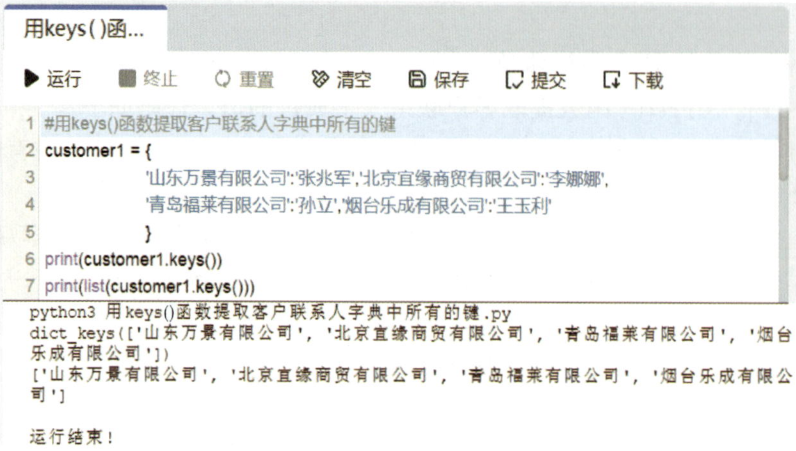

用 keys( ) 函数可以提取字典中所有的键，提取出来的结果是 Python 的一种内部数据类型 dict_keys。可以将其转换为列表类型，方便查看。

4. 用 values( ) 函数提取字典中所有的值

［**示例 6-13**］ 用 values( ) 函数提取客户联系人字典中所有的值，代码如下：

```
#用 values( ) 函数提取客户联系人字典中所有的值
customer1 = {
            '山东万景有限公司':'张兆军','北京宜缘商贸有限公司':'李娜娜',
            '青岛福莱有限公司':'孙立','烟台乐成有限公司':'王玉利'
            }
print(customer1.values())
print(list(customer1.values()))
```

在新道代码编辑器中输入代码，运行代码，结果如下图所示：

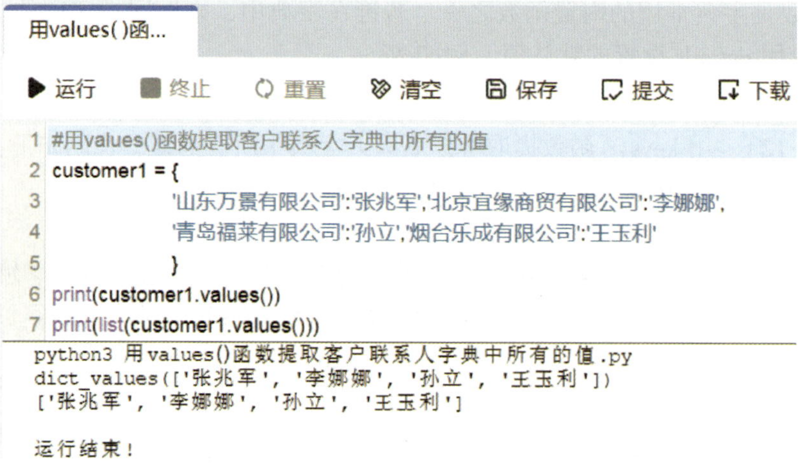

用 values( ) 函数可以提取字典中所有的值，提取出来的结果是 Python 的一种内部数据类型 dict_values。可以将其转换为列表类型，方便查看。

任务实施

1. 创建客户信息字典

[示例 6–14]　根据下表创建一个存储客户信息的字典。

客户名称	联系人及电话	客户名称	联系人及电话
山东万景有限公司	张兆军 19665436736	烟台恒创科技有限公司	熊强 13005350029
北京宜缘商贸有限公司	李娜娜 13706316350	上海星琳有限公司	王雪 15654510136
青岛福莱有限公司	孙立 13866325517	南京锦湖有限公司	赵全 13891262766
烟台乐成有限公司	王玉利 13653248135	威海连点有限公司	钱琪 15066574875

代码如下：

```
#根据表格创建客户信息字典
client_info = {
            '山东万景有限公司':'张兆军 19665436736',
            '北京宜缘商贸有限公司':'李娜娜 13706316350',
            '青岛福莱有限公司':'孙立 13866325517',
            '烟台乐成有限公司':'王玉利 13653248135',
            '烟台恒创科技有限公司':'熊强 13005350029',
            '上海星琳有限公司':'王雪 15654510136',
            '南京锦湖有限公司':'赵全 13891262766',
            '威海连点有限公司':'钱琪 15066574875'
            }
print(client_info)
```

在新道代码编辑器中输入代码，运行代码，结果如下图所示：

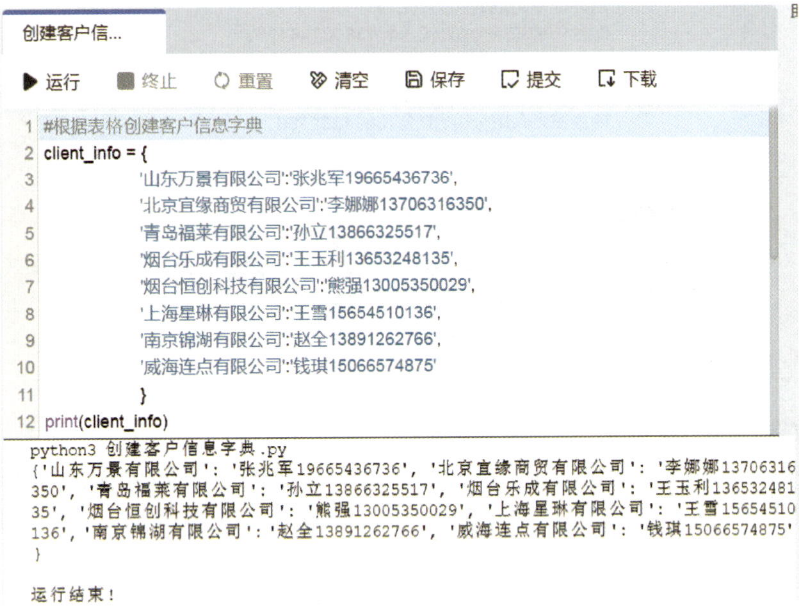

2. 访问、修改、新增和删除客户的联系人信息

(1) 访问客户的联系人信息

[示例 6-15] 沿用[示例 6-14]的信息，访问并输出海兴有限责任公司的客户“烟台乐成有限公司”的联系人及电话。代码如下：

```
#访问并输出“烟台乐成有限公司”的联系人及电话
client_info = {
                 '山东万景有限公司':'张兆军 19665436736',
                 '北京宜缘商贸有限公司':'李娜娜 13706316350',
                 '青岛福莱有限公司':'孙立 13866325517',
                 '烟台乐成有限公司':'王玉利 13653248135',
                 '烟台恒创科技有限公司':'熊强 13005350029',
                 '上海星琳有限公司':'王雪 15654510136',
                 '南京锦湖有限公司':'赵全 13891262766',
                 '威海连点有限公司':'钱琪 15066574875'
                 }
info = client_info['烟台乐成有限公司']
print(f'烟台乐成有限公司的联系人及电话:{info} \ n')
```

在新道代码编辑器中输入代码，运行代码，结果如下图所示：

(2) 修改客户的联系人信息

[示例 6-16] 沿用[示例 6-14]的信息，因为山东万景有限公司的职工张兆军离职，所以海兴有限责任公司现把客户“山东万景有限公司”的联系人及电话修改为“姚瑜 13389662578”。代码如下：

```
#修改“山东万景有限公司”的联系人及电话
client_info = {
            '山东万景有限公司':'张兆军 19665436736',
            '北京宜缘商贸有限公司':'李娜娜 13706316350',
            '青岛福莱有限公司':'孙立 13866325517',
            '烟台乐成有限公司':'王玉利 13653248135',
            '烟台恒创科技有限公司':'熊强 13005350029',
            '上海星琳有限公司':'王雪 15654510136',
            '南京锦湖有限公司':'赵全 13891262766',
            '威海连点有限公司':'钱琪 15066574875'
            }
client_info['山东万景有限公司'] = '姚瑜 13389662578'
print(client_info)
```

在新道代码编辑器中输入代码，运行代码，结果如下图所示：

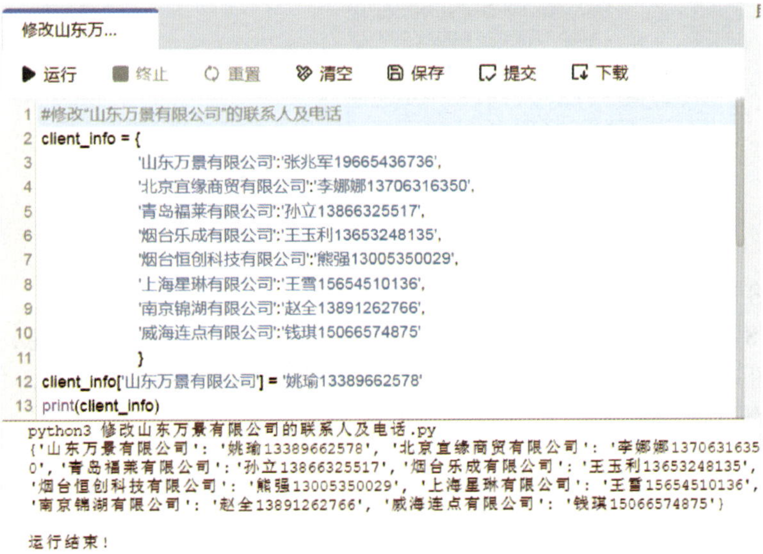

（3）新增客户的联系人信息

[示例 6-17] 沿用[示例 6-14]、[示例 6-16]的信息，海兴有限责任公司因拓展业务需要，现发展两个新客户。新客户的信息如下：客户 1 的名称：上海巨轩有限公司，联系人及电话：高峰 19023853308。客户 2 的名称：上海合谦有限公司，联系人及电话：宗洋 13745882365。代码如下：

```
#新增两个客户的联系人及电话
client_info = {
            '山东万景有限公司':'姚瑜 13389662578',
            '北京宜缘商贸有限公司':'李娜娜 13706316350',
            '青岛福莱有限公司':'孙立 13866325517',
            '烟台乐成有限公司':'王玉利 13653248135',
            '烟台恒创科技有限公司':'熊强 13005350029',
```

```
                '上海星琳有限公司':'王雪 15654510136',
                '南京锦湖有限公司':'赵全 13891262766',
                '威海连点有限公司':'钱琪 15066574875'
                }
client_info['上海巨轩有限公司'] = '高峰 19023853308'
client_info['上海合谦有限公司'] = '宗洋 13745882365'
print(client_info)
```

在新道代码编辑器中输入代码，运行代码，结果如下图所示：

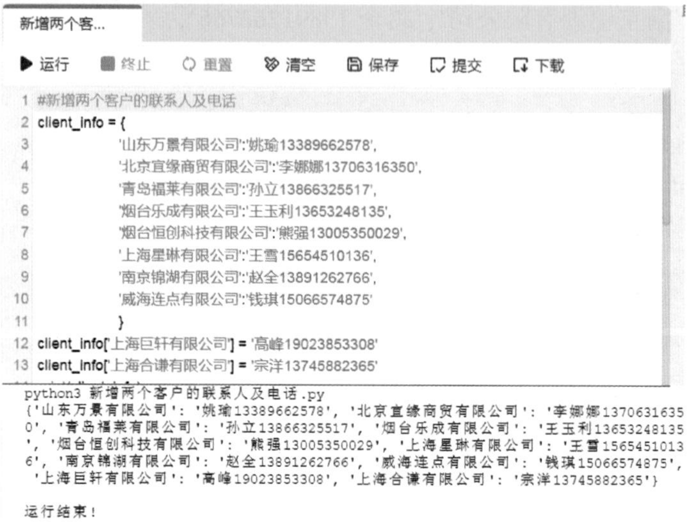

（4）删除客户的联系人信息

[示例 6-18] 沿用[示例 6-14]、[示例 6-16]、[示例 6-17]的信息，海兴有限责任公司与上海巨轩有限公司没有业务往来，需要删除该客户的联系人及电话。代码如下：

```
#删除"上海巨轩有限公司"的联系人及电话
client_info = {
                '山东万景有限公司':'姚瑜 13389662578',
                '北京宜缘商贸有限公司':'李娜娜 13706316350',
                '青岛福莱有限公司':'孙立 13866325517',
                '烟台乐成有限公司':'王玉利 13653248135',
                '烟台恒创科技有限公司':'熊强 13005350029',
                '上海星琳有限公司':'王雪 15654510136',
                '南京锦湖有限公司':'赵全 13891262766',
                '威海连点有限公司':'钱琪 15066574875',
                '上海巨轩有限公司':'高峰 19023853308',
                '上海合谦有限公司':'宗洋 13745882365'
                }
del client_info['上海巨轩有限公司']
print(client_info)
```

在新道代码编辑器中输入代码，运行代码，结果如下图所示：

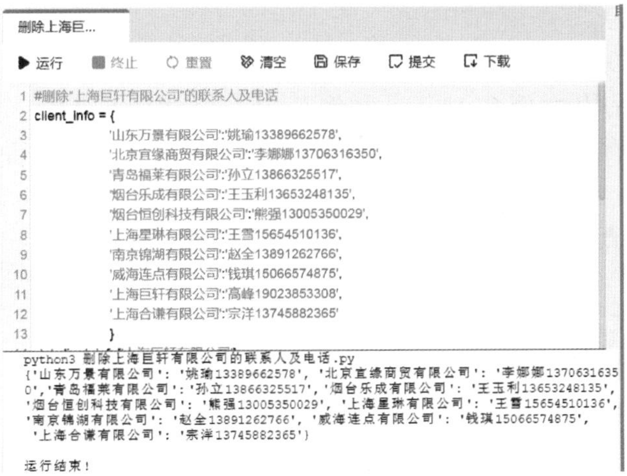

3. 统计、提取客户信息

(1) 统计客户信息

[示例 6-19] 沿用[示例 6-14]、[示例 6-16]、[示例 6-17]、[示例 6-18]的信息，统计海兴有限责任公司的客户数量。代码如下：

```
#使用字典函数 len()统计海兴有限责任公司的客户数量
client_info = {
            '山东万景有限公司':'姚瑜 13389662578',
            '北京宜缘商贸有限公司':'李娜娜 13706316350',
            '青岛福莱有限公司':'孙立 13866325517',
            '烟台乐成有限公司':'王玉利 13653248135',
            '烟台恒创科技有限公司':'熊强 13005350029',
            '上海星琳有限公司':'王雪 15654510136',
            '南京锦湖有限公司':'赵全 13891262766',
            '威海连点有限公司':'钱琪 15066574875',
            '上海合谦有限公司':'宗洋 13745882365'
            }
print(f'目前海兴有限责任公司有{len(client_info)}名客户。\n')
```

在新道代码编辑器中输入代码，运行代码，结果如下图所示：

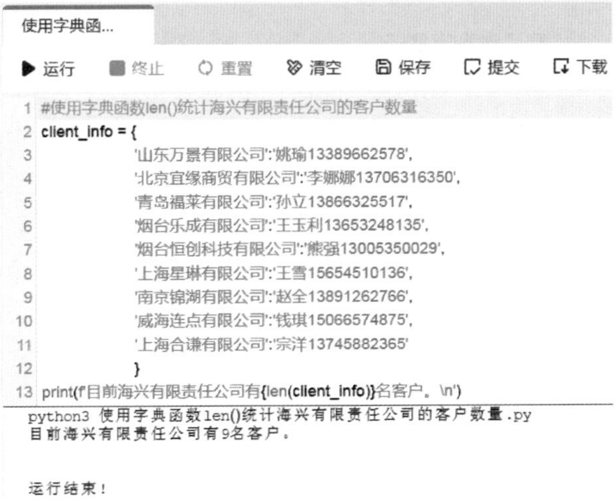

（2）提取客户信息

① 查找客户的联系人信息。

［示例 6-20］ 沿用［示例 6-14］、［示例 6-16］、［示例 6-17］、［示例 6-18］的信息，查找“北京宜缘商贸有限公司”联系人及电话，查找不到公司名时，得到“公司不存在！”的信息反馈。代码如下：

```
#使用 get( )方法查找客户对应的联系人信息
client_info = {
              '山东万景有限公司':'姚瑜 13389662578',
              '北京宜缘商贸有限公司':'李娜娜 13706316350',
              '青岛福莱有限公司':'孙立 13866325517',
              '烟台乐成有限公司':'王玉利 13653248135',
              '烟台恒创科技有限公司':'熊强 13005350029',
              '上海星琳有限公司':'王雪 15654510136',
              '南京锦湖有限公司':'赵全 13891262766',
              '威海连点有限公司':'钱琪 15066574875',
              '上海合谦有限公司':'宗洋 13745882365'
              }
client1 = client_info.get('北京宜缘商贸有限公司','公司不存在!')
print(f'{client1}\n')
```

在新道代码编辑器中输入代码，运行代码，结果如下图所示：

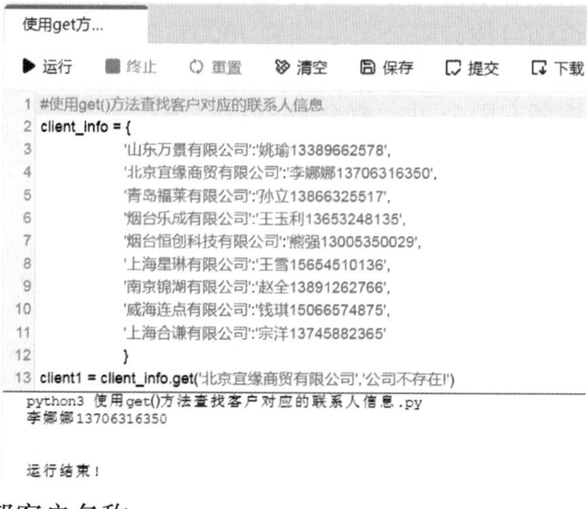

② 一次性输出全部客户名称。

［示例 6-21］ 沿用［示例 6-14］、［示例 6-16］、［示例 6-17］、［示例 6-18］的信息，一次性输出海兴有限责任公司的全部客户名称。代码如下：

```
#使用 keys( )方法输出全部客户名称
client_info = {
              '山东万景有限公司':'姚瑜 13389662578',
              '北京宜缘商贸有限公司':'李娜娜 13706316350',
              '青岛福莱有限公司':'孙立 13866325517',
```

```
            '烟台乐成有限公司':'王玉利 13653248135',
            '烟台恒创科技有限公司':'熊强 13005350029',
            '上海星琳有限公司':'王雪 15654510136',
            '南京锦湖有限公司':'赵全 13891262766',
            '威海连点有限公司':'钱琪 15066574875',
            '上海合谦有限公司':'宗洋 13745882365'
            }
client2 = client_info. keys( )
print( f'海兴有限责任公司客户清单:{list( client2)} \ n')
```

在新道代码编辑器中输入代码，运行代码，结果如下图所示：

③ 一次性输出全部联系人及电话。

[示例 6-22] 沿用[示例 6-14]、[示例 6-16]、[示例 6-17]、[示例 6-18]的信息，一次性输出海兴有限责任公司的全部联系人及电话。代码如下：

```
#使用 values( )方法输出全部联系人及电话
client_info = {
            '山东万景有限公司':'姚瑜 13389662578',
            '北京宜缘商贸有限公司':'李娜娜 13706316350',
            '青岛福莱有限公司':'孙立 13866325517',
            '烟台乐成有限公司':'王玉利 13653248135',
            '烟台恒创科技有限公司':'熊强 13005350029',
            '上海星琳有限公司':'王雪 15654510136',
            '南京锦湖有限公司':'赵全 13891262766',
            '威海连点有限公司':'钱琪 15066574875',
            '上海合谦有限公司':'宗洋 13745882365'
            }
client3 = client_info. values( )
```

print(f'海兴有限责任公司客户联系人及电话：{list(client3)}\n')

在新道代码编辑器中输入代码，运行代码，结果如下图所示：

任务小结

本任务使用字典管理客户信息，运用 Python 语句实现访问、修改、新增、删除客户联系人信息的功能，并用字典的内置函数完成客户信息的统计和提取。

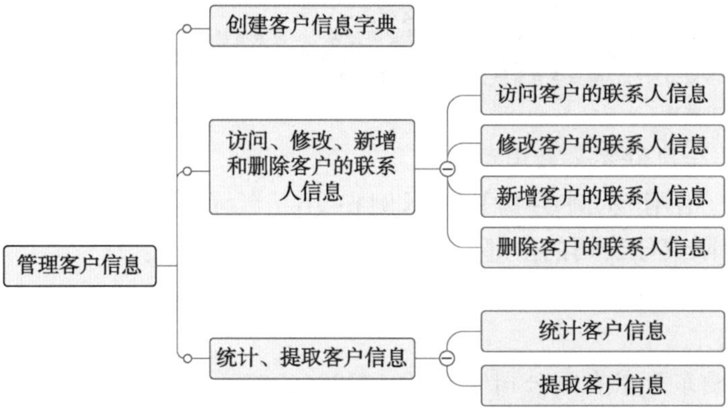

任务二　管理应收账款

任务情境

海兴有限责任公司以赊销、现销两种方式销售产品，因赊销形成的较多应收账款影响了公司的资金周转，财务部主管张军经常找销售部经理王南，催他收回货款。因此，王南需要获取各客户应收账款的详细信息，以便催收货款，弥补流动资金的不足。

任务分析

应收账款是指企业对外销售商品、提供服务等经营活动，应向购货单位或接受服务单位收取的款项，主要包括企业销售商品或提供服务等应向有关债务人收取的价款及代购货单位垫付的包装费、运杂费等。它是被购货单位或接受服务单位占用的本企业的资金，属于商业信用的一种形式。及时收回应收账款，可以弥补企业在生产经营过程中的各种耗费，保障企业持续经营。

管理应收账款主要包括查找、修改、增加、核销，对应收账款进行动态管理；统计应收账款账面总金额、应收账款中最大和最小的金额、应收账款的数量，计算应收账款的平均值等，方便实时掌握应收账款信息。

本任务使用列表管理应收账款，首先创建应收账款列表，其次根据需要访问、修改应收账款列表元素，然后统计应收账款列表元素，最后分析应收账款列表元素。

知识准备

6.2.1 创建应收账款列表

1. 创建应收账款列表

[**示例 6-23**] 创建应收账款列表，代码如下：

```
#创建应收账款列表
accounts_receivables = [113000.00,186450.00,124300.00,169500.00]
print(accounts_receivables)
```

在新道代码编辑器中输入代码，运行代码，结果如下图所示：

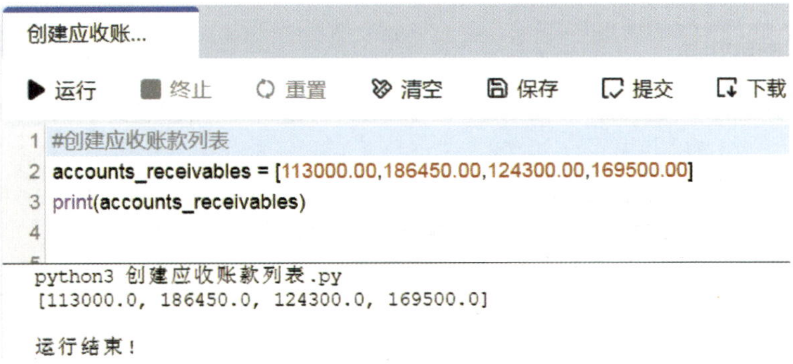

上述代码创建了一个应收账款列表，列表名是"accounts_receivables"，元素是"113000.00""186450.00""124300.00"和"169500.00"。元素用中括号[ ]括起来，元素之间使用逗号分隔。列表中的元素可以是整数、浮点数、字符串，也可以是列表、函数等。

2. 访问列表元素

(1) 使用索引访问列表元素

[**示例 6-24**] 使用索引访问列表元素，代码如下：

#使用索引访问列表元素

accounts_receivables = [113000.00,186450.00,124300.00,169500.00]

accounts_receivables1 = accounts_receivables[1]

print(accounts_receivables1)

在新道代码编辑器中输入代码，运行代码，结果如下图所示：

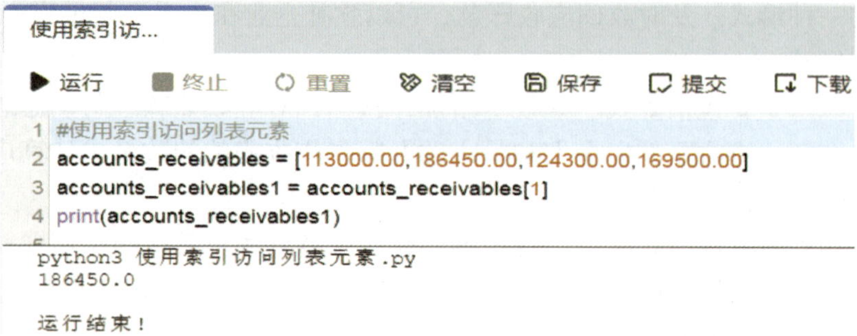

使用索引可以访问列表中的一个元素。遵循序列类型的索引方式，即正向递增序号或反向递减序号，使用中括号[ ]作索引的操作符。索引号不能超过列表的元素范围，否则会产生 IndexError 的错误提示。

(2) 使用切片访问列表元素

[示例 6-25] 使用切片访问列表元素，代码如下：

#使用切片访问列表元素

accounts_receivables = [113000.00,186450.00,124300.00,169500.00]

accounts_receivables2 = accounts_receivables[1:3]

print(accounts_receivables2)

在新道代码编辑器中输入代码，运行代码，结果如下图所示：

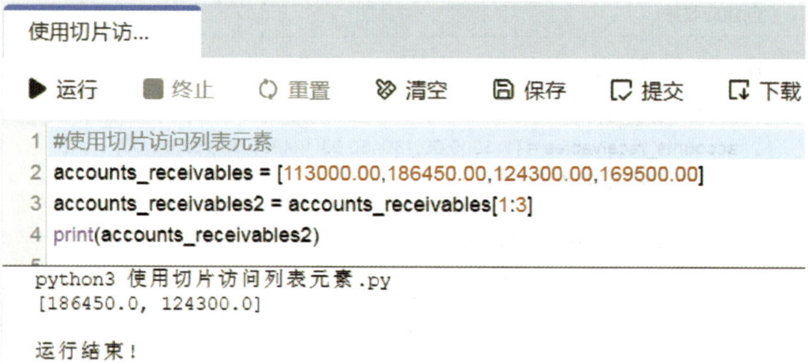

使用切片可以访问列表的一个片段，即访问一个或多个元素。遵循左闭右开的原则，切片后的结果也是列表类型。

3. 修改列表元素

(1) 使用索引修改列表元素

[示例 6-26] 使用索引修改列表元素，代码如下：

#使用索引修改列表元素

accounts_receivables=[113000.00,186450.00,124300.00,169500.00]
accounts_receivables[2] = 129950.00
print(accounts_receivables)

在新道代码编辑器中输入代码，运行代码，结果如下图所示：

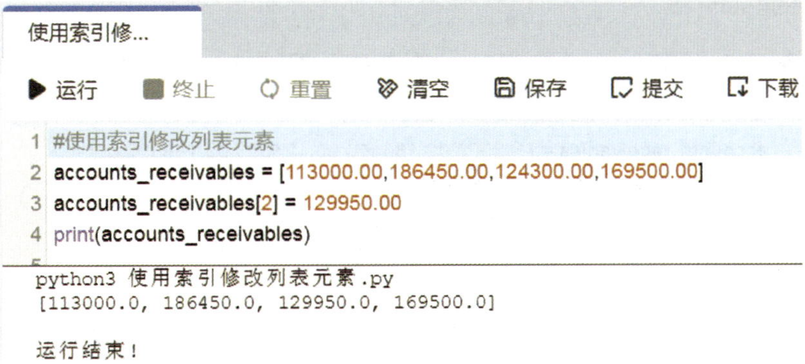

使用索引可以修改列表中的单个元素，是用元素赋值的方式完成的。

（2）使用切片修改列表元素

［示例6-27］ 使用切片修改列表元素，代码如下：

```
#使用切片修改列表元素
accounts_receivables = [113000.00,186450.00,124300.00,169500.00]
accounts_receivables[2:4] = [129950.00,183060.00]
print(accounts_receivables)
```

在新道代码编辑器中输入代码，运行代码，结果如下图所示：

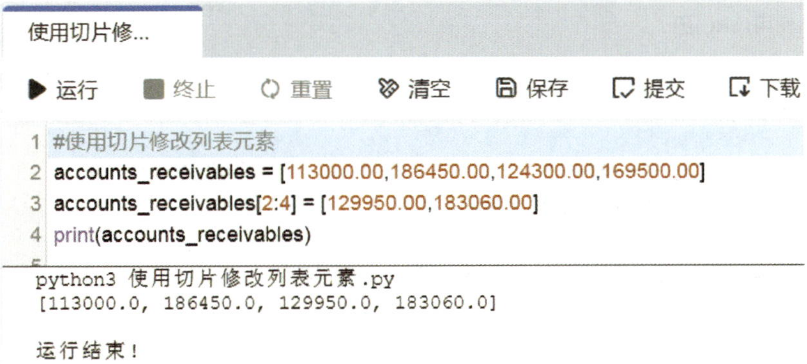

与使用索引修改列表中单个元素不同，使用切片可以修改列表中多个元素，也是用元素赋值的方式完成的。

6.2.2 统计、分析应收账款列表元素

1. 对列表中的元素求和

［示例6-28］ 使用sum()函数对列表中的元素求和，代码如下：

```
#使用sum()函数对列表中的元素求和
accounts_receivables = [113000.00,186450.00,124300.00,169500.00]
```

```
sum1 = sum(accounts_receivables)
print(sum1)
```

在新道代码编辑器中输入代码，运行代码，结果如下图所示：

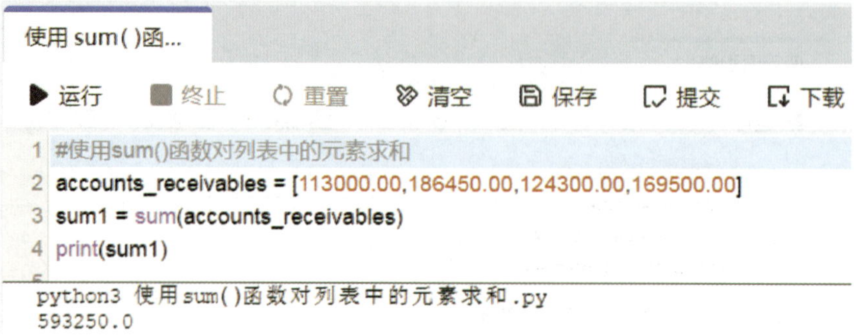

sum( )函数是 Python 的内置函数，可以实现对列表中的元素求和，类似于 Excel 中的 sum( )函数。

2. 统计列表元素的个数

［**示例 6-29**］ 使用 len( )函数统计列表元素的个数，代码如下：

```
#使用 len( )函数统计列表元素的个数
accounts_receivables = [113000.00,186450.00,124300.00,169500.00]
count = len(accounts_receivables)
print(count)
```

在新道代码编辑器中输入代码，运行代码，结果如下图所示：

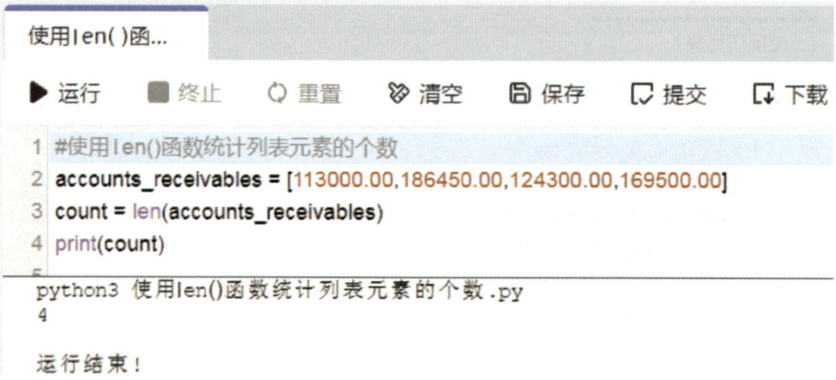

len( )函数是 Python 的内置函数，可以统计列表元素的个数。

3. 把列表元素排序

［**示例 6-30**］ 使用 sorted( )函数把列表元素排序，代码如下：

```
#使用 sorted( )函数把列表元素排序
accounts_receivables = [113000.00,186450.00,124300.00,169500.00]
sort = sorted(accounts_receivables,reverse = True)
print(sort)
```

在新道代码编辑器中输入代码，运行代码，结果如下图所示：

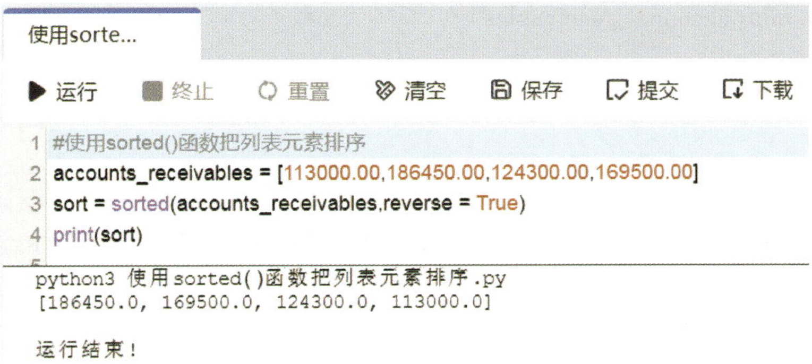

上述代码将列表 accounts_receivables 中元素按从大到小的顺序降序排列。如果 reverse = False，则为升序排列。

4. 统计列表元素中最大值和最小值

(1) 统计列表元素中最大值

[示例 6-31] 使用 max( ) 函数统计列表元素中的最大值，代码如下：

```
#导入 numpy 函数包
import numpy as np
#使用 max( ) 函数统计列表元素中最大值
accounts_receivables = [113000.00,186450.00,124300.00,169500.00]
max1 = np.max(accounts_receivables)
print(max1)
```

在新道代码编辑器中输入代码，运行代码，结果如下图所示：

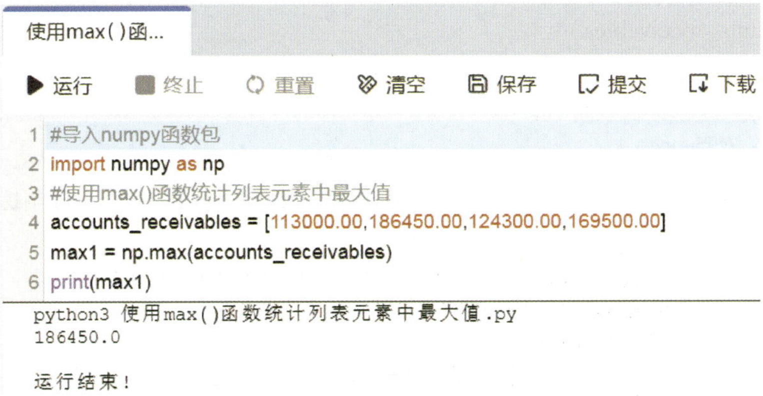

max( ) 函数在 NumPy 函数包中。如果要使用，需要先导入 NumPy 函数包。[示例 6-31] 使用代码直接导入，也可以在 Anaconda 软件里下载一个 NumPy 函数包。

(2) 统计列表元素中最小值

[示例 6-32] 使用 min( ) 函数统计列表元素中的最小值，代码如下：

```
#导入 numpy 函数包
import numpy as np
#使用 min( ) 函数统计列表元素中最小值
accounts_receivables = [113000.00,186450.00,124300.00,169500.00]
```

```
min1 = np.min(accounts_receivables)
print(min1)
```

在新道代码编辑器中输入代码，运行代码，结果如下图所示：

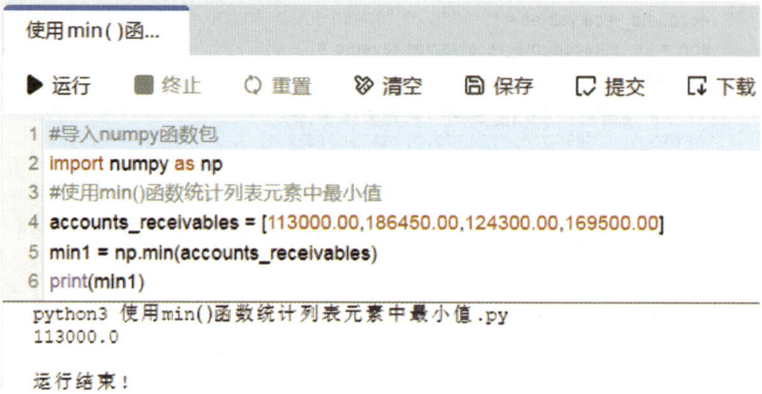

min( )函数也在NumPy函数包中。如果要使用，需要先导入NumPy函数包。[示例6-32]使用代码直接导入，也可以在Anaconda软件里下载一个NumPy函数包。通常NumPy函数包导入一次后，该文件再使用这个包中的函数时，就无须再次导入。

5. 增加列表元素

[示例6-33] 使用ls. append( )方法增加列表元素，其中ls是列表名，代码如下：

```
#使用 ls. append( )方法增加列表元素，其中 ls 是列表名
accounts_receivables = [113000.00,186450.00,124300.00,169500.00]
accounts_receivables.append(135600.00)
print(accounts_receivables)
```

在新道代码编辑器中输入代码，运行代码，结果如下图所示：

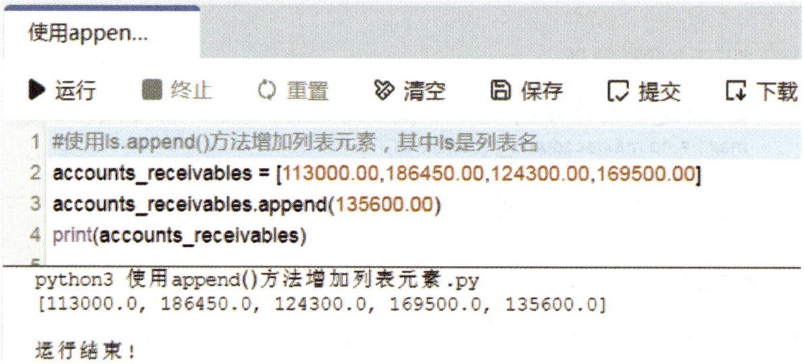

ls. append( )方法是在列表的最后增加一个元素。

6. 删除列表元素

[示例6-34] 使用ls. remove( )方法删除列表元素，其中ls是列表名，代码如下：

```
#使用 ls. remove( )方法删除列表元素，其中 ls 是列表名
accounts_receivables = [113000.00,186450.00,124300.00,169500.00]
accounts_receivables.remove(186450.00)
print(accounts_receivables)
```

在新道代码编辑器中输入代码，运行代码，结果如下图所示：

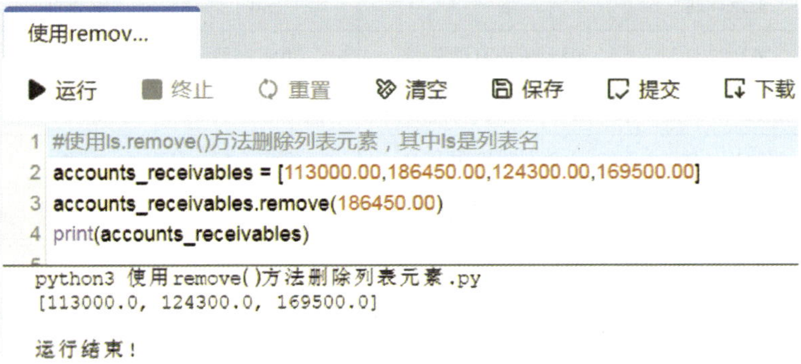

ls. remove( )方法是按索引号从小到大的方向找，当找到列表中第一个要找的元素时，删除。

7. 计算列表元素的平均值

[**示例 6-35**] 使用 sum( ) 函数、len( ) 函数计算列表元素的平均值，代码如下：

```
#使用 sum( ) 函数、len( ) 函数计算列表元素的平均值
accounts_receivables = [113000.00,186450.00,124300.00,169500.00]
avn = sum(accounts_receivables)/len(accounts_receivables)
print(avn)
```

在新道代码编辑器中输入代码，运行代码，结果如下图所示：

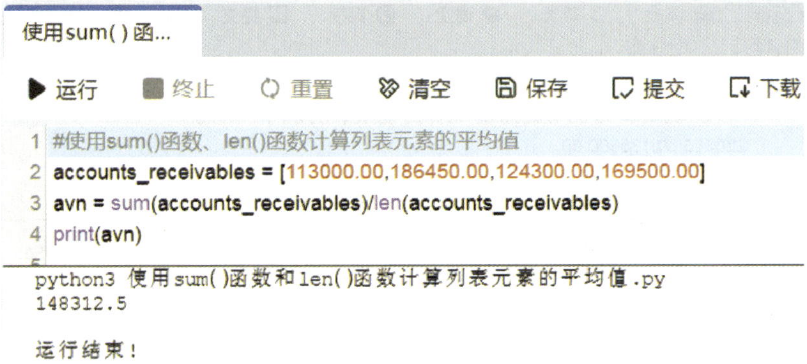

在列表中，sum( ) 函数是对列表元素求和的函数，len( ) 函数是统计列表元素个数的函数，二者相除，可以计算列表元素的平均值。

任务实施

1. 创建应收账款列表

[**示例 6-36**] 根据下表创建一个存储应收账款信息的列表。

销售订单号	业务日期	客户	部门	业务员	金额(元)
100040325	2023/1/5	山东万景有限公司	销售一部	王飞	113000. 00
100040621	2023/8/9	北京宜缘商贸有限公司	销售二部	李群	186450. 00
100040825	2023/11/6	青岛福莱有限公司	销售一部	郭强	124300. 00

续表

销售订单号	业务日期	客户	部门	业务员	金额(元)
100050325	2024/2/2	烟台乐成有限公司	销售二部	樊宇	169500.00
100050125	2024/3/10	烟台恒创科技有限公司	销售一部	王飞	101700.00
100052325	2024/6/15	上海星琳有限公司	销售一部	郭强	169500.00
100054521	2024/7/20	南京锦湖有限公司	销售二部	李群	220350.00
100056123	2024/9/23	威海连点有限公司	销售一部	王飞	135600.00

代码如下：

```
#根据上表创建应收账款列表
ls1 = [
        113000.00,186450.00,124300.00,169500.00,101700.00,169500.00,
        220350.00,135600.00
        ]
print(f'海兴有限责任公司2024年10月初应收账款为:{ls1}。')
```

在新道代码编辑器中输入代码，运行代码，结果如下图所示：

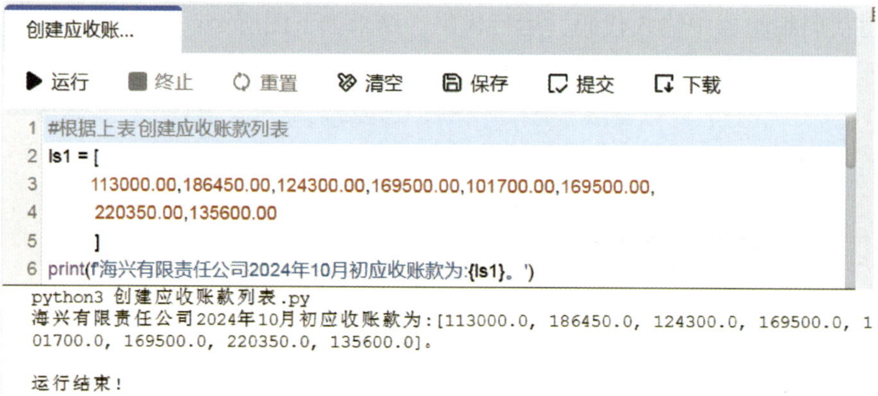

2. 访问和修改应收账款列表元素

(1) 访问应收账款列表元素

[示例 6-37] 沿用[示例 6-36]的信息，访问海兴有限责任公司 2024 年 10 月初应收账款列表的第 3 个元素。代码如下：

```
#使用索引访问应收账款列表元素
ls1 = [
      113000.00,186450.00,124300.00,169500.00,101700.00,169500.00,
      220350.00,135600.00
      ]
ls2 = ls1[2]
print(ls2)
```

在新道代码编辑器中输入代码，运行代码，结果如下图所示：

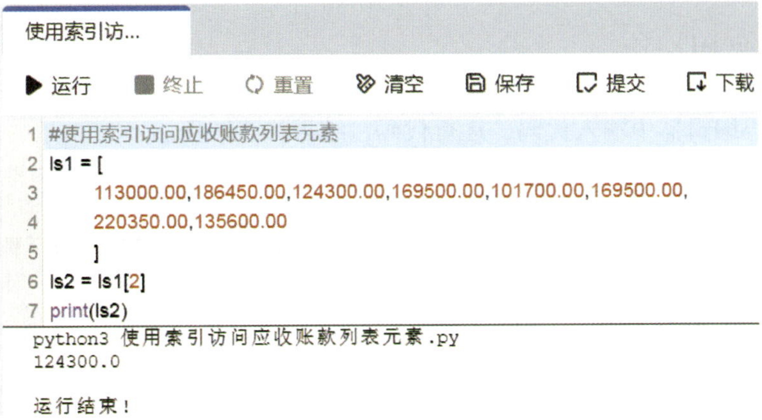

(2) 修改应收账款列表元素

[示例 6-38] 沿用[示例 6-36]的信息，将海兴有限责任公司 2024 年 10 月初应收账款列表第 3~4 个元素更改为 129950.00 和 183060.00。代码如下：

```
#使用切片修改应收账款列表元素
ls1 = [
    113000.00,186450.00,124300.00,169500.00,101700.00,169500.00,
    220350.00, 135600.00
    ]
ls1[2:4] = [129950.00,183060.00]
print(f'海兴有限责任公司 2024 年 10 月初应收账款为:{ls1}。\n')
```

在新道代码编辑器中输入代码，运行代码，结果如下图所示：

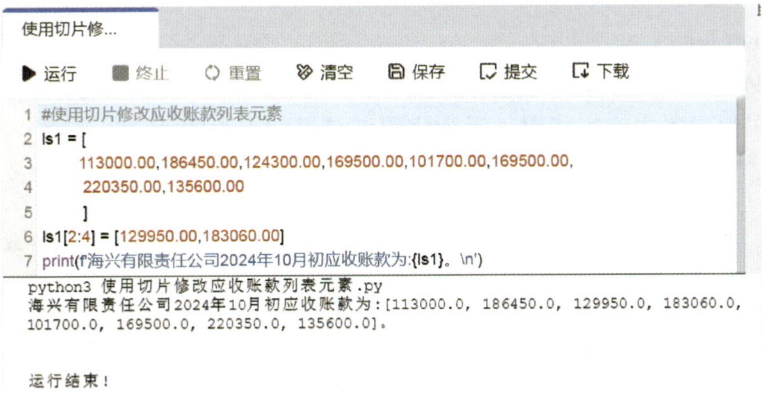

3. 统计、分析应收账款列表元素

(1) 统计应收账款账面总金额

[示例 6-39] 沿用[示例 6-36]、[示例 6-38]的信息，统计 2024 年 10 月初海兴有限责任公司应收账款账面总金额。代码如下：

```
#使用 sum()函数统计应收账款账面总金额
ls1 = [
    113000.00,186450.00,129950.00,183060.00,101700.00,169500.00,
    220350.00,135600.00
```

```
        ]
sum1 = sum(ls1)
print(f'2024 年 10 月初海兴有限责任公司应收账款账面总金额为:{sum1}。')
```

在新道代码编辑器中输入代码，运行代码，结果如下图所示：

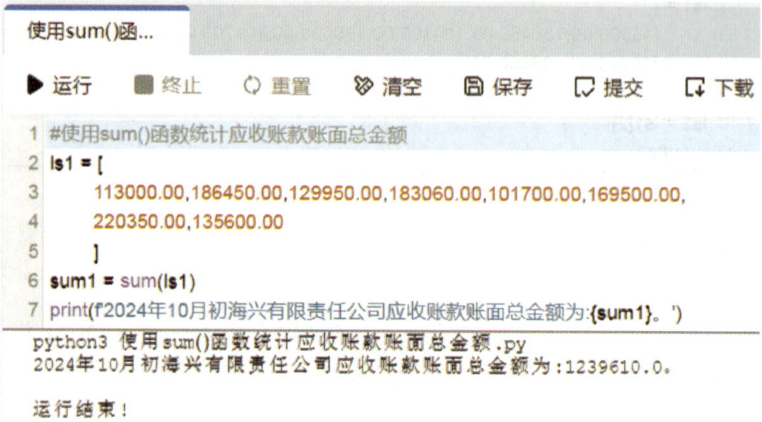

(2) 统计应收账款的数量

[示例 6-40] 沿用[示例 6-36]、[示例 6-38]的信息，统计 2024 年 10 月初海兴有限责任公司应收账款共有多少笔。代码如下：

```
#使用 len( )函数统计应收账款列表中元素个数
ls1 = [
    113000. 00,186450. 00,129950. 00,183060. 00,101700. 00,169500. 00,
    220350. 00,135600. 00
        ]
count1 = len(ls1)
print(f'2024 年 10 月初海兴有限责任公司应收账款共有{count1}笔。')
```

在新道代码编辑器中输入代码，运行代码，结果如下图所示：

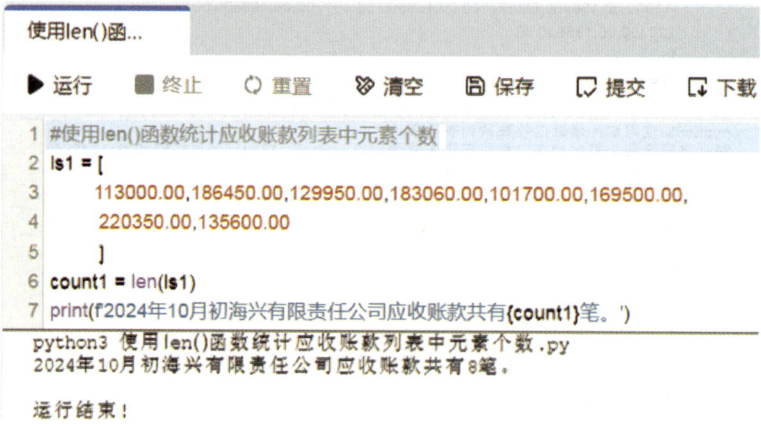

(3) 把应收账款排序

[示例 6-41] 沿用[示例 6-36]、[示例 6-38]的信息，把 2024 年 10 月初海兴有限责任公司应收账款按金额从大到小排序。代码如下：

```
#使用 sorted( )函数把应收账款列表中元素排序
ls1 = [
        113000.00,186450.00,129950.00,183060.00,101700.00,169500.00,
        220350.00,135600.00
        ]
sort1 = sorted(ls1,reverse = True)
print(f'2024 年 10 月初海兴有限责任公司应收账款按金额从大到小排序为:{sort1}。')
```

在新道代码编辑器中输入代码，运行代码，结果如下图所示：

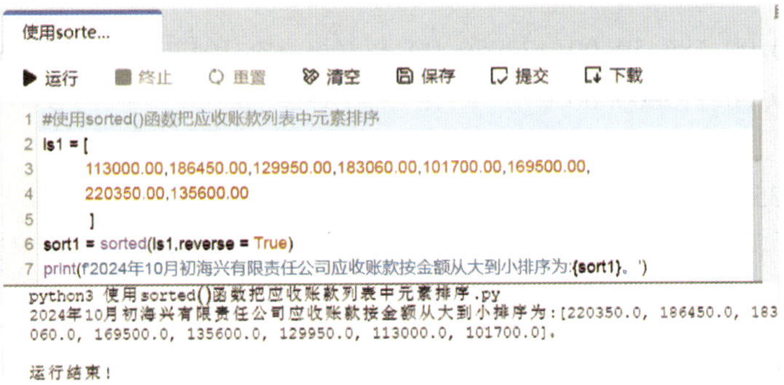

（4）统计应收账款中最大和最小的金额

[示例 6-42] 沿用[示例 6-36]、[示例 6-38]的信息，输出 2024 年 10 月初海兴有限责任公司应收账款中最大的金额和最小的金额。代码如下：

```
#使用 max( )函数、min( )函数统计应收账款列表中最大和最小的元素
ls1 = [
        113000.00,186450.00,129950.00,183060.00,101700.00,169500.00,
        220350.00,135600.00
        ]
max1 = max(ls1)
min1 = min(ls1)
print(f'2024 年 10 月初海兴有限责任公司应收账款中最大的金额为：\ {max1}元，最小的金额为：{min1}元。')
```

在新道代码编辑器中输入代码，运行代码，结果如下图所示：

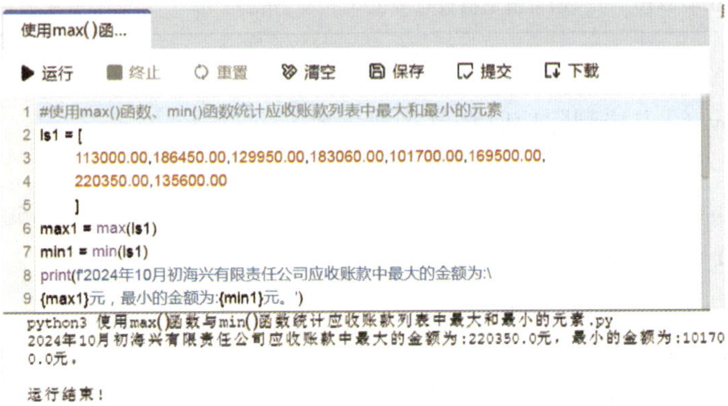

（5）增加应收账款列表元素

［示例 6-43］ 沿用［示例 6-36］、［示例 6-38］的信息，2024 年 10 月把漏记的海兴有限责任公司的一笔应收账款添加到应收账款列表中，漏记的应收账款如下表所示。

销售订单号	业务日期	客户	部门	业务员	金额（元）
100056125	2024/9/25	上海合谦有限公司	销售二部	樊宇	135600.00

代码如下：

```
#使用 ls.append( )方法添加应收账款列表元素
ls1 = [
        113000.00,186450.00,129950.00,183060.00,101700.00,169500.00,
        220350.00,135600.00
        ]
ls1.append(135600.00)
print(f'补记后海兴有限责任公司 2024 年 10 月初应收账款为:{ls1}。')
```

在新道代码编辑器中输入代码，运行代码，结果如下图所示：

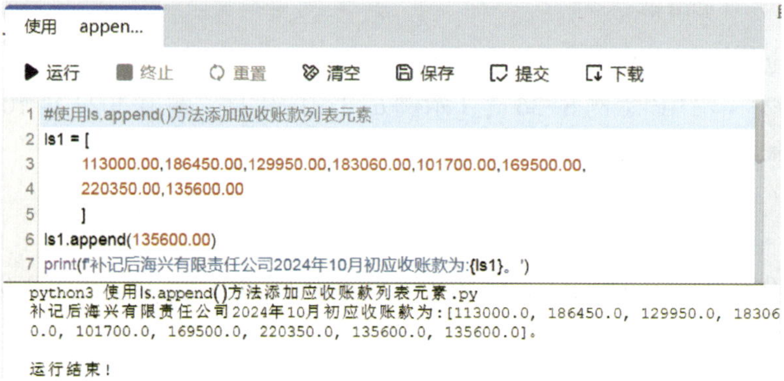

（6）核销应收账款

［示例 6-44］ 经核对，以下应收账款已于 2024 年 9 月 6 日收到，应该核销，即在应收账款列表中删除其元素。该应收账款的具体信息如下表所示。

销售订单号	业务日期	客户	部门	业务员	金额（元）
100050125	2024/3/10	烟台恒创科技有限公司	销售一部	王飞	101700.00

代码如下：

```
#使用 ls.remove( )方法删除应收账款列表元素
ls1 = [
        113000.00,186450.00,129950.00,183060.00,101700.00,169500.00,
        220350.00,135600.00,135600.00
        ]
ls1.remove(101700.00)
print(f'核销后海兴有限责任公司 2024 年 10 月初应收账款为:{ls1}。')
```

在新道代码编辑器中输入代码，运行代码，结果如下图所示：

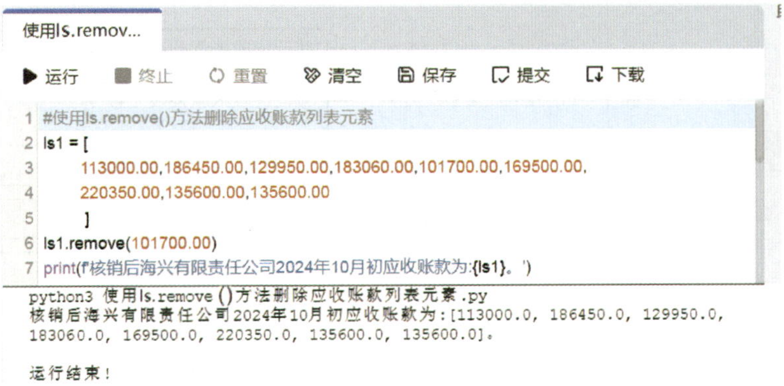

（7）计算应收账款的平均值

［示例 6-45］ 沿用［示例 6-36］、［示例 6-38］、［示例 6-43］、［示例 6-44］的信息，计算 2024 年 10 月初海兴有限责任公司应收账款的平均金额。代码如下：

```
#使用 sum( ) 函数、len( ) 函数计算应收账款的平均值
ls1 = [
        113000.00,186450.00,129950.00,183060.00,169500.00,220350.00,
        135600.00,135600.00
        ]
avn1 = sum(ls1)/len(ls1)
print(f'2024 年 10 月初海兴有限责任公司应收账款的平均金额为:{avn1:.2f}元。')
```

在新道代码编辑器中输入代码，运行代码，结果如下图所示：

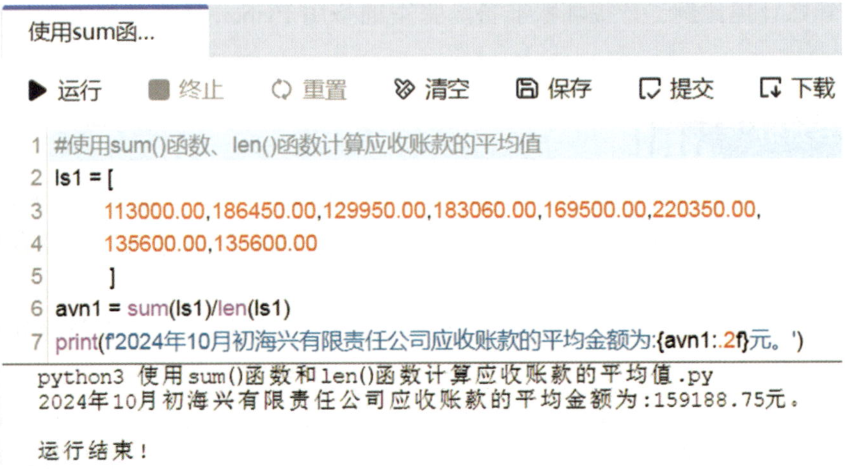

任务小结

本任务使用列表管理应收账款，运用 Python 语句实现访问、修改应收账款列表元素的功能，用列表的内置函数完成应收账款账面总金额、应收账款的数量、最大和最小金额的统计，并在此基础上完成增加、核销应收账款，计算应收账款平均值的操作。

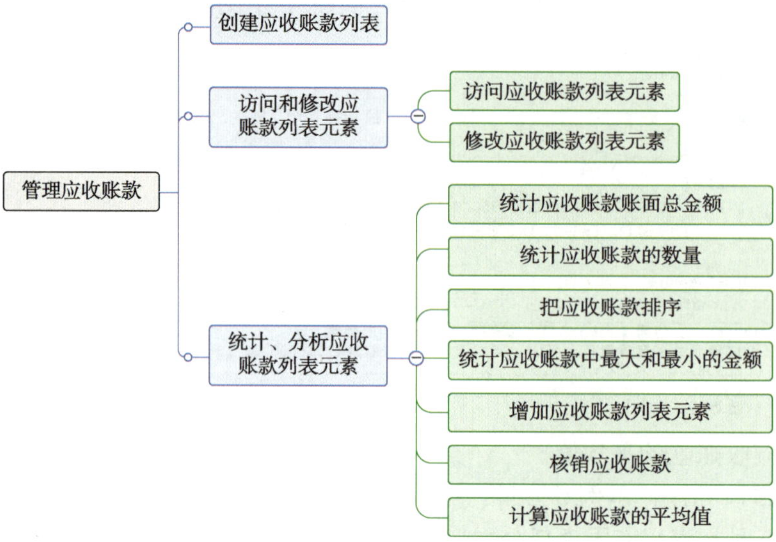

任务三　计算坏账准备

任务情境

海兴有限责任公司以赊销、现销两种方式销售产品，因赊销形成的较多应收账款影响了公司的资金周转。财务部主管张军在每年年末都要遵循谨慎性原则，对应收账款进行全面检查，分析客户账龄，预判各项应收账款可能发生的坏账准备。对预判不能收回的应收账款，根据坏账计提比例，计提坏账准备。张军准备用 Python 计算坏账准备金额，他要怎么做呢？

任务分析

坏账是指企业无法收回或收回的可能性极小的应收款项。由于发生坏账而产生的损失，称为坏账损失。企业应当在资产负债表日对应收款项的账面价值进行检查，有客观证据表明该应收款项发生减值的，应当计提坏账准备。

海兴有限责任公司定期于每年年末对应收账款进行全面检查，采用账龄分析法计提坏账准备。根据应收账款账龄的长短估计坏账损失，一般应收账款的账龄越长，发生坏账的可能性就越大。因此海兴有限责任公司将应收账款按其账龄长短分组，分别确定不同的计提比例估算坏账损失，使计算的坏账损失金额更符合客观情况。年末应收账款坏账准备金额计算公式如下：

年末应收账款坏账准备金额 = Σ(各组段应收账款年末余额×该组段的坏账计提比例)

本任务要计算年末应收账款坏账准备金额，需要先获取各客户的应收账款年末余额，创建一个应收账款列表，再根据账龄分析法确定的坏账计提比例，创建一个存储坏账计提比例数据的列表，然后运用两个列表进行计算，最终得到年末应收账款坏账准备金额。

知识准备

6.3.1 存储坏账准备的计提方法

［示例 6-46］ 在列表中使用 extend( )函数添加两种坏账准备的计提方法，代码如下：

```
#使用 extend( )函数添加两种坏账准备的计提方法
list1 = ['余额百分比法']
list1.extend(['账龄分析法','销货百分比法']) #添加两种方法
print(list1)
```

在新道代码编辑器中输入代码，运行代码，结果如下图所示

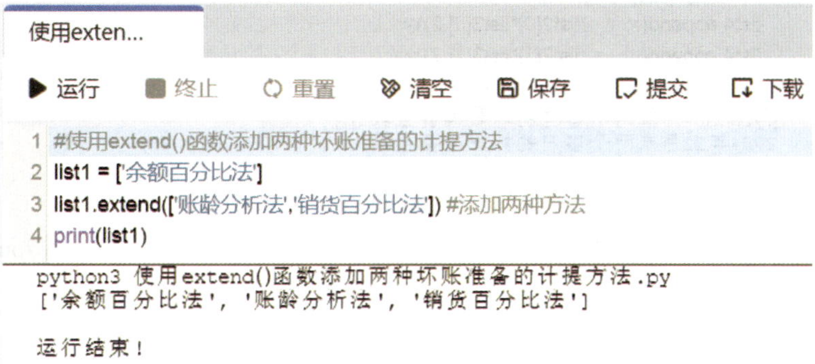

使用 extend( )函数在列表中添加多个元素前，先创建列表，可以是空列表，也可以是非空列表。上述代码将 2 个元素“账龄分析法”和“销货百分比法”添加到列表 list1 的末尾。extend( )函数的小括号内的多个元素需要放在一个列表中，由于列表有一个中括号，所以 extend( )函数可以同时有小括号和中括号。

6.3.2 计算坏账准备金额

［示例 6-47］ 南京锦湖有限公司和青岛福莱有限公司都是海兴有限责任公司的客户。2024 年 12 月末应收账款明细账显示：应收账款——南京锦湖有限公司为 220350.00 元，应收账款——青岛福莱有限公司为 129950.00 元，对应的账龄分别为 6 个月和 14 个月，相应的坏账计提比例分别为 0.003 和 0.005。创建一个空列表，计算 2024 年 12 月末两个客户的坏账准备金额，并存储在列表中。

代码如下：

```
#创建应收账款列表
list2 = [220350.00,129950.00]
#创建空列表,存储坏账计提比例数据
list3 = [] #创建空列表
list3.extend([0.003,0.005]) #添加多个数据
#创建空列表,存储坏账准备金额数据
list4 = [] #创建空列表
list4.append(round(list2[0] * list3[0],2)) #添加客户南京锦湖的数据
```

```
list4.append(round(list2[1] * list3[1],2)) #添加客户青岛福莱的数据
print(f'2024年12月末两个客户的坏账准备金额为:{list4}。')
```

在新道代码编辑器中输入代码，运行代码，结果如下图所示：

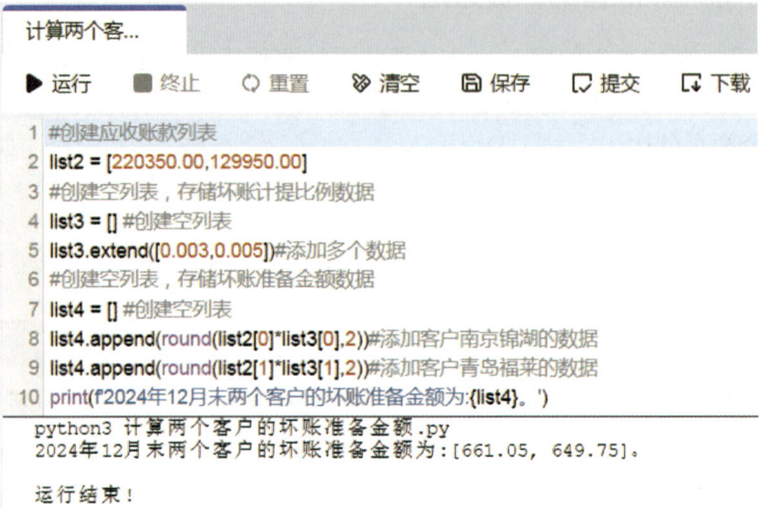

上述代码使用表间元素相乘的方式计算客户的坏账准备金额，并利用 round( ) 函数保留两位小数。

任务实施

1. 创建应收账款列表

[**示例 6-48**]　根据下表创建一个存储应收账款信息的列表。

客户编号	客户名称	期末余额（元）	账期				
			<3 个月	3 个月(含)~6 个月(不含)	6 个月(含)~1 年(不含)	1 年(含)~2 年(不含)	≥2 年
10004	山东万景有限公司	113000.00					113000.00
10009	北京宜缘商贸有限公司	186450.00				186450.00	
10011	青岛福莱有限公司	129950.00				129950.00	
10018	烟台乐成有限公司	183060.00			183060.00		
10021	烟台恒创科技有限公司	101700.00			101700.00		
10027	上海星琳有限公司	169500.00			169500.00		
10031	南京锦湖有限公司	220350.00			220350.00		
10038	威海连点有限公司	135600.00		135600.00			

代码如下：

```
#创建应收账款列表
ls3 = [
```

135600.00,220350.00,169500.00,101700.00,183060.00,129950.00,
186450.00,113000.00
]
print(f'海兴有限责任公司2024年12月末应收账款为:{ls3}。')

在新道代码编辑器中输入代码，运行代码，结果如下图所示：

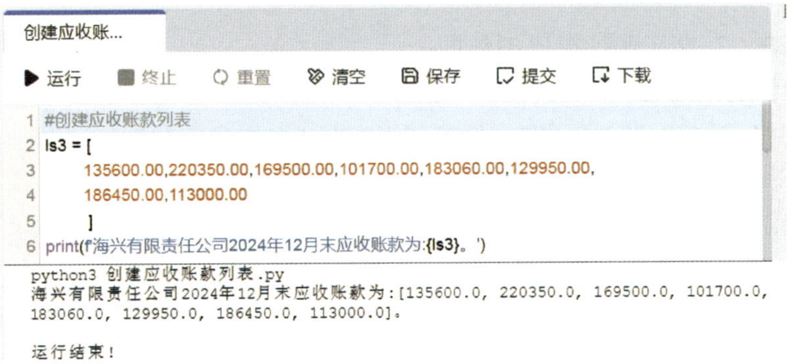

2. 存储坏账计提比例数据

[示例 6-49] 根据下表创建一个存储坏账计提比例数据的列表。

账期	<3 个月	3 个月(含)~6 个月(不含)	6 个月(含)~1 年(不含)	1 年(含)~2 年(不含)	≥2 年
计提比例	0.1%	0.2%	0.3%	0.5%	0.8%

代码如下：

#创建空列表，存储坏账计提比例数据
ls4 = [] #创建空列表
ls4.extend([0.001,0.002,0.003,0.005,0.008])#添加多个数据
print(ls4)

在新道代码编辑器中输入代码，运行代码，结果如下图所示：

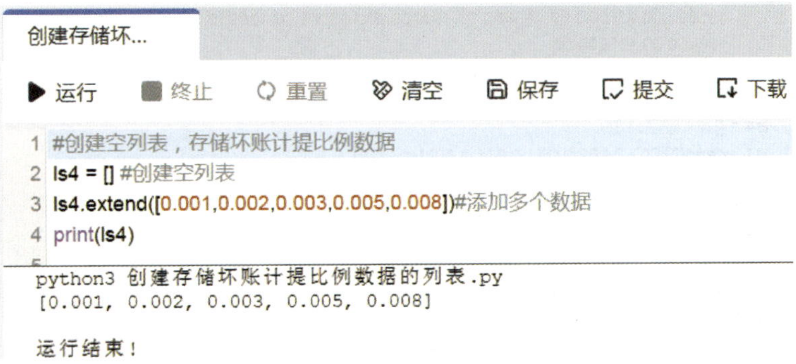

上述代码使用 extend( ) 函数给空列表添加了 5 个元素，5 个元素需要存储在列表中，各元素之间用逗号分隔。

3. 计算坏账准备金额

[示例 6-50] 沿用[示例 6-48]、[示例 6-49]的信息，创建一个空列表，计算海兴有限责任公司 2024 年 12 月末坏账准备金额，并存储在该列表中。

代码如下：

```
#创建应收账款列表
ls3 = [
        135600.00,220350.00,169500.00,101700.00,183060.00,129950.00,
        186450.00,113000.00
        ]
#创建空列表，存储坏账计提比例数据
ls4 = [] #创建空列表
ls4.extend([0.001,0.002,0.003,0.005,0.008])#添加多个数据
#创建空列表，存储坏账准备金额数据
ls5 = [] #创建空列表
ls5.append(round(ls3[0] * ls4[1],2))#添加客户威海连点的数据
ls5.append(round(ls3[1] * ls4[2],2))#添加客户南京锦湖的数据
ls5.append(round(ls3[2] * ls4[2],2))#添加客户上海星琳的数据
ls5.append(round(ls3[3] * ls4[2],2))#添加客户烟台恒创的数据
ls5.append(round(ls3[4] * ls4[2],2))#添加客户烟台乐成的数据
ls5.append(round(ls3[5] * ls4[3],2))#添加客户青岛福莱的数据
ls5.append(round(ls3[6] * ls4[3],2))#添加客户北京宜缘的数据
ls5.append(round(ls3[7] * ls4[4],2))#添加客户山东万景的数据
print(f'2024 年 12 月末海兴有限责任公司坏账准备金额为:{ls5}。')
```

在新道代码编辑器中输入代码，运行代码，结果如下图所示：

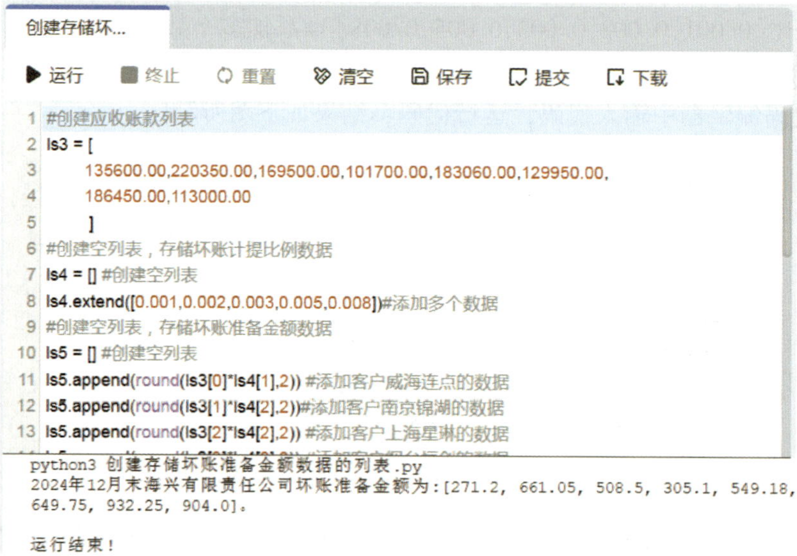

上述代码先定义一个空列表，再从列表 ls3 中获取客户欠的应收账款的年末余额，从列表 ls4 中获取与客户账期对应的坏账计提比例，最后将两个数据相乘，得到坏账准备金额，通过 append( ) 函数添加到空列表中。

任务小结

本任务使用列表存储各客户的应收账款年末余额和各组段账龄的坏账计提比例数据，并运用列表元素相乘的方法计算坏账准备金额，通过 append( ) 函数添加到空列表中。

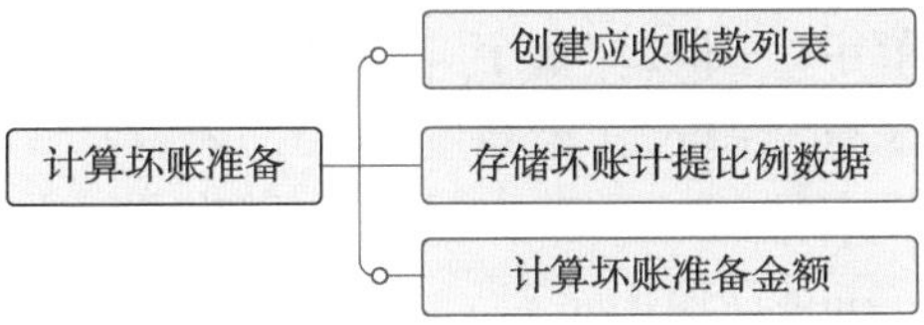

任务四　计算应收账款账面价值

任务情境

海兴有限责任公司以赊销、现销两种方式销售产品，赊销会形成应收账款。财务部主管张军负责编制财务报表，包括资产负债表、利润表等。其中资产负债表项目应收账款的期末余额不是应收账款的账面余额，而是减去坏账准备金额后的差额，即应收账款账面价值。张军想对客户进行详细核算，分别计算其应收账款账面价值，为编制年末资产负债表准备好数据。怎样用 Python 帮助张军实现呢？

任务分析

企业应当在资产负债表日对应收账款的账面价值进行预判，有应收账款发生减值的，应当计提坏账准备。应收账款账面余额减去计提的坏账准备金额，差额即应收账款账面价值。其计算公式如下：

应收账款账面价值=应收账款账面余额-计提的坏账准备金额

海兴有限责任公司定期于每年年末对应收账款进行全面检查，在任务三中采用账龄分析法，对 8 个客户计提了坏账准备。本任务将计算 8 个客户年末应收账款账面价值。要计算年末应收账款账面价值，需要分别按照客户获取对应的应收账款期末余额和坏账准备金额。

本任务先创建两个字典。一个字典存储客户的应收账款数据，另一个字典存储客户的坏账准备金额。再运用字典间的计算，最终得到 8 个客户的应收账款账面价值，并存储在新字典中。

知识准备

6.4.1　计算季度数据

［**示例 6-51**］　根据 A 公司销售部业务员 2024 年 1—3 月的月度销售额创建 3 个字典，存储各月份业务员的月度销售额，计算业务员的季度销售额并存储在新字典中，代码如下：

```
#创建字典，存储业务员的月度销售额数据
dic1 = {'董宇':100000,'宋慧':150000,'陈杰':130000} #2024 年 1 月销售额
dic2 = {'董宇':140000,'宋慧':130000,'陈杰':160000} #2024 年 2 月销售额
dic3 = {'董宇':200000,'宋慧':110000,'陈杰':120000} #2024 年 3 月销售额
dic4 = {} #创建空字典
dic4['董宇'] = dic1['董宇']+dic2['董宇']+dic3['董宇']
dic4['宋慧'] = dic1['宋慧']+dic2['宋慧']+dic3['宋慧']
dic4['陈杰'] = dic1['陈杰']+dic2['陈杰']+dic3['陈杰']
print('季度销售额为:', dic4)#输出字典
```

在新道代码编辑器中输入代码，运行代码，结果如下图所示：

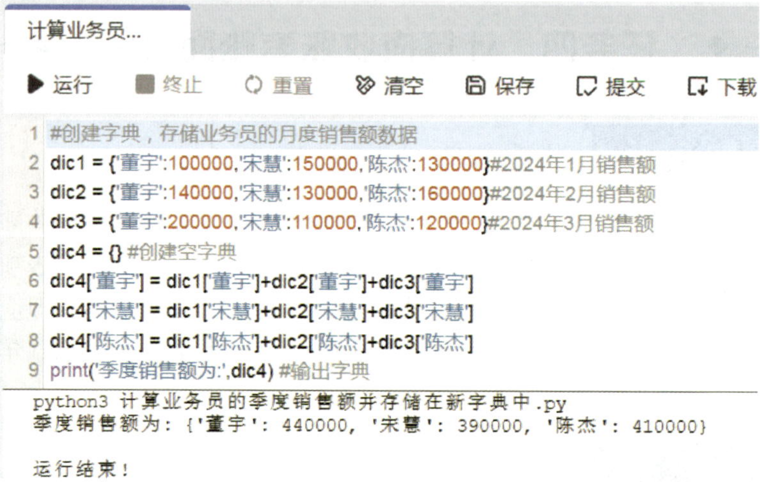

代码“dic4['董宇'] = dic1['董宇']+dic2['董宇']+dic3['董宇']”的意思是，通过键“董宇”，从字典 dic1 获取对应的值(董宇 2024 年 1 月销售额)；通过键“董宇”，从字典 dic2 获取对应的值(董宇 2024 年 2 月销售额)；通过键“董宇”，从字典 dic3 获取对应的值(董宇 2024 年 3 月销售额)，然后将获取的三个值进行加法运算。加法运算的结果作为值，赋给字典 dic4 中的键“董宇”，dic4 是空字典，所以相当于将键值对添加到空字典 dic4 中。

6.4.2 计算资产的价值

[示例 6-52] 2024 年 12 月末 A 公司财务部创建了 3 个字典，分别存储固定资产的原值、累计折旧和减值准备，计算固定资产账面净值、固定资产账面价值并分别存储在字典中，代码如下：

```
#创建字典，存储固定资产的原值、累计折旧和减值准备
dic5 = {'办公楼':10000000,'汽车':600000,'电脑':200000} #固定资产的原值
dic6 = {'办公楼':5000000,'汽车':400000,'电脑':130000} #固定资产的累计折旧
dic7 = {'办公楼':600000,'汽车':100000,'电脑':20000} #固定资产的减值准备
dic8 = {} #创建空字典
dic8['办公楼'] = dic5['办公楼'] - dic6['办公楼']
dic8['汽车'] = dic5['汽车'] - dic6['汽车']
```

```
dic8['电脑'] = dic5['电脑'] - dic6['电脑']
print('固定资产账面净值为:', dic8)
dic9 = {} #创建空字典
dic9['办公楼'] = dic5['办公楼'] - dic6['办公楼'] - dic7['办公楼']
dic9['汽车'] = dic5['汽车'] - dic6['汽车'] - dic7['汽车']
dic9['电脑'] = dic5['电脑'] - dic6['电脑'] - dic7['电脑']
print('固定资产账面价值为:', dic9)
```

在新道代码编辑器中输入代码，运行代码，结果如下图所示：

代码“dic8['办公楼'] = dic5['办公楼']-dic6['办公楼']”的意思是，通过键“办公楼”，从字典 dic5 获取对应的值(办公楼的原值)，通过键“办公楼”，从字典 dic6 获取对应的值(办公楼的累计折旧)，然后将获取的两个值进行减法运算。减法运算的结果作为值，赋给字典 dic8 中的键“办公楼”，dic8 是空字典，所以相当于将键值对添加到空字典 dic8 中。

代码“dic9['办公楼'] = dic5['办公楼']-dic6['办公楼']-dic7['办公楼']”的意思是，通过键“办公楼”，从字典 dic5 获取对应的值(办公楼的原值)；通过键“办公楼”，从字典 dic6 获取对应的值(办公楼的累计折旧)；通过键“办公楼”，从字典 dic7 获取对应的值(办公楼的减值准备)；然后将获取的三个值进行减法运算。减法运算的结果作为值，赋给字典 dic9 中的键“办公楼”，dic9 是空字典，所以相当于将键值对添加到空字典 dic9 中。

任务实施

1. 存储客户的应收账款数据

[示例 6-53] 根据下表创建一个存储客户应收账款数据的字典，按账龄从小到大的顺序排列元素。

客户编号	客户名称	客户简称	业务日期	期末余额(元)
10004	山东万景有限公司	山东万景	2023/1/5	113000.00
10009	北京宜缘商贸有限公司	北京宜缘	2023/8/9	186450.00

续表

客户编号	客户名称	客户简称	业务日期	期末余额(元)
10011	青岛福莱有限公司	青岛福莱	2023/11/6	129950.00
10018	烟台乐成有限公司	烟台乐成	2024/2/2	183060.00
10021	烟台恒创科技有限公司	烟台恒创	2024/3/10	101700.00
10027	上海星琳有限公司	上海星琳	2024/6/15	169500.00
10031	南京锦湖有限公司	南京锦湖	2024/7/20	220350.00
10038	威海连点有限公司	威海连点	2024/9/23	135600.00

代码如下：

```
#创建字典，存储客户的应收账款数据
dict1 = {
        '威海连点'：135600.00,'南京锦湖':220350.00,'上海星琳':169500.00,
        '烟台恒创'：101700.00,'烟台乐成':183060.00,'青岛福莱':129950.00,
        '北京宜缘'：186450.00,'山东万景':113000.00
          }
print(dict1)#输出字典
```

在新道代码编辑器中输入代码，运行代码，结果如下图所示：

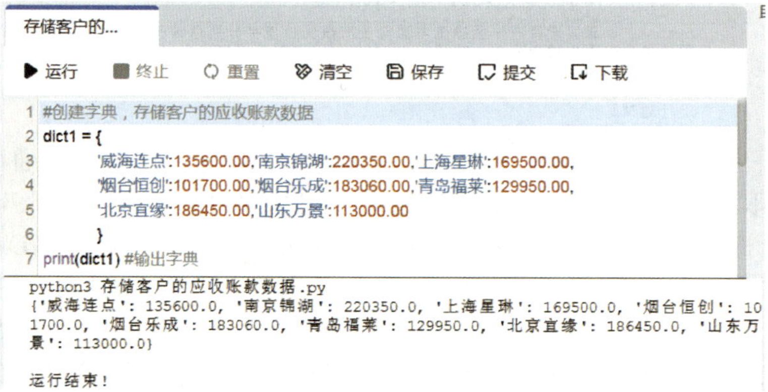

2. 存储客户的坏账准备金额

[示例 6-54] 根据下表创建一个存储客户坏账准备金额的字典，按账龄从小到大的顺序排列元素。

客户编号	客户名称	客户简称	业务日期	坏账准备金额(元)
10004	山东万景有限公司	山东万景	2023/1/5	904.00
10009	北京宜缘商贸有限公司	北京宜缘	2023/8/9	932.25
10011	青岛福莱有限公司	青岛福莱	2023/11/6	649.75
10018	烟台乐成有限公司	烟台乐成	2024/2/2	549.18
10021	烟台恒创科技有限公司	烟台恒创	2024/3/10	305.10

续表

客户编号	客户名称	客户简称	业务日期	坏账准备金额(元)
10027	上海星琳有限公司	上海星琳	2024/6/15	508.50
10031	南京锦湖有限公司	南京锦湖	2024/7/20	661.05
10038	威海连点有限公司	威海连点	2024/9/23	271.20

代码如下：

```
#创建空字典，存储客户的坏账准备金额
dict2 = {} #创建空字典
dict2['威海连点'] = 271.2
dict2['南京锦湖'] = 661.05
dict2['上海星琳'] = 508.5
dict2['烟台恒创'] = 305.1
dict2['烟台乐成'] = 549.18
dict2['青岛福莱'] = 649.75
dict2['北京宜缘'] = 932.25
dict2['山东万景'] = 904.0
print(dict2)
```

在新道代码编辑器中输入代码，运行代码，结果如下图所示：

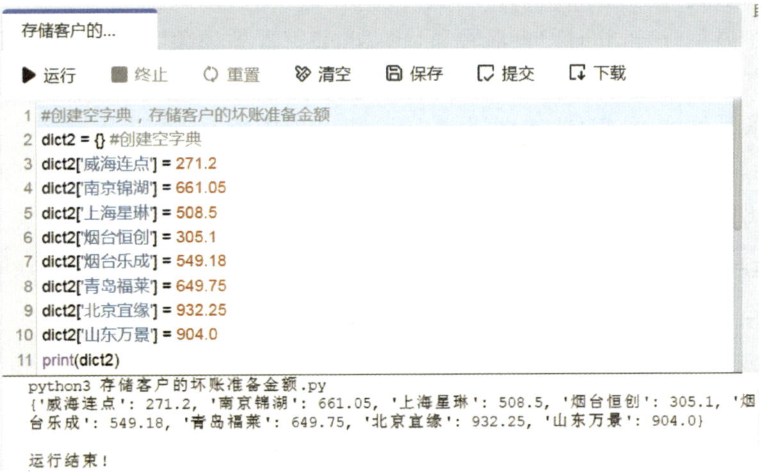

3. 计算客户的应收账款账面价值

[示例 6-55] 沿用[示例 6-53]、[示例 6-54]的信息，再创建一个空字典，存储客户的应收账款账面价值，按账龄从小到大的顺序排列元素。

代码如下：

```
#创建字典,存储客户的应收账款数据
dict1 = {
        '威海连点':135600.00,'南京锦湖':220350.00,'上海星琳':169500.00,
        '烟台恒创':101700.00,'烟台乐成':183060.00,'青岛福莱':129950.00,
```

```
        '北京宜缘':186450.00,'山东万景':113000.00
        }
#创建空字典,存储客户的坏账准备金额
dict2 = {} #创建空字典
dict2['威海连点'] = 271.2
dict2['南京锦湖'] = 661.05
dict2['上海星琳'] = 508.5
dict2['烟台恒创'] = 305.1
dict2['烟台乐成'] = 549.18
dict2['青岛福莱'] = 649.75
dict2['北京宜缘'] = 932.25
dict2['山东万景'] = 904.0
#创建空字典，存储客户的应收账款账面价值
dict3 = {} #创建空字典
dict3['威海连点'] = dict1['威海连点'] - dict2['威海连点']
#添加客户威海连点的数据
dict3['南京锦湖'] = dict1['南京锦湖'] - dict2['南京锦湖']
dict3['上海星琳'] = dict1['上海星琳'] - dict2['上海星琳']
dict3['烟台恒创'] = dict1['烟台恒创'] - dict2['烟台恒创']
dict3['烟台乐成'] = dict1['烟台乐成'] - dict2['烟台乐成']
dict3['青岛福莱'] = dict1['青岛福莱'] - dict2['青岛福莱']
dict3['北京宜缘'] = dict1['北京宜缘'] - dict2['北京宜缘']
dict3['山东万景'] = dict1['山东万景'] - dict2['山东万景']
print(f'2024 年 12 月末海兴有限责任公司客户的应收账款账面价值为:{dict3}。')
```

在新道代码编辑器中输入代码，运行代码，结果如下图所示：

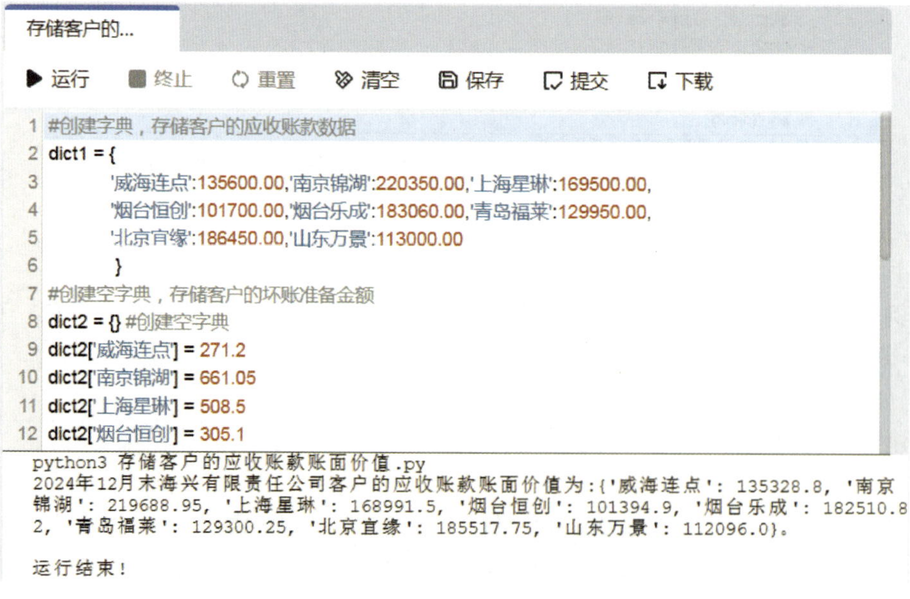

任务小结

本任务使用字典存储各客户的应收账款数据和坏账准备金额，并运用字典间元素相减的方法计算各客户的应收账款账面价值。通过键从存储客户应收账款数据的字典获取对应的值，再通过键从存储客户坏账准备金额的字典获取对应的值，然后将获取的两个值进行减法运算。将减法运算的结果作为值，赋给存储客户应收账款账面价值的字典。

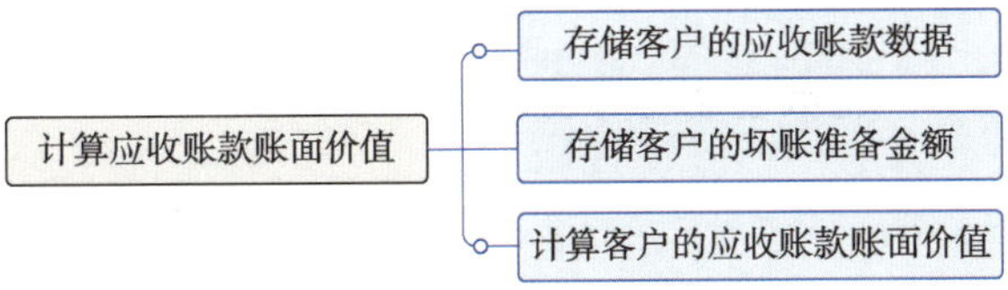

拓展提升

1. 使用 list( ) 函数创建列表

前面学习了一种创建列表的方法，即使用中括号[ ]创建列表。除此之外，还可以使用内置函数 list( ) 创建列表。

[**示例 6-56**]　用内置函数 list( ) 创建列表，代码如下：

```
#用 list( ) 函数创建列表
ac1 = list([113000.00,186450.00,124300.00,169500.00])
print(ac1)
```

在新道代码编辑器中输入代码，运行代码，结果如下图所示：

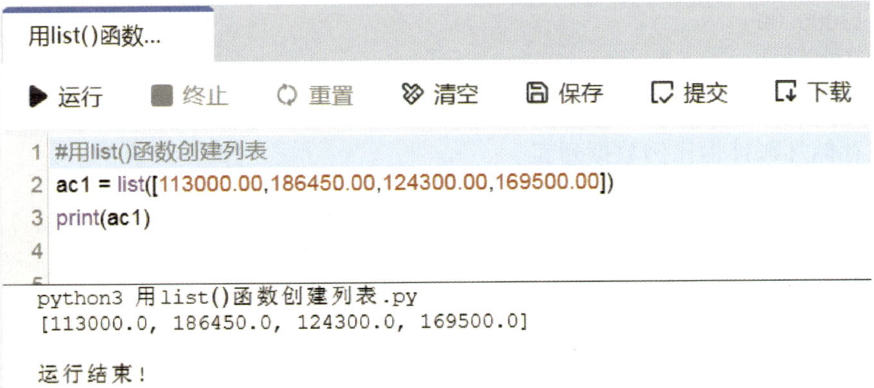

用内置函数 list( ) 创建列表，需要将整个列表放在函数的小括号( )内，然后将整个函数赋值给变量。列表可以是非空列表，即有列表元素，也可以是空列表。

[**示例 6-57**]　用内置函数 list( ) 创建空列表，代码如下：

```
#用 list( ) 函数创建空列表
ac2 = list([ ])
print(ac2)
```

在新道代码编辑器中输入代码，运行代码，结果如下图所示：

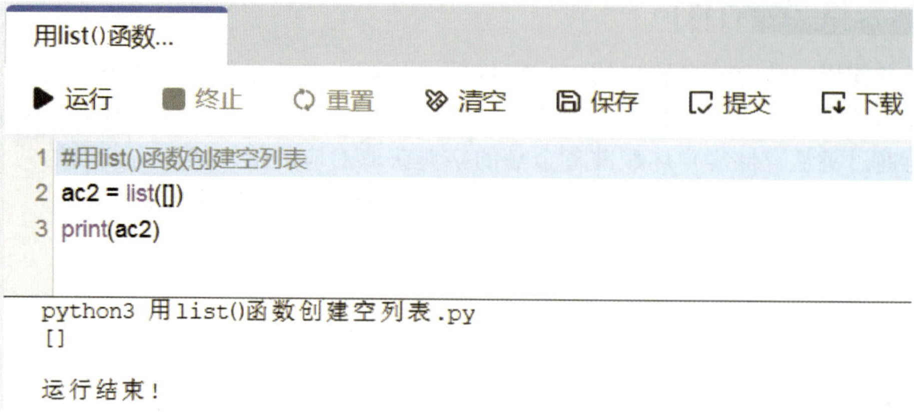

2. 分组段计算坏账准备金额

任务三是按客户分别计算其坏账准备金额。换一种思路，按账龄分组，创建相应的应收账款列表，再和存储相应组段的坏账计提比例数据的列表中相对应的元素相乘，计算各组段的坏账准备金额。

[示例 6-58] 根据[示例 6-48]和[示例 6-49]中的表格分组段计算坏账准备金额，代码如下：

```
#创建应收账款列表
a = 0
b = 135600.00
c = 220350.00 + 169500.00 + 101700.00 + 183060.00
d = 129950.00 + 186450.00
e = 113000.00
ls6 = list([a,b,c,d,e])
print(ls6)
#创建存储坏账计提比例数据列表
ls7 = list([0.001,0.002,0.003,0.005,0.008])
print(ls7)
#创建空列表,存储坏账准备金额数据
ls8 = list([])
ls8.append(round(ls6[0] * ls7[0],2))#组段 1 的坏账准备金额
ls8.append(round(1s6[1] * ls7[1],2))#组段 2 的坏账准备金额
ls8.append(round(ls6[2] * ls7[2],2))#组段 3 的坏账准备金额
ls8.append(round(ls6[3] * ls7[3],2))#组段 4 的坏账准备金额
ls8.append(round(ls6[4] * ls7[4],2))#组段 5 的坏账准备金额
print(ls8)
```

在新道代码编辑器中输入代码，运行代码，结果如下图所示：

```python
#创建应收账款列表
a = 0
b = 135600.00
c = 220350.00 + 169500.00 + 101700.00 + 183060.00
d = 129950.00 + 186450.00
e = 113000.00
ls6 = list([a,b,c,d,e])
print(ls6)
#创建存储坏账计提比例数据列表
ls7 = list([0.001,0.002,0.003,0.005,0.008])
print(ls7)
#创建空列表，存储坏账准备金额数据
ls8 = list([])
```

```
python3 分组段计算坏账准备金额.py
[0, 135600.0, 674610.0, 316400.0, 113000.0]
[0.001, 0.002, 0.003, 0.005, 0.008]
[0.0, 271.2, 2023.83, 1582.0, 904.0]

运行结束！
```

项目总结

本项目围绕列表和字典在应收账款管理中的具体应用展开，共分四个任务。任务一管理客户信息，使用客户信息字典管理客户及其联系人信息；任务二管理应收账款，使用应收账款列表管理应收账款；任务三计算坏账准备，创建两个列表，一个列表存储应收账款数据，另一个列表存储坏账计提比例数据，运用列表元素相乘的方式计算坏账准备金额；任务四计算应收账款账面价值，创建两个字典，一个字典存储客户的应收账款数据，另一个字典存储客户的坏账准备金额，运用字典相同键的值相减的方式计算客户的应收账款账面价值。遵循任务由易到难、循序渐进的原则，强化学生的数据结构素养培养。

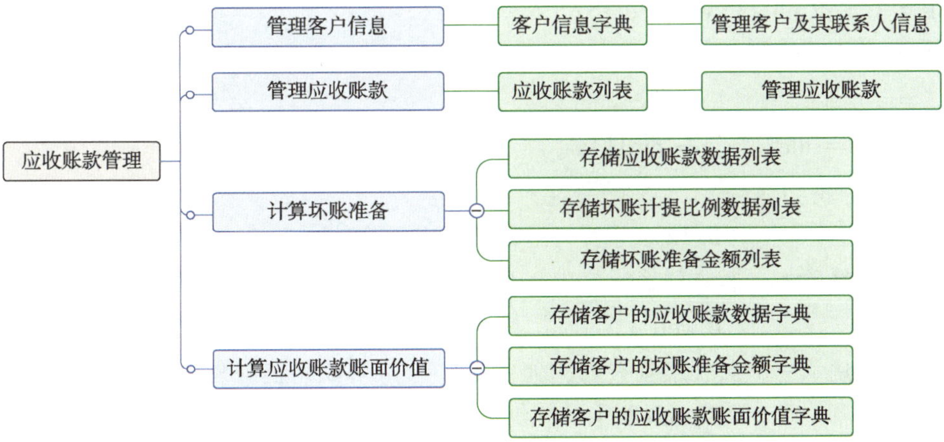

课后实战

一、单选题

1. 下列关于列表的说法，正确的是(　　)。

A. 列表是一种有序的存储结构

B. 列表只能存储数字或字符串类型的元素

C. 列表中元素之间用顿号分隔

D. 列表使用大括号{}表示

2. 下列关于列表切片的说法，错误的是(　　)。

A. 列表切片是左闭右开

B. 列表切片是左开右闭

C. 列表切片中索引之间用冒号分隔

D. 列表切片的中括号[]内只有冒号，表示获取整个列表

3. 下列程序的输出结果是(　　)。

```
a = [2,3,4]
print(a * 3)
```

A. [6,9,12]　　B. [2,3,4,2,3,4,2,3,4]

C. [22,33,44]　　D. [2,3,4]

4. 下列程序的输出结果是(　　)。

```
dic1 = {'a':2,'b':3,'c':4,'d':5}
dic2 = dic1
dic2['c'] = 8
print(dic1['c']+dic2['c'])
```

A. 4　　B. 12　　C. 16　　D. 8

5. 下列程序的输出结果是(　　)。

```
dic1 = {'a':2,'b':3,'c':4,'d':5}
dic2 = {'a':10,'b':9,'c':8,'d':6}
dic3 = {}
dic3['a' ] = dic2['a'] - dic1['a']
print(dic3['a'])
```

A. 8　　B. 12　　C. 16　　D. 20

6. 张明创建了一个客户联系人字典，他用(　　)函数可以提取该字典中所有的键。

A. keys()　　B. get()　　C. values()　　D. pop()

7. 王东创建了一个应收账款列表，他使用(　　)函数能把列表元素排序。

A. max()　　B. sorted()　　C. min()　　D. len()

8. 王东要把应收账款列表元素按从小到大的顺序升序排列，代码中 reverse=(　　)。

A. True　　B. False　　C. Null　　D. None

9. 李红需要统计应收账款列表元素中的最大值。她使用 max( ) 函数编写代码，但是运行代码时发现不能调用 max( ) 函数。解决方法是先导入(　　)函数包。

A. Scikit-learn　　B. Matplotlib　　C. NumPy　　D. Pandas

10. 客户 A 欠海兴公司一笔货款 100 万元。在多次催款后，海兴公司收到了该笔款项，现需要把该笔应收账款核销，可以在应收账款列表中使用(　　)方法。

A. append( )　　B. len( )　　C. sum( )　　D. remove( )

二、多选题

1. 客户的重要性主要体现在(　　)。

A. 客户是利润源泉　　B. 客户的信息价值

C. 客户评价带来的口碑价值　　D. 忠诚的客户形成的聚客效应

2. 删除客户联系人字典中元素的方法有(　　)。

A. del　　B. pop( )　　C. len( )　　D. clear( )

3. 计算应收账款的平均值时，可能用到的函数有(　　)

A. max( ) 函数　　B. min( ) 函数　　C. sum( ) 函数　　D. len( ) 函数

4. 下列说法正确的是(　　)。

A. 定期于每年年末对应收账款进行全面检查

B. 一般应收账款的账龄越长，发生坏账的可能性就越大

C. 有客观证据表明该应收款项发生减值的，应当计提坏账准备

D. 现销形成的较多应收账款影响了公司的资金周转

5. 在应收账款列表中添加元素的方法有(　　)。

A. 使用 append( ) 函数　　B. 使用 extend( ) 函数

C. 使用 len( ) 函数　　D. 使用 sum( ) 函数

三、判断题

1. 客户是指购买企业产品或服务的个人。(　　)

2. 用 del 只能删除客户联系人字典中单个元素。(　　)

3. 用 clear( ) 可以清空客户联系人字典。(　　)

4. 用 get( ) 函数可以提取客户联系人字典中所有的值。(　　)

5. 使用 ls. append( ) 方法是在列表 ls 的最前面增加一个元素。(　　)

四、实操题

1. 甲公司销售部有 4 名员工，销售经理李南、销售员付博、销售员董超、销售员刘瑞，人事部统计的年龄分别为：40 岁、35 岁、28 岁、25 岁。

(1) 请选择合适的数据类型，将这些数据存储起来。

(2) 甲公司向本人核实时，付博说他今年 36 岁，并拿出他的身份证证明，其他人正确。请修改付博的年龄为 36 岁。

(3) 甲公司新招聘一名销售员于含，今年 29 岁。请添加于含的年龄信息。

2. 乙公司统计本月 A 产品在某市五区的销售量分别为 10000 件、20000 件、15000 件、18000 件、21000 件，A 产品的销售单价为 10 元/件。

（1）设置变量 lst1，赋值给空列表。给空列表 lst1 传入各区的销售额，并输出结果。

（2）设置变量 lst2，将列表 lst1 元素的个数赋值给变量 lst2，并输出结果。

（3）设置变量 lst3，对列表 lst1 切片，开始索引为 1，结束索引为 4，将切片结果赋值给变量 lst3，并输出结果。

3. 丙公司 2024 年 1—8 月的销售额分别为：881000 元、620000 元、715000 元、933000 元、796000 元、820000 元、781500 元、698000 元。

（1）请选择合适的数据类型，将这些数据存储起来。

（2）计算丙公司 2024 年 1—8 月平均销售额。

（3）丙公司 2024 年 9 月销售额为 916000 元。请添加 9 月的销售额。

项目七　财务报表可视化

数据可视化是一种将复杂数据通过图表、图形或地图等可视元素呈现的过程，旨在帮助企业更直观地理解数据中的趋势、模式和关系。

职业能力目标

素质目标： 1. 增强学生可视化数据分析和创新思维；
2. 加强学生对数据的理解和业务分析能力。

知识目标： 1. 掌握 Pyecharts 的下载和基本使用方法；
2. 掌握资产负债表可视化的方法；
3. 掌握利润表可视化的方法。

技能目标： 1. 能导入 Pyecharts 模块的图形和配置项；
2. 能运用 Pyecharts 模块绘制柱状图；
3. 能运用 Pyecharts 模块绘制折线图；
4. 能运用 Pyecharts 模块绘制饼图。

课程思政

在当今数字化浪潮席卷全球的时代背景下，政务数字大屏可视化作为一种前沿的科技应用，正逐渐改变着传统政务管理的面貌，为政务部门决策提供了强大的数据支撑和可视化分析手段，助力打造智慧政务新篇章。政务数字大屏可视化的出现，为政务部门决策提供了更加直观、全面的数据支持，通过实时采集、处理和分析各类政务数据，政务数字大屏能够将原本分散、复杂的数据信息以图表、动画等形式展现出来，使决策者能够一目了然地了解各项指标的动态变化和趋势，从而更加精准地把握政策制定的方向和重点。

此外，政务数字大屏可视化还具备强大的交互功能。决策者可以通过大屏上的操作界面，对数据进行筛选、对比和深入分析，发现隐藏在数据背后的规律和问题，还支持多人协作和远程会议等功能，使得政务部门内部的沟通和协作更加高效便捷。

在智慧城市建设方面，政务数字大屏可视化也发挥着举足轻重的作用。通过将城市运行数据、交通数据、环境数据等整合到一个平台上进行可视化展示，政务数字大屏能够帮助城市管理者全面了解城市的运行状态和发展趋势，为城市规划和治理提供有力支持。

思考与启示：

习近平总书记指出“要推进科技创新，要努力提高自主创新能力”，每一代人都要不断追求新技术、新能力、新创造力，为知识和能力的提升注入新的活力，在尊重原有技术的基础上，不断引入相得益彰的新技术，这就意味着学习会计知识也不能故步自封，要努力贴合实际工作的需要，将可视化技术引入会计财务数据分析的学习中，帮助企业更直观形象地多方面展示发展数据。

不断学习新技术、不断创新是我们每一个新时代青年的责任和义务，新技术和原有技术的结合，为我们提供了更多的学习思路、多方面的学习途径。

知识图谱

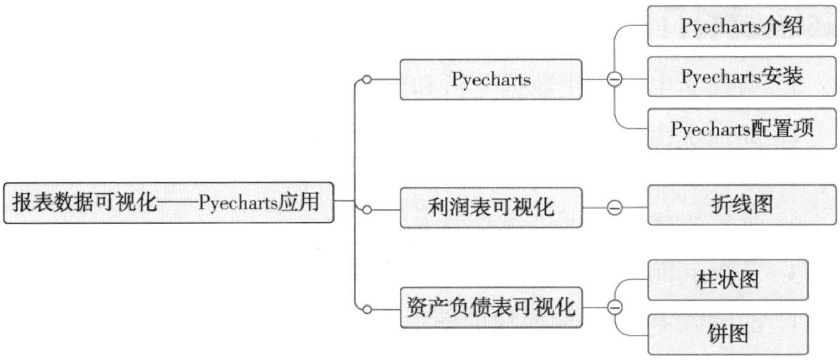

情景案例

诚发公司需要对报表中的数据以可视化图像的方式展现出来，以便企业管理人员更直观地掌握各种数据的变动趋势、分布情况和数据比较等；但是因为该企业不同部门对于数据的需求目的不同，并且报表的内容、形式和数据特点不同，需要对应展现的图表形式和要求也有所不同。

请同学们根据企业管理的实际需要和报表的特点，选择采用折线图、柱状图和饼图将不同报表中的数据按照不同的管理要求和使用目的进行图像数据展示，帮助该企业将生产过程中的数据以可视化形式进行展示，帮助企业更直观地汇总对比相关数据。

任务一　Pyecharts 初级应用

任务情境

诚发公司需要将报表中的数据以可视化图像的方式展现出来，而财务数据可视化可以将财务数据映射为视觉元素，以便直观展示数据特征，同时可以通过不同的视图展示数据以便管理者多角度观察数据，可视化可以提供交互功能如拖动、筛选等，以便用户自由探索数据。

该企业可视化开展的步骤为：根据项目需求，选择适合的可视化工具；根据业务需求，设计合适的数据可视化方案，包括图表类型、颜色搭配等；从企业财务系统、市场数据、竞争对手分析等多个渠道收集有关数据，并进行数据清洗、整合和格式化处理；将处理后的数据通过可视化工具进行展示，提供直观、易懂的数据呈现方式；根据收集起来的用户反馈，对可视化效果进行持续优化和改进，提高使用可视化数据的用户体验。

所以诚发公司需要整合报表数据，根据业务要求选择合适的数据可视化方案。

任务分析

日常财务工作中，完成数据分析处理后，需要将数据以图形的方式展现出来，以便更直观地了解数据的变动趋势、分布情况等。这种以图形或者图像进行数据分析、挖掘的方式是数据可视化的重要内容。Python 提供了许多可以快速实现数据可视化的第三方模块，Pyecharts 是 Python 中实现数据可视化的第三方模块，首先，Pyecharts 生成的图表可以实现动态交互的可视化效果，从而了解更多数据细节，但是 Pyecharts 只支持列表、元组等 Python 原生数据类型。在传统的财务分析方法中，我们通过对企业盈利能力、营运能力、成长能力、偿债能力、现金流量等不同维度指标的计算，可以综合评价一个企业的财务状况。而在大数据时代，随着大数据体系的建立，这些数据很容易从开放的数据源中获得，从而减少了大量简单重复的计算。

其次，Pyecharts 是一个用于生成 Echarts 图表的类库，是一款将 Python 与 Echarts 相结合的强大的数据可视化工具，使用 Pyecharts 可以让开发者轻松地实现大数据的可视化。Pyecharts的绘图逻辑主要是在做图前导入相关内置模块，Pyecharts 的 charts 子模块包含各式各样的做图类，例如折线图或者柱状图等，可以根据业务需要导入对应的做图类。接着，在电脑中选中图表基础数据添加到 Pyecharts 中，然后就可以进行样式设计，样式设计主要是通过 options 来实现的，里面涵盖了众多关于定制图表组件和样式的配置项。配置前需要导入 options 模块，选定自己需要的样式设计，设置完成后就可以渲染图表呈现最终效果。

最后，Pyecharts 程序可以通过对海量数据的分析和挖掘，快速发现企业财务状况和经营成果中的异常情况及潜在风险，为决策提供有力支持。通过对企业内部和外部环境的综合分析，能够优化企业资源配置、提高资源利用效率。通过对市场、客户和产品等方面的深入分析，能够发现新的业务机会和创新点，推动企业业务发展和转型升级。通过对标分析和行业趋势预测，能够及时调整企业战略和业务模式，提升企业竞争力和市场地位。

知识拓展

Matplotlib 是 Python 的第三方模块，能够绘制各式各样的图形。Matplotlib 还有很多子模块，其中的 pyplot 子模块是其核心模块之一。几乎所有样式的 2D 图形都可以通过 pyplot 子模块绘制，类似折线图、散点图或者饼图等。

使用 Matplotlib 模块绘图首先需要创建一个 figure（画布），类似于画画时预先准备的图纸。有了画布，还需要创建一个或多个 axes（坐标系），类似于画画时将图纸分为左右两个区域，以便在不同坐标系绘制不同的图形。再选择图表类型例如柱状图或者饼图，完成图形绘制。使用 Mateplotlib 模块，可以对图形的线型、颜色、标签等样式进行设置，从而实现图形的个性化展示，也可以通过组合图和子图的方式更好地反映数据的逻辑关系。

知识准备

7.1.1 Pyecharts 安装

在使用 Pyechasrts 之前，首先要安装它，在 Windows 命令行中使用以下命令来执行安装过程：

```
pip install pyecharts
```

执行后，可输入以下命令查看：

```
pip list
```

查看完毕后，即可进行数据可视化显示。

如需调用 Pyecharts 模块的各种图形的数据可视化，代码如下：

```
from Pyecharts.charts import 图表名
```

制作的图表种类需要在引入 Pyecharts 时就进行代码的确认，比如想进行全球国家地图或者是中国省级地图的制作，就可以将图表名改为：

```
pip install echarts-countries-pypkg #安装全球国家地图
pip install echarts-china-provinces-pypkg#安装中国省级地图
```

或者想进行折线图的制作，就可以将图表名改为 Line，如果想进行饼图的制作，则图表名改为 Pie 即可。

7.1.2 Pyecharts 配置项

图形的参数配置是数据可视化的基础，所以 Pyecharts 的图表样式都是通过配置来操作的，主要分为全局配置项和系列配置项。

1. 全局配置项

Pyecharts 的基本元素配置项主要包括 InitOpts、ToolBoxFeatureOpts、ToolBoxOpts、TitleOpts、DataZoomOpts、LegendOpts、VisualMapOpts、TooltipOpts 8 个配置，这里简单学习初

始化配置项、标题配置项和图例配置项。

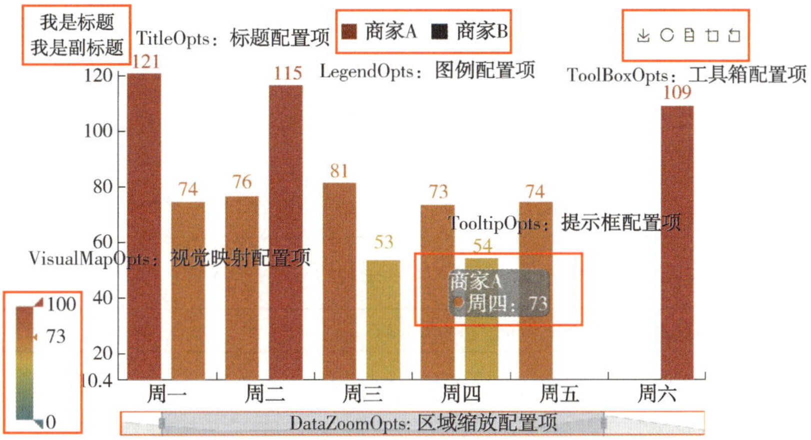

(1) 初始化配置项

在初始化配置中，可以设置画布的基本要素，例如长、宽、网页标题、图表主题等，可以通过 InitOpts 来设置，代码如下：

```
#表示设置柱状图的长为 800px,宽为 600px
bar=Bar(init_opts=options. InitOpts("800px","600px"))
```

其他的配置项如下表所示：

配置项	说明
Width	图表画布宽度
Height	图表画布高度
Chart_id	图表 ID，图表唯一标识，用在多图表时区分
Renderer	渲染风格
Page_title	网页标题
Theme	图表主题
Bg_color	图表背景颜色
Js_host	远程 js host

(2) 标题配置项

标题配置项常用的有标题内容及展示位置、标题字体、大小等。

#title_opts 为全局配置项中标题配置项，主要包含的内容如下表所示：

配置项	说明
Title	主标题文本
Title_link	主标题跳转 URL 链接
Title_target	主标题跳转链接方式默认值
Subtitle	副标题文本
Subtitle_link	副标题跳转 URL 链接
Subtitle_target	副标题跳转链接方式默认值

续表

配置项	说明
Pos_left	Title 组件离容器左侧的距离
Pos_right	Title 组件离容器右侧的距离
Pos_top	Title 组件离容器上侧的距离
Pos_bottom	Title 组件离容器下侧的距离
Title_textstyle_opts	主标题字体样式配置项
Subtitle_textstyle_opts	副标题字体样式配置项

标题配置项的以下代码代表字体为“仿宋，字体大小为 22”

```
title_textstyle_opts=options. TextStyleOpts(font_family"仿宋", font_size="22")
```

标题配置项的以下代码表示“文字居中显示”：

```
title_opts=options. TitleOpts(title="示例",pos_left="center",pos_right="center")
```

(3) 图例配置项

图例的展示形式和位置也是需要在全局配置项中设置的，主要包括内容如下表所示：

配置项	说明
Type_	图例的类型
Selected_mode	图例选择的模式
Is_show	是否显示图例组件
Pos_left	图例组件离容器左侧的距离
Pos_right	图例组件离容器右侧的距离
Pos_top	图例组件离容器上侧的距离
Pos_bottom	图例组件离容器下侧的距离
Orient	图例列表的布局朝向
Textstyle_opts	图例组件字体样式

可以配置图例的字体显示为“仿宋，字体为 10 号”，位置为“底部”，执行命令如下：

```
bar = (
    Bar()
    .add_xaxis(x_data)
    .add_yaxis("示例数据", y_data)
    .set_global_opts(
        legend_opts=opts.LegendOpts(
            pos_bottom="0%",  # 图例位置在底部（0% 表示最底部）
            textstyle_opts=opts.TextStyleOpts(
                font_family="FangSong",  # 字体设为仿宋
                font_size=10,            # 字号设为10
            ),
```

2. 系列配置项

系列配置项主要包括样式类配置项、标记类配置项和其他类配置项，在这里简单学习这三大类中的标签配置项和分割线配置项。

(1) 标签配置项

标签配置项可以设置标签的字体颜色、字体大小等，主要包括内容如下表所示：

配置项	说明
Is_show	是否显示标签
Position	标签的位置
Color	文字的颜色
Font_size	文字的字体大小
Font_style	文字字体的风格
Font_weight	文字字体的粗细
Font_family	文字的字体系列
Rotate	标签旋转
Margin	轴线之间的距离
Interval	坐标轴刻度标签的显示间隔
Horizontal_align	文字水平对齐方式
Vertical_align	文字垂直对齐方式
Rich	富文本样式

#label_opts 表示配置标签选项的方法，可以配置标签的字体颜色、字体大小等，代码如下：

```
bar = (
    Bar()
    .add_xaxis(x_data)
    .add_yaxis(
        series_name="示例数据",
        y_axis=y_data,
        label_opts=opts.LabelOpts(
            position="bottom",  # 标签位置在底部
            font_family="FangSong",  # 字体设为仿宋
            font_size=8,  # 字号设为8
            color="#000000",  # 字体颜色（可选）
            is_show=True,  # 显示标签（默认True）
        ),
```

（2）分割线配置项

分割线配置项作为系列配置项，常作为全局配置项中的 y 轴样式的参数值，所包含内容如下表所示：

配置项	说明
Is_show	是否显示分割线
Linestyle_opts	线风格配置项

是否展示坐标轴 y 轴分割线代码如下：

```
yaxis_opts=options. AxisOpts(splitline_opts=options. SplitLineOpts(is_show=True))
```

3. 常见配置项

Pyecharts 包含很多的全局配置项和系列配置项，下面简单列举一些常用的配置项。

提示框配置项 TooltipOpts

配置项	说明
Is_show	是否显示工具栏组件
Orient	工具栏 icon 的布局朝向
Pos_left	工具栏组件离容器左侧的距离
Pos_right	工具栏组件离容器右侧的距离
Pos_top	工具栏组件离容器上侧的距离
Pos_bottom	工具栏组件离容器下侧的距离
Feature	各工具配置项

坐标轴配置项 AxisOpts

配置项	说明
Type_	坐标轴类型
Name	坐标轴名称
Is_show	是否显示 x 轴
Position	x 轴的位置
Offset	y 轴相对于默认位置的偏移

坐标轴指示器配置项 AxisPointerOpts

配置项	说明
Is_show	默认显示坐标轴指示器
Type	指示器类型

工具箱配置项 ToolboxOpts

配置项	说明
Is_show	是否显示工具栏组件
Orient	工具栏 icon 的布局朝向
Pos_left	工具栏组件离容器左侧的距离
Pos_right	工具栏组件离容器右侧的距离
Pos_top	工具栏组件离容器上侧的距离
Pos_bottom	工具栏组件离容器下侧的距离
Feature	各工具配置项

图元样式配置项 ItemStyleOpts

配置项	说明
Color	图形的颜色
Color0	阴线图形的颜色
Border_color	图形的描边颜色
Border_color0	阴线图形的描边颜色
Opacity	图形透明度，支持从 0 到 1 的数字，为 0 时不绘制该图形

文字样式配置项 TextStyleOpts

配置项	说明
Color	文字颜色
Font_size	文字的字体大小
Align	文字水平对齐方式
Vertical_align	文字垂直对齐方式
Line_height	行高
Shadow_blur	文字块的背景阴影长度
Width	文字块的宽度
Height	文字块的高度

Pyecharts 可以方便地绘制一些基础视图帮助实现财务数据的可视化，其中经典的视觉对象包括柱状图、折线图、饼图等，每种视觉对象都有各自的特点和适用范围，在实际工作中要根据数据的情况和可视化分析的需求来选择视觉对象的类型。

任务二　利润表可视化

任务情境

根据诚发公司利润表中 2017—2022 年的销售费用项目进行可视化，绘制销售费用趋势折线图。先整合诚发公司的利润表中销售费用的数据，将年份和销售费用进行对应整理，再运用 Pyecharts 模块绘制销售费用的折线图。

诚发公司各年份销售费用明细如下表所示。

年份	2017 年	2018 年	2019 年	2020 年	2021 年	2022 年
金额(元)	29118000	49137000	72225000	112971000	134524000	175443000

任务分析

利润表反映企业的经营成果，包括营业收入、营业成本、销售费用等数据，想对公司的利润表进行总体分析，首先得对利润表的数据进行趋势分析，本任务选择 2017—2022 年利润表中的销售费用的数据趋势变化进行可视化操作，因此，我们需要使用 Python 中的 Pyecharts 功能模块。

折线图(曲线图)是一种常见的数据图表形式，折线图是用直线段将各个数据点连接起来而组成的图像，以折线方式显示数据的变化趋势，是数字或定量数据的直观表示，它显示了两个变量之间即金额和年份的关系，可以有效地反应“销售费用”数据的变化趋势。在折线图中，类别数据“金额”沿水平轴均匀分布，数值数据“年份”沿垂直轴均匀分布。

知识准备

7.2.1 代码说明

#导入折线图模块 from pyecharts. charts import Line；

#导入配置选型模块 import pyecharts. options as opts；

x_data 代表 x 轴的时间数据，y_data 代表 y 轴的费用数据；

使用 Line 类创建折线图对象，并且通过 init_opts 设置初始配置，例如宽、高和主题；

使用 add_xaxis 添加 x 轴数据，使用 add_yaxis 添加 y 轴数据，并设置折线图样式(如平滑曲线、数据点样式、标记点和标记线)；

使用 set_global_opts 设置全局配置，包括标题、x 轴和 y 轴的样式、提示框、工具箱和数据区域缩放等；

使用 set_ series_ opts 设置系列配置，例如是否显示标签，折线下方的填充区域样式；

最后使用 render 方法生成 HTML 文件或者在 Jupyter Notebook 中直接显示。

[示例 7-1] A 公司 2023 年 1—6 月产品销售量为 800 台、1200 台、900 台、1500 台、1800 台、700 台，业务部门据此绘制折线图，展示产品销量趋势。

首先要导入折线图，并实例化一个折线图对象，然后再根据已知条件设置 x 轴月份数据和 y 轴销售量数据，向折线图中添加 x 轴和 y 轴的数据，就可以显示完整的折线图了，操作代码步骤如下所示：

```
from pyecharts.charts import Line
import pyecharts.options as opts
x_data = ['1月', '2月', '3月', '4月', '5月', '6月']
shop_a = [800,1200,900,1500,1800,700]
line=Line()
line.add_xaxis(x_data)
line.add_yaxis("销售量", shop_a)
line.set_global_opts(title_opts=opts.TitleOpts(title="销售量",subtitle="1-6月"))
line.render()
```

运行代码，结果如下：

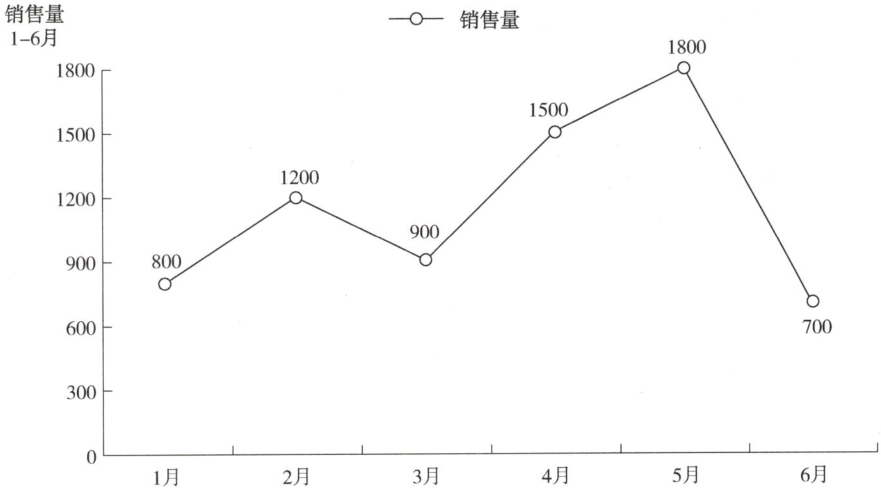

A 公司 2023 年 1—6 月产品销售量

[**代码说明**] 使用 Pyecharts 功能，导入 Pyecharts 中的 line 模块绘制图表，将 x 轴赋值月份，将 y 轴赋值各自月份的销售量，设置主标题为销售量，副标题为月份的具体数字，未加其他附加项，属于 Pyecharts 系统中折线图默认数据，显示绘制图表。

7.2.2 参数设置

系列配置项可以通过 set_series_opts 方法进行设置，通过系列配置项，可以对文字、图元等样式进行配置。系列配置项有两种传参方式：

可以通过 set_series_opts 进行配置及添加系列数据的时候设置。

两者区别在于如果通过 set_series_opts 进行配置，会对图表中包含的所有系列数据生效。

属性	说明
series_name	系列名称
y_axis	系列数据
symbol_size	标记的大小
color	系列 label 的颜色
xaxis_index	使用的 X 轴的 index
yaxis_index	使用的 Y 轴的 index

[**示例 7-2**] 延续[示例 7-1]，将该折线图设置成为绿色的线，线型为虚线，标注的图形为三角形，标记的大小为 5。

操作代码如下：

```python
from pyecharts.charts import Line
from pyecharts import options as opts
x_data = ['1月', '2月', '3月', '4月', '5月', '6月']
y_data = [800,1200,900,1500,1800,700]
line_chart = Line(init_opts=opts.InitOpts(width="800px", height="400px", theme="light"))
line_chart.add_xaxis(xaxis_data=x_data)
line_chart.add_yaxis(
    series_name="销售量",
    y_axis=y_data,
    symbol="triangle",
    symbol_size=5,
    linestyle_opts=opts.LineStyleOpts(
        color="green",
        type_="dashed",
        width=2
    ),
    markpoint_opts=opts.MarkPointOpts(
        data=[
            opts.MarkPointItem(type_="max", name="最大值"),
            opts.MarkPointItem(type_="min", name="最小值")
        ]
    )
)
line_chart.set_global_opts(
    title_opts=opts.TitleOpts(title="销售量折线图", subtitle="1-6月"),
    xaxis_opts=opts.AxisOpts(name="日期", axislabel_opts=opts.LabelOpts(rotate=-15)),
    yaxis_opts=opts.AxisOpts(name="销售量"),
    tooltip_opts=opts.TooltipOpts(trigger="axis", axis_pointer_type="cross"),
    toolbox_opts=opts.ToolboxOpts(is_show=True)
)
line_chart.render("销售量折线图.html")
```

运行代码，结果如下：

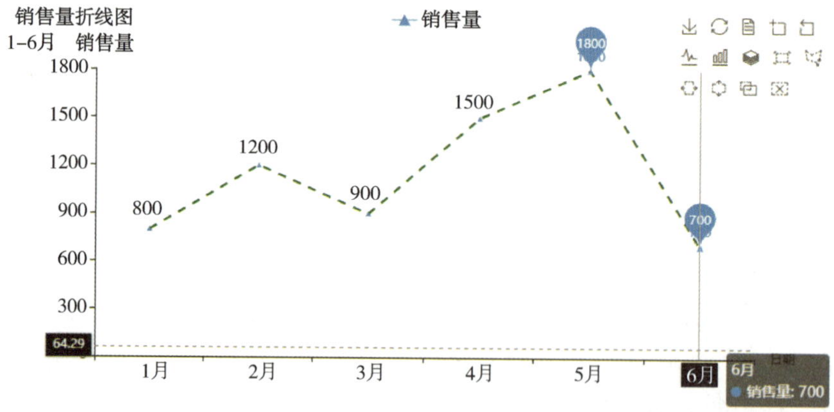

A 公司 2023 年 1—6 月产品销售量

任务实施

1. 应用 Pyecharts 模块绘制销售费用的折线图

第一步：导入折线图模块 Line 和配置项，代码如下：

#导入折线图模块并创建一个折线图

```
In [1]: from pyecharts.charts import Line
```

#调用 options 包

```
In [2]: from pyecharts import options as opts
```

代码解析：运用 from 语句从 Pyecharts 模块中导入折线图模块 Line，运用 from 语句从 Pyecharts 模块中导入配置项模块并命名为 opts。

第二步：准备数据，代码如下：

#将年份和销售费用数据储存到列表中：

```
In [3]: year=["2017年","2018年","2019年","2020年","2021年","2022年"] #创建列表year存储年份数据
```

```
In [4]: data=[29118000,49137000,72225000,112971000,134524000,175443000] #创建列表data存储销售费用金额数据
```

代码解析：创建列表 year 存储年份数据，创建列表 data 存储销售费用金额数据，这是用于生成折线图 x 轴和 y 轴的数据，需要是列表数据类型。

第三步：设置图表对象，代码如下：

#将折线图赋值给 line

```
In [5]: line=Line() #将折线图赋值给line
```

代码解析：代码表示将折线类型图表 Line( ) 赋值给变量 line。

第四步：关联数据，代码如下：

#添加折线图 x 轴数据内容

```
In [6]: line.add_xaxis(year) #添加折线图x轴数据内容
```

#添加折线图 y 轴数据内容，设置图例名称为"销售费用"

```
In [7]: line.add_yaxis("销售费用",data) #添加折线图y轴数据内容，设置图例名称为"销售费用"
```

代码解析：line. add_ xaxis(year) 表示关联 x 轴数据，year 即步骤 2 中存储年份数据的列表；line. add_ yaxis("销售费用",data) 表示关联 y 轴数据，"销售费用"表示图例名称，data 即步骤 2 中存储销售费用金额数据的列表。

第五步：设置配置项，设置图形主标题和副标题，代码如下：

```
In [8]: line.set_global_opts(title_opts=opts.TitleOpts(title="销售费用",subtitle="2017-2022年"))
```

代码解析：line. set_ global_ opts( )表示设置折线图的全局配置项，其中参数 title_ opts =opts. TitleOpts( )表示设置的是标题配置项，title =“销售费用”，subtitle =“2017-2022 年”表示设置的主标题为“销售费用”，副标题为“2017-2022 年”。

第六步：生成显示图表，代码如下：

#展示绘制完成的图片

```
In [9]: line.render_notebook() #展示绘制完成的图片
```

代码解析：render( )会将设置的图形生成本地 html 文件，运行代码，结果如下图所示：

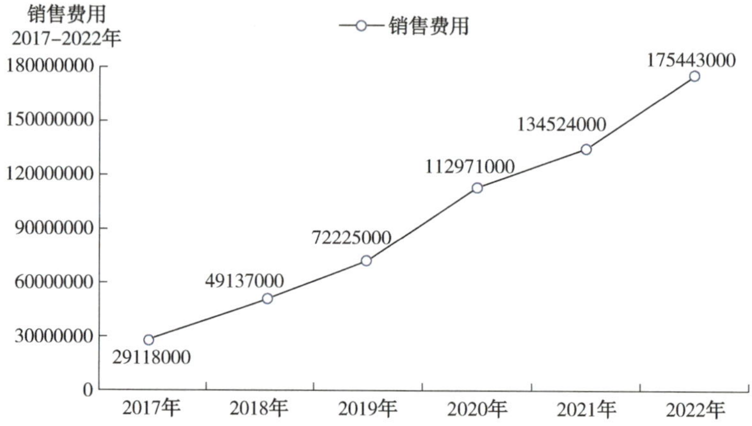

利润表中销售费用项目的折线图

注意：当配置项目非常多的时候，一定要注意括号的配对问题，还有括号要在英文形式下使用，一般报错主要是因为语句格式问题。

我们绘制了诚发公司 2017—2022 年的销售费用折线图，横坐标为年份，纵坐标为金额，蓝色圆圈表示不同年份的销售费用金额。根据图片可知，诚发公司 2017—2022 年销售费用金额呈逐步上升的趋势。

拓展练习

在任务实施中，展示的是单条折线图，其实多条折线图除了可以观察数据的走向趋势外，还可以更好地去做对比分析。

[示例 7-3] 在这里以 2023 年 1—5 月华盛公司(商家 A)和海洋公司(商家 B)的管理费用(data1)为例，对比这两家公司利润表上管理费用的变化趋势：

单位：元

月份	1 月	2 月	3 月	4 月	5 月
商家 A	4000	5000	6500	5500	3000
商家 B	3000	2000	3000	3500	4500

创建多条数据折线图，代码如下：

```
from pyecharts.charts import Line
import pyecharts.options as opts
x_data = ['1月', '2月', '3月', '4月', '5月', '6月']
huasheng = [4000,5000,6500,5500,3000]
haiyang = [3000,2000,3000,3500,4500]
line=Line()
line.add_xaxis(x_data)
line.add_yaxis("管理费用", huasheng)
line.add_yaxis("管理费用", haiyang)
line.set_global_opts(title_opts=opts.TitleOpts(title="管理费用",subtitle="1-6月"))
line.render()
```

运行代码，结果如下图所示：

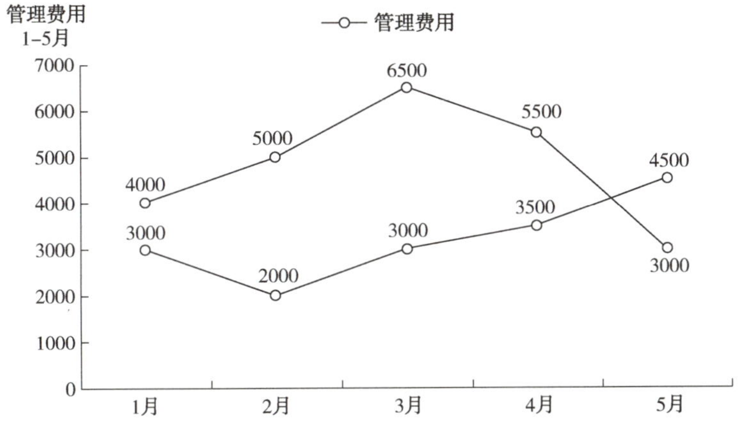

利润表中管理费用项目的折线图

通过可视化结果可以看出，华盛公司和海洋公司 2023 年 1—5 月管理费用的走向完全相反，华盛公司 2023 年管理费用 1—3 月呈上升趋势，后面逐渐下降，但海洋公司管理费用除 2 月下降外，其余月份均在稳步上升。其中华盛公司管理费用在 3 月份达到峰值为 6500 元，随后逐步减少，海洋公司在 5 月份达到峰值为 4500 元，可以看出海洋公司后期费用上升较多，华盛公司已开始对费用进行控制。

任务总结

1. 环境搭建与安装

安装 Pyecharts：通过 pip install pyecharts 安装 Pyecharts 库。

安装依赖库：确保安装了 Pandas(用于数据处理)和 Jupyter Notebook(用于可视化展示)。

2. 数据准备

数据来源：可以是本地文件(如 CSV、Excel)，数据库查询结果或直接在代码中定义的数据。

数据格式：通常需要将数据整理为适合 Pyecharts 的格式

3. 创建折线图对象

使用 Pyecharts 的 Line 类创建折线图对象。

4. 添加数据

使用 add_xaxis 和 add_yaxis 方法分别添加 x 轴和 y 轴数据。

5. 配置图表选项

全局配置：使用 set_global_opts 方法设置全局配置项，如标题、工具箱、坐标轴等。

系列配置：使用 set_series_opts 方法设置系列配置项，如标签、提示框等。

任务三　资产负债表项目可视化——柱状图

任务情境

资产负债表反映企业的财务状况，包括货币资金、应收账款、存货、固定资产等数据，本任务选取诚发公司 2018—2022 年资产负债表中的固定资产项目进行可视化，用柱状图来表示该企业固定资产项目的逐年情况进行有效对比。通过本任务的学习掌握运用 Pyecharts 模块绘制柱状图。诚发公司 2018—2022 年资产项目账面价值如下表所示。

单位：元

年份	货币资金	应收账款	存货	固定资产	无形资产
2018 年	8563185	38784335	24125742	23574474	18265100
2019 年	2880090	19031885	16071511	17504190	28503983
2020 年	5821691	31500000	17965503	11449737	65157662
2021 年	5886931	36221219	17660453	10648700	70117530
2022 年	5729890	34456070	19661147	17278000	96000000

任务分析

本任务是要对诚发公司 2018—2022 年固定资产项目数据进行直观有效的对比，而柱状图是利用垂直的柱条来表示数据大小，常用于比较多个类别数据的大小，在实际操作中，一般利用从信息系统中导出的报表或者自制的分析表生成柱状图。首先，安装需要导入的模块，本任务导入的模块有 Pandas 模块、Pyecharts 模块中柱状图模块和配置项模块。然后，准备数据，利用 Pandas 模块导入数据表并转化为 DataFrame 数据，选取要生成的图形的数据列，将其转化为列表数据类型。数据准备好之后，就可以创建图表对象。

知识准备

Bar( ) 函数是 Pyecharts 中用于绘制柱状图、条形图和瀑布图的函数。

使用 add_xaxis 和 add_yaxis 方法分别添加 x 轴和 y 轴的数据，并可设置系列名称、颜色等。

使用 set_global_opts (title, name ="轴名称", name ="y 轴名称") 设置全局配置，如标题、

工具箱、坐标轴样式等。

其中，Title——柱状图标题；

name="x 轴名称"——设置 x 轴标题；

name="y 轴名称"——设置 y 轴标题。

使用 set_series_opts( ) 设置系列配置，如标签、标记点、标记线等。

例如：set_series_opts(

label_opts=opts. LabelOpts(is_show=True, position=" inside")——显示标签；

markpoint_opts=opts. MarkPointOpts(data=[opts. MarkPointItem(type_=" max" , name =" 最大值")])——标记最大值。

［**示例 7-4**］ A 公司 2023 年 1—6 月产品销售量为 800 台、1200 台、900 台、1500 台、1800 台、700 台，业务部门据此绘制柱状图，展示产品销量趋势。

操作代码如下：

```
from pyecharts.charts import Bar
import pyecharts.options as opts
x_data = ['1月', '2月', '3月', '4月', '5月', '6月']
shop_a = [800,1200,900,1500,1800,700]
bar=Bar()
bar.add_xaxis(x_data)
bar.add_yaxis("销售量", shop_a)
bar.set_global_opts(title_opts=opts.TitleOpts(title="销售量",subtitle="1-6月"))
bar.render()
```

运行代码，结果如下：

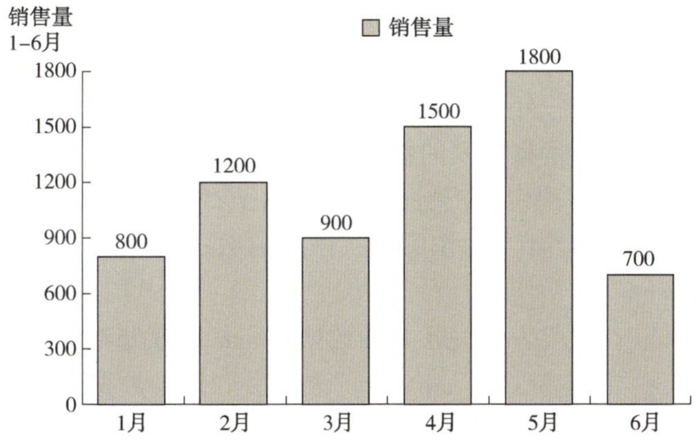

A 公司 2023 年 1—6 月产品销售量

任务实施

第一步：导入模块。导入 Pandas 模块、Pyecharts 模块中的柱状图模块和 Pyecharts 的配置项，代码如下：

```
In [1]: import pandas as pd #导入pandas模块
```

```
In [2]: from pyecharts.charts import Bar #导入pyecharts模块并创建一个柱状图
```

```
In [3]: from pyecharts import options as opts #调用options包
```

第二步：准备数据。导入"资产负债表"数据，代码如下：

#导入数据

```
In [4]: df=pd.read_excel(r'C:\Users\Aministrator\Desktop\python\资产负债表.xlsx') #导入数据
```

第三步：创建图表对象。将柱状图赋值给变量，代码如下：

```
In [5]: bar=Bar() #将柱状图赋值给变量
```

第四步：关联对象。将第二步准备好的数据关联给柱状图。设置 x 轴、y 轴数据，获取的数据需要用 tolist( ) 函数转换为列表，设置图例为"固定资产"。代码如下：

#创建图表对象

```
In [6]: year=df['年份'].tolist() #获取数据转换为列表
```

```
In [7]: amount=df['固定资产'].tolist() #获取数据转换为列表
```

```
In [8]: bar.add_xaxis(year) #设置x轴数据
```

```
In [9]: bar.add_yaxis('固定资产',amount) #设置y轴数据
```

代码解析：代码"year=df['年份'].tolist( )"中，"df['年份']"表示选择 df 数据表中"年份"列的数据，tolist( )的作用是将该列的数据转化为列表数据类型，最后将列表数据赋值给变量 year。代码"amount=df['固定资产'].tolist( )"中，"df['固定资产']"表示选择 df 数据表中"固定资产"列的数据，tolist( )的作用是将该列的数据转化为列表数据类型，最后将列表数据赋值给变量 amount。

代码"bar. add_xaxis(year)"表示关联 x 轴数据，year 即存储年份数据的列表。

代码"bar. add_yaxis('固定资产', amount)"表示关联 y 轴数据，amount 即存储固定资产数据的列表，图例名称为"固定资产"。

第五步：设置配置项。运用标题配置项，将主标题设置为"固定资产"，副标题设置为"2018-2022 年"。代码如下：

#在全局配置项设置主标题内容和副标题内容

```
In [10]: bar.set_global_opts(title_opts=opts.TitleOpts(title="固定资产",subtitle="2018-2022年")) #设置配置项
```

代码解析：代码"bar. set_ global_opts( )"表示设置柱状图的全局配置项；其中参数

"title_opts=opts. TitleOpts()"表示设置的是标题配置项，title="固定资产"，subtitle="2018-2022年"表示设置的主标题为"固定资产"，副标题为"2018-2022年"。

第六步：生成图表，代码如下：

```
In [11]: bar.render_notebook() #生成图表
```

运行代码，结果如图所示：

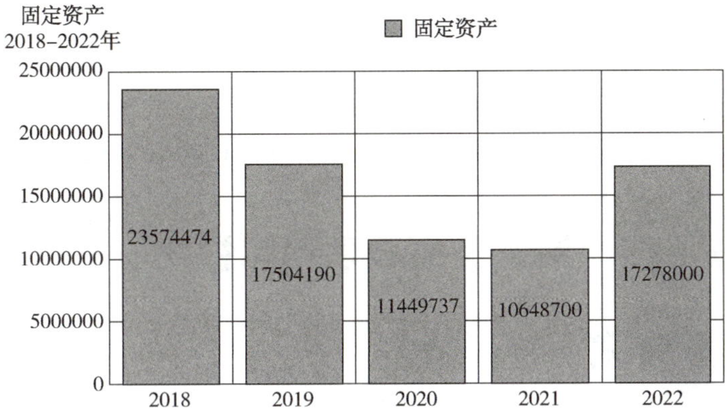

诚发公司2018—2022年固定资产柱状图

代码解析：render()会将设置的图形生成本地html文件，默认会在当前目录生成render. html文件。

可视化柱状图结果显示，2018年固定资产金额最高，大约是2020年和2021年的两倍，2019年和2022年固定资产金额相差不大。

任务总结

使用Pyecharts绘制柱状图是数据可视化中常见的任务之一，柱状图可以直观地展示数据的大小关系和对比情况，主要使用的是Bar()函数。

1. 环境搭建与安装

在开始绘制柱状图之前，需要确保安装了Pyecharts库及相关依赖Pandas，如果需要在Jupyter Notebook中展示图表，可以安装Jupyter Notebook。

2. 数据准备

柱状图通常用于展示分类数据与数值的对应关系，数据需要整理为适合Pyecharts的格式。

3. 创建柱状图对象

使用Pyecharts的Bar类创建柱状图对象：bar_chart=Bar()。

4. 添加数据

使用add_xaxis和add_yaxis方法分别添加x轴和y轴数据：bar_chart. add_xaxis(x_data)。

5. 配置图表选项

Pyecharts提供了丰富的配置项，可以通过set_global_opts和set_series_opts方法进行自

定义。

全局配置(标题、工具箱、坐标轴等)：

bar_chart. set_global_opts(

title_opts = opts. TitleOpts(title = "柱状图示例"),

xaxis_opts = opts. AxisOpts (axislabel_opts = opts. LabelOpts (rotate = -15))　　yaxis_opts = opts. AxisOpts(name = "数值"),　　# y 轴名称

toolbox_opts = opts. ToolboxOpts( ),　　# 添加工具箱)

系列配置(柱状图的样式、标签等)：

bar_chart. set_series_opts(

label_opts = opts. LabelOpts(is_show = True), # 显示柱状图上的数值标签

itemstyle_opts = opts. ItemStyleOpts(color = "#FFD700") # 自定义柱状图颜色)

任务四　资产负债表项目可视化——饼图

任务情境

在诚发公司 2018—2022 年资产负债表中的货币资金项目里面包含了很多具体的项目分类，为了显示货币资金项目里面所包含各个会计科目数据占据诚发公司总货币资金的相关比例，请使用饼图对其进行相关数据的可视化，显示所占份额。

诚发公司 2023 年资产项目账面价值如下表所示：

单位：元

年份	信用卡存款	存出投资款	库存现金	银行存款	银行汇票
2023 年	17504190	38784335	24125742	23574474	18265100

任务分析

饼图显示一个数据系列中各项的大小与各项总和的比例，可以帮助企业快速了解各分类的情况，同时饼图只有一个数据序列，所以可以比较清楚直观地反映出这个序列各个数据所占的比例。可以使用 Pyecharts 中饼图的可视化功能，通过不同颜色代表不同的项目，以此来直观对比每个项目对于总额的占比。

知识准备

Pie( ) 是 Pyecharts 中用于绘制饼图的函数，支持多种饼图类型，包括普通饼图、环形饼图、玫瑰饼图等。Pie( ) 函数用于创建饼图，通过 add( ) 方法添加数据，并通过 set_global_opts( ) 和 set_series_opts( ) 设置全局和系列配置。

1. 添加数据

使用 add( ) 方法添加数据，参数包括：

series_name：系列名称。

data_pair：数据对，格式为［（″类别 1″，值 1），（″类别 2″，值 2），…］。
radius：饼图的内外半径，可以设置为百分比或具体数值。
center：饼图的中心位置，格式为［″x%″,″y%″］。

2. 设置样式

颜色：通过 set_colors( ) 设置饼图的颜色。
标签：通过 label_opts 设置标签的显示、位置和格式。
图例：通过 legend_opts 设置图例的位置和方向。

［**示例 7-5**］ B 公司 2023 年第一产业、第二产业和第三产业所创造的销售收入如下表所示，请使用饼图展示每个产业对总销售收入的占比。

产业	第一产业	第二产业	第三产业
销售收入(元)	31472	130650	162115

代码如下：

```
from pyecharts import options as opts
from pyecharts.charts import Pie  # 导入组件中的饼图类型
data_pair = [['第一产业', 31472], ['第二产业', 130650], ['第三产业', 162115]]
c = (
   Pie()
      .add("", data_pair)
      .set_colors(['#ff8c94', '#ffaaa6', '#ffd3b5'])  # 全局颜色配置，颜色列表
      .set_global_opts(title_opts=opts.TitleOpts(title="GDP分产业结构图"))  # 设置标题
      # 设置饼图标签，a系列名称，b数据项名称，c数值，d百分比（c与c的总和），  font_size字体大小
      .set_series_opts(label_opts=opts.LabelOpts(formatter="{b}: {c}  （{d}%） ",font_size=15))
      .render()
)
```

运行代码，结果如下：

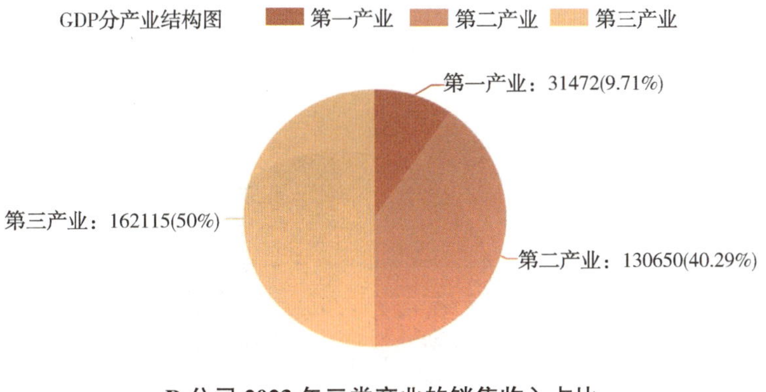

B 公司 2023 年三类产业的销售收入占比

根据饼图结果可知，B 公司第三产业的销售收入占据总销售收入的比例最大为 50%，第一产业占据比例最小为 9.71%。

任务实施

第一步：导入模块，导入 Pandas 模块、Pyecharts 模块中的饼图模块和 Pyecharts 的配置项。代码如下：

```
from pyecharts import options as opts
from pyecharts.charts import Pie # 导入组件中的饼图类型
```

第二步：准备数据，导入“资产负债表”的数据，代码如下：

```
data_pair = [['存出投资款', 38784335], ['库存现金', 24125742], ['银行存款', 23574474], ['信用卡存款', 17504190], ['银行汇票', 18265100]]
```

第三步：创建图表对象。将饼图赋值给变量。

第四步：关联对象，将第二步准备好的数据关联到饼图。设置货币资金类别、货币资金数据情况，获取的数据需要用 tolist( ) 函数转换为列表，设置图例名称为“诚发公司货币资金”。

第五步：设置配置项。

第六步：生成图表，代码如下：

```
c = (
    Pie()
        .add("", data_pair)
        .set_colors(['#ff8c94', '#ffaaa6', '#ffd3b5']) # 全局颜色配置，颜色列表
        .set_global_opts(title_opts=opts.TitleOpts(title="诚发公司货币资金")) # 设置标题
        # 设置饼图标签，a系列名称，b数据项名称，c数值，d百分比（c与c的总和），  font_size字体大小
        .set_series_opts(label_opts=opts.LabelOpts(formatter="{b}: {c} （{d}%）",font_size=15))
        .render()
)
```

解析：

add( ) 添加相关的参数，包括数据对、颜色、标签以及图例等；

其中代码 data_pair 设置数据对，将上述第三步中的数据对添加到图表当中；

随后通过 set_colors( ) 设置饼图不同的数据所代表的颜色，括号中为颜色的相关代码；

最后通过 label_opts 设置标签显示为百分比且字号为 15 号。

运行代码，结果如图所示：

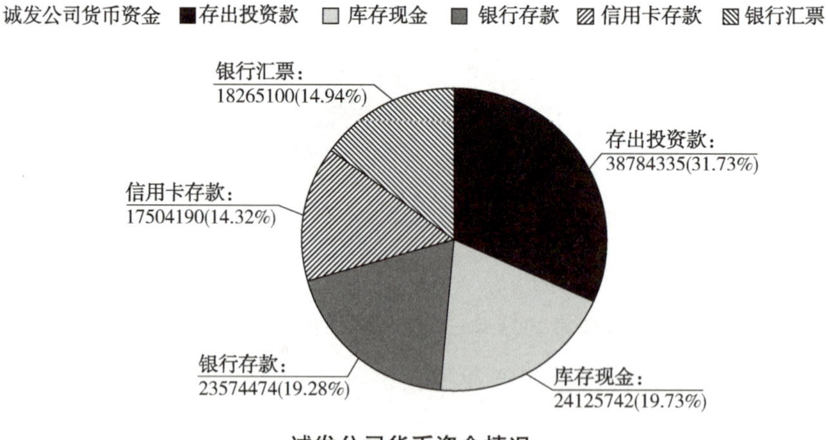

诚发公司货币资金情况

根据可视化结果可知，在 2023 年诚发公司的货币资金中，存出投资款占比重最大为 31.73%，信用卡存款占比重最小为 14.32%。

任务总结

使用 Pyecharts 绘制饼图是数据可视化中常见的任务之一，饼图可以反映数据的占比情况，主要使用的是 Pie( ) 函数。

1. 环境搭建与安装

在开始绘制饼图之前，需要安装 Pyecharts 库及相关依赖 Pandas。

2. 数据准备

饼图的数据通常是一个包含分类名称和对应数值的列表，格式为[("分类 1", 数值 1), ("分类 2", 数值 2),…]。

3. 创建饼图对象

使用 Pyecharts 的 Pie 类创建饼图对象：

```
from pyecharts.charts import Pie
pie_chart=Pie()
```

4. 添加数据

通过 add 方法将数据添加到饼图中。可以指定系列名称和数据列表：pie_chart.add("系列名称", data)

5. 配置图表选项

Pyecharts 提供了丰富的配置项，可以通过 set_global_opts 和 set_series_opts 方法进行自定义。

（1）全局配置

```
pie_chart.set_global_opts(title_opts=opts.TitleOpts(title="饼图标题"))
```

（2）系列配置

标签格式：自定义扇区标签的显示格式。

```
pie_chart.set_series_opts(label_opts=opts.LabelOpts(formatter="{b}: {d}%"))
```

颜色：自定义扇区颜色。

```
pie_chart.set_colors(["#3398DB", "#E67E22", "#2ECC71"])
```

拓展阅读

数字经济时代，新经济驱动财会产业链全面升级，业务、财务、税务数据逐渐融合形成数字网络，会计核算职能逐渐弱化，对财务人员的财务决策和管理能力需求逐渐提升。传统的财务分析工具在对海量的和多维度的数据体系进行分析时，不能很好地满足企业财务管理需求。

随着互联网和物联网等技术的快速发展，数据已经成为企业决策的重要依据，而且传统财务管理方式已无法满足企业需求，需要借助大数据技术进行升级和变革。大数据可视化能够将复杂的数据以直观和易懂的方式呈现，提高决策效率。企业可以借助类似 Pyecharts 和 Matplotlib 这样的可视化程序来整合企业内部及外部数据资源，构建财务大数据平台，实现数据的集中管理和分析，将财务数据以图表、图像等形式呈现，提高数据可读性和易用性，还可以帮助企业管理者发现财务管理中存在的问题和漏洞，提升企业财务管理水平。

在企业中，通过 Python 可以建立稳定高效的财务大数据平台，实现数据实时更新和共享，通过 Pyecharts 等可视化程序可以提供多种可视化展现形式，将枯燥的数据生成可视化财务数据分析报告，为企业决策层提供更直观形象的展示。

课后实战

一、单选题

1. Pyecharts 中，用于绘制柱状图的函数是(　　)。

A. Pie( )　　B. Bar( )　　C. Plot( )　　D. Line( )

2. 下列选项中，关于 Pyecharts 模块的说法不正确的是(　　)。

A. 可以指定多组 y 轴数据　　B. 生成的柱状图会记录到 html 格式文件中

C. x、y 轴数据必须以列表格式指定　　D. 可以指定多组 x 轴数据

3. 关于 Pyecharts 的描述，以下哪项是正确的？(　　)

A. Pyecharts 是一个基于 Python 的数据可视化库，主要用于生成静态图片

B. Pyecharts 是一个基于 JavaScript 的可视化库，不支持 Python

C. Pyecharts 是一个基于 Python 的可视化库，底层使用了 Echarts 来生成图表

D. Pyecharts 只能生成柱状图和折线图

4. 在 Pyecharts 中，以下哪种图表类型支持堆叠(Stack)功能？(　　)

A. 饼图(Pie)　　B. 柱状图(Bar)　　C. 散点图(Scatter)　　D. 热力图(HeatMap)

5. 在 Pyecharts 中，以下哪种图表类型支持"南丁格尔玫瑰图"(Nightingale Rose Chart)的效果？(　　)

A. 饼图(Pie)　　B. 柱状图(Bar)　　C. 折线图(Line)　　D. 雷达图(Radar)

二、多选题

1. 以下哪些图表类型可以通过 Pyecharts 实现？(　　)。

A. 柱状图(Bar)　　B. 折线图(Line)　　C. 饼图(Pie)　　D. 地图(Map)

2. 在 Pyecharts 中，以下哪些配置项可以用于全局设置？(　　)

A. 标题(Title)　　B. 图例(Legend)　　C. 工具箱(Toolbox)　　D. 视觉映射(VisualMap)

3. 在 Pyecharts 中，以下哪些图表类型支持堆叠(Stack)功能？(　　)

A. 柱状图(Bar)　　B. 折线图(Line)　　C. 饼图(Pie)　　D. 面积图(Line+Area)

4. 在 Pyecharts 中，以下哪些方法可以用于设置图表的样式？(　　)

A. set_global_opts　　B. set_series_opts

C. set_colors　　D. set_theme

5. 在 Pyecharts 中，以下哪些图表类型不支持"南丁格尔玫瑰图"效果？(　　)

A. 饼图(Pie)　　B. 柱状图(Bar)　　C. 折线图(Line)　　D. 面积图(Line + Area)

三、判断题

1. Pyecharts 是一个基于 Python 的可视化库，底层使用了 Echarts 来生成图表。(　　)

2. Pyecharts 只能生成静态图表，无法生成动态交互式图表。(　　)

3. 在 Pyecharts 中，柱状图(Bar)和折线图(Line)可以共用同一个坐标轴。(　　)

4. Pyecharts 的地图(Map)功能只能绘制中国地图，无法绘制其他国家或地区的地图。(　　)

5. 在 Pyecharts 中，图表的标题、图例和工具箱配置项必须通过 set_global_opts( ) 方法设置。(　　)

四、实训题

已知：C 公司 2021—2023 年经营活动现金流出统计表如下表所示：

2021—2023 年经营活动现金流出统计表

单位：元

项目	2021 年	2022 年	2023 年
购买商品、接受劳务支付的现金	265195371	278697700	304389030
支付给职工以及为职工支付的现金	26277400	234441800	286824400
支付的各项税费	25818810	298561000	235472890
支付其他与经营活动有关的现金	61209378.05	709489500	759807130

要求：

(1) 绘制折线图，展示 C 公司 2021—2023 年各项经营活动现金流出情况的变化趋势。

(2) 绘制柱状图，展示 C 公司每年的税费金额对比情况。

(3) 绘制饼图，展示 C 公司 2023 年各项经营活动现金流出的占比情况。

项目八　财务指标分析与可视化

可视化是一种通过视觉的方式有效传达信息的技术，它能帮助我们更好地从繁杂的数据中提取直观、有效的信息，是财务分析必不可少的手段。财务指标分析可视化是在借助信息化手段的基础上，将财务数据以视觉形式来呈现，清晰有效地传达信息，帮助人们理解数据中蕴藏的规律和现象。本项目将对财务数据可视化工具和方法进行详细介绍。

职业能力目标

素质目标：培养可视化数据分析思维；
通过定义函数，培养学生创新思维意识；
通过数据分析，培养探究精神和积极向上的人生态度。

知识目标：能理解并掌握函数的定义及调用；
了解 Matplotlib 模块的用处；
熟悉 Matplotlib 模块进行数据可视化的方法。

技能目标：能根据需要自定义函数并调用执行；
能创建画布，对 Matplotlib 进行基本设置；
能根据 Matplotlib 模块的使用规则进行财务数据分析结果的可视化展现。

课程思政

大数据时代下的财务数据分析

数据分析是 Python 应用的一个重要领域，尤其是随着财务机器人的推广和应用，财务人员无需在传统的核算工作中投入全部的时间与精力，而是在技术层面深层次地挖掘财务数据以及业务数据价值。大数据技术可以通过数据收集、数据挖掘满足决策者在经营管理过程中对数据的需求，通过可视化工具将晦涩难懂的财务数据转换为直观的报表式财务分析体系。事前对决策活动可能产生的运行效果进行预测与模拟，强化管理层对决策活动的预见性与精确性，事中精准分析决策活动执行情况，对偏离计划的活动进行及时调整，事后通过实时监测功能协助决策者动态化地了解决策运行效果，及时发现相关问题并有针对性地做出改进。

思政点：大数据时代的到来为生活带来了便捷，也为财务工作注入了更多的数据技术。

作为未来的财务人员，我们要拥有更强的计算思维和数据分析能力，具有前瞻性和创新性思维，增强对新技术环境的适应能力和市场竞争力。

知识图谱

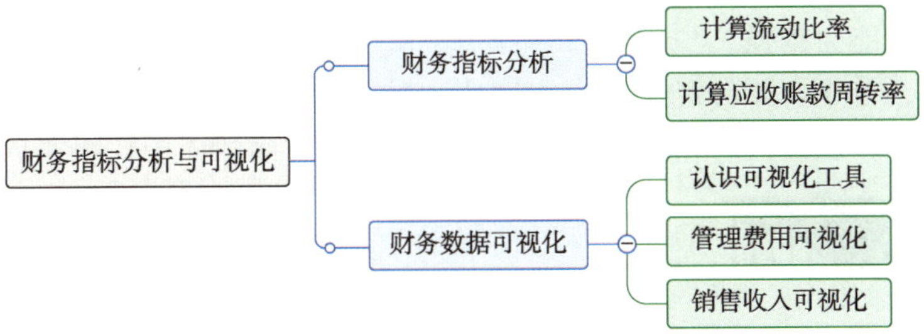

情境案例

近几年，随着大数据产业的蓬勃发展，数据可视化在各行各业中的应用越来越广泛，教育、医疗、政务、交通运输、能源等各行各业都通过可视化来进行信息展示、数据分析和监控预警。在日常生活中，我们也经常用到数据分析和数据可视化的概念，比如有些同学会在手机 App 中记录自己每个月的消费账单，用图形直观地展现自己消费支出的变动情况等。

对于财务工作者而言，要把握好“大数据”时代所带来的契机，摒弃传统核算性、程序性的记录工作，将工作重心转移到优化管理流程、规划决策程序等工作上，将财务会计与管理会计、战略会计相融合，拓展专业复合程度，加强数据处理、财务决策和战略管理能力。

本项目是以华盛公司对外披露的财务数据为基础，通过定义函数，利用 Python 相关功能模块，借助大数据完成财务分析并进行可视化展现。

任务一　计算流动比率

任务情境

根据华盛公司 2023 年对外披露的财务报表可知，其 2023 年度流动资产金额为 480635 元，流动负债金额为 256750 元，运用函数计算华盛公司 2023 年度流动比率。华盛公司流动资产与流动负债数据如下表所示：

流动资产、流动负债数据表

年份	2023 年
流动资产合计(元)	480635
流动负债合计(元)	256750
流动比率	?

任务分析

流动比率是企业流动资产和流动负债的比率，是衡量企业的流动资产在其短期债务到期前可以变现用于偿还流动负债的能力，表明企业每 1 元流动负债有多少流动资产作为支付的保障。流动资产主要包括货币资金、交易性金融资产、应收账款、预付账款、存货和1年内到期的非流动资产等。流动负债主要包括短期借款、交易性金融负债、应付账款、预收账款、应交税费和1年内到期的非流动负债等。流动比率的计算公式为：

$$流动比率=流动资产\div流动负债$$

流动比率是衡量企业短期偿债能力的一个重要财务指标，其理论参考值为2，比率越高，说明短期偿债能力越强。

在本任务中，首先需要自定义一个流动比率的函数，通过设置函数体内的代码，在需要计算流动比率时，通过代入相应数值，调用函数，运行函数体内代码完成计算。

知识准备

8.1.1 函数的定义与调用

Python中虽已内置了多个函数可供使用，但是对于我们进行财务分析的需求来说是远远不够的，这时需要我们创建新的函数。通过自定义语法格式进行函数创建，使得创建的函数能够满足我们数据计算与分析的需求。自定义函数的语法格式为：

```
def function(arg1,arg2):
do something
return "something"
```

［代码说明］ def，即define，目的是创建一个自定义函数；arg表示参数，do something即我们对该函数所赋予的命令；return表示返回结果，如果没有数据返回，可以不写return语句。

［示例8-1］ 利用含税销售额计算增值税税额的函数代码：本例题首先定义一个含税销售额计算增值税税额的函数VAT(S)，函数的参数为含税销售额，函数体为含税销售额计算增值税税额的公式，即含税销售额÷(1+13%)＊13%，可得增值税税额，最后返回结果为增值税税额的数值。

再通过调用函数VAT(S)，将参数S设置为113，执行函数体内的代码，最后返回结果为增值税税额13，将结果赋值给变量a，通过print()函数输出。

运行代码，结果为：13.00。

```
示例1.py
▶ 运行  ■ 终止  ↻ 重置  清空  保存  提交  下载

#利用含税销售额计算增值税税额
def VAT(S):    #定义税额计算函数
    VAT=S/1.13*0.13    #增值税税额=含税销售额/1.13*0.13
    return VAT
a=VAT(113)
print(a)
```

```
a=VAT(113)
print(a)

python3 示例1.py
13.000000000000002

运行结束！
```

8.1.2 参数传递

1. 形式参数与实际参数

在函数语法格式中，函数名后面括号里的内容称为参数，函数参数的作用是传递数据给函数使用，函数通过利用接收的数据进行操作并返回最终的数值。

在调用函数时，经常会用到形式参数和实际参数。形式参数指的是在定义函数时，函数名后面括号中的参数。例如［示例 8-1］中所示，形式函数指的是 def VAT(S) 中的“S”。实际参数即在调用一个函数时，函数名后面括号中的参数。如［示例 8-1］中所示，实际函数指的是 VAT(113) 中的“113”，也就是说，函数调用者最终提供的函数参数为实际参数。在使用过程中，形式参数必须是变量，实际参数可以是常量、变量或者表达式。

2. 位置参数

位置参数也称必备参数，是必须按照正确的顺序传到函数中，即函数在调用时，实际参数的数量和位置必须与定义时形式参数的数量和位置是一样的。

［示例 8-2］ 自定义计算资产金额的函数，使用位置参数调用函数，代码如下：

```
示例2.py
运行  终止  重置  清空  保存  提交  下载

#计算资产函数
def Asset(liability,equity):  #定义资产函数
    Asset=liability+equity    #资产=负债+所有者权益
    return Asset
a=Asset(243534,180934)
print(a)
```

在本例中，定义了一个计算资产金额的函数，涉及两个形式参数，分别为 liability 和 equity。函数体为资产金额公式，即资产=负债+所有者权益，最后返回结果为资产金额。在实际计算时，传入两个实际参数，实际参数的位置与形式参数相对应，即 243534 对应 liability 形式参数，180934 对应 equity 形式参数，运行代码，结果为：424468。

```
a=Asset(243534,180934)
print(a)

python3 示例2.py
424468

运行结束！
```

如果数量不一致，将会产生 TypeError 异常，提示缺少必要的位置参数。或者虽然不报错，但是得到的结果与预期不一致。

任务实施

使用自定义函数来实现华盛公司流动比率的计算。

第一步，先定义流动比率函数。首先定义一个流动比率函数并命名，设置两个参数分别代表流动资产金额和流动负债金额。然后设置函数体内流动比率计算公式，最后将计算结果返回给函数体。代码如下：

```
任务一任务...
运行  终止  重置  清空  保存  提交  下载

#计算流动比率
def ld_bl(zc,fz):      #定义流动比率计算函数
    ldbl=zc/fz         #流动比率等于流动资产除以流动负债
    return ldbl
```

［代码说明］ 运用关键字 def 定义函数，函数命名为 ld_bl，两个形式参数分别为 zc 和 fz。设置函数体代码为“ldbl＝zc/fz”，计算流动比率并赋值给变量 ldbl，最后使用 return 语句将结果返回函数。

第二步，调用流动比率函数。首先按照位置输入实际参数，调用函数，将调用函数结果赋值给变量 a，并输出变量 a。代码如下：

```
任务一任务...
运行  终止  重置  清空  保存  提交  下载

#计算流动比率
def ld_bl(zc,fz):      #定义流动比率计算函数
    ldbl=zc/fz         #流动比率等于流动资产除以流动负债
    return ldbl
a=ld_bl(480635,256750)
print("流动比率是%.2f"%a)
```

运行代码，结果为：流动比率是 1.87。

```
a=ld_bl(480635,256750)
print("流动比率是%.2f"%a)

python3 任务一任务实施.py
流动比率是1.87

运行结束！
```

［代码说明］ 按照位置给函数传递实际参数，将流动资产 480635 传递给形式参数 zc，将流动负债 256750 传递给形式参数 fz，将函数的运行结果赋值给变量 a，然后保留两位小数，输出结果。

任务小结

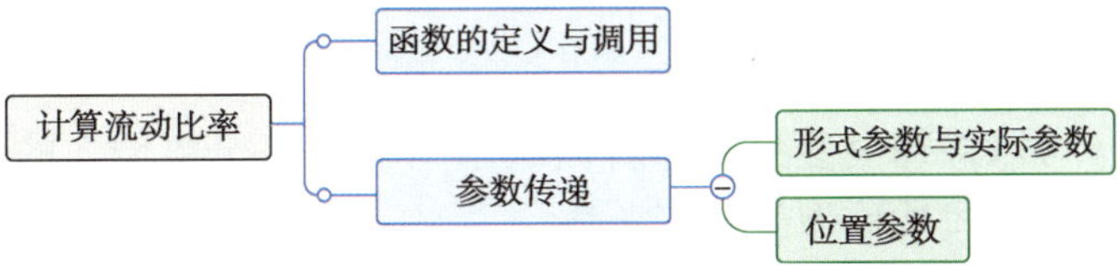

任务二　计算应收账款周转率

任务情境

根据华盛公司 2023 年对外披露的财务报表可知，其 2023 年度营业收入为 85334780 元，应收账款年初余额为 12896352 元，应收账款年末余额为 10563585 元。运用函数计算华盛公司 2023 年度应收账款周转率和应收账款周转天数。华盛公司应收账款周转率相关数据如下表所示。

年份	2023 年
营业收入(元)	85334780
应收账款年初余额(元)	12896352
应收账款年末余额(元)	10563585
应收账款周转率(次)	?
应收账款周转天数(天)	?

任务分析

应收账款周转率是反映企业营运能力的指标，是营业收入除以平均应收账款的比值，也就是年度内应收账款转为现金的平均次数，它说明应收账款流动的速度。应收账款周转率有两种表示方法：一种是应收账款在一定时期内(通常为 1 年)的周转次数；另一种是应收账款的周转天数。应收账款周转率的计算公式为：

应收账款周转率＝营业收入/应收账款平均余额×100%

应收账款平均余额＝(应收账款年初余额+应收账款年末余额)/2

应收账款周转天数＝360/应收账款周转率

一般情况下，应收账款周转率指标越大越好，指标越大，说明收账越迅速，账龄越短，营运能力越强，可以减少收账费用和坏账损失，更好地评价客户的信用程度及企业原定信用条件的合理性。

在本任务中，首先需要自定义一个应收账款周转率函数，然后设置函数体内的代码，即应收账款周转率的计算公式。定义好函数后，如果要使用函数，需要调用函数，运行函数体内代码去计算应收账款周转率。

知识准备

8.2.1 关键字参数

在调用函数后，可以将每个参数名称后面赋予一个我们想要传入的值，这种以名称作为一一对应的参数传入方式被称为关键字参数。

关键字参数是指使用形式参数的名字来确定输入的参数值。通过该方式指定实际参数时，不再需要与形式参数的位置完全一致。只要将参数名写正确即可。这样可以避免用户需要牢记参数位置的麻烦，使得函数的调用和参数传递更加灵活方便。

［**示例 8-3**］ 自定义计算负债函数，将关键字参数传递给形式参数，代码如下：

```
示例3.py
▶ 运行  ■ 终止  ○ 重置  清空  保存  提交  下载

#计算负债函数
def liability(asset,equity):  #定义负债函数
    liability=asset-equity    #负债=资产-所有者权益
    return liability
a=liability(equity=180934,asset=424468)#赋值给关键字参数
print(a)
```

运行代码，结果如下：243534。

```
a=liability(equity=180934,asset=424468)#赋值给关键字参数
print(a)

python3 示例3.py
243534

运行结束！
```

［**代码说明**］运用关键字 def 定义函数，函数命名为 liability，两个形式参数分别为 asset 和 equity。设置函数体代码“liability = asset-equity”，通过关键字参数，将 180934 传递给 equity，将 424468 传递给 asset，得出运行结果。

从运行结果中可以看出，虽然在指定实际参数时，顺序与定义函数并不一致，但是运行结果与预期却是一致的。

8.2.2 默认值参数

有时候在调用函数时，在没有传递任何实际参数的情况下也可正常运行函数，这是因为设置了默认值参数。给一个参数设定默认值非常简单，只需要在定义函数时给参数赋值即可。如果没有给调用的函数的参数赋值，调用的函数就会使用这个默认值。

［**示例 8-4**］ 自定义计算利润函数并设置默认值参数，代码如下：

示例4.py

运行　终止　重置　清空　保存　提交　下载

```python
#计算利润函数
def profit(income,cost=14):  #定义利润函数
    profit=income-cost       #利润=收入-费用
    return profit
a=profit(36)             #对income赋值
print(a)
```

运行代码，结果如下：

```python
a=profit(36)             #对income赋值
print(a)
```

```
python3 示例4.py
22

运行结束！
```

从示例中可以看出，在调用函数时对 income 赋值 36，没有对 cost 赋值，在输出结果中使用了函数定义时的默认值。如果对 cost 赋值，最后输出的结果会受赋值的影响。

［**示例 8-5**］ 自定义计算利润函数并设置默认值参数，调用函数时对默认值参数赋值，代码如下：

示例5.py ×

运行　终止　重置　清空　保存　提交　下载

```python
#计算利润函数
def profit(income,cost=14):
    profit=income-cost
    return profit
a=profit(36,20)
print(a)
```

运行代码，结果如下：

```python
a=profit(36,20)
print(a)
```

```
python3 示例5.py
16

运行结束！
```

通过执行函数可以看到，执行结果使用的是赋值传入的参数。由此得知：当对默认值参数传值时，函数执行时调用的是传入的值。把函数的默认值参数放在前面是否可行呢？

［示例 8-6］ 自定义计算利润函数，设置第一个形式参数为默认值参数，代码如下：

```python
#计算利润函数
def profit(income=40,cost):
    profit=income-cost
    return profit
a=profit(36,20)
print(a)
```

运行代码，结果为错误提示：

```
a=profit(36,20)
print(a)
```

```
python3 示例6.py
  File "/home/seentaopty/.seentao/workspace/hhjumt/working-dir/示例6.py", line 2
    def profit(income=40,cost):
                        ^
SyntaxError: non-default argument follows default argument

运行结束！
```

通过上述例题可知，默认值参数一定要放在非默认值参数的后面，否则系统会提示错误，得不到函数结果。

任务实施

使用函数来实现华盛公司应收账款周转率的计算。

第一步，定义应收账款周转率函数。首先定义一个应收账款周转率函数并命名，设置三个参数分别代表营业收入、应收账款年初余额和应收账款年末余额。然后设置函数体内应收账款周转率和应收账款周转天数计算公式，最后将计算结果返回给函数体。代码如下：

```python
#计算应收账款周转率
def ys_zl(sr,nc,nm=10563585):    #定义应收账款周转率函数并设置默认值参数
    yszl=round(sr/((nc+nm)/2),2)
    yszt=round(360/yszl,2)
    return yszl,yszt
```

[**代码说明**] 运用关键字 def 定义函数，函数命名为 ys_zl，该函数就是计算应收账款周转率函数。设置三个参数值分别为 sr，nc，nm，分别表示营业收入、应收账款年初余额和应收账款年末余额。其中 nm 为默认值参数，给 nm 赋值 10563585。设置函数体代码为“yszl= round(sr/((nc+nm)/2),2)”，计算应收账款周转率并保留两位小数后赋值给变量 yszl，“yszt=round(360/yszl,2)”计算应收账款周转天数并保留两位小数后赋值给变量 yszt，最后使用 return 语句将结果返回函数。

调用应收账款周转率函数。首先按照位置输入实际参数，调用函数，将调用函数结果赋值给变量 a，并输出变量 a。代码如下：

```
a=ys_zl(sr=85334780,nc=12896352)
print("应收账款周转率是%.2f,周转天数是%.2f天"%a)
```

运行代码，结果如下：应收账款周转率是 7.27，周转天数是 49.52 天。

```
a=ys_zl(sr=85334780,nc=12896352)
print("应收账款周转率是%.2f,周转天数是%.2f天"%a)

python3 任务二任务实施.py
应收账款周转率是7.27,周转天数是49.52天

运行结束！
```

[**代码说明**]代码“a=ys_zl(sr=85334780,nc=12896352)”，调用 ys_zl 函数，按照位置将实际参数 85334780 传递给 sr，“nc=12896352”为关键字参数，将函数的运行结果赋值给变量 a，然后保留两位小数，输出结果。

任务小结

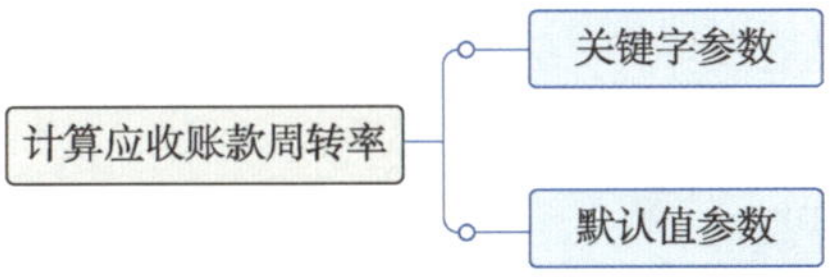

任务三 认识可视化工具

任务情境

Python 可以通过可视化工具直观反映财务指标的变动情况进行可视化分析，通常需要用到 Python 中的数据可视化工具包 Matplotlib，通过本任务的学习，需要掌握 Matplotlib 的安装以及简单应用。利用 Matplotlib 绘制一个画布，要求题目为“2011-2020 销售收入”，x 轴标题为“年份”，y 轴标题为“金额(元)”。

任务分析

使用 Python 对财务指标进行可视化，除用编辑器来编写代码以外还需要调用第三方工具包，例如数据处理工具 Pandas、数据可视化工具 Matplotlib 等，都可以帮助我们进行可视化分析。我们一般使用 Matplotlib 对财务指标进行可视化。本任务是在安装 Python 的基础上，通过认识、安装 Matplotlib 模块，了解可视化工具的基础设置，并能够成功应用 Matplotlib 功能。

首先需要进行 Matplotlib 的安装，安装完成后需要验证是否安装成功。其次为保证 Matplotlib 可以正常使用，要了解其所具有的功能以及完成可视化基础设置。

知识准备

8.3.1 Matplotlib 概述

Matplotlib 库是专门用于开发 2D 图表的绘图库，是以各种硬拷贝格式和跨平台的交互式环境生成出版质量的图形，是 Python 2D 绘图领域使用最广泛的套件。它能让使用者很轻松地将数据图形化，并且提供多样化的输出格式，利用 Matplotlib 可以生成折线图、柱状图、直方图、条形图、散点图等。

Matplotlib 的优点为：使用极其简单；以渐进、交互式方式实现数据可视化；表达式和文本使用 LaTex 排版；对图像元素控制力更强；可输出 png、pdf、svg 和 eps 等多种格式。

Matplotlib 是 Python 的一个库，因此在程序开发中，它也可以使用 Python 的其他库，Matplotlib 通常与 NumPy 和 Pandas 等库配合使用。

做图时会用到 pyplot，pyplot 是 Matplotlib 的子库，该子库提供了和 MATLAB 类似的绘图 API，使用 pyplot 子库可快速地绘制 2D 图表。

1. 导入快速绘图的函数库

即 pyplot 子库，其代码为：

Import matplotlib. pyplot as plt

2. 创建绘图对象——figure 对象

在绘图前，要先创建绘图对象。如果不创建而直接调用绘图 plot 函数，Matplotlib 会自动创建一个绘图对象。

3. 绘制图表

通过调用 plot 函数可实现在当前绘图对象中绘制图表，plot 函数的语法格式：plt. plot(x,y,label,color,linewidth,linestyle)或 plt. plot(x,y,fmt,label)。

4. 添加各类标签和图例

在调用 plot 函数完成绘图后，为图表添加各类标签和图例。

5. 保存和显示图表

在完成图表绘制、添加各类标签和图例后，再将图表保存为图片，并在本机上显示图表。

8.3.2 Matplotlib 安装

首先，测试 Python 环境中是否安装了 Matplotlib。

在 Windows 操作系统下，按 win+r 键，进入 cmd 命令窗口，输入“python”命令，按回车键，进入 Python 命令窗口。在 Python 命令窗口中输入“import matplotlib”，如果在窗口中出现“ModuleNotFoundError：No module named'matplotlib'”的错误提示，则需要安装 Matplotlib。

其次，在 Windows 操作系统下安装 Matplotlib 的方法。在安装了 Python 的基础上，以管理员身份运行 CMD 窗口，在 CMD 黑色窗口中输入：pip install --upgrade pip，以此更新 pip 工具。在窗口中输入命令 pip install matplotlib -ihttps：//pypi. tuna. tsinghua. edu. cn/simple，则完成了 Matplotlib 的安装。

安装完成后，在 Python 环境下输入“import matplotlib”，如果不报错，就代表安装成功。

8.3.3 Matplotlib 设置

使用 Matplotlib 绘制图表，需要先导入绘制图表的模块 pyplot，其代码为：import matplotlib. pyplot as plt。

在绘制图形时，有许多需要配置的属性，如颜色、字体、线型等。Matplotlib 将缺省配置保存在“matplotlib”配置文件中，通过修改配置文件，可修改图表的缺省样式，称为 rc 配置或者 rc 参数。

做图时，如果要显示中文，需要先添加代码 plt. rcParams ["font. sans-serif"] ="SimHei"。

字体中文名称	字体英文名称	字体中文名称	字体英文名称
黑体	SimHei	微软雅黑	Microsoft YaHei
微软正黑体	Microsoft JhengHei	仿宋	FangSong
宋体	SimSun	新宋体	NsimSun
楷体	KaiTi	新细明体	PmingLiu
楷体_GB2312	KaiTi_GB2312	仿宋_GB2312	FangSong_2312

字体参数设置后，可能会出现做图符号不能正常显示的情况，则需要写代码：plt. rcParams["axes. unicode_minus"] =False。

Matplotlib 可以绘制柱状图、条形图、散点图、饼图，等等，可根据代码选择绘制的图形。

函数名称	函数说明
Bar	绘制条形图
barh	绘制水平条形图
hist	绘制直方图
pie	绘制饼图
specgram	绘制光谱图
stackplot	绘制堆积区域图

续表

函数名称	函数说明
scatter	绘制散点图
plot	绘制折线图
boxplot	绘制箱型图

pylpot 模块中提供了为图形添加标签的函数。这些函数之间是并列关系，没有先后顺序，可以在做图之前先添加标签，也可以先做图后添加标签，但不管哪种形式，做图代码和标签代码都要同时运行。

函数名称	说明
Title( )	设置当前轴的标题
Xlabel( )	设置当前图形 x 轴的标签名称
Ylabel( )	设置当前图形 y 轴的标签名称
Xticks( )	指定 x 轴刻度的数目与取值
Yticks( )	指定 y 轴刻度的数目与取值
Xlim( )	设置或获取当前图形 x 轴的范围
Ylim( )	设置或获取当前图形 y 轴的范围
Legend( )	在轴上放置一个图例

每次做图代码运行完后，需要 plt. show( )才能使图像显示。

任务实施

第一步，使用 Matplotlib 绘制图表导入绘制图表的模块 pyplot，将字体设置为黑体，并通过设置解决做图符号不能正常显示的情况。

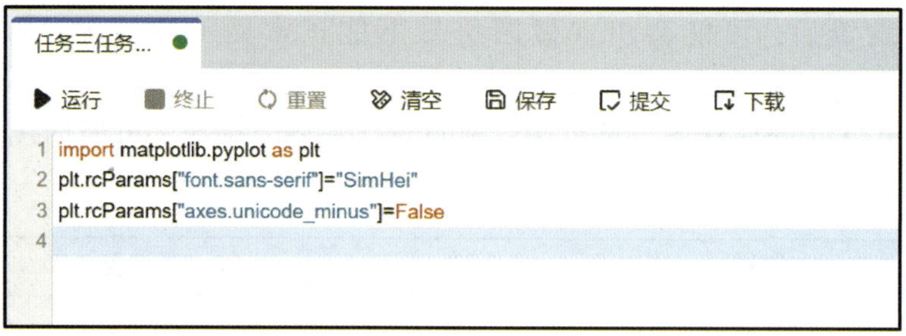

第二步，通过代码 plt. title("2011-2020 销售收入")将图表标题设置为“2011-2020 销售收入”，代码 plt. xlabel("年份")将 x 轴标签名称设置为“年份”，代码 plt. ylabel("金额(元)")将 y 轴标签名称设置为“金额(元)”，代码 plt. xlim(2011,2020)将 x 轴的范围设置为 2011-2020，代码 plt. ylim(20000,100000)将 y 轴的范围设置为 20000~100000。

运行代码，结果如下：

```
plt.rcParams["font.sans-serif"]="SimHei"
plt.rcParams["axes.unicode_minus"]=False
plt.title("2011-2020销售收入")
plt.xlabel("年份")
plt.ylabel("金额（元）")
plt.xlim(2011,2020)
plt.ylim(20000,100000)
plt.show()
```

```
python3 任务三任务实施.py

运行结束！
```

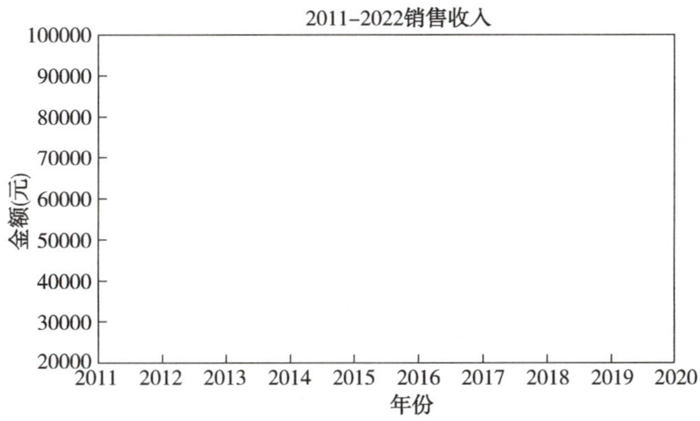

任务小结

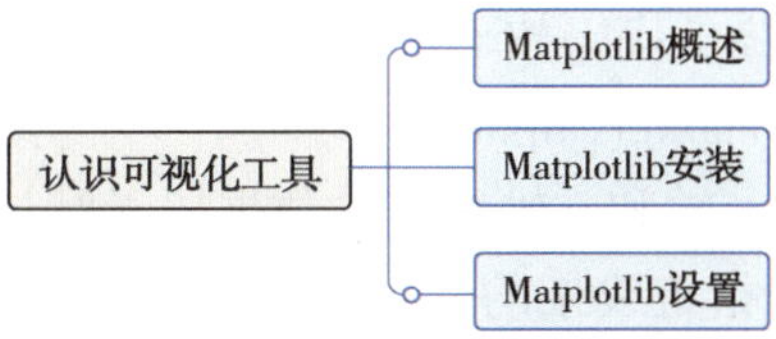

任务四　管理费用可视化

任务情境

请根据华盛、光明两个公司所披露的 2023 年 1—12 月管理费用金额表，对管理费用的变化情况进行可视化分析。

管理费用金额表 单位：元

时间	1月	2月	3月	4月	5月	6月
华盛公司	24264	25733	23889	31896	35890	34864
光明公司	26974	28532	25863	34854	39547	48547
时间	7月	8月	9月	10月	11月	12月
华盛公司	32755	29742	25754	25438	26764	22475
光明公司	36484	31438	28748	28553	29463	26964

任务分析

本任务是对华盛、光明两家企业 2023 年 1—12 月的管理费用变化趋势进行分析并以可视化形式呈现。因此，我们需要使用 Python 中的 Matplotlib 功能模块。

第一，以折线图的形式分别制作 2023 年两家公司管理费用变化趋势图，通过遍历两年中不同月份管理费用数据，以时间“月份”作为 x 轴标签，以“金额”作为 y 轴标签，对该年度不同月份管理费用的变化趋势进行分析。

第二，将两家企业的管理费用绘制在同一张画布中，为了数据显示清晰美观，用不同颜色对不同公司加以区分，并设置折线图的数据标签显示位置、标题、轴标签，等等。通过可视化图形对比，来分析华盛公司相较于光明公司管理费用变化趋势。

知识准备

8.4.1 绘制折线图

折线图绘制主要通过 plot( ) 函数完成，折线图是一种将数据点按照顺序连接起来的图形，可以看作将各个散点按照 x 轴坐标顺序连接起来的图形。折线图的主要功能是查看因变量 y 随着自变量 x 改变的趋势。代码如下：

plt. plot(x , y , clor , linestyle , marker , alpha)

x，y——接收 array。表示 x 轴和 y 轴对应的数据。无默认。

color——接收特定 string。指定线条的颜色。默认为 None。

linestyle——接收特定 string。指定线条类型。默认为”-”。

markcr——接收特定 string。表示绘制的点的类型。默认为 None。

alpha——接收 0~1 的小数。表示点的透明度。默认为 None。

［示例 8-7］ 绘制 A 企业 2011—2020 年材料采购价格的折线图。

years = [2011,2012,2013,2014,2015,2016,2017,2018,2019,2020]

price = [14. 6,15,15. 5,16. 1,17. 8,17. 1,17. 3,17. 8,16. 4,17. 8]

代码如下：

```python
import matplotlib.pyplot as plt
plt.rcParams["font.sans-serif"]="SimHei"
plt.rcParams["axes.unicode_minus"]=False
years=[2011,2012,2013,2014,2015,2016,2017,2018,2019,2020]
price=[14.6,15,15.5,16.1,17.8,17.1,17.3,17.8,16.4,17.8]
plt.plot(years,price)
plt.show()
```

运行代码，结果如下：

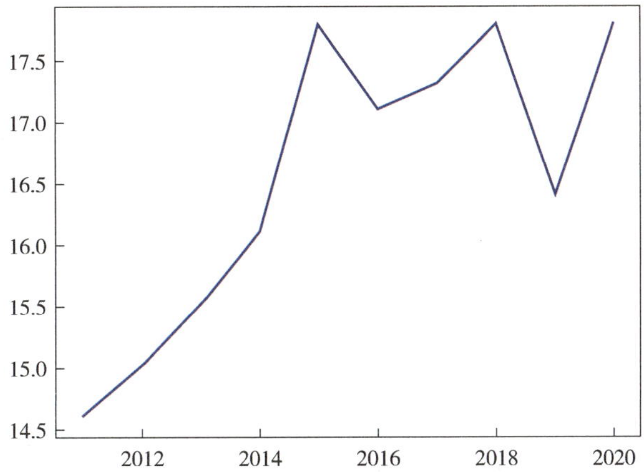

[代码说明] 使用 Matplotlib 功能，导入 pyplot 模块绘制图表，运行 plt. rcParams["font. sans-serif"] = "SimHei"使字体显示为黑体，运行 plt. rcParams["axes. unicode_minus"] = False 使符号显示为正常。将 2011—2020 年赋值给 years，将不同年份的采购价格赋值给 price，绘制折线图，x 轴为 years，y 轴为 price，显示绘制图表。

8.4.2 设置折线图参数

1. 颜色参数(color)

参数	说明
g(green)	绿色
r(red)	红色
b(blue)	蓝色
c(cyan)	青色
m(magenta)	品红
y(yellow)	黄色
k(black)	黑色
w(white)	白色

2. 线型参数(linestyle)

线型使用 linestyle 参数控制，可以传入下表所列举的线型值，默认为实线。

线型值	说明
“-”	实线
“--”	长虚线
“-.”	短点相间线
“:”	短虚线

3. 标记风格(marker)

标记	说明
“o”	实心圆圈
“D”	菱形
“h”	六边形
“8”	八边形
“p”	五边形
“+”	加号
“.”	点
“*s”	正方形
“*”	星形

4. 线条的透明度(alpha)

alpha 取值为 0~1，越接近 0，图形越透明。

[示例 8-8] 继[示例 8-7]绘制 A 企业 2011—2020 年材料采购价格的折线图，要求颜色为绿色，线型为长虚线，标记为实心圆圈的半透明线条。

代码如下：

```
import matplotlib.pyplot as plt
plt.rcParams["font.sans-serif"]="SimHei"
plt.rcParams["axes.unicode_minus"]=False
years=[2011,2012,2013,2014,2015,2016,2017,2018,2019,2020]
price=[14.6,15,15.5,16.1,17.8,17.1,17.3,17.8,16.4,17.8]
plt.plot(years,price,color="g",linestyle="--",marker="o",alpha=0.5)
plt.show()
```

运行代码，结果如下：

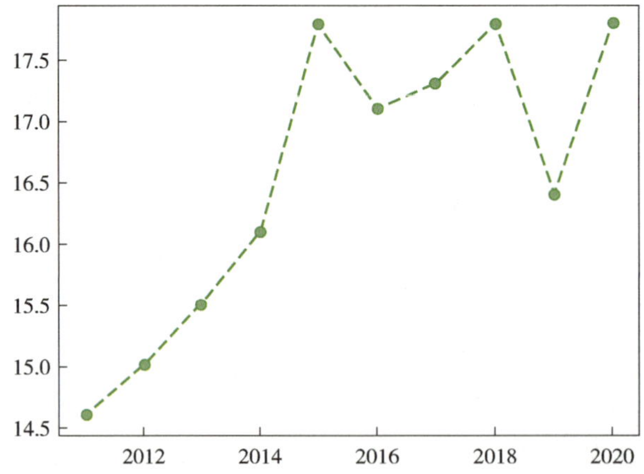

8.4.3 设置数据标签

需要使用 for 循环语句：

for a，b in zip(x 轴的值，y 轴的值)：

plt. text(a,b+刻度值,'%. 0f%b,ha='center',va ='bottom',fontsize=10)

b+刻度值：表示数据标签放置的位置;'%. 0f%b：小数点格式设置，表示数据标签的格式，0 表示不显示小数点,'%. 1f 表示显示一位小数；ha：设置水平对齐方式,'center'、'right'、'left'；va：设置垂直对齐方式,'top'、'bottom'、'center'、'baseline'；fontsize：设置数据标签字体大小。

任务实施

首先，用 Matplotlib 绘制华盛公司2023年度管理费用金额变动折线图。代码如下：

```
任务四任务...
运行 终止 重置 清空 保存 提交 下载
import matplotlib.pyplot as plt
plt.rcParams["font.sans-serif"]="SimHei"
plt.rcParams["axes.unicode_minus"]=False
huasheng=[24264,25733,23889,31896,35890,34864,32755,29742,25754,25438,26764,22475]
month=[1,2,3,4,5,6,7,8,9,10,11,12]
plt.plot(month,huasheng,color="b",linestyle=":",marker="o")
```

```
month=[1,2,3,4,5,6,7,8,9,10,11,12]
plt.plot(month,huasheng,color="b",linestyle=":",marker="o")
plt.title("华盛公司2023年管理费用折线图")
plt.xlabel("月份")
plt.ylabel("金额")
python3 任务四任务实施华盛公司.py
运行结束！
```

运行代码，结果如下：

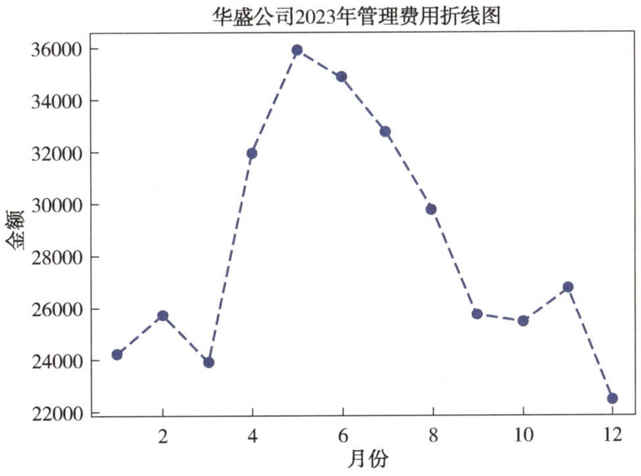

通过可视化，我们绘制了华盛公司 2023 年 1—12 月管理费用折线图，横坐标为月份，纵坐标为金额，圆点表示不同月份的管理费用金额。根据图片可知，华盛公司 2023 年管理费用金额呈先升后降的趋势，且一年中变化较大。

其次，用 Matplotlib 绘制光明公司 2023 年度管理费用金额变动折线图。代码如下：

```
任务四任务...
运行  终止  重置  清空  保存  提交  下载

import matplotlib.pyplot as plt
plt.rcParams["font.sans-serif"]="SimHei"
plt.rcParams["axes.unicode_minus"]=False
guangming=[26974,28532,25863,34854,39547,48547,36484,31438,28748,28553,29463,26964]
month=[1,2,3,4,5,6,7,8,9,10,11,12]
plt.plot(month,guangming,color="r",linestyle="--",marker="D")
```

```
month=[1,2,3,4,5,6,7,8,9,10,11,12]
plt.plot(month,guangming,color="r",linestyle="--",marker="D")
plt.title("光明公司2023年管理费用折线图")
plt.xlabel("月份")
plt.ylabel("金额")
plt.show()
python3 任务四任务实施光明公司.py

运行结束！
```

运行代码，结果如下：

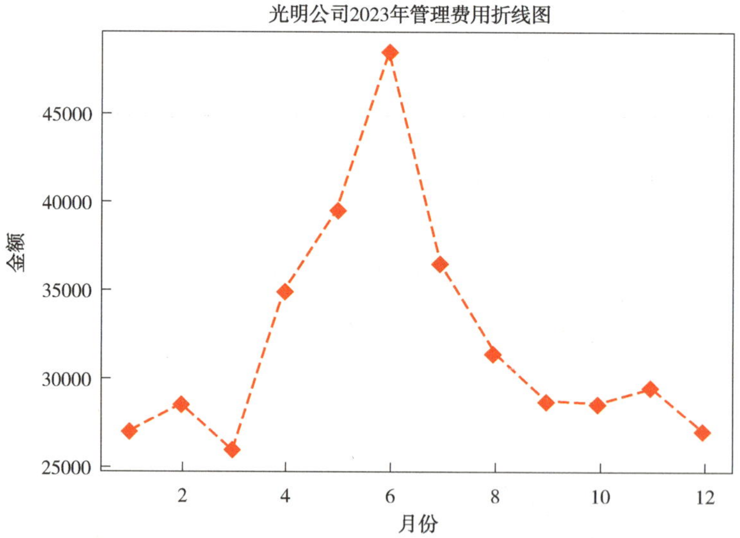

通过可视化，我们绘制了光明公司 2023 年 1—12 月管理费用折线图，横坐标为月份，纵坐标为金额，红色菱形表示不同月份的管理费用金额。根据图片可知，光明公司 2023 年管理费用金额呈先升后降的趋势，且基本呈正态分布。

最后，将两家企业的管理费用绘制在同一张画布中，代码如下：

```
import matplotlib.pyplot as plt
plt.rcParams["font.sans-serif"]="SimHei"
plt.rcParams["axes.unicode_minus"]=False
huasheng=[24264,25733,23889,31896,35890,34864,32755,29742,25754,25438,26764,22475]
guangming=[26974,28532,25863,34854,39547,48547,36484,31438,28748,28553,29463,26964]
month=[1,2,3,4,5,6,7,8,9,10,11,12]
```

```
plt.plot(month,huasheng)
plt.plot(month,guangming)
for a,b in zip(month,huasheng):
    plt.text(a,b+1000,b,ha="center",va="bottom",fontsize=10)
for c,d in zip(month,guangming):
    plt.text(c,d+1000,d,ha="center",va="bottom",fontsize=10)
```

```
python3 任务四任务实施.py

运行结束！
```

运行代码，结果如下：

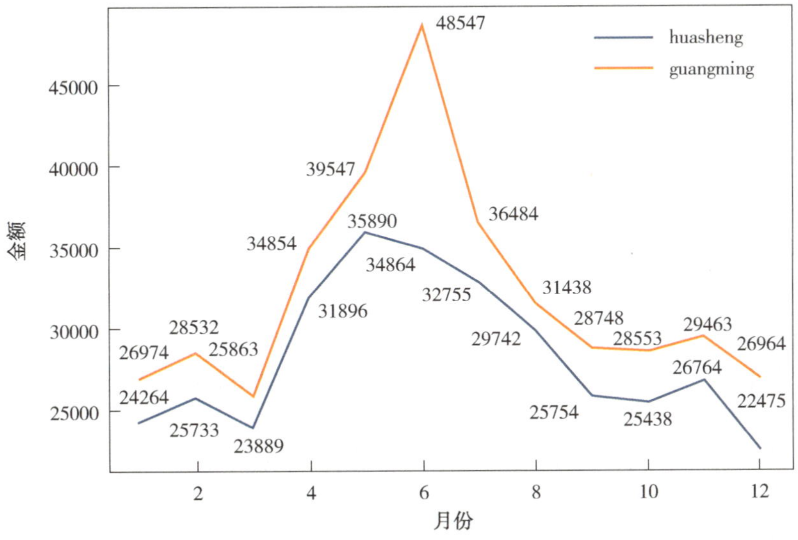

通过可视化结果可以看出，华盛公司和光明公司 2023 年管理费用走向基本一致。两家公司都是 1、2 月份管理费用有所上升，3 月份费用金额下降，其中光明公司 3 月份的管理费用为全年最低。其后费用金额继续增加，华盛公司于 5 月份达到峰值，金额为 35890 元，光明公司管理费用于 6 月份达到峰值，金额为 48547 元，可以看出光明公司费用上升较快，华盛公司费用上升幅度不大。此后，两家公司费用金额开始下降，其中华盛公司管理费用下降趋势较为缓慢，而光明公司管理费用急剧下降。可视化显示 11 月份费用有轻微增加浮动，在 12 月份有所下降。

任务小结

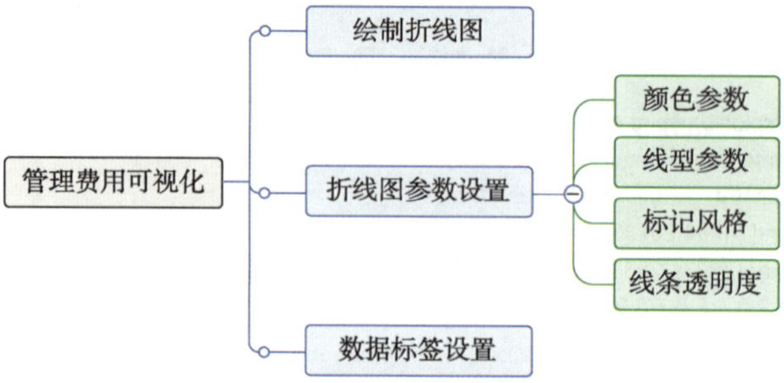

任务五　销售收入可视化

任务情境

请根据华盛公司所披露的 2023 年 A 产品东部、西部、南部、北部销售收入金额及销售收入占比，对销售收入及其在市场渠道中的占比进行可视化分析。

A 产品销售情况表

地区	产品	销售收入(元)	销售收入占比
东部	A 产品	562545	0. 3929608
西部	A 产品	255876	0. 1787399
南部	A 产品	367678	0. 2568382
北部	A 产品	245456	0. 1714611

任务分析

本任务是对华盛公司 2023 年 A 产品在不同销售区域的销售收入及其收入占比进行分析，同时还要对其进行可视化展现。因此，不仅要用到 Pandas 模块进行数据读取，需要调用 Matplotlib 模块相关功能进行可视化分析。

读取销售情况表后，可以看到 A 产品在不同销售市场中的销售收入及收入占比都是不一样的。因此，可以使用 Matplotlib 绘制柱状图的功能对比不同市场 A 产品销售收入的变化。以市场区域作为 x 轴标签，以销售收入作为 y 轴标签。而对于不同市场的销售收入占比可视化，则可通过绘制饼图的功能实现，通过不同颜色代表不同销售区域，来进行市场份额的区分。

知识准备

8. 5. 1　绘制柱状图

柱状图绘制主要通过 bar( ) 函数完成，柱状图是一种以长方形的长度为变量的统计报告图，用来比较两个或两个以上的价值（不同时间或者不同条件）。

bar(left,height,width,color)

left——表示 x 轴的数据。

height——表示条形的高度。

width——表示条形的宽度，默认为 0.8。

color——表示条形的颜色。

［示例 8-9］ 调查显示，某市年龄为 20 岁、30 岁、40 岁、50 岁对应的月消费支出为 1500 元、4000 元、3000 元、2000 元，对年龄和月消费支出画出柱状图。代码如下：

示例9.py

▶ 运行　终止　重置　清空　保存　提交　下载

```
import matplotlib .pyplot as plt
plt.rcParams["font.sans-serif"]="SimHei"
plt.rcParams["axes.unicode_minus"]=False
age=[20,30,40,50]
zhichu=[1500,4000,3000,2000]
plt.xlabel('年龄')
plt.ylabel('消费支出（元）')
plt.bar(age,zhichu)
plt.show()
```

运行代码，结果如下：

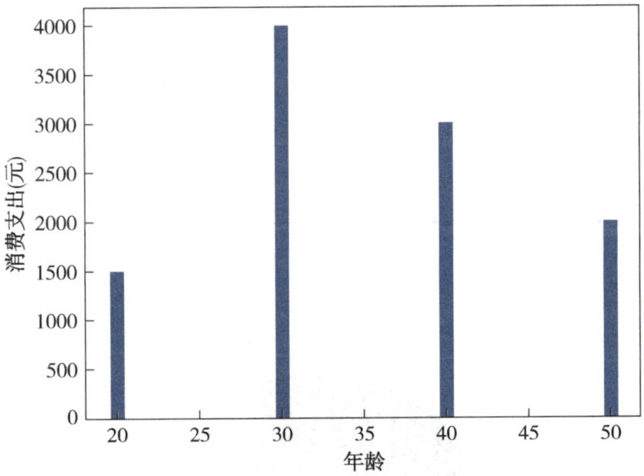

8.5.2 绘制饼图

饼图绘制主要通过 pie() 函数完成，饼图是显示一个数据系列中各项的大小与各项总和的比例。饼图可以比较清楚地反映出部分与部分、部分与整体之间的比例关系。易于显示每组数据相对于总数的大小，而且显示方式直观。

Matplotlib. pyplot. pie (x, explode = None, labels = None, colors = None, autopct = None, pctdistance=0. 6,shadow=False,labeldistance=1. 1,startangle=None,radius=None,...)

常用参数及说明如下表所示。绘制的饼图，默认半径长度为 1。

属性	说明	类型
x	数据	list
labels	标签	list
autopct	数据标签	%0. 1%%保留一位小数
explode	突出的部分	list
shadow	是否显示阴影	bool
pctdistance	数据标签的距离圆心位置	0~1
labeldistance	标签的比例	float
startangle	开始绘图的角度	float
radius	半径长	默认是 1

[示例 8-10] 我国农业、工业、第三产业国民生产总值占比分别为 15. 3%、51. 1%、33. 6%，对此数据做出饼图。代码如下：

```
示例10.py
▶ 运行  ■ 终止  ○ 重置  清空  保存  提交  下载

import matplotlib.pyplot as plt
plt.rcParams["font.sans-serif"]="SimHei"
plt.rcParams["axes.unicode_minus"]=False
GDP=[0.153,0.511,0.336]
plt.pie(GDP,labels=["农业","工业","第三产业"],autopct="%0.1f%%",labeldistance=0.8,
colors=["red","green","blue"])
plt.legend()
plt.show()
```

运行代码，结果如下：

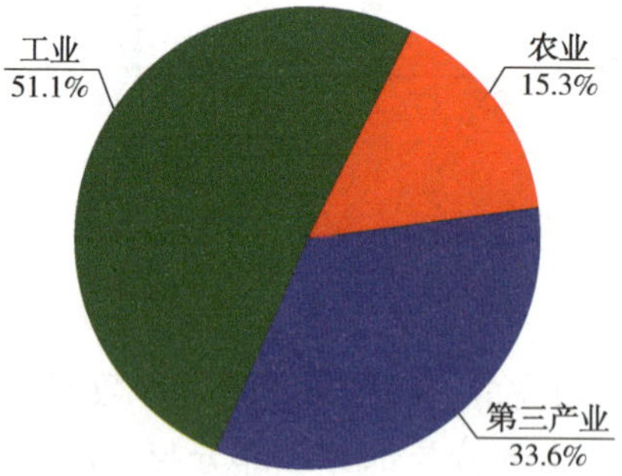

任务实施

第一步，用 Matplotlib 绘制华盛公司 2023 年度 A 产品 4 个销售市场下销售收入柱状图。

代码如下：

任务五任务...

▶ 运行 终止 重置 清空 保存 提交 下载

```
import matplotlib.pyplot as plt
plt.rcParams["font.sans-serif"]="SimHei"
plt.rcParams["axes.unicode_minus"]=False
销售额=[562545,255876,367678,245456]
plt.bar([0,1,2,3],销售额)
plt.xticks([0,1,2,3],["东部","西部","南部","北部"])
plt.show()
```

[代码说明] 运行 Matplotlib 功能模块，将东部、西部、南部、北部的销售收入赋值给“销售额”，绘制柱状图，x 轴坐标刻度为[0,1,2,3]，y 轴坐标为“销售额”，用["东部","西部","南部","北部"]替换[0,1,2,3]，并输出图形。

运行代码，结果如下：

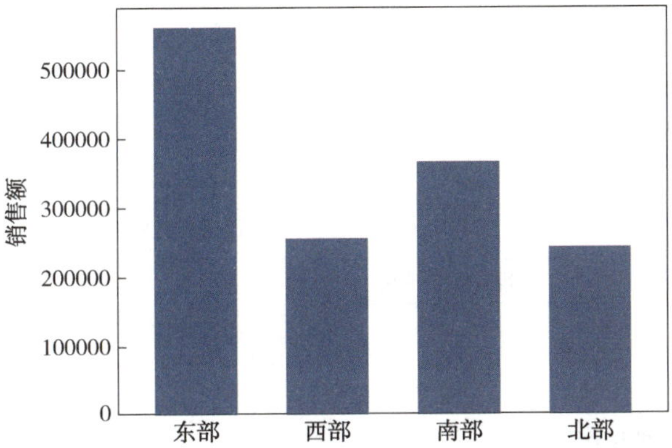

通过可视化输出可以看到东部地区销售收入最高，北部地区销售收入最低，东部的收入为北部收入的 2 倍左右。

第二步，用 Matplotlib 绘制华盛公司 2023 年度 A 产品在四个销售市场中所占份额的饼图，代码如下：

任务五任务...

▶ 运行 终止 重置 清空 保存 提交 下载

```
import pandas as pd
import matplotlib.pyplot as plt
plt.rcParams["font.sans-serif"]="SimHei"
plt.rcParams["axes.unicode_minus"]=False
df=pd.read_csv("A产品销售收入占比.csv")
area=df[df["产品"]=="产品A"]["地区"]
rateA=df[df["产品"]=="产品A"]["销售额占比"]
plt.pie(rateA,labels=area,autopct="%1.2f%%",shadow=True,startangle=90)
plt.axis("equal")
plt.show()

python3 任务五任务实施.py

运行结束！
```

[**代码说明**] 运行 Matplotlib 和 Pandas 功能模块，用 Pandas 读取“A 产品销售收入占比. csv”文件，将 A 产品所在的销售地区定义为 area，将 A 产品不同地区销售额占比定义为 rateA，按照 rateA 即销售额占比绘制饼状图，标签使用 area，数据标签保留两位小数，显示阴影，开始绘图的角度为 90°，输出图形。

运行代码，结果如下：

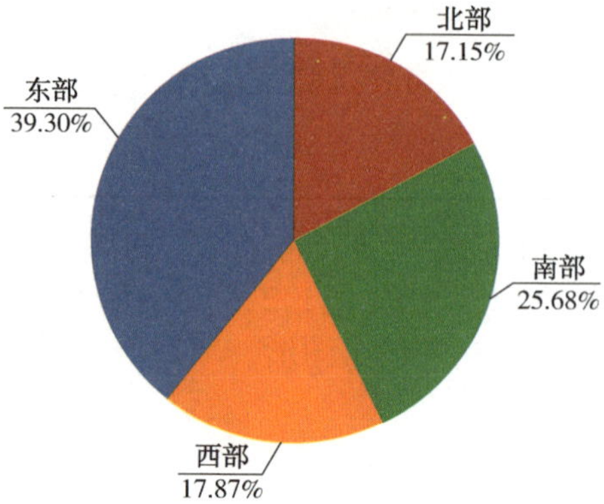

任务小结

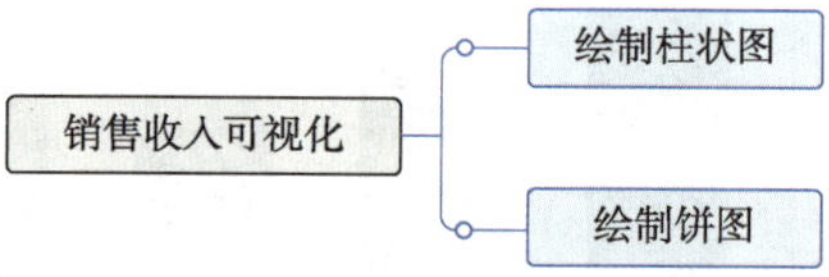

项目总结

本项目分为财务指标分析和财务数据可视化两部分。财务指标分析主要通过学习对参数的使用来完成函数定义。例如通过对形式参数、实际参数和位置参数的运用定义流动比率函数，通过对关键字参数、默认值参数的运用定义应收账款周转率函数。财务数据可视化主要是通过学习 Matplotlib 模块完成数据可视化展现，包括 Matplotlib 的概念、安装和设置；其次，Matplotlib 提供了多种可视化函数，要根据财务数据的特点和分析要求，选取合适的函数进行数据可视化。

拓展提升

Python 中除了可以安装 Matplotlib 工具包进行可视化分析，还可以利用 Pandas 进行数据可视化。Pandas 基于 NumPy，具有很好的兼容性。Pandas 中提供了高级数据结构和操作工具，使数据分析工作变得更快、更简单、更高效。Pandas 主要用于数据分析和数据可视化，其两种主要的数据结构是 Series 和 DataFrame。它的数据结构 DataFrame 和 R 语言里的 data. frame 很像，特别是对于时间序列数据有自己的一套分析机制，适用于数据分析。

课后实战

一、单选题

1. 关于饼图 Pie( )函数的参数描述错误的是(   )。

A. labels 为饼图添加标签说明

B. explode 指定饼图某些部分的突出显示，即呈现爆炸式

C. autopct 设置标签到圆心的距离

D. shadow 为饼图添加阴影效果

2. 下列绘制柱状图的函数是(   )。

A. plt. plot(x,y)

B. plt. hist(x)

C. plt. bar(x,y)

D. plt. scatter(x,y)

3. 下列绘制折线图的函数是(   )。

A. plt. plot(x,y)　　B. plt. hist(x)

C. plt. bar(x,y)　　D. plt. scatter(x,y)

4. 以下哪个选项是主要用于 2D 图形绘制的 Python 模块?(   )

A. matplotlib. pyplot　　B. matplotlib. pip

C. matplotlib. plt　　D. matplotlib. numpy

5. 下列关于函数的说法，错误的是(   )。

A. 函数使用 def 语句完成定义　　B. 函数可以没有参数

C. 函数可以有多个参数　　D. 函数可以有多个返回值

6. 如果函数定义为"def profit(username):"，则下面对该函数的调用不合法的是(   )。

A. profit("jucy")　　B. profit('jucy')

C. profit()　　D. profit(username='jucy')

7. 下面程序段的输出为(   )。

```
a=1
def fun(a):
a=2+a
print(a)
fun(a)
print(a)
```

A. 3
1　　B. 4
1

C. 3
2　　D. 程序编译出错

8. 在 Matplotlib 中，用于创建一个新的 Figure 对象的函数是(   )。

A. Plot()　　B. Figure()　　C. Subplot()　　D. Show()

9. 在 Matplotlib 中，绘制散点图的函数是(   )。

A. Plot( ) B. Scatter( ) C. Bar( ) D. Hist( )

10. 要在 Matplotlib 中显示中文，通常需要设置以下哪个参数？(　　)

A. font. sans-serif B. font. family C. font. weight D. font. size

二、多选题

1. 下列关于 plot 方法中参数的描述正确的有(　)。

A. label 参数用于设置图例标签

B. ax 参数用于设置绘图所用的 Matplotlib 子图对象

C. xticks 参数用于设置 x 轴刻度

D. ylim 参数用于设置 y 轴范围

2. 在 Matplotlib 中，用于设置坐标轴标签的方法有(　)。

A. xlabel B. ylabel C. set_xlabel D. set_ylabel

3. 以下哪些是 Matplotlib 中常用的绘图函数？(　)

A. Plot( ) B. Scatter( ) C. Bar( ) D. Pie( )

4. 以下关于 Matplotlib 图形保存的说法，正确的是(　)。

A. 可以使用 plt. savefig( ) 函数保存图形

B. 保存的图形格式可以是 png、pdf、svg 等

C. 保存图形时不能指定分辨率

D. 必须先显示图形才能保存

5. 在 Matplotlib 中，设置图例(legend)位置可以使用以下哪些方法？(　)

A. plt. legend(loc='best') B. ax. legend(loc='upper right')

C. plt. legend(loc=(0. 5, 0. 5)) D. ax. legend(loc='outside')

三、判断题

1. Matplotlib 生成的图表可以保存在本地。(　)

2. Matplotlib 默认支持中文显示。(　)

3. 在 Matplotlib 中，plt. plot( ) 函数只能绘制一条折线。(　)

4. Matplotlib 中饼图的标签不能显示中文。(　)

5. 在 Matplotlib 中，Legend( ) 函数只能用于给折线图添加图例。(　)

四、实训题

1. 使用 Maplotlib 绘制一个散点图，显示以下两组数据：x=[1,2,3,4,5]，y=[2,3,5,7,11]，给图表添加标题和轴标签，将点的颜色设置为蓝色，并添加点的大小参数，使其大小为 100。

2. 使用 Matplotlib 绘制一个柱状图，显示以下类别的数量：['苹果','香蕉','橙子','葡萄']，数量分别为[10,15,7,12]，给图表添加标题和轴标签，设置柱状图的颜色为红色。

参 考 文 献

[1] 李德建，石林艳 . Python 财务应用[M]. 北京：高等教育出版社，2022.

[2] 杨则文，盛国穗 . 财务大数据基础与实务(Python 版)[M]. 北京：高等教育出版社，2022.

[3] 中国注册会计师协会 . 青年人需要“一根筋”的精神——记第 21 届全国青年岗位能手标兵宛云龙[N/OL]. 中国会计报，2022-09-23(3).[2022-09-26].

[4] 薛国伟 . 数据分析技术——Python 数据分析项目化教程[M]. 北京：高等教育出版社，2022.

[5] 胡奕冰，张炜，穆礼渊 . Python 财务应用编程 . 北京：人民邮电出版社，2024.

[6] 王国平 . Python 数据可视化之 Matplotlib 与 Pyecharts 实战 . 北京：清华大学出版社，2023.

[7] 吴晓霞，孙斌，蔡理强 . Python 开发与财务应用 . 北京：人民邮电出版社，2022.

[8] 林东杰，马云飙，段丙蕾 . 财经大数据分析——以 Python 为工具 . 北京：高等教育出版社，2023.

[9] 董林芳，王新玲 . Python 财务应用 . 北京：清华大学出版社，2024.

[10] 宋士显，单松，麻育胜 . Python 在财务中的应用 . 北京：机械工业出版社，2023.